高等院校市场营销系列教材

零售学

白玉苓 陆亚新 ◎编著

Retailing

机械工业出版社
China Machine Press

图书在版编目（CIP）数据

零售学 / 白玉苓，陆亚新编著 . —北京：机械工业出版社，2020.9（2024.6 重印）
（高等院校市场营销系列教材）

ISBN 978-7-111-66441-3

Ⅰ . 零… Ⅱ . ①白… ②陆… Ⅲ . 零售业 – 商业经营 – 高等学校 – 教材 Ⅳ . F713.32

中国版本图书馆 CIP 数据核字（2020）第 163514 号

本书充分反映了近几年来国内外零售理论和零售实践的最新研究成果，有很强的实用性。本书以一个新的视角来深入阐述零售理论、零售发展和零售实务。全书内容包括零售基本理论、零售业态、零售商圈与选址、商品管理、店铺规划和促销管理等，突出了当前零售业的新变化，诠释了新零售的本质及信息零售技术的变化对行业的影响等。本书融入了丰富的国内外零售企业案例，增加了知识链接、拓展阅读等专栏，扩充了教材的延展内容，增强了教材的可读性。

本书可作为高等院校市场营销、工商管理、经济贸易等专业的教材，也可作为零售企业管理人员、营销人员的参考用书。

出版发行：机械工业出版社（北京市西城区百万庄大街 22 号　邮政编码：100037）	
责任编辑：杜　霜　李晓敏	责任校对：殷　虹
印　　刷：固安县铭成印刷有限公司	版　次：2024 年 6 月第 1 版第 9 次印刷
开　　本：185mm×260mm　1/16	印　张：21.25
书　　号：ISBN 978-7-111-66441-3	定　价：49.00 元

客服电话：（010）88361066　68326294

版权所有 • 侵权必究
封底无防伪标均为盗版

前　言

改革开放 40 多年来，我国经济迅速发展，综合国力不断增强，商品供应极大丰富，市场交易繁荣活跃，古老的零售业旧貌换新颜、日新月异。如今，零售业已经成为我国经济最活跃的领域之一，在经济和社会发展中发挥着不可替代的作用。

当前，我国消费正从注重数量增长向追求品质加速转变，庞大的消费群体对市场上优质商品和服务的需求持续增加，互联网、智能化技术、大数据成为零售业持续发展的强大驱动力。2019年"双11"再度刷新纪录，零售电商平台天猫当天的成交额达到 2 684 亿元，物流订单 12.92 亿笔……零售业的进步和创新成了中国经济的一大亮点，而且零售业发展中不断出现新零售、智慧零售、跨界零售等新概念，这表明零售模式和零售方式正在发生变化。

零售学涉及管理学、营销学、心理学等很多领域，属于交叉型、应用型课程。本书借鉴国内外有关零售学理论的最新研究成果，力求反映出该领域发展的最新水平，同时，突出零售实践发展的新现象、新问题。

本书编者具有丰富的零售学理论教学和零售管理实践经验，本书是两位编者多年教学和科研成果的结晶。在写作分工上，白玉苓执笔第一章至第六章，以及第十一、十二章，陆亚新执笔第七章至第十章。全书由白玉苓总纂、定稿。

在本书编写过程中，编者借鉴了大量专家和学者的研究成果，在此谨对所涉及的专家、学者表示诚挚的感谢。同时，还要感谢所涉及的零售企业及其提供的材料。

目前，世界零售业的发展正处于急剧变革时期，对零售学的研究是一个长期和持续的过程。由于编者水平和时间所限，书中疏漏之处在所难免，敬请同行、读者批评指正，以便再版时修订与完善。

白玉苓
2020 年 7 月

目 录

前 言

第一章 零售概述 … 1
- 学习目标 … 1
- 导入案例 "百盛"之兴衰 … 1
- 第一节 零售与零售活动 … 2
- 第二节 零售商及其职能 … 6
- 第三节 零售业 … 12
- 本章小结 … 23
- 本章练习题 … 23

第二章 零售业态与零售理论 … 24
- 学习目标 … 24
- 导入案例 "书店+"越来越有趣 … 24
- 第一节 零售业态的概念与类型 … 25
- 第二节 零售业态发展理论 … 44
- 第三节 零售业态的变革 … 49
- 本章小结 … 67
- 本章练习题 … 68

第三章 零售环境 … 69
- 学习目标 … 69
- 导入案例 肯德基如何在中国实现本土化 … 69
- 第一节 人口环境 … 70

第二节　政治与法律环境 78
　　第三节　经济环境 82
　　第四节　技术环境 86
　本章小结 93
　本章练习题 93

第四章　识别和理解消费者 94
　学习目标 94
　导入案例　"善变的"消费者到底想要什么 94
　　第一节　获取消费者 96
　　第二节　消费者购物心理 107
　　第三节　消费者购买决策及行为特征 116
　本章小结 127
　本章练习题 128

第五章　零售战略与组织结构 129
　学习目标 129
　导入案例　ZARA 的"快"战略 129
　　第一节　零售战略 130
　　第二节　零售组织结构 139
　本章小结 150
　本章练习题 151

第六章　零售商圈与选址 152
　学习目标 152
　导入案例　优衣库：开店的智慧 152
　　第一节　零售商圈 153
　　第二节　零售店选址 165
　本章小结 182
　本章练习题 183

第七章　商品管理与采购 184
　学习目标 184
　导入案例　奥乐齐 184
　　第一节　商品分类与组合 185
　　第二节　品类管理与单品管理 189

第三节　零售商品采购 195
　　第四节　自有品牌的开发 208
　　本章小结 212
　　本章练习题 212

第八章　零售定价策略 213

　　学习目标 213
　　导入案例　苹果手机在中国真的一降价就好使？ 213
　　第一节　影响零售定价的因素 213
　　第二节　零售定价的方法 218
　　第三节　零售定价的策略 226
　　第四节　零售价格的调整 232
　　本章小结 234
　　本章练习题 235

第九章　零售店铺规划与设计 236

　　学习目标 236
　　导入案例　新鲜的在后面，必买的去最里面找 236
　　第一节　零售店铺的规划 236
　　第二节　零售商品的陈列 247
　　第三节　零售店面的设计 255
　　第四节　内部装饰与氛围 258
　　本章小结 260
　　本章练习题 261

第十章　零售促销策略 262

　　学习目标 262
　　导入案例　将超市开到音乐节 262
　　第一节　零售促销的概念与作用 263
　　第二节　零售促销组合 265
　　第三节　零售促销管理 276
　　本章小结 281
　　本章练习题 281

第十一章 零售服务 ... 282

学习目标 ... 282
导入案例 "胖东来"你是否能学会 ... 282
第一节 服务与零售服务 ... 283
第二节 零售服务的重要性 ... 287
第三节 零售商服务质量管理 ... 295
本章小结 ... 301
本章练习题 ... 302

第十二章 网络零售 ... 303

学习目标 ... 303
导入案例 "拼多多"何以突围而出 ... 303
第一节 网络零售的产生 ... 304
第二节 网上商店的建立 ... 310
第三节 网购消费者的特征 ... 320
本章小结 ... 328
本章练习题 ... 328

参考文献 ... 330

第一章 零售概述

学习目标

学习零售、零售商、零售业的基本概念;掌握零售、零售业的特点与功能;熟悉零售商的工作内容,理解零售业的作用;了解零售业的发展历程与特点。

导入案例

"百盛"之兴衰

百盛,一家来自马来西亚的百货公司,于1994年在北京复兴门开了第一家店,树立了时尚、现代、高端的百货商店形象,成为引领中国高端百货商店潮流的"外资百货第一店"、中国高端百货商店的代表和引领者。

在中国商业和商业地产快速发展的20多年里,百盛百货在中国一度发展到60多家。但近几年来随着整个百货业态的萧条,其在中国市场的业绩一直处于下滑状态,2014~2016年百盛集团净利润增幅分别为-58.4%、-34%和-174%。2012年7月,百盛百货上海虹桥店和贵阳金凤凰店关闭;2013年6月,百盛百货贵阳鲜花店关闭;2013年8月,百盛百货石家庄店关闭;2014年,百盛江苏常州两家店关闭,山东济南和北京各一家店关闭;2015年百盛天津店关闭;2016年,重庆百盛大坪店、北京百盛太阳宫店等六家店关闭;2017年5月,百盛百货郑州唯一门店关闭;2018年,百盛百货又有两家门店关闭……在北京,百盛在东南西北设有四家百货店,但随着大郊亭店、太阳宫店和常营店的关闭,百盛百货现在只剩下了复兴门的大本营店。

百盛在中国的发展,是我国零售业发展的一个缩影。1994年百盛进入中国的时候,中国的绝大部分百货店都还是国有制,顶着零售"霸主"的头衔,无论是市场化程度还是商业管理水平都较低。当带着外资光环的百盛来到北京时,其现代的商业理念和先进的商业模式,让北京的消费者耳目一新。随后,伴随着中国经济的发展,商业地产快速发展,百盛凭借外资商业品牌及先进的连锁百货管理模式,成为商业地产项目合作的"香饽饽"。百盛开始进入中国的省会城市和许多其他二级城市,成了当时在中国设立门店最多的连锁百货品牌。

随着中国新型购物中心的崛起,百盛风光不再,其一成不变的市场定位、千篇一律的商场布局、大同小异的品牌结构、陈旧老套的促销方式,让消费者觉得百盛老气横秋。同时,在电商的快速发展和强烈冲击下，百货业态哀鸿遍野，百货公司纷纷在困境中寻找突破口和创新。2016年，百盛开始转型升级，发展购物中心，进军美妆等新领域，可惜似乎已回天无力，无法再"百胜"。

从进入北京占据复兴门的风水宝地，到一路高歌在全国连锁发展，又到今天多米诺骨牌似的一个一个地倒下，百盛经历了中国现代百货的起步、零售商业的快速发展、商业地产的疯狂扩张、网络电商的猛烈冲击等阶段。百盛在中国的26年，分享了中国改革开放、快速发展的红利。同时，百盛也目睹了中国商业跌宕起伏、创新转型的悲欢离合。

资料来源：联商专栏，http://blog.linkshop.com.cn/u/1583006287/355886.html，有删改。

思考：
1. 根据案例，请分析百盛兴起和衰落的原因。
2. 为什么说百盛的发展是我国零售业发展的一个缩影？我国零售业发生了哪些变化？

第一节　零售与零售活动

一、零售的概念

零售是古老商业发展的产物。当人类通过社会分工明晰产权制度后，商品交换渐渐成为不同生产者之间经济交往的形式，以零售为特征的专门从事商品交换活动的组织形式也随之出现。

"零售"（retailing）一词源自法语动词"retailler"，意思是"切碎"（cut up），是指以大批量买进并小批量卖出为特征的活动。例如，一个商店以"打"为单位买进瓶装啤酒，再以"瓶"为单位将啤酒卖出，这种形式就是零售。

在现代社会，零售与人们的关系更加密切，无论是在繁华的都市还是偏僻的乡村，人们已习惯于从零售中取得商品和服务，零售活动已成为人们生活的一个重要组成部分。

从商业流通的角度来看，零售是流通领域重要的组成部分，处于生产和消费之间，直接连接消费者，并完成实现产品最终价值的任务。

> **⊙ 知识链接　　　　　为什么把生意人称为"商人"**
>
> 在我国，一般把做生意的人称为商人，据说这是有渊源的。历史上，商族人的祖先契，跟随大禹治水，功不可没，被封到商（今河南省商丘市），其部族以地为号，称"商族"。契的第六世后代王亥聪明多谋，把牛训练得既能驮货物又能拉车，他驾着牛车沿着黄河北岸到各诸侯国做生意，这便是史书上"立皂牢，服马牛，以为民利"的记载。后来，人们把这些做生意的人称为"商人"，这就是"商人"称呼的由来。从此，"商人"一词作为生意人的代称一直沿用至今。

零售活动由来已久，零售系统的理论研究开始于西方国家。有关零售的定义有多种，例如，美国零售专家迈克尔·利维和巴顿·韦茨认为："零售是将产品和服务出售给消费者，供其个人或家庭使用，从而增加产品和服务的价值的一种商业活动。"巴里·伯曼和乔尔·R.埃文斯认为："零售由那些向消费者销售用于个人、家庭或居住区消费所需的产品和服务活动组成，它是分销过程的最后环节。"菲利普·科特勒认为："所谓零售，是指将货物和服务直接出售给最终消费者的所有活动，这些最终消费者为了个人生活消费而不是商业用途消费。"

由于研究角度不同，研究者对零售的定义有些差异，但对零售概念的理解存在以下共识：

（1）零售是针对最终消费者的活动。制造商和批发商活动的对象是生产者或转售者，而零售活动是将商品及相关服务提供给最终消费者；制造商或批发商购买商品的目的是再生产或再出售，而零售商购买商品的目的是供消费者个人消费和使用。

（2）零售活动不仅向最终消费者出售商品，也提供相关服务。伴随着商品的出售，零售活动还提供送货、维修、安装等服务。例如，顾客购买了空调，零售商需要提供相应的安装服务才能使空调真正被使用，实现产品的价值。再比如，顾客在星巴克享受美味咖啡的同时，也体验了星巴克提供的服务。

星巴克为消费者提供商品及服务

（3）最终消费者不但指购买商品或服务的个体的、具体的消费者，也包括非生产性购买商品或服务的社会集团。集团客户同样是零售商销售的对象，例如，银行、税务和公检法部门等都可能成为某个零售商的集团大客户。

（4）零售活动不一定只在零售实体店铺中进行，也可以利用一些设备或设施进行，甚至在虚拟商店完成交易。自古以来，通过传统的零售店铺购买商品似乎天经地义，但随着现代社会科技的发展，通过自动售货机、电话、电视以及互联网购物已成为普遍现象，尤其是近年来互联网购物突飞猛进，消费者的购物方式发生了全新的变化，极大地冲击了传统实体店铺的零售形式。

> ⊙ 知识链接　　　　　　　　brick-and-mortar store 是什么
>
> 　　如今，随着网上商店的兴起，实体商店受到很大的影响。如果说网上商店的英文是 online store，那么，实体商店对应的英文就是 offline store，但翻译为 brick-and-mortar store 显得更加生动，因为 brick 的意思是砖头，mortar 的意思是用来黏合砖头的灰浆。因此，"砖头灰浆店" 自然就是有墙有门的实体店。这个有意思的翻译使 brick-and-mortar store 经常出现在报刊和其他新闻媒体的报道中。

（5）零售是商品流通的最后一个环节，处于生产与消费之间。当商人把商品出售以后，就表明商品已经离开流通领域而进入消费领域，从而使商品真正成为消费对象，由此完成了社会再生产过程，可见，零售是流通领域和消费领域的关键点。

总之，零售就是向最终消费者个人或社会团体出售商品或服务，以供其最终消费的全部活动。

实际上，零售不一定只有零售商的参与，有时制造商、进口商或批发商在把商品或服务出售给最终消费者时也充当了零售商的角色。但制造商、进口商或批发商以及其他组织针对下游分销商和零售商的销售则不属于零售活动。

二、零售活动的特点

与制造活动和批发活动相比，零售活动有如下特点。

（一）交易次数多，交易规模小

零售交易的对象是众多而分散的消费者，这就决定了零售活动的每笔交易量一般不会太大，且交易对象主要是满足日常生活需要的商品。与之相应，零售活动的频率较高。因而，零售活动表现为商品的批量购进、零散售出，这与批量购进、批量售出的制造和批发活动不同。

超市中的糖果专区，顾客可以随意搭配购买

（二）零售经营的商品品种丰富多样

由于消费者具有广泛性、分散性、多样性及复杂性的特点，为满足广大消费者的需要，一般来说，零售经营的商品具有品种齐全、产品丰富、花色规格多样的特点，而制造商和批发商一般提供单一的或数量有限的商品种类或品种。当然，一个顾客在商店中看到的商品品种和数量与零售商的规模和定位有关。

（三）零售活动中有消费者的情感投入

在零售活动中，消费者多表现出较强的情感性，他们会凭着各自的兴趣、喜好等购买商品，其购买需求、动机等都具有强烈的个人感情色彩，因此，零售中的情景因素，如橱窗设计、商品陈列、环境氛围等都影响着零售活动的完成，而制造和批发活动更多表现出计划性和专业性的特点。

（四）零售活动突破了地域范围的限制

传统上，零售活动表现出明显的地域性特征，即零售活动基本是在某个区域的店铺内完成的。例如，北京的消费者就选择在北京当地的商店购买日常用品，而不会（也不必）去上海的商店购买。但如今，现代的零售活动已突破了传统上的区域限制，邮购、电话销售、网络销售等使零售活动不再受地域限制，消费者甚至足不出户，就可以实现跨国购买。

三、零售的功能

零售活动的特点，决定了它具有下列功能。

（一）实现商品价值，满足消费者需要

商品在生产者手中或批发商手中，商品价值无法实现，只有通过零售活动进入消费领域，商品才能实现其商品价值。零售直接面向消费者，通过商品销售，最终实现商品价值和使用价值，不仅满足了社会生产和生活的具体需要，而且为生产过程重新发展提供了价值补偿和实物更新的条件，把生产者创造的价值转化为现实。

（二）服务消费，促进销售

消费者对商品和服务的需求是广泛的、多样的、复杂的。要满足这些需求，零售商不仅需要提供丰富的商品以供消费者选择，还需要围绕商品销售提供各种服务，如信息服务、信用服务、售货服务和售后服务等，并以此为手段，扩大商品销售。在竞争激烈的市场条件下，零售的服务功能更为重要。

（三）反馈信息，促进生产

零售直接面向消费者，能够及时反映消费者的意见、市场商品供求及价格变化情况，并向生产者提供市场信息，协助生产者调整产品生产结构，促进生产者生产适销对路的产品。

（四）刺激消费，指导消费

零售商的商品陈列、广告宣传、现场操作展示、销售促进等促销活动能唤起潜在的消费需求，刺激和引导消费者购买，从而起到指导消费的作用，为开拓更广阔的市场和促进消费水平的不断提高创造新的物质条件。

第二节　零售商及其职能

一、零售商的概念

零售商（retailer）是指把商品和服务出售给消费者供其个人或家庭使用的一种商业企业。零售商介于生产商、代理商、批发商与消费者之间，如图 1-1 所示。

图 1-1　零售商介于生产商、代理商、批发商与消费者之间

在市场发展的初级阶段，小规模商品生产决定了商品供应有限，消费者自给自足决定了商品需求也十分有限。因此，零售活动基本是零星的、分散的、小批量的，并集中于某一地区。零售活动主要由个体小型零售商来进行。

随着商品生产社会化和专业化的发展，商品种类增加，需求扩大，交易批量增多，产销矛盾日趋尖锐，为了解决生产和消费的矛盾，出现了大型的组织规范化、管理现代化的零售商。零售商的规模、企业性质、经营范围各不相同，但与生产商一样，零售商对整个国民经济的发展起着重要的作用。

拓展阅读　　　　　　　　　　**2020 年全球零售商排行**

2020 年 3 月，德勤（Deloitte）根据 2018 财年（截至 2019 年 6 月 30 日的财政年度）全球各大零售商公开的数据，发布了《2020 年度全球零售商力量》（Global Powers of Retailing 2020）报告。报告显示，全球零售商 250 强 2018 财年共计创收 4.74 万亿美元，复合增长率达 4.1%。其中中国有 14 家零售企业上榜。

美国沃尔玛位居全球第一（同时也连续 5 年蝉联世界 500 强榜首，美国 Costco（开市客）

居第二（2019年进入中国内地），亚马逊上升至三位（2019年关闭中国本土零售业务）。

中国共有14家零售企业上榜，其中，有6家进入前100强。中国名次最高的是电商京东，排名第15位。电商苏宁、个人护理连锁屈臣氏、超市连锁华润万家、垂直电商唯品会、牛奶国际、超市连锁永辉超市、家电连锁国美零售、超市连锁物美等进入250强榜单。阿里巴巴集团的新零售业务首次被列入本榜单。

全球250强零售收入按主要产品子行业划分，快速消费品仍为最大的产品子行业。136家快速消费品企业的零售收入占全球250强总收入的66.5%。快消品是零售业中周转和动销最快的品类，一直活跃在零售卖场，耐用及休闲用品子行业继续引领整个零售行业，零售收入增长率（7.3%）和5年期间零售收入复合年均增长率（8.2%）均高居首位。耐用消费品一般以高毛利为特点。

在250家零售企业中，美国有77家，高居首位；日本29家，名列第二；德国19家，名列第三；英国14家；法国12家。法国家乐福公司要求不要被列入名单。资料显示，2019年家乐福中国已经被苏宁收购，麦德龙被物美收购。中国的物美超市已经跨入全球零售榜，是中国上榜的14家零售企业之一。

资料来源：https://www.sohu.com/a/377175682_750457，有删改。

在我国，不同省份和城市都有当地有代表性或标志性的商店，例如北京的王府井百货、上海的第一百货、南京的金鹰百货、大连的大商集团、济南的银座商城等，这些商店在当地闻名遐迩，也是国内有影响力的零售商。

王府井百货位于北京著名的商业区王府井步行街

二、零售商的类型

(一) 按照所有权形式划分

1. 独立零售商

在我国，分布在城乡街头巷尾的个体零售商店是典型的独立零售商。一般的个体零售商店店面只有几十平方米，从业人员即家庭内成员或少量雇工。这类商店销售的商品一般是家庭日常用品，主要目标顾客是在附近生活的固定人群。百货商场或者购物中心如果没有采取连锁经营的形式，而以独立商店的形式存在，也都属于独立零售商的范畴。

电视剧《乡村爱情故事》中的"大脚超市"，这样的小型独立超市在我国广大的农村很普遍

2. 连锁零售商

连锁零售商是指经营同类商品、使用统一名称的若干门店，在总店统一领导管理下，采取统一采购或分权采购方式，实现规模效益的经营组织形式。

沃尔玛由美国零售业的传奇人物山姆·沃尔顿先生于1962年在阿肯色州创立。经过50多年的发展，沃尔玛已经成为世界最大的私人雇主和连锁零售商，多次荣登《财富》500强榜首并当选为最具价值品牌。截至2019财年，沃尔玛在29个国家拥有55个品牌下的11 200多家分店，全球员工总数约220万名，成为世界上最大的连锁零售商。

世界上最大的连锁商店沃尔玛（Walmart）

3. 获取特许经营权的零售商

特许经营权指的是特许人和受许人之间的契约关系，一般指特许人拥有或有权授予他人使用注册商标、企业标志、专利、专有技术等经营资源的权利。在特许经营权中，品牌和技术是核心，品牌一般表现为特许人拥有或有权授予他人使用的注册商标、商号、企业标志等。

一般来说，经营者购买特许经营权而成立的商店，每一个均具有统一形象，包括店面设计、产品、价格等。由于有特许人，有良好的品牌或技术特征，顾客对特许店的产品或服务同样有信心，例如，肯德基在中国经营的许多门店采取的就是特许经营形式。

特许加盟店是肯德基的主要经营形式之一

（二）按经营方式划分

由于经营方式不同，零售商可以划分为两大类：一是以百货商店、专卖店、超级市场、便利店等形式存在的实体店铺零售商；二是以电话（电视）购物、直销、网络或自动售货机等形式存在的无店铺零售商。

另外，还可以根据零售规模划分为大型零售商、中型零售商和小型零售商；根据零售商的所有权形态分为外资零售商、合资零售商和本土零售商等。

三、零售商的主要职能及工作内容

（一）主要职能

1. 组织商品职能

零售商在生产者和消费者之间发挥组织者的作用，零售商首先从制造商、批发商等处大量购买商品，然后，按照消费者的需求特点对商品进行分类、整理、组合、分级、包装等，使消费者能够方便购买，在一个购物空间完成多项需求的购买活动。

例如，一个超市经营的商品品种可达上万种，商品类型有熟食类、日用品类、调料类、饮料类、乳制品类、粮食类、糕点类、烟酒类、蔬菜类和水果类等，使顾客能够在品种、品牌、规格、价格、色彩等方面有充分的选择余地。除此之外，由于多数消费者对零售商提供的商品组合情况比较了解，因此在购买不同类型的商品时能准确地选择不同的零售商。比如，购买日常用品去超市，购买服装服饰去百货商店。

2. 储存商品及承担风险职能

零售商重要的职能之一就是要储存一定的商品，以满足消费者随时购买的需求。同时，消费市场瞬息万变的特点使零售商在储存商品时承担了较大的市场变动风险，容易造成商品积压，占用企业过多资金，影响企业经营运转等，而商品的自然损耗、自然灾害和被盗等也都增加了零售商储存商品的风险。

3. 提供服务职能

零售商是典型的服务型企业，为消费者提供服务是零售商生存和发展的前提。

首先，零售商在掌握消费者需求的基础上，通过组织商品货源，对商品分类，使消费者有充分的选择权选购商品，及时买到所需商品，这是提供服务职能的物质基础。

其次，在销售环节，销售人员通过提供良好的服务，用专业的语言、亲切的态度与消费者进行沟通，回答消费者提问，让消费者心满意足地完成购买。

最后，零售店内陈列的琳琅满目的商品、悠扬的背景音乐、柔和的灯光照明等为顾客提供了良好的购物环境，使消费者购物的同时获得精神上的放松，这是零售商服务增值的一种体现。

"海底捞"餐厅以向消费者提供优质服务而闻名

(二)工作内容

1. 企业战略规划

随着新的零售形式和技术的出现,零售业的竞争日趋激烈,消费者的需求随着市场的变化而转变,增加了零售商经营的难度。为了企业的长期发展,零售商需要在环境分析的基础上,确定目标市场,制定竞争战略和经营战略,并在战略规划的基础上,制定具体的经营策略。

2. 组织系统设计

当零售商确定了战略目标后,就需要设计与战略规划相匹配的组织系统,进行组织管理,通过确定组织结构、设计职务或职位、明确责权关系,使组织中的成员互相协调配合,以实现组织目标。组织系统设计的具体内容包括企业的部门构成、基本的岗位设置、权责关系、业务流程、管理流程及企业内部协调与控制机制等。

3. 商店选址

在传统零售中,零售商的发展受到一定的地理条件的制约。零售商吸引顾客的地理区域、特征等决定了零售商经营的商品品种、档次,并且在一定程度上,零售商开展的经营策略都与商店选址密切相关,店址选择是零售商至关重要的工作环节。

在以互联网零售为特征的现代零售活动中,零售商如何建设网上商店也至关重要。

4. 商品规划

零售商通过销售商品而获得生存和发展。对商品进行规划、确定商品的经营范围和品种、设计合理的商品结构,对零售商的经营都非常重要,能够使零售商形成与众不同的商品组合形象,更好地满足目标顾客的需要。

5. 商品采购与存货

商品采购是零售商经营的起点,是商品流转的首要环节。零售商的采购过程,从建立采购组织到再评估环节,包括一系列系统的步骤,在零售商的商品经营中每一个步骤都非常关键。

6. 商店设计

商店的外观设计、门牌设计、出入口设计、橱窗设计等是零售商形象的重要组成部分,是零售商的商品、服务、人员素质、经营风格的综合体现,对消费者的购买行为有着重要的影响。

7. 商品陈列

科学、合理、艺术化的商品陈列能够激发顾客的购买兴趣，刺激消费者对商品的认知和情感反应，并最终影响消费者购买。同时，商品陈列不但有助于促进商品销售，还有助于塑造企业形象。

8. 商品定价

商品定价是零售商重要的决策之一。一方面，价格对消费者的购买具有直接的影响；另一方面，零售商制定一系列的价格策略，使不同零售商的价格管理和竞争策略有明显的区别，是构成零售商差异化经营的重要内容。

9. 商品促销

零售市场竞争的加剧，使促销的作用凸显。零售商需要决定商品促销的方式、内容，制订促销活动方案，来加强与消费者的沟通，刺激消费者的购买欲望，扩大销售额，增加企业盈利和树立企业形象。

10. 提供服务

提供服务是零售商的一项基本活动内容，服务项目的多少，服务质量的高低甚至决定了顾客的最终购买。在同质化竞争的情形下，优质服务成为企业赢得竞争的法宝。

由于零售商规模不同、定位有差异，以上每项工作内容对零售商的重要性也是不同的。同一个零售商在经营的不同时期可能会对重点工作内容进行调整。另外，零售商的信息系统管理、财务管理、人力资源管理也是零售企业管理的重要内容。

第三节　零售业

一、零售业的概念及其特点

理论上，从不同角度对零售业概念的界定会有所不同。从营销学角度来看，零售业包括任何一个处于从事由生产者到消费者的产品营销活动的个人或公司，他们从批发商、中间商或者制造商处购买商品，并直接销售给消费者。

美国商务部对零售业的定义为所有把较少数量商品销售给普通公众的实体，它们不改变商品的形式，由此产生的服务也仅限于商品的销售，零售业不仅包括店铺零售商，还包括无店铺零售商。

国内一些学者认为，零售业是指通过买卖形式将工农业生产者生产的产品直接出售给居民用于生活消费，或出售给社会团体用于公共消费的商品销售行业。也有学者认为，零售业是指以向最终消费者（包括个人和社会团体）提供所需商品及其附带服务为主的行业。

虽然国内外研究者对零售业的理解与表述略有差异，但零售业的主要特点有共同之处，即每笔商品交易的数量比较少，交易次数频繁；出售的商品是消费资料，个人或社会团体购买后用于生活消费；交易结束后商品即离开流通领域，进入消费领域。

另外，零售企业并非唯一的"拆装"（break bulk）商业实体。批发商也可以大批买进商品并向消费者小批售出。将零售企业与其他分销贸易商区分开来的是消费者类型，例如，零售企业的特征是向最终消费者出售商品，而批发商则是向零售企业或是其他商业组织出售商品。

二、零售业的作用

零售业已经成为一个国家最重要的行业之一，不仅因为零售业所创造的产值在国内生产总值中占有举足轻重的地位，零售业税收也是国家税收的主要来源之一，而且零售业的发展关系着人们的生活水平和质量。零售业的每一次变革和进步，都带来了人们生活质量的提高，使消费者充分享受人类文明智慧的结晶，甚至能够引发新的生活方式。

具体来看，零售业的作用体现在以下几个方面。

（一）零售业是一个国家或地区经济运行状况的晴雨表

一个国家或地区的经济是否协调发展，社会与经济结构发展是否合理，首先通过零售业在消费市场上体现出来，零售业的具体作用体现为：

（1）推动国民经济增长。零售业是国民经济的基础产业，是拉动消费的着力点。从对国民经济基础性的贡献方面来看，不仅消费需要直接通过零售业实现，投资额中的部分份额也会逐步转为消费额，直接或间接通过零售业实现。

一方面，随着零售业在国民经济中作用的日益增强、对国民经济增长贡献率的扩大，零售业已开始成为引导生产和消费的先导型行业。例如，根据国家统计局的数据，2018年，我国国内贸易总体保持平稳较快发展，规模稳步扩大，结构持续优化。社会消费品零售总额增长9%，消费连续5年成为经济增长第一引擎。另一方面，国家或地区经济危机往往也会通过零售业销售危机表现出来，零售业的兴旺发展已成为国家或地区经济发展持续景气的必要条件，零售业发挥着经济运行状况晴雨表的作用。

（2）连接生产与消费。零售业是生产与消费的中介，是国民经济各部门的桥梁、纽带，最终关系着各行业经济的运行。

零售业既制约着生产的起点，又影响着生产的归宿——商品价值的实现。零售业可以把亿万人民的分散需求，汇集成为巨大的消费需求，从而带动大规模的现代化生产。因而，发展零售业有利于扩大消费，有利于调整我国的经济结构。

(二)零售业是一个国家或地区的主要就业渠道

零售业由于具有点多面广、零星分散、渠道多、门槛低的特点,因而具有广泛吸纳社会就业的基础性作用。随着城市化的发展,零售业对城市的劳动就业做出突出贡献,很多国家甚至把扶持、发展零售业作为解决就业问题的一项经济政策。根据我国商务部的数据,2018年我国国内贸易主要行业(包括批发零售业,住宿餐饮业,居民服务、修理和其他服务业)增加值达11.7万亿元,市场主体突破7 000万户,国内贸易就业首次突破2亿人大关,纳税额增长11.9%。

(三)零售业满足人们的日常生活需求

零售业通过自身的商业活动在全社会范围内为广大消费者提供生活用品,与广大群众建立最广泛、最直接、最密切的经济联系。零售活动是一项社会性、全民性的经济活动。

零售业提供的商品、服务以及零售网点分布涉及千家万户,是其他任何一个行业无法比拟的。不管是商业业态的选择还是商业形态的塑造,实际上都是在营造生活的市场环境,这直接关系到市场的繁荣、居民生活质量的提高、消费观念的更新和消费方式的改变。可以说没有现代零售业,就难以有现代化的生活。

随着网络零售的迅速发展,现代零售业已成为高投资与高科技相结合的产业。对于消费者来讲,坐在电脑前,通过网络可以浏览任何网上商城和网店,扩大了购物空间,节约了购买时间和出行费用,加快了商品购买过程,大大方便了消费者,使消费行为更加容易实现。

三、我国零售业的发展

我国零售业的发展离不开商业的发展。从历史上看,在原始社会后期,我国就出现了以物易物的交换活动。到了夏代,在社会上游离出一部分专门从事物品交换的人。公元前1000多年,黄河下游居住着一个古老的部落,其祖先叫契。由于契在大禹治水时有功,被封为商,这便是古代的商族,商族的手工业已相当发达,特别是纺织业,花色、品种优于其他各族。后来,"族"字被去掉,把从事物品交换的商族人简呼为商人了,这称呼一直沿袭至今。

西周时,商人开始分化为行商和坐贾,行商是走村串寨沿途买卖的商人,坐贾是有一定场所、招徕他人来买卖东西的商人,即行商曰商,坐商曰贾,故有行商坐贾之说,我们通常也把商人称为"商贾"。

汉朝时的"坊市制"是将民众居住与交易的场所进行功能划分,人们开始在固定的时间段于固定的区域进行商业买卖,从而形成了零售的雏形。到了唐朝时期,商业发达,商品交换的范围不断扩大。

北宋年间,零售业有了新发展,市与坊融为一体,出现了店铺,坐商达到空前繁荣的程度。以宋朝的《清明上河图》为例，画面中有街市上的各种商业活动、手工业活动、河上的漕运活动，各类人的游览活动等。除了酒楼、药铺等大型店铺外，还有香铺、弓店，茶铺或酒铺，门前挂着"解"字招牌的当铺，做车轮的木匠，卖刀剪的铁匠，卖花的、算命的以及各种摊贩等均可辨认。据史料记载，宋代商业的繁荣程度超过了前代，商业都市很多，其中最大的是开封和杭州。南宋时杭州改为都城临安后，繁荣程度甚至超过北宋时的开封。临安人口多达百万，大街小巷店铺林立，早市、夜市"买卖昼夜不绝"。还有各种小贩、货郎叫卖，增添了城市的热闹气氛。

《清明上河图》中的集市节选片段

> ⊙ **知识链接** 　　　　　**唐朝的"东市"和"西市"**
>
> 　　在唐代京都长安，有"东市"和"西市"两大市场。"东市"主要服务于上层社会的达官贵人，而"西市"不只是大众平民市场，更是包含大量西域、日本、新罗、百济等国际客商的国际性大市场。据记载，唐代"西市"占地1 600多亩⊖，建筑面积100万平方米，有220多个行业，固定商铺4万多家，被誉为"金市"，是当时世界上最大的商贸中心。东市内当时除了店铺外，还设有管理机构和中央派驻机构。唐代政府为了保证市场秩序和买卖公平，在东西两市均设有常平仓和平准署。现在人们也把购物叫买东西，据说"买东西"一词中的"东西"最初指代的就是唐长安城的两大集市"东市"和"西市"。

　　从我国各个朝代的更迭和社会时代的变迁发展可见，零售业在不同的历史时期对社会经济的发展起着重要的作用。

　　新中国成立之后，我国零售业的发展经历了以下阶段。

（一）发展阶段

　　1978年改革开放之前，我国的零售业是计划经济下的零售业，由全民和集体所有制

⊖　1亩≈666.67平方米。

的商业零售企业垄断经营。零售业的发展表现为业态单一、缺乏竞争，零售仅是生产企业的销售部门。改革开放之后，零售企业逐渐脱离传统体制的束缚，形成了以公有制为主体，私营、个体为重要支柱的零售格局，零售业开始迅速发展起来。

1. 第一阶段：1978～1989 年

从 1978 年中共十一届三中全会召开到 20 世纪 80 年代中期，是中国经济体制改革的起步阶段，那时，大型商业零售业还没有成为我国流通规模扩张的主导型商业形态。1984 年 10 月，中共十二届三中全会以后，以城市为重点的经济体制改革全面展开，全国由此形成了兴建大型商厦的热潮，不仅商业系统，许多国营单位、地方政府以及各行业部门也纷纷立项上马。据统计，从 1986 年到 1990 年，我国新建的大型零售商场数量就相当于新中国成立后至 1984 年建设的总和。

这一时期零售业的特点表现为：零售行业初步发展，百货商场一统天下，商场的数量增多但多数是粗放管理，缺乏市场观念，不重视市场营销及市场细分。大多数零售商以房地产、物业管理和出租柜台为盈利点，很少真正承担流通过程中的风险。

> ⊙ **知识链接**　　　　　　　　　**你是否知道"供销社"**
>
> 提到供销社，很多人既熟悉又陌生，这个在我国计划经济年代无比辉煌的组织，曾经形成了遍布城乡的零售网点，为广大农村群众提供所需的生产资料（比如镰刀和化肥）和生活资料（比如柴米油盐），是当时我国广大农村地区典型的零售商店形式，直到市场经济出现并发展起来之后，供销社才逐步淡出了百姓的生活。
>
> 供销社在我国零售历史上发挥着重要的作用，如今，面对市场经济的冲击，在中华全国供销合作总社的领导之下，供销社系统不断深化改革，积极探索服务农业的新思路。截至 2018 年，全国基层供销社经营网点达 34.1 万个，2018 年供销合作社销售总额 5.89 万亿元。供销社在我国实施乡村振兴战略过程中发挥了积极作用。⊖

2. 第二阶段：1990～2000 年

进入 20 世纪 90 年代以后，我国各种零售业态迅速发展。1991 年，在上海组建了"联华"超市公司，出现了中小型超级市场新业态；1994 年出现了便利店；1995 年出现了电视导购和直销；1996 年出现了大型仓储式超市和大型综合超市（大卖场）等。其中，超市的发展最为迅猛，连锁超市纷纷涌现，不但是发达地区和城市，1994 年以后，中西部地区也出现了连锁超市。中国连锁超市的平均年增长速度在 70% 以上，成为各种零售业态中发展最快、极具市场活力与竞争力的零售业态。由此，传统百货商店业态受到了超级市场及连锁超市模式的冲击，零售业形成以传统百货商店、超级市场及连锁超市为

⊖ 资料来源：《全国供销合作社系统 2018 年基本情况统计公报》。

主体，多种模式并存的状态。

1992年7月，我国开始进行零售业对外开放试点，从此拉开了零售业对外开放的帷幕。当时试点地域只限于六个城市（北京、上海、天津、广州、大连、青岛）和五个经济特区（深圳、珠海、汕头、厦门、海南），每个城市允许试办1～2家合资零售商业企业。批发业一直禁止外资进入。外资零售企业进入中国，全面推动了我国零售业的国际化进程。从1996年开始，沃尔玛、家乐福、麦德龙等国外零售企业巨头纷纷来华开店，加快了中国零售业现代化的步伐。

这一时期我国的零售业呈现出多业态共同发展、相互竞争的格局。零售业态百花齐放，新兴零售业态超市、连锁店的出现，专卖店的发展以及国际零售企业的进入，加剧了零售业的竞争，使零售企业开始注重管理，重视顾客需求，加强营销，改变了以往"千店一面"的形象。

3. 第三阶段：2001～2004年

2001年11月，我国加入WTO，迎来了零售业发展新的里程碑。这一时期，外资零售企业进军中国市场的步伐加快，中国零售领域的竞争异常激烈，一方面，出现了城市商业网点布局不合理、结构比例失调、业态功能雷同等现象；另一方面，竞争的加剧促使零售业经营能力和规模显著提高。

在此时期，电子商务逐渐渗透进人们的日常生活，改变着消费者的消费方式和习惯，并开始抢占传统实体零售的市场份额。2003年，网络零售迎来了转机，大量电子商务企业涌入，如2003年5月10日成立的亚洲第一大网络零售商淘宝，由此带动了中国网络零售市场的迅猛发展。

这一时期零售业的特点表现为业态类型丰富、经营管理日益规范化、强调营销、重视利用电子商务技术，商业资本日渐强大。

4. 第四阶段：2005～2011年

这一阶段是我国零售业全面开放阶段。2004年末，中国零售业入世过渡期结束，为了兑现中国对零售市场全面向外资企业开放的承诺，零售领域实行全面开放。零售市场的竞争愈发激烈，大型零售企业的渠道势力和垄断地位日益增强，同业恶性竞争、零供矛盾和冲突等问题突出。从2011年开始，零售商就面临高成本、高竞争、资源垄断、低回报、难扩张等难题，并且零售商的回报率越来越低，成本却越来越高，越来越难扩张，零售行业迎来了竞争最为激烈时期，行业的未来充满了变数。

这一时期，我国的网络零售进一步发展。2009年11月11日，阿里集团策划了第一年的"双11"活动，当天的销售额突破0.5亿元；2011年，天猫"双11"的销售额已跃升到33.6亿元，从中可以看出我国网络零售的迅速发展。

5. 第五阶段：2012~2016 年

2012 年以来，我国经济、消费品市场、零售业发展都发生了较明显的变化。一是经济增速减缓、下行趋势明显；二是在国家限制"三公消费"以及中央"八项规定"的政策环境下，零售市场中的公款、购物卡消费明显下降。另外，网上购物高速增长，对实体店的冲击进一步增强。在这种环境下，零售业的销售状况出现回落，尤其是高端消费下滑更为明显，百货店尤其是高档百货店销售增速较大幅度放缓。

与此同时，我国网络零售继续发展。2013 年 8 月，天猫商城、京东商城、苏宁易购三大电商巨头的销售额占我国网络零售额的 82.9%，占我国社会消费品零售总额的 5.2%。在天猫商城第三方平台上，每天有 1 800 万笔买卖成交。同时，关于线上网络零售和实体零售的结合问题出现了一些新名称，如 O2O（online to offline），指的是零售商将线下的商务机会与互联网结合，让互联网成为线下交易的前台。2013 年，O2O 进入高速发展阶段。

总体来看，这一时期零售业表现出的特点有：更多的消费者加入网购队伍当中；电商企业在一、二线城市发展稳定后，逐渐向三、四线城市延伸，推动了网购市场规模的扩大；从 2013 年起，移动终端购物成为一股力量，进一步推动了网购的发展。值得关注的是，这一时期网络零售市场细分成为趋势，出现了奢侈品网购平台、化妆品网购平台等。随着网购市场规模的不断扩大、消费者的日渐成熟，消费者对购物体验提出了更高的要求。

6. 第六阶段：2016 年至今

在互联网环境下，智能化、大数据、云计算等技术已经运用在零售领域。同时，消费者对购物体验提出新的需求，顾客价值的内容都发生了新的变化。

2016 年 10 月，马云在云栖大会上提出"线上 + 线下 + 物流"深度融合的"新零售"理念，引发社会广泛关注。所谓新零售，是指企业以互联网为依托，通过运用大数据、人工智能等先进技术手段，对商品的生产、流通与销售过程进行升级改造，进而重塑业态结构与生态圈，并对线上服务、线下体验以及现代物流进行深度融合的零售新模式。

拓展阅读　　　　　　此"盒马"非彼"河马"

提到"新零售"，不得不提"盒马鲜生"，当然，这个"盒马"不是动物园中的"河马"。盒马鲜生是阿里巴巴重构线下超市新零售业态的一种新的尝试。盒马鲜生既是超市，又有生鲜，也提供餐饮服务。用户可以到店挑选、购买，也可以通过盒马 App 下单，通过支付宝支付。盒马鲜生最大的特点之一是快速配送，附近 3 千米内，下单后 30 分钟必达。盒马鲜生于 2016 年 1 月在上海开了第一家店，截至 2019 年 6 月，盒马鲜生在全国范围内有150家线下门店,成为新零售行业中的翘楚,引领着新零售冲击传统市场。盒马鲜生是线上、线下与现代物流技术相融合的创新型业态,在用户端与淘宝、支付宝会员体系相关联,供应链端采取直采、与天猫超市联合采购等方式,并提供30分钟送到的优质配送服务,成为数据和技术驱动的新零售平台。

新零售的代表商店之一——"盒马鲜生"店

2017年9月,商务部发布《走进零售新时代——深度解读新零售》报告,系统诠释了新零售的内涵,阐述了其特点,解析了其重要意义,并提出促进新零售健康发展的对策建议,这是国家部委首次对新零售进行调研和专题报告发布。一方面,新零售对于中国经济、社会发展意义重大;另一方面,新零售关乎百姓福祉,能更好地满足老百姓的消费需求,满足人民对美好生活的向往。

在新零售为零售业带来全新变化的同时,零售业中有关"智慧零售""无界零售"等新概念、新名词、新标签、新模式不断地出现,这说明在互联网发展和新技术不断涌现的背景下,零售业受到了巨大冲击,零售业被推到了风口浪尖,也说明我国的零售业正处在重要的变革时期。

(二)主要特点

零售业是我国第三产业中最重要的产业之一,它与国民经济和人民生活息息相关。在我国改革开放的经济发展背景下,零售业快速成长,与其他国家相比,我国零售业在几十年的时间里完成了其他国家上百年的发展演变。

从中美零售企业发展的对比看,虽然中国百货商超、连锁专卖等传统零售业态发展相对滞后,但电子商务整体表现优异,中国零售电商的数量和营收占比远高于美国,阿里电商平台商品交易总额(GMV)在2017年达4.6万亿元,约为中国零售百强营收的1.5倍,约占美国零售百强营收总额的1/3。

随着政治、经济、社会环境的变迁,我国零售业的发展呈现出以下特点。

1. 各种所有制企业并存

改革开放以来，我国经济迅速发展，买方市场逐渐形成，居民购买力、消费水平迅速提高，消费质量和档次不断提高，消费领域不断扩大，促使了零售业的变革，打破了国有企业一统天下的所有制结构局面，外商独资、合资合作各种形式并存，大力发展集体、个体商业，允许工业自销等变化使零售业产业结构发生了很大的变化，家乐福、欧尚、麦德龙、沃尔玛等外资零售巨头推动了我国本土零售企业的变革，在零售领域形成了以公有制经济为主体，个体、私营、外商、港澳台投资并举的多元化主体结构。

2. 各种新型业态在我国同时出现，没有明显的时间阶段性

由于我国是发展中国家，经济上具有后发性特点，经济体制又是从计划经济转入市场经济的，市场并没有经过充分的发展，因此新的零售业态不是按经济发展阶段依次出现的，而是几乎同时出现，发达国家100多年逐步发展起来的主要零售业态，同时涌入我国尚不成熟的市场。

具体来看，零售业态由单一的百货店形式发展成包括超级市场、大型综合超市、便利店、专业店、专卖店、仓储式商场、购物中心、连锁店等的多业态形式。

另外，我国的零售业态并非传统意义上的业态形式。例如，大多数小型便民连锁超市是由城市的固有粮店、副食店、小杂货店改进而形成的，并不一定具有超市的低毛利、高周转、廉价销售的特点。

近年来，网络零售成为带动我国零售业增长的主要动力，发展速度和规模甚至超越了欧美发达国家。表1-1为2018年综合电商排名及基本介绍。

表1-1 2018年综合电商排名及基本介绍

排名	平台	成立时间	基本介绍
1	天猫	2012年	天猫为阿里巴巴集团旗下的公司，是中国线上购物的地标网站、亚洲超大的综合性购物平台，拥有10万多品牌商家。2018年天猫肩负三大使命：消费升级主引擎、品牌数字化转型主阵地、阿里新零售的主力军
2	京东	2013年	京东是专业综合网上购物商城，销售的商品涵盖家电、手机、电脑、图书、服装、母婴、美妆、个护、食品、旅游等品类。京东秉持诚信经营的核心理念，坚守正品行货、倡导品质经济，成为中国备受消费者信赖的零售平台。2018年，京东集团市场交易额接近1.7万亿元
3	唯品会	2008年	唯品会开创了"名牌折扣＋限时抢购＋正品保障"的创新电商模式，并持续深化为"精选品牌＋深度折扣＋限时抢购"的正品时尚特卖模式，在线销售服饰鞋包、美妆、母婴、居家等各类名品
4	亚马逊	1995年	亚马逊（Amazon）是一家跨国电子商务公司，总部位于美国华盛顿州的西雅图。亚马逊最开始为线上书店，后来商品走向多元化，已成为全球商品品种最多的网上零售商和全球第二大互联网公司。亚马逊中国自2014年以来，聚焦跨境网购，打造了以"亚马逊海外购"和"Prime会员服务"为核心的跨境业务模式，满足了中国消费者购买高品质海外正品的需求，建立了亚马逊在中国跨境网购行业的差异化优势

(续)

排名	平台	成立时间	基本介绍
5	苏宁易购	2009年	苏宁易购是苏宁云商集团股份有限公司于2009年上线的一个B2C网上购物平台，覆盖传统家电、3C电器、日用百货等品类商品。2009年，"苏宁电器网上商城"更名为"苏宁易购"。2019年2月，苏宁易购收购万达百货有限公司下属全部37家百货门店。2019年6月，苏宁易购收购家乐福中国80%的股份，成为家乐福中国的控股股东
6	网易严选	2016年	网易严选（YEATION）是网易旗下一个生活类自营电商平台，于2016年4月正式面世，是国内首家ODM（原始设计制造商）模式的电商。网易严选销售的商品涵盖居家配件、母婴服装、原生态饮食等品类
7	国美	2011年	国美电器（GOME）是一家家电零售连锁企业，于1987年1月1日在中国香港成立。2011年4月，国美电子商务网站全新上线，率先创新出"B2C+实体店"融合的电子商务运营模式。2016年11月，国美控股集团互联网板块整合旗下国美在线、美信、国美管家、国美海外购和GOME酒窖，组建国美互联网生态（分享）科技公司，通过组织职能的融合、产品技术的打通及客户资源的共享，统一流量入口，最大范围实现线上线下融合
8	当当	1999年	当当是一家综合性网上购物公司，于1999年11月成立，公司最初专注于图书电商业务，取得雄踞首位的成绩，一度成为中国最大的图书资讯集成商和供应商，当前经营范围涵盖图书音像、服装鞋包、家居家纺、孕婴童等商品。2018年，当当被天海投资收购
9	1号店	2008年	1号店于2008年成立，总部位于上海。企业经营范围覆盖食品饮料、生鲜、美容护理、服饰鞋靴、母婴用品、家居用品等领域。2010年3月，1号店获得"最佳售后服务奖"；2013年5月，推出自有品牌BESTLUCK；2015年，被沃尔玛全资收购；2017年10月，成为上海首批敬老卡联盟单位中首个商业企业
10	微店——买家版	2011年	微店由北京口袋时尚科技有限公司开发，是一家致力于帮助有梦想的人更容易创业的基于社交关系的电商平台，也致力于为消费者提供有用、有趣、有态度的购物平台
11	一淘网	2010年	一淘网是阿里巴巴集团旗下促销类导购平台，经营范围涵盖女装、男装、个护美妆、家电数码、家居、母婴等商品，具有免注册、购物返利、购前用红包等特点
12	蘑菇街	2011年	蘑菇街是中国领先的时尚目的地。公司通过形式多样的时尚内容、种类丰富的时尚商品，结合红人直播、"买手选款+智能推荐"的售卖方式，让人们在分享和发现流行趋势的同时，尽情享受优质的购物体验
13	指动生活	2014年	指动生活为消费者提供本地美食、超市的团购、外卖、购物、商圈供给等生活服务类产品和商家优惠信息
14	YOHO有货	2007年	YOHO有货是南京新与力文化传播有限公司开发的电商平台，专注于适应潮流趋势和受众的需要，凭借专业的买手团队和对潮流趋势敏锐的嗅觉，积极开拓符合年轻人喜好的品牌和商品；满足18~35岁年轻群体的时尚个性化需求，经营范围涵盖男女服装、鞋帽、配件、童装及创意生活用品等
15	礼物说	2013年	礼物说（GiftTalk）是广州贴贴科技有限公司推出的一个移动电商平台。礼物说以推荐礼物攻略为核心，还提供扫码留声、礼物商店等功能

资料来源：硅谷动力网，http://www.enet.com.cn/article/2018/0906/A20180906053551.html，有删改。

3. 线上线下融合和强强联合持续推进

实体零售巨头强强联合，形成优势互补的融合模式，推动零售业资源优化配置。例如，2018 年，阿里巴巴的线下零售合作方包括高鑫零售、上海百联、银泰商业等，京东的合作伙伴包括沃尔玛、永辉、欧尚、全家和 7-Eleven 等，实现线上线下加速结盟。同时，网络零售行业逐步成熟，电商平台协助商家打通线上线下渠道，实现了"线上下单、门店提货""门店下单、仓库配送"等新型零售方式，加快了传统商业数字化进程。

4. 新技术推动零售业全面升级

德勤（Deloitte）发布的《2019 科技、传媒和电信行业预测》报告称，中国拥有全球最大的固定和移动互联网用户群，2017 年末中国有 7.72 亿人上网，2018 年 6 月上网人数为 8.02 亿，2019 年初上网人数预计将超过 8.25 亿。2017 年末，几乎全部（97.5%）中国网民均使用移动互联网。报告称，2019 年初，中国有 6 亿人使用手机进行移动支付。

2012 ~ 2019 年中国网络购物市场交易规模如图 1-2 所示。

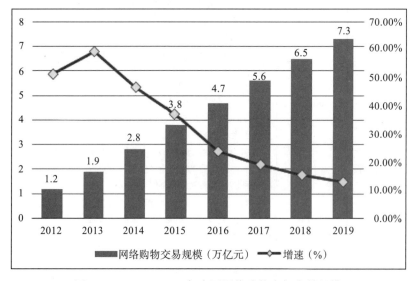

图 1-2 2012 ~ 2019 年中国网络购物市场交易规模

资料来源：中国产业信息网，http://www.chyxx.com/research/201805/636238.html，有删改。

新技术应用催生零售企业营销模式的不断创新，网络零售规模不断扩大。数据显示，2017 年中国网络购物市场交易规模达到 5.6 万亿元，与 2016 年相比增长 19.1%。随着网络购物市场线上线下的融合，行业稳定发展，按照《电子商务"十三五"发展规划》，预计 2020 年我国网络购物市场交易规模将突破 10 万亿元。

大数据和人工智能技术支持个性化场景，实现了针对不同消费者"千人千面"的定向导购和促销；虚拟现实和增强现实技术逐步成熟，缩短了消费者与物品的视觉感知距离，提升了用户体验。同时，电商平台支撑能力进一步提高，云计算服务商的处理能力不断增强。无人仓、无人车、无人机等技术从概念走向应用，大幅提升了物流的效率，推动了零售业的全面升级。

本章小结

本章是全书的基础章节，主要介绍零售学的基本概念和基础知识。

零售是指以一种大批量买进并小批量卖出为特征的活动，它的功能如下：实现商品价值，满足消费者需要；服务消费，促进销售；反馈信息，促进生产；刺激消费，指导消费。零售商是指把产品和服务出售给消费者供其个人或家庭使用的一种商业企业。

总体上看，零售商可以划分为实体零售商和网络零售商。其中，实体零售商可以按照所有权的形式划分为独立零售商、连锁零售商、获取特许经营权的零售商；按照经营方式，可以划分为以百货商店、专卖店、超级市场、便利店等形式存在的各类商店和以电话（电视）购物、直销、网络或自动售货机形式存在的无店铺零售商。本书在后续章节中将会具体分析不同类型的零售商。零售商把产品和服务出售给消费者，从而使产品和服务得到价值增值，具有组织商品、储存商品及承担风险和提供服务的职能。

零售业属于服务业的范畴，是服务业的重要组成部分，是一个国家经济发展最重要的行业之一。零售业的发展关系着人们的生活水平和质量。新中国成立之后，我国零售业的发展经历了不同的阶段，呈现出发展速度快、零售业态丰富、零售技术先进等特点，我国成为全球范围内零售市场发展最活跃的国家，是现代零售业实践发展的践行者。

本章练习题

一、简答题

1. 你怎样理解零售的概念？
2. 简述零售活动的特点。
3. 零售具有什么功能？
4. 简述零售商的主要类型。
5. 简述我国零售业发展的主要特点。

二、论述题

1. 论述零售业对国家、社会以及经济发展的作用。
2. 新中国成立之后，我国零售业的发展经历了哪些阶段？其原因是什么？

三、实践题

1. 选择一个你熟悉的零售商，搜索其官网，了解这个零售商的主要职能及工作内容。
2. 你所在的城市有哪些有名的零售商？试列出10个，并说明每个零售商的经营特点。

第二章
零售业态与零售理论

学习目标

掌握零售业态的概念及类型；学习零售业态发展理论；理解不同零售业态的划分及主要特征；掌握零售业态变革的阶段；了解无店铺零售业态的类型，重点学习以网络零售为主要特征的无店铺零售的发展。

导入案例

"书店+"越来越有趣

新型书店的创新越来越多了，复合型+跨界经营成了书店创新的主流之路。言几又、西西弗、方所、诚品书店等都是将"咖啡+书+文创产品"相结合的复合型书店，为人们创造了更多的有个性的精神消费场所。"书店+"还能玩出多少花样？

诚品书店在中国大陆的第一家分店——诚品书店（苏州店）

2018年8月，复合型书店的鼻祖——诚品书店首次跨界生鲜市场领域，在书店里开设生鲜市集。这是诚品创立 29 年以来首次涉足生鲜领域,其在诚品生活台北信义店打造的一个全新的生鲜菜市场,是台湾首家"诚品知味 MARCHE 市集"。这个 300 多平方米的空间位于书店的 3 楼,营业到晚上 12 点。市集主要分为生鲜区、调料区、有机食品区和生活用品区 4 个区域,卖生鲜蔬果、鱼虾肉品、调味品、包装食品、零食等。

诚品还准备了一个"书菜配"的推广活动,生鲜柜中摆着新鲜食材和对应的菜谱,消费者按菜谱购买指定的食材,还能获得优惠。生鲜区域主要售卖台湾本土的生鲜品牌,超过 150 种当地小农栽种的生鲜产品,主打新鲜、健康、无毒、有机。调味料陈列区、粮米展区、咖啡豆展区的旁边都会摆放原材料相关图书,让消费者更直观生动地了解产品,同时促进图书的销售。

实际上,诚品早在 2008 年就创办了诚品知味,通过严选、推荐台湾当地食材,传达饮食文化与故事,更融入"食在当令"的饮食概念,推荐兼具"文化、健康、季节、精致、环保"的特色食材。

1989 年创立的诚品从很早就开始打造"生活方式",围绕着"人文、艺术、创意、生活"这一价值观,将诚品书店发展成生活类的文化休闲场所。除了销售图书,诚品门店还引进了服装、餐饮、文具、家具等商品。根据诚品官网介绍,诚品书店目前的业态已经有文具馆、音乐馆、黑胶馆、COOKING STUDIO、咖啡馆等。诚品还将新鲜蔬果融入书店,采用独家的"在书店买菜"的新运营形式,打造书店场景复合式营销模式。

作为复合式经营的成功代表,诚品的多业态经营早已成为它的一块招牌。据了解,诚品要拓展的多业态模式还不止于此,未来,或许宠物食品及用品零售、宠物美容服务、艺术品咨询、花艺设计或美容美发服务等也都会出现在诚品书店。

截至 2018 年,诚品书店已在中国台湾地区拥有 43 家分店,中国香港地区 3 家,中国内地 2 家。据悉,未来诚品知味 MACHE 市集也会扩展到其他诚品门店。作为"书店+"的典型代表,诚品书店会一直尝试围绕实体空间新业态的探索,不知这条探索之路是否能够顺利平稳……

资料来源:搜狐网,http://www.sohu.com/a/274272644_756233,有删改。

思考:
1. 你怎么看诚品书店在书店里开设生鲜市集?
2. 你认为推动书店业态模式变化的原因是什么?你如何评价书店的业态变化?

第一节 零售业态的概念与类型

一、零售业态的概念

"业态"(type of operation)一词来源于日本,大约出现于 20 世纪 60 年代至 80 年代,我国的一些研究者在对日本商业运行模式进行介绍和研究时,将"业态"一词引入我国。后来理论界和实践界都逐渐接受了用"业态"来分析和研究零售商业组织。

日本学者安士敏认为,业态是指营业的形态,它是形态和效能的统一,形态即形状,它是达成效能的手段。铃木安昭认为,从店铺的形态上看,业态是指零售经营者关于具体零售经营场所——店铺的经营战略的总和。

美国的研究者在定义零售业态时,一般用"type of retailers"或"types of retail establishments"来表述。零售业态除了可以按照商业组织的所有权、零售战略组合来划分,还可以按照商品类别进行划分,诸如建材五金店、食品店、加油站、服装店、家居店、餐饮店、其他店等,在其他类中包括药店、酒品店、无店铺销售等。

尽管当前世界各国对零售业态的定义由于侧重点不同而有所区别,但通常认为,零售业态专指商业领域中商品流通企业的组织类型和经营方式,或者说零售业态是零售企业为满足不同的消费需求而形成的不同的经营形态。通俗地理解,零售业态就是指零售店卖什么、卖给谁和如何卖的具体经营形式。这一概念包括两方面的含义:其一,确定的目标市场;其二,具体的经营策略,包括选址、规模、商品策略、价格策略、商店设施、服务方式等。

二、零售业态的类型

近年来,我国商务部根据我国零售业发展的趋势,并借鉴发达国家对零售业态的划分方式,制定并不断修订有关《零售业态分类》的标准。本书采用的划分标准是国家质量监督检验检疫总局(现为国家市场监督管理总局)、国家标准化管理委员会联合颁布的《零售业态分类》(GB/T 18106—2004),该标准于2004年10月1日起开始实施。

根据该标准,零售业态是零售企业为满足不同的消费需求进行相应的要素组合而形成的不同经营形态,从总体上可以分为有店铺零售业态和无店铺零售业态两类。该标准按照零售店铺的结构特点,根据其经营方式、商品结构、服务功能,以及选址、商圈、规模、店堂设施、目标顾客和有无固定经营场所等因素,将零售业分为17种业态。其中,有店铺零售业态共有12种,无店铺零售业态共有5种。以下列举了部分内容。

(一)有店铺零售业态

1. 百货商店

百货商店是指在一个建筑物内,经营若干大类商品,实行统一管理,分区销售,满足顾客对时尚商品多样化选择需求的零售业态。表2-1为百货商店的主要特征。

根据表2-1,百货商店重点经营服饰、化妆品、首饰、箱包和家庭用品等产品,其中,服饰是百货商店的主要产品大类,据统计,服饰一般占百货商店零售额的40%左右,与其他产品相比,服饰为百货商店提供了最大的经营利润。

表 2-1 百货商店的主要特征

项目	主要特征
选址	市、区级商业中心，历史形成的商业集聚地
商圈与目标顾客	商圈半径为 5～10 千米，目标顾客以追求时尚和流行的顾客为主
营业面积	营业面积为 6 000～20 000 平方米
商品（经营）结构	综合性，门类齐全，以服饰、鞋类、箱包、化妆品、礼品、家庭用品、家用电器为主
商品售卖方式	采取柜台销售和开架销售相结合的方式
服务功能	注重服务，设餐饮、娱乐场所等服务项目和设施，功能齐全
管理信息系统	信息化程度较高

北京双安商场定位为精品时尚百货

百货商店因经营品种丰富、设施齐全、服务水平高而对消费者具有较强的吸引力。百货商店服饰种类很多，包括男装、女装、童装、休闲服、运动服、职业装、针织类、内衣类、皮革类等。从商品结构来看，百货商店主要经营中高档服饰，来配合其商品定位。从商品价格来看，百货商店投入资金大，地价贵，店内装潢考究，运营费用高，因此，商品销售价格偏高。

> ⊙ 知识链接　　　　**美国的梅西百货（Macy's）**
>
>
>
> 说到梅西百货，去过美国的人一定都很熟悉，其以 Macy's 红色标志为特征，在美国有 700 多家店，从服装、鞋帽到家庭装饰品、厨房用品等应有尽有。Macy's 是美国联合百货公司旗下的公司，是美国著名的连锁百货公司。
>
> 1858 年，罗兰·赫西·梅西（Rowland Hussey Macy）先生在纽约曼哈顿第 14 街和第 6 大道的交叉口上，以自己的名字命名开设了一家商店——R. H. Macy & Co.。梅西百

货旗舰店位于纽约市海诺德广场（Herald Square），1924年梅西百货公司在第7大道开张时曾被宣传为"世界最大商店"。如今，梅西百货公司已成为纽约人与观光客的汇集之地。

2018年《财富》世界500强排行榜发布，梅西百货名列第473位。2018年12月，世界品牌实验室发布2018年度世界品牌500强榜单，梅西百货名列第363位。

2. 超市

超市即超级市场（supermarket）的简称，指实行敞开式售货，由顾客自我服务的零售业态。超市出售的商品一般都是有合理包装的规格化商品，在包装上标有品名、重量、售价、厂牌、出厂日期等，商品按品种系列敞开陈列在货架上，任顾客自选自取，并备有推车和提篮供顾客使用，顾客选货后在出口处付款。

超市出售的商品最初以食品为主，后来向日用百货、服装、玩具、家用电器、医药用品等方面发展，规模不断扩大。表2-2为超市的主要特征。

表 2-2 超市的主要特征

项目	主要特征
选址	市、区商业中心，居住区
商圈与目标顾客	辐射半径2千米左右，目标顾客以居民为主
营业面积	营业面积为6 000平方米以下
商品（经营）结构	经营包装食品和日用品，食品超市与综合超市商品结构不同
商品售卖方式	自选销售，分设出入口，在收银台统一结算
服务功能	营业时间在12小时以上
管理信息系统	信息化程度较高

20世纪90年代初期，超市进入中国内地，然后迅速发展，经营面积和品种不断变化，如今遍布城市和乡村，成为消费者日常生活不可缺少的零售业态。

物美超市——北京及华北地区知名的连锁超市集团

3. 大型超市

大型超市（general merchandise store，GMS）或大卖场，由超市发展而来，综合营业面积一般为 6 000 ~ 10 000 平方米或 10 000 平方米以上，以低成本、低毛利、大流量为经营特色。实际上，大型超市是超市与折扣店的结合体，衣、食、用品齐全，一般不经营品牌商品和贵重商品，主要经营大众日常的消费品，采取开架、自助的购物方式，全方位地满足消费者基本生活需要，使消费者一次性购足。表 2-3 为大型超市的主要特征。

表 2-3　大型超市的主要特征

项目	主要特征
选址	市、区商业中心，城乡接合部，交通要道及大型居住区附近
商圈与目标顾客	辐射半径在 2 千米以上，目标顾客以居民、流动顾客为主
营业面积	营业面积为 6 000 平方米以上
商品（经营）结构	大众化衣、食、用品齐全，一次性购齐，注重自有品牌开发
商品售卖方式	自选销售，分设出入口，在收银台统一结算
服务功能	设不低于营业面积 40% 的停车场
管理信息系统	信息化程度较高

大型超市丰富的商品为消费者一站式购物提供了可能，节约了消费者的时间，相对于百货商店，大型超市的运营成本低，商品价格低廉。以服装为例，大型超市一般经营标准化程度高、购买频率高、适于自选的服装，如衬衣、内衣、T 恤、家居服等。当前，随着竞争的加剧，有的大型超市扩宽了服装的产品线，增加了日常便服、休闲装和童装的比例，也有的大型超市引进品牌服装来提升整个超市的形象与档次。

4. 购物中心

购物中心（shopping center 或 shopping mall）是指在有计划地开发、管理、运营的一个建筑物内或一个区域内，向消费者提供综合性服务的商业集合体。购物中心由多种零售店铺、服务设施集聚而成。严格来说，购物中心并不是一种独立的零售业态，而是一种零售组织的聚集形式，因为购物中心聚集着多种零售业态，同时提供其他零售服务，如购物、餐饮、娱乐、金融服务等。

购物中心可以分为社区型购物中心、市区购物中心、城郊购物中心三种类型，具体特征如表 2-4 所示。

大型购物中心以规模大、设施齐全、商品与服务种类丰富，集购物、娱乐、休闲于一体为主要特征，它通常以一家或数家中高档百货公司为中心，再辅以其他的一些零售业态和服务业态。在当今零售业多元化并存的时代，购物中心有很大的发展空间，也是未来零售业发展的重要趋势。

表 2-4 购物中心的分类及特征

购物中心的分类	购物中心的特征						
	选址	商圈与目标顾客	营业面积	商品(经营)结构	商品售卖方式	服务功能	管理信息系统
社区型购物中心	市、区级商业中心	商圈半径为5~10千米	建筑面积5万平方米以内	20~40个租赁店,包括大型超市、专业店、专卖店、饮食服务及其他店	各个租赁店独立开展经营活动	停车位300~500个	各个租赁店使用各自的信息系统
市区购物中心	市级商业中心	商圈半径为10~20千米	建筑面积10万平方米以内	40~100个租赁店,包括百货店家、大型超市、各种专业店、专卖店、饮食店、杂品店以及娱乐服务设施等	各个租赁店独立开展经营活动	停车位500个以上	各个租赁店使用各自的信息系统
城郊购物中心	城乡接合部的交通要道	商圈半径为30~50千米	建筑面积10万平方米以上	超过200个租赁店,包括百货店家、大型超市、各种专业店、专卖店、饮食店、杂品店以及娱乐服务设施等	各个租赁店独立开展经营活动	停车位1 000个以上	各个租赁店使用各自的信息系统

5. 仓储式会员店

仓储式会员店是以会员制为基础,实行储销一体,批零兼营,以提供有限服务和低价格商品为主要特征的零售业态。仓储式会员店的产品线组合较宽,从食品、日用品到服装、电器、电子产品、家居饰品等。仓储式会员店的商品周转率很高、物流配送信息化,商店保持低成本运营。表 2-5 为仓储式会员店的主要特征。

表 2-5 仓储式会员店的主要特征

项目	主要特征
选址	城乡接合部的交通要道
商圈与目标顾客	辐射半径在5千米以上,目标顾客以中小零售店、餐饮店、集团购买和会员顾客为主
营业面积	6 000平方米以上
商品(经营)结构	以大众化衣、食、用品为主,自有品牌占相当部分,商品品种在4 000种左右,实行低价、批量销售
商品售卖方式	自选销售,分设出入口,在收银台统一结算
服务功能	设相当于营业面积的停车场
管理信息系统	信息化程度较高并对顾客实行会员制管理

仓储式会员店设施简单，服务项目较少，甚至不设导购人员，但管理十分精细，使建筑装修成本达到最低，店铺运营成本降至最低，真正实现商品的低价格。与大型超市相比，仓储式会员店的商品价格更为低廉。

一般来说，中低收入者对价格的敏感性很强，同时，低廉的价格对高收入者同样具有吸引力，因此，能够提供物超所值的商品的仓储式会员店有很大的发展空间。仓储式会员店具有竞争力的关键就在于其低价策略，能够抓住消费者最根本的需要，经营适销对路的商品，将大部分商业利润通过价格的形式最直观、最直接地返还给消费者。

> **⊙ 知识链接**　　　　　**仓储式会员店的代表者：Costco**
>
> Costco（中文名称为开市客）是美国最大的连锁会员制仓储式会员店。1976年，第一家采取会员制的仓储批发俱乐部 Price Club 在加利福尼亚州的圣迭戈成立。7年后，另一合作伙伴 Costco 会员制仓储批发公司于美国华盛顿州的西雅图市成立。1993年，两家公司合并为普来胜公司。1998年，普来胜公司正式更名为开市客股份有限公司（Costco Wholesale）。目前，Costco 在全球11个地区经营逾770家卖场。
>
> Costco 是会员制仓储批发俱乐部的创始者，成立以来即致力于以可能的最低价格提供给会员高品质的品牌商品。Costco 的分店大部分都位于美国境内，加拿大则是其最大的国外市场，商店主要设在首都渥太华附近。全球企业总部设于华盛顿州的伊瑟阔（Issaquah），西雅图也设有其旗舰店。
>
>
>
> 2017年6月6日，"2017年 BrandZ 最具价值全球品牌100强榜"公布，Costco 名列第68位。2019年1月25日，Costco 在《财富》杂志发布的"2019年全球最受赞赏公司排行榜"中排名第12位。

> **拓展阅读**　　　**美国 Costco 在中国大陆的首家门店在上海开业**
>
> 等待已久，千呼万唤始出来的美国大型零售商 Costco 在中国大陆市场的首家门店于2019年8月27日落户上海。作为大型仓储式低价超市，Costco 在美国市场份额颇高，并且已经进入亚洲市场，在日本和韩国等都有门店。
>
> 而其"老对手"沃尔玛麾下的同类仓储式业态山姆会员店则已在中国大陆市场经营多年，Costco 要如何超越对手，成为业界关注的焦点。
>
> 2019年8月20日，第一财经记者率先实地探店，并专访了 Costco 亚洲区总裁张嗣汉，他表示减少 SKU 品类、严控成本和毛利率以达到低价效果是 Costco 的核心竞争力，

未来将在中国大陆市场加速扩张，华东地区是其首先开拓的区域。

Costco 的中国大陆市场首家门店位于上海闵行区，总购物面积为 1.4 万平方米，停车场可容纳 1 200 个停车位，Costco 方面称，这是其在全球最大的停车场。

走进门店，第一财经记者看到店内场地开阔，楼层挑高非常高，所有的商品都以箱包方式陈列，基本都是大包装货品，商品品类涵盖了食品、饮料、酒水、日用品、服装、家电、玩具、生鲜等。

Costco 方面表示，其商品价格会比市场上同类商品的价格低 30%～60%，其瞄准的目标客户群既有家庭客户，也有企业客户。从以往经验来看，个人客户占比在 70% 左右，企业客户占比在 30% 左右，但企业客户客单价较高。上海的 Costco 门店辐射周边 30～45 分钟车程可达的客户群。

从现场格局来看，Costco 的仓储式模式与沃尔玛麾下的山姆会员店非常类似，因此两者在美国市场也是直面竞争的劲敌。

低价的秘密：毛利率低于 14%

当被问及 Costco 与山姆会员店的竞争关系时，张嗣汉告诉第一财经记者，山姆会员店有自己的特色，而 Costco 也有，两者在体验和价格方面还是有差异的。

"我们的特点就是低价，之所以能做到这一点，是因为我们的采购团队有关会去挑选最值得引入的货品。以大型卖场来看，通常一家门店需要数万个 SKU，但我们始终只有 3 400～3 500 个 SKU，差不多是同行的 1/10。这么少的品类也就意味着，对于每一个可以引入的品类，我们必然要选择最具有价格优势的商品，我们会大规模采购，获得规模优势。我们同时会严控成本，包括仓储式超市的装修、商品包装等都是很简单的，人工也比较少，很多都是客人自助进行。我们的店开设在非市区地段，租金也相对便宜。因此我们的整体毛利率是低于 14% 的，大部分商品的毛利率只有 10%～11%，而其他同行的毛利率远高于这个水平。"张嗣汉向第一财经记者透露。

Costco 方面表示，其门店内所有商品均以原装货盘运送，并陈列于简单的卖场环境中，这样能更高效地存放及转移商品至销售区域。此外，卖场为自助模式，会员所购买的商品均以空纸箱包装。

Costco 保持低价优势的另一种方法就是拥有自有品牌商品，由于自己控制整体供应链，因此自有品牌商品的价格会比市场上同类商品低很多。张嗣汉表示，目前 Costco 有自有品牌 Kirkland Signature 系列商品，自有品牌商品的占比约为 10%。

根据第一财经记者对其他零售商的采访和了解，在中国市场，大部分零售商自有品牌商品的占比都在 10% 以下，有些仅 5% 不到。因为不少中国消费者还是习惯购买被大众认可的品牌商品，而非自有品牌商品。

Costco 和山姆会员店一样，采用会员制，因此会员费用也是其一笔固定收益，目前 Costco 在全球会员逾 9 700 万人。

"为了开设上海这家门店,我们准备了十几年,希望这家门店可以吸引超过 10 万名会员。我们当然也看到了电商对于实体零售业者的冲击,但我们实体店的体验式购物是电商难以取代的。我们认为实体零售还是有前景的。"张嗣汉说。

第一财经记者采访了解到,仓储式大型卖场在美国比较流行,因为符合当地消费者驱车前往、批量采购大包装商品的习惯,而且 Costco 的低价的确很有优势。

中国消费者的习惯还是有所不同,但这几年,年轻消费者也开始慢慢接受大包装采购的方式,因此沃尔玛麾下的山姆会员店的业绩明显增长。有业内人士指出,仓储式大型卖场的低价模式是可行的,但需要其具有一定的规模化效应和合理的选址布局,光靠少量的门店是很难做到摊薄成本以及便捷到达的。作为一个"后来者",Costco 未来在中国大陆市场的发展之路还很长,其扩张过程中也难免会存在诸多竞争和挑战。

资料来源:https://baijiahao.baidu.com/s?id=1642382718784004638&wfr=spider&for=pc,有删改。

6. 折扣店

折扣店一般是指店铺装修简单,服务提供有限,商品品种不多,自有品牌商品数量有限,价格低廉的一种零售业态。表 2-6 为折扣店的主要特征。

表 2-6 折扣店的主要特征

项目	主要特征
选址	居民区、交通要道等租金相对便宜的地区
商圈与目标顾客	辐射半径在 2 千米左右,目标顾客主要为商圈内的居民
营业面积	300～500 平方米
商品(经营)结构	商品价格一般低于市场平均水平,自有品牌占有一定的比例
商品售卖方式	开架自选,统一结算
服务功能	用工精简,为顾客提供有限的服务
管理信息系统	信息化程度一般

⊙ 知识链接　　　　　　　　上品折扣店

北京的"上品折扣店"指的是北京市上品商业发展有限责任公司,其创立于 2000 年。上品折扣店经营的主要商品包括各种知名品牌的服饰、鞋、运动用品、休闲户外用品、儿童用品、家居生活用品、皮具箱包、化妆品、钟表、珠宝、各类饰品等,商品销售价格是一般百货商场或购物中心中相同品牌商品的 20%～50%。

截至 2020 年 8 月,上品折扣店在北京地区的实体店有 4 家,还上线了电子商务网站——上品折扣网及上品折扣 App,拥有 600 余个国内外知名品牌、近 10 万款商品,门类涵盖百货业态的主要商品品类。上品折扣店以"名牌商品、折扣销售"为突出特色,并

> 以尽可能低的折扣价格售卖，店内所销售的品牌均是当前市场上消费者普遍认可的，在各大主流百货商场或购物中心设有形象专柜或专门店面的品牌。同时，上品折扣店采用统一的管理模式，包括统一的商品规划、商品组织和商品管理，统一的制度和流程管理，统一的财务管理，并以统一的形象标识面对消费者。

服装是折扣店经营的重要商品，服装品牌折扣店主要经营过季品牌、库存、订单尾货、断码等服装。与百货商店相比，这些服装一般不具时尚引导性，因此服装品牌折扣店以价格为竞争手段和策略。服装品牌折扣店一般分为两类：一类是有多家品牌服装的折扣店，另一类是某一品牌的特价连锁店。折扣店是品牌对其亚消费群体的一种开发，是对中低消费市场的一种补充，与此同时合理控制了品牌产品的库存。因此，服装品牌折扣店已成为一种重要的服装零售渠道，以品牌产品和低价位为卖点来吸引消费者，受到了消费者的广泛关注。但服装品牌折扣店也存在明显的弊病：第一，服装品牌折扣店的发展受到货源的制约，由于主打品牌产品的折扣，上游供货商成为关键的因素，目前缺乏大牌生产企业的支持是大部分品牌折扣店的软肋；第二，商品以二、三线品牌为主，无法吸引中高收入群体，而在价格上，目前也无法与大型超市、服装批发市场或网上商店拉开差距。另外，服装品牌折扣店对某种品牌服装的过量需求使得假冒现象泛滥，而且出现大量库存得不到及时处理等情况。因此，货源的规范化和店铺的规模化是服装品牌折扣店发展的方向，如此可以缓解供求矛盾，从而促进服装品牌折扣店的发展。

7. 专卖店

专卖店是指专门经营或授权经营制造商品牌，适应消费者对品牌选择需求的零售业态。专卖店因具有统一的形象、提供优质的服务，更能体现出品牌文化，因而受到消费者的青睐，专卖店的经营管理可以采取直营连锁和特许经营两种方式。

许多服装品牌采取专卖店销售的方式，服装专卖店一般只经营一个品牌的服装，统一定价，统一形象，根据品牌的定位不同，服装的质量和价格也有一定的差异，不同的服装专卖店在服装产品、店铺风格上有很大的差异。表 2-7 为专卖店的主要特征。

表 2-7 专卖店的主要特征

项目	主要特征
选址	市、区级商业中心，专业街以及百货店、购物中心内
商圈与目标顾客	目标顾客以中高收入群体和追求时尚的年轻人为主
营业面积	根据品牌目标和商品特点而定
商品（经营）结构	以销售某一品牌系列为主，销售量少、质优、毛利高
商品售卖方式	采取柜台销售或开架销售方式，商店陈列、照明、包装、广告讲究
服务功能	注重品牌声誉，从业人员具备丰富的专业知识，提供专业性服务
管理信息系统	信息化程度较高

8. 专业店

专业店是指以经营某一大类商品为主，拥有具备丰富的专业知识的销售人员，并提供适当售后服务的零售业态。需要说明的是，专卖店和专业店的概念并不完全相同，虽然专卖店和专业店的选址都趋于多样化，多数设在繁华商业区、专业街或购物中心内，但专卖店以品牌经营为主，专业店以品类经营为主，例如，国美电器是一家经营家电品类的专业店，商店内销售多个品牌的家电。

国美电器——中国大陆家电零售连锁企业

专业店一般包括办公用品专业店（office supply）、玩具专业店（toy store）、家电专业店（home appliance）、药品专业店（drug store）、服饰店（apparel shop）等形式。表2-8为专业店的主要特征。

表 2-8 专业店的主要特征

项目	主要特征
选址	市、区级商业中心以及百货店、购物中心内
商圈与目标顾客	目标顾客以有目的地选购某类商品的流动顾客为主
营业面积	根据企业目标和商品特点而定
商品（经营）结构	以销售某类商品为主，体现出专业与深度，品种丰富，选择余地大
商品售卖方式	采取柜台销售或开架销售方式
服务功能	从业人员具有丰富的专业知识
管理信息系统	信息化程度较高

9. 工厂直销店

工厂直销店的形式源于美国的工厂直销购物中心（factory outlet），又称奥特莱斯（outlets），指由企业直接供货经营的商店。工厂直销店一般位于工厂、仓库或交通便利的场所，以折扣价直接向公众销售工厂的订单尾货、库存产品。工厂直销店一般开在郊外，一方面可以节约房租，保证低价；另一方面又可以减少与开在市中心的同一品牌店的竞争和冲突。表 2-9 为工厂直销店的主要特征。

表 2-9 工厂直销店的主要特征

项目	主要特征
选址	一般远离市区
商圈与目标顾客	目标顾客多为重视品牌的有目的的购买者
营业面积	建筑面积为 100～200 平方米
商品（经营）结构	为品牌商品生产商直接设立，商品均为本企业的品牌
商品售卖方式	采取自选式售货方式
服务功能	多家店共有停车位 500 个以上
管理信息系统	各个租赁店使用各自的管理信息系统

工厂直销店作为一种新型的零售业态，目前，在欧美国家的大型零售市场中，已与百货商店、超市、大型专业店四分天下，尤其是在经济下行、失业率攀升的环境下，工厂直销店更显出了其低价运营、高速周转的独特优势，受到人们的广泛关注。

在学习国外工厂直销店的过程中，我国工厂直销店也从无到有发展起来，但与国外相比，我国多数工厂直销店在产品品种、品牌结构、折扣度、规模、服务方面还需要提升。

北京八达岭奥特莱斯店以"定位高端、折扣低廉、体验优质"为经营方针

⊙ 知识链接　　　　美国的 Woodbury Common Premium Outlets

位于美国纽约近郊的 Woodbury Common Premium Outlets 于 1985 年开业，1993 年首次扩张，5 年后又再度扩张，到今天已经发展为拥有 220 多家商店，占地超过 72 000 平方米的大型奥特莱斯店。无论是地理位置、所售品牌，还是商户数量，其都无疑是全美第一，考虑到奥特莱斯这种购物形式最早诞生并发轫于美国，从某种意义上来说，

称 Woodbury Common Premium Outlets 为全球第一的 Outlets 也不为过。在 Woodbury Common Premium Outlets，品牌包括 Tod's、Gucci、Coach、Chanel、Fendi 等世界著名品牌，而且这些品牌的商品折扣都超过 50%。

如今，随着中国游客的增多，Woodbury Common Premium Outlets 的许多店设有中文广告牌，甚至有专门会讲中文的人员来介绍产品，并提供中国银联刷卡服务，吸引了大量的中国消费者。

10. 便利店

便利店是位于居民区或办公区，以经营即时性商品为主，以满足便利性需求为第一宗旨，采取自选式购物方式的小型零售店。便利店最早起源于美国，1927 年美国得克萨斯州南方公司（简称"美国南方公司"）首创便利店原型，1946 年创造了世界上第一家真正意义上的便利店——众所周知的"7-Eleven"。7-Eleven 标榜营业时间为上午 7 点到晚上 11 点，20 世纪 60 年代在美国取得了快速发展。1974 年，7-Eleven 落户日本，便利店的经营模式得以改进，其特点也被发挥到极致，便利店在日本逐渐成熟并不断推向世界。1991 年，美国南方公司破产，后来被 7-Eleven 日本公司收购了。目前，在日本，便利店几乎是星罗棋布，在这些便利店中，除了 7-Eleven，还包括罗森（LAWSON）及全家（Family Mart）等。表 2-10 为便利店的主要特征。

表 2-10 便利店的主要特征

项目	主要特征
选址	商业中心区、居住区、交通要道，以及车站、医院、学校、娱乐场所、办公楼、加油站等公共活动区
商圈与目标顾客	商圈范围小，顾客多为有目的的购买者，一般顾客步行 5 分钟可到达，目标顾客主要为单身者、年轻人或流动型顾客
营业面积	100 平方米左右，使用率高
商品（经营）结构	以即时食品、日用小百货为主；呈现即时消费性、小容量、应急性等特点，商品品种在 3 000 种左右，售价高于市场平均水平
商品售卖方式	以开架自选为主，结算在收银处统一进行
服务功能	营业时间在 16 小时以上，提供即时食品的辅助设施，开设多项商品性服务项目
管理信息系统	信息化程度较高

除了设在办公区、居民区的传统型便利店，加油站便利店也值得关注。在加油站设便利店在欧美地区较为盛行，美国在 20 世纪 70 年代就开创了加油站便利店，经营的商品涵盖日用品、食品、报刊、水果和汽车用品，相当于一个小型超市。据统计，在美国，如果一个司机把车停在加油站，他只有 1/4 的可能性是去加油，他还可能是去给汽车做保养、住宿或是到便利店购买一天的生活必需品。资料显示，美国加油站便利店销售收入占加油站总收入的 30%～40%，形成的利润能占到总利润的 55%～65%；在欧洲，80% 以上的加油站都开设了便利店，便利店的利润能占到加油站总利润的 40%～50%。

在我国，瞄准加油站便利店市场的石油巨头并不少，例如，中石化旗下的易捷便利店、中石油旗下的昆仑好客便利店、中化道达尔便利店以及壳牌便利店，也都形成了一定的市场规模，但受消费习惯等因素的影响，我国的加油站便利店目前只能满足消费者的应急需求，消费者尚未对其形成依赖性需求。

"易捷便利店"拥有门店数量 27 699 家（截至 2020 年 6 月）

从我国传统型便利店的发展情况来看，1992 年，7-Eleven 率先进入中国大陆市场，在经济相对发达的沿海大中城市迅速发展，此后其他品牌如全家⊖、罗森以及中国台湾的喜士多等也纷纷跟进中国大陆市场，不仅满足了消费者的日用品需求，也带来了全新的模式与理念。受外资便利店的启发，国内本土品牌开始崛起，商超等企业开始布局便利店，如 1997 年联华超市布局了快客便利店，1999 年物美超市设立了物美便利店等。近几年，伴随着互联网技术的快速发展，便利店又开始焕发出新的生机，数字化成为便利店转型的关键，线上线下生态体系正逐渐完善。

拓展阅读   **日本的三大便利店**

    日本的便利店与自动贩卖机一样，深度融入每个普通日本人的生活中，其分布的范围与密度更是可以用"极广"和"极大"二词来形容。为适应忙碌的日本人的生活，店内出售大量种类繁多、菜色齐全的成品料理。工作一天的人们只需在下班时到便利店买上几种，回家之后用微波炉热几分钟就可以搞定一顿正餐。正是这种区位与贩卖方式的便利性为便利店扩展业务提供了可能。

一、7-Eleven

    7-Eleven 便利店品牌原属美国南方公司，7-Eleven 的名称则源于 1946 年，借以标榜该商店营业时间为上午 7 点至晚上 11 点，后由伊藤洋华堂于 1974 年引入日本，从 1975 年开始变更为 24 小时全天候营业。7-Eleven 是全球最大的连锁便利商店集团。7-Eleven 已经成为便利商店的国际共通语言，商店遍布美国、日本、中国、韩国、新加坡、泰国、马来西亚、菲律宾、瑞典、墨西哥、巴拿马、挪威、加拿大、澳大利亚、印度尼西亚、丹

⊖ 日本全家便利店于 2020 年 7 月 9 日被日本大型贸易公司伊藤忠商事收购。

麦等国家和地区。目前全球店面逾四万家,为全球最大的连锁店体系。目前 7-Eleven 分店数最多的国家为日本,分店密度最大的地区为中国台湾。

在日本的街头巷尾,到处都能看到 7-Eleven,日本的"款待精神"完全在 7-Eleven 中得以体现。7-Eleven 提供的服务会贴合当地人的需要,供应商品时也会考虑到各种天气因素。例如,在冬天时,7-Eleven 会供应较多热饮和暖暖包。如果你认为日本一般餐厅的菜品太贵的话,那 7-Eleven 可以提供最好的替代品。同时,在日本 7-Eleven 中,通常都设有 ATM 机,ATM 机除了可以直接取现,还可以用来付款、转账甚至是购买汽车票和飞机票。

二、罗森(LAWSON)

1939 年,美国俄亥俄州的 J. J. LAWSON 经营了一家牛奶销售店,叫"罗森的牛奶屋"。该店以其新鲜美味的牛奶得到了当地人的好评,每天早晨都会吸引众多顾客前来购买牛奶。此后,J. J. LAWSON 成立了罗森牛奶公司,同时销售日用品等生活必需品,并以美国东北部为中心开展了连锁店事业。其实,无论是"LAWSON"这一连锁店名称,还是令人联想到美国农场的牛奶罐设计,其发源就是"罗森的牛奶屋"。1959 年,罗森牛奶公司成为美国食品行业巨头康索利达蒂食品公司旗下的公司,一方面以俄亥俄州为中心广泛发展店铺,另一方面确立起了便利店的运营系统。

LAWSON

在日本，罗森的第一家店铺是于 1975 年 6 月 14 日开业的"樱塚店"（大阪府豊中市南樱塚）：罗森的母公司大荣与康索利达蒂食品公司签订了咨询合约，在罗森牛奶公司专有知识和技术的基础上确立了独特的特许加盟系统，罗森的第一家店铺在日本诞生了。该店销售美国风味的食品，派对食品一应俱全，气氛与现在的罗森有所不同。随后，第一家加盟店"桃山店"于同年 9 月开业，这揭开了正式开展加盟店连锁事业的序幕。

1996 年，罗森开始进驻日本以外的市场，在中国上海、重庆、大连、杭州、北京都设有分店。虽然罗森的企业理念是行业创新，但是和其他便利店一样，罗森也提供 24 小时的热食和冷食，饮料、真空包装的食品，还提供各种演唱会门票的预约，甚至可以干洗衣服。罗森无论在商品还是在服务方面，一直在行业里追求别样的创新，相继推出了 100 日元店（食品、蔬菜、文具等生活用品为均价），针对 20～30 岁女性的 Natural Lawson（卖的商品主要是以低卡路里、健康为主），以售卖蔬菜、新鲜鱼肉商品为主的 Lawson plus，以支持主妇生活为主题的 HAPPY Lawson（卖的商品是以奶粉、奶瓶、尿片等婴儿用品为主）等。罗森根据不同地区的居民特征，打造多样的罗森形态，满足各年龄段各消费族群的需求。

罗森便利店里大约有 3 000 种商品。新商品从开发到摆上货架，只需要 6 周。目前，罗森发展成了以便利店事业为核心，横跨便利店和娱乐相关两大事业的大型集团。截至 2018 年 5 月底，罗森共有 15 971 家便利店，分布在日本、印度尼西亚、美国、泰国、菲律宾和中国。

三、全家（Family Mart）

全家于 1972 年成立，原是西友商店（1983 年改名为"西友株式会社"）的子公司，其服务网点遍及日本、中国、泰国、美国等，店铺超过 16 000 家。

2004年，全家正式进入中国市场，开始了在中国大陆地区的便利店经营事业。2017年11月，在中国，全家便利门店总数已超过2 000家，步入快速发展期。

2005年，全家进入美国市场，成为第一家由亚洲发起进入美国市场的便利店企业。

全家主要销售一般日本便利店常见的货品，如饮料、零食、便当、杂志及漫画等。未来全家便利店将继续追求高效的服务和深化的品牌价值。

资料来源：http://www.7-11cd.cn，http://www.chinalawson.com.cn，http://www.familymart.com.cn，有删改。

除了以上10种有店铺零售业态，根据商务部颁布的《零售业态分类》（GB/T 18106—2004），我国的有店铺零售业态还包括食杂店和家居建材商店，因此，我国的有店铺零售业态总共有12种。表2-11为食杂店和家居建材商店的主要特征。

表2-11　食杂店和家居建材商店的主要特征

项目	食杂店的主要特征	家居建材商店的主要特征
选址	居民区内或传统商业区内	城乡接合部、交通要道或消费者自有房产比较多的地区
商圈与目标顾客	辐射半径为300米左右，目标顾客以相对固定的居民为主	目标顾客以拥有自有房产的顾客为主
营业面积	一般在100平方米以内	营业面积为6 000平方米以上
商品（经营）结构	以香烟、饮料、酒、休闲食品为主	以改善、建设家庭居住环境有关的装饰、装修等用品、日用杂品、技术及服务为主
商品售卖方式	柜台式和自选式相结合	采取开架自选方式
服务功能	营业时间在12小时以上	提供一站式购足服务和一条龙服务，停车位有300个以上
管理信息系统	初级或不设立	信息化程度较高

当前，我国零售业进入快速发展时期，零售业态划分越来越具体且呈现交叉性特征，为适应零售业的发展，有关零售业态的类型划分也在不断修订和完善。例如，有学者提出，大型超市可以归纳在超市业态大类下，家居建材商店可以并入专业店，超市业态可以细分为便利超市、社区超市、综合超市和大型超市等。另外，网络、支付手段等技术的发展将改变原有店铺零售业态的经营和特征。

（二）无店铺零售业态

1. 电视购物

电视购物是以电视台的专门购物频道为平台，以直播或录播的方式播出商品信息，将信息性、娱乐性与知识性结合在一起，提供给观众全新的视听享受与多样化选择的一种家庭购物方式。在美国、日本、韩国等国家，电视购物是消费者购买商品的一个重要渠道，商家通过这种方式，向电视机前的广大消费者提供优质的产品以及配送服务。由于电视购物频道的商品多贴近生活、价格合理，电视购物深受消费者的喜爱。表2-12为电视购物的主要特征。

表 2-12　电视购物的主要特征

项目	主要特征
目标顾客	以电视观众为主
商品（经营）结构	商品具有某种特点，与市场上同类商品相比，同质性不强
商品售卖方式	以电视作为向消费者进行商品宣传和展示的平台
服务功能	送货到指定地点或自提

在我国，电视购物受传媒属性等条件的制约，市场化程度较低，电视购物发展速度并不快。2006年12月28日，"CCTV中视购物"频道开播，标志着央视正式进军电视购物领域，电视购物形式得以进一步发展。其他购物频道如快乐购物、宜和购物、开心购物、好易购等新兴的电视购物频道纷纷出现，在一定程度上推动了电视购物消费群体的扩大。

2. 邮购

邮购（mail order 或 direct mail marketing）是直复营销的一种营销方式，是指通过邮局邮寄商品目录、广告宣传品，向消费者进行商品推介展示，引起或激起消费者的购买热情，实现商品的销售活动，并通过邮寄的方式将商品送到消费者手中的零售业态。顾客一般根据商店的订货单或广告，将所需购买商品的数量和款项用信函汇寄给商店，商店收到订购函和汇款后，即将商店连同发票邮寄给顾客。这种方式可以节省顾客往返的时间和费用，便于远距离顾客的购买。表 2-13 为邮购的主要特征。

表 2-13　邮购的主要特征

项目	主要特征
目标顾客	以地理上相隔较远的消费者为主
商品（经营）结构	商品包装具有规则性，适宜储存和运输
商品售卖方式	以邮寄商品目录为主，向消费者进行商品宣传展示，并取得订单
服务功能	送货到指定地点

上海麦考林国际邮购有限公司（以下简称"麦考林"）成立于1996年1月8日，是我国第一家获得政府批准的从事邮购业务的企业。麦考林以20～35岁的白领女性为目标人群，有时尚服装、时尚配饰、家居用品、健康美容、宠物用品等多条产品线，同时，麦考林有自己独立的电子商务门户网站——麦网（www.m18.com）开展B2C电子商务业务，并在全国开设了多家零售店铺，公司业务覆盖全国。

3. 网上商店

网上商店又称"虚拟商店""网上商场"，是互联网电子商务零售商业的典型组织形式，是建立在互联网上的商场。如今网络购物已经成为消费者普遍的购物方式，通过网上商店，消费者可以足不出户，全天24小时，不受区域限制，随时完成购物过程。网上商店的便利性和快捷性满足了现代消费者的需要。表 2-14 为网上商店的主要特征。

表 2-14 网上商店的主要特征

项目	主要特征
目标顾客	有上网能力、追求快捷性的消费者
商品（经营）结构	与市场上同类商品相比，同质性强
商品售卖方式	通过互联网进行买卖活动
服务功能	送货到指定地点

由于突破了传统零售的障碍，网上商店无论对消费者、企业还是市场都有着巨大的吸引力和影响力，成为零售发展中极具竞争力和生命力的新型业态。

目前，我国网上商店的发展基本成熟，出现了专业性的网上商店和综合性的网上商店，且定位、经营模式多样灵活。当前我国主要的网上商店如表 2-15 所示。

表 2-15 我国主要的网上商店

网上商店的名称及网址	主要特色
淘宝网 https://www.taobao.com	2003 年成立，是我国最具影响力的网购零售平台之一，主要采用 C2C 模式经营，向广大消费者提供各类服饰、美容、家居、数码等数亿优质商品，以及话费及点卡充值，同时提供各种安全交易保障服务 口号：淘！我喜欢
天猫商城 https://www.tmall.com	由淘宝商城发展而来，成立于 2012 年，采用 B2C 模式经营，是我国线上购物的地标网站、亚洲超大的综合性购物平台，拥有 10 万多个品牌商家，品类齐全，退换无忧 口号：理想生活 上天猫
京东 https://www.jd.com	从最初的以销售家电为主的专业性购物平台发展成综合性网上购物商城，商品涵盖家电、手机、电脑、图书、服装、母婴、美妆、个护、食品、旅游等大品类。以正品低价、品质保障、配送及时、轻松购物为特色，提出"多快好省，只为品质生活""挑好物，上京东"等 口号：网购上京东 省钱又放心
唯品会 https://www.vip.com	开创"名牌折扣＋限时抢购＋正品保障"的创新电商模式，并持续深化为"精选品牌＋深度折扣＋限时抢购"的正品特卖模式，涵盖名品服饰、鞋包、美妆、母婴、居家等各大品类，为消费者带来高性价比的"网上逛街"的购物体验 口号：全球精选 正品特卖

除此之外，无店铺零售业态还包括自动售货亭和电话购物，主要特征如表 2-16 所示。

表 2-16 自动售货亭和电话购物的主要特征

项目	自动售货亭的主要特征	电话购物的主要特征
目标顾客	以流动顾客为主	根据不同的产品特点，目标顾客不同
商品（经营）结构	以香烟和碳酸饮料为主，商品品种在 30 种以上	商品单一，以某类品种为主
商品售卖方式	由自动售货机完成售卖活动	主要通过电话完成销售或购买活动
服务功能	没有服务	送货到指定地点或自提

第二节　零售业态发展理论

西方国家最早开始对零售业态发展理论进行研究，以解释零售业态发展的规律。零售业态发展理论揭示了一个国家或地区零售业不断创新、演变、更替的轨迹，反映出该国家或地区零售业发展的规律。

总体来看，零售业态发展理论主要从外在环境变化及内在业态本身发展的特点方面提出了相应的概念和观点，尽管没有一个单独的理论能够解释零售业发展的所有规律，但至少揭示了零售业发展的某一方面的规律。

一、零售轮转理论

零售轮转理论（the wheel of retailing theory）又被称作零售车轮理论或零售之轮理论。该理论被认为是零售业发展变革较权威的解释，由美国哈佛商学院 M. 麦克奈尔（M. P. McNair）教授于 1958 年提出。

零售轮转理论认为，零售业发展有一个周期性的、像一个旋转的车轮一样的发展规律，如图 2-1 所示。

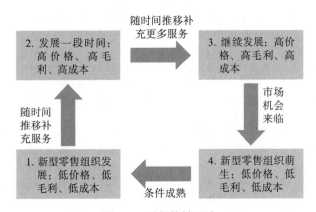

图 2-1　零售轮转理论

图 2-1 显示，新型零售组织最初都采用低成本、低价格和低毛利的经营模式，以低价来吸引消费者，形成自身竞争优势。但随着新兴业态市场份额的扩大，必然会引起模仿者的效仿，市场竞争加剧。结果，无论是初始创新者还是模仿者，都只能采取除价格以外的其他营销策略来形成差异化，诸如增加商品组合、提高服务水平、改善购物环境等。随着成本的不断增加，初始创新零售业态逐步演变为高成本高价格和高毛利的业态，从而被低成本、低价格和低毛利的新业态取代。零售市场上的新、旧零售业态之间，就这样不断地以轮转的方式循环下去。

零售轮转理论解释了美国自 19 世纪中期以后出现的新兴零售业态的发展过程，如百货店、连锁店、超级市场、折扣商店等零售业态最初都以低毛利、低价格作为竞争手段出现在市场上,之后为了适应成长的需要,逐步扩充各种商品组合或服务项目内容,并提高价格。因此,该理论得到了广泛的普及。但从零售实践看,发展中国家的超级市场和其他现代化商店、美国的市郊购物中心、日本的便利店等都是面向中高收入阶层,以高价格进入市场的,并不符合零售轮转理论中创新型零售业态都是以低价格开始进入市场的条件。这是零售轮转理论所无法解释的现象。其实,成本和价格并不是影响一种零售业态存在的决定因素,而且不能忽视科技发展等其他因素对零售业产生的更重要的影响。

二、零售手风琴理论

零售手风琴理论(accordion theory)又称为综合—专业—综合循环理论或伸缩理论,该理论由 E. 布兰德(E. Brand)于 1963 年完善,而后由斯坦利·霍兰德(S. C. Hollander)于 1966 年加以发展并将其命名为零售手风琴理论。零售手风琴理论从商品组合的角度来论述零售业发展的规律,主要以商品组合宽窄幅度的变化来说明零售业态的演变,如图 2-2 所示。

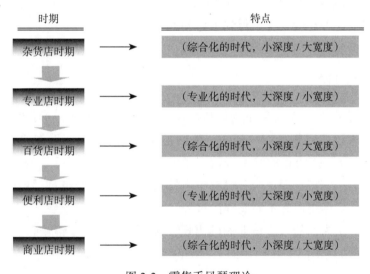

图 2-2 零售手风琴理论

零售手风琴理论认为,零售企业的经营范围是不断从综合化向专业化再向综合化方向循环发展的,每一次循环不是重复过去,而是赋予新的内涵,从而出现了不同的零售组织。零售组织提供的商品组合由宽变窄,再逐渐由窄变宽,就像拉手风琴一样,从综合到专业,再从专业到综合,一直循环往复下去。

事实上,零售业态的变迁过程,并非像零售手风琴理论所描述的那样是综合化—专业化—综合化的反复交替。有时,综合化与专业化是并存的。同时,该理论既没有对商品组合为什么扩大或缩小进行解释,又没有考虑到消费者对业态的反应及偏好问题。

三、适者生存理论

适者生存理论也称自然淘汰理论，美国学者吉斯特（Gist）和德雷斯曼（Dreesman）把达尔文进化论中"适者生存"的思想引入零售业态的变迁中，强调环境因素对零售业态变迁的重要性。吉斯特认为，各种零售组织都可以被看作不同的经济"物种"，它们都面对着由顾客、竞争者和变化着的技术所组成的环境。因此，我们可以将自然选择理论移植到零售组织的变化中来，并在一定程度上解释一些零售组织的成功和另一些零售组织的失败。

适者生存理论认为，零售组织面临内部环境和外部环境的各种变化，如消费者需求、技术、政治经济格局、法律、内部竞争等条件的变化，零售组织只有不断地根据环境的变化来调整自身的经营方式，才能取得竞争优势并得以生存下去。当然，调整也并不是无限的，当所做的调整突破了原有零售组织的局限，就意味着一类新型的零售组织的产生。

适者生存理论很好地解释了美国市郊购物中心的蓬勃发展。第二次世界大战后，美国城市化进程加快，社会经济发生了很大的变化，城市人口向郊区转移，由于交通拥挤、停车困难、客流量减少等，市中心的百货商店出现了业绩下滑、经营困难等问题，而市郊购物中心适应了这种环境变化，得到了蓬勃的发展。

四、辩证过程理论

辩证过程理论由斯卡尔（Schary）和柯比（Kirby）提出，他们用黑格尔哲学中的正、反、合原理来说明零售业态的变迁。他们把现有的零售业态看作"正"，"反"就代表它的对立面，"合"指两者的统一或混合。有"正"必然有"反"，还会出现"正"与"反"的统一体——"合"，而"合"又会重新转变为"正"。辩证过程理论认为，零售业态的变迁过程正是对传统业态不断扬弃的过程。

辩证过程理论认为，新兴零售业态的出现，必然是对现有零售业态的否定或者修正："否定"就是出现与之不同的零售业态；"修正"就是从中吸取好的部分，淘汰落后的或不利于企业发展的部分，从而形成一种新的零售业态。

辩证过程理论揭示了零售业态演变的一般规律，即从肯定到否定，再到否定之否定的变化过程。但是，这一理论过于抽象，与"进化论"一样具有明显的哲学色彩，并把不同程度、不同类型的变化等同起来。在实践中，针对有些"正""反""合"的变化，只是各种零售组织自身进行了调整，并没有引起零售组织形式的更替。

五、零售生命周期理论

零售生命周期理论（retail life cycle theory）由美国学者戴维森（Davidson）、贝

茨（Bates）和巴斯（Bass）于1976年共同提出。该理论用产品生命周期理论来解释零售业态从产生到衰退的发展过程。零售生命周期理论认为，零售业态与产品一样，存在从创新期到成长期，再到成熟期，直至衰退期的生命周期过程。这四个时期的销售水平和利润水平均有一定的差异，因此，零售组织在各个阶段应采取的经营策略也有所不同。

（一）创新期

根据零售生命周期理论，在创新期，新兴零售业态刚出现，此时，同类竞争者很少，而新兴零售业态相对于传统的零售业态来说具有差别优势，因此，新型零售组织的销售额、市场占有率和投资收益率均能得到大幅度的提高。

（二）成长期

新型零售组织经过一段时间的发展，获得了较大的竞争优势，并取得了一定的市场地位，因此，引来大批模仿者的效仿，而最早进入市场的新型零售组织也开始进行组织规模和数量的扩张，从而导致市场竞争异常激烈，市场占有率和投资收益率达到最高值。

（三）成熟期

进入成熟期的零售组织，越来越多地受到处在创新期的新型零售组织的挑战，市场占有率和投资收益率均有慢慢下降的趋势。虽然处在成熟期的零售组织的销售数量很大，但是销售增长率处于缓慢上升或停滞状态。对于大多数零售组织来说，成熟期一般都比较长。在该时期，零售经营者对零售组织针对市场环境的变化做出调整是十分必要和有效的，可以使零售组织保持稳定的增长，大幅度地延长零售组织的成熟期，避免零售组织过早进入衰退期。

（四）衰退期

在衰退期，零售组织逐渐被市场淘汰，市场范围明显萎缩，销售额、市场占有率和投资收益率急剧下降，最终退出市场。而处在创新期的新型零售组织正处在高速发展的时期，会逐步取代传统的零售组织。

零售生命周期理论主要说明了零售业态发展的一般规律，不同的零售组织的生命周期到底有多长，因各种环境的差异而有所不同，尚需要进行进一步的分析和研究。零售组织经营者可以根据该理论调整各时期的经营策略。

六、真空地带理论

真空地带理论（vacuum hypothesis）是由丹麦学者尼尔森（Nielsen）于1966年提出的，该理论根据消费者对零售组织的服务水平和价格水平存在的偏好空隙来解释零售业态的变迁过程，即新零售业态是在既有零售业态未能涵盖的市场真空地带之中出现的。

真空地带理论首先假设经营同种商品的各种零售业态的特性是由店铺选址、设施、商品组合、附加服务、销售形式等综合性服务水平和与此相对应的价格水平共同决定的。综合性服务水平越高，价格水平也就越高，即零售业态的服务水平与价格水平之间存在正相关的对应关系。其次，真空地带理论假设存在一组由高到低的服务与价格的组合带，以及消费者对不同水平的服务与价格组合的偏好分布曲线。零售组织经营者提供的价格水平和服务水平是低低、中中、高高等组合中的某一种，假定消费者偏好的价格水平和服务水平的分布呈单峰形，则希望低低和高高组合的消费者分布区域要比希望中等价格、中等服务的区域相对狭小。现有的零售业态只能满足其中的部分需求，因而在零售市场上存在一些空缺或真空地带，从两端加入的业态受业态内竞争的压力，被挤向消费者偏好分布的中心，两端部分则形成了"真空地带"。新进入者就以这个真空地带为自己的目标市场而进入零售业，从而产生了新的业态。也就是说，低价低级店和高价高级店又作为新的业态诞生了。

真空地带理论解释了零售轮转理论无法解释的"高价店也可能是新兴业态"的事实，明确引进了消费者的偏好分布曲线，解释了高价格、高服务的新兴零售业态产生的原因。但是，该理论是以消费者偏好分布曲线的存在为前提的。在现实生活中，消费者是否真的存在这样的偏好分布曲线，是很难确定的。首先，真空地带理论难以解释日本便利店的迅速发展及日美两国无店铺零售业的发展。其次，理论上尚未对新兴业态进行低毛利、低价格革新的原因进行清楚的解释。最后，消费者接受新兴业态的理由并不明确。

七、新零售之轮理论

1996年，日本学者中西正雄（Maso Nakanisi）提出了新零售之轮理论。

新零售之轮理论是基于"零售轮转"和"真空地带"理论而提出的，主要从产业角度解释了零售业态变化过程与规律，其理论框架分为"技术边界线""等效用线""零售价格"及"零售服务水平"四个要素。该理论认为，零售企业由于进入门槛低，进入市场时初步的基本策略是追求低成本、低价格与低毛利；在成功进入市场后，随着市场竞争日趋激烈，零售企业就会更加注重提升服务质量，而且日益凸显与被替代的传统零售业态相似的特征，逐渐失去竞争力。因此，这类企业也成为新零售业态革新的对象。

中西正雄提出，零售业态变化的原动力是技术革新，仅仅是低价格、低服务的组合不是新业态的特征，零售竞争导致的任何层次上的技术革新才是产生新业态的根本动力。

在我国，自2016年阿里巴巴创始人马云提出了"新零售"概念之后，有关"新零售"的讨论成为热点，商界、学术界等各界人士都试图给予新零售较准确的定义和描述。王坤、相峰（2018）等认为，新零售之轮理论能够解释"新零售"出现的基本动因和发展逻辑，并为"新零售"的发展提供了理论支撑（见图2-3）。

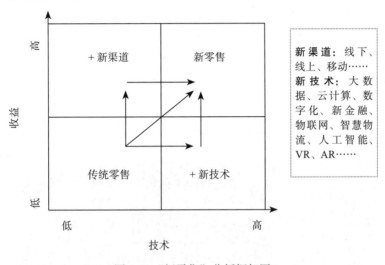

图2-3 "新零售"分析框架图

总之，新零售之轮理论强调从技术革新角度分析零售业态的发展规律，它要求零售业态的发展要与所在地区的经济与技术水平相一致，认为通过价格取得的竞争优势是短期的，而长期有效的竞争优势来源于零售业内部的技术革新。新零售之轮理论在一定程度上为零售业新业态的出现、形成动因以及新业态与原业态的竞争提供了理论解释。

第三节 零售业态的变革

18世纪的工业革命为西方零售业的发展提供了强大的物质保障和技术支持，引起了零售业的革新性发展变化。从19世纪开始，零售业态发生了四次重大变革，依次是百货商店的诞生、超级市场的出现、连锁经营的兴起和无店铺零售的发展。实际上，零售业态的变革是一个国家和地区社会发展、经济增长和技术变革的必然产物。

一、百货商店的诞生

19世纪中叶，百货商店的诞生是零售业的第一次变革，它的出现标志着近代零售业的开端，在此之前的零售业态是以流动的商贩和杂货铺为主。

世界上第一家百货公司诞生在1852年的法国巴黎，创办人就是阿里斯蒂德·布西科

（Aristide Boucicaut），第一家百货公司的名字是"BON MARCHE"（法语，廉价的意思）。公司设有商品部，分类经营各种商品，以装潢讲究、商品丰富、服务周到、价格低廉、明码标价来吸引消费者，人们可利用较少的时间在百货商店一次性购齐所需的各种商品。

百货商店诞生的主要原因有两点：①百货商店的出现，是对以机械化为基础的大量生产体制的直接反应，工业革命促进了交通运输的发展和商品流通手段的革新，同时使商品种类丰富起来，为大规模百货商店的产生提供了可能性。②工业革命加速了城市化进程，不仅将分散的购买力集中于城市，而且造就了城市居民的享乐阶层，为大规模百货商店的产生提供了必要性，即工业革命带动了工业化大生产，加速了城市化进程，尤其是使得大城市快速发展起来。

19世纪60年代，百货商店进入英国和美国，而后很快风靡世界，到19世纪末20世纪初达到了鼎盛。英国的玛莎百货（Marks & Spencer）成立于1884年，美国的西尔斯（Sears）成立于1886年，这些有代表性的百货商店都跨过了百年经营历史。

英国玛莎百货遍布英国各大城市

百货商店的革新主要表现在以下几个方面：

（1）消费者可以自由地进出百货商店，客流量大幅度提高。

（2）对百货商店里的所有商品进行明码标价，提高了交易的透明度。

（3）允许消费者退换不满意的商品，最大限度地保证了消费者的利益。

（4）由传统店铺的单项经营改为百货商店的综合经营，经营的商品门类齐全、品种繁多、存货充足，开始注重商品陈列。

（5）实行柜台销售，并由销售人员向消费者提供各种服务。

（6）由传统店铺的高价策略改为百货商店的低价策略，实行"薄利多销"的经营方式，加快了商品的周转速度。

（7）在组织经营方面，百货商店实现了管理工作与经营活动的分离，实行了商品部制度，提高了管理效率。

百货商店的出现和发展结束了流动商贩与杂货铺的时代，这使百货商店成为现代零售业发展的主要形式，成为人们生活的一部分。百货商店是大城市发展的产物，同时又推动了大城市的形成与发展，推动了工业革命的深入，适应了工业革命带来的流水线作业的要求。

1900年，俄国人在我国的哈尔滨创办中国第一家百货公司——"秋林公司"。20世纪20年代以后，上海先后出现了"先施""永安""新新""大新"四大百货公司，由于经营店铺之大和生意影响之广，名噪一时，被时人统称为"中国四大百货公司"，几乎成为上海滩十里洋场的代名词。它们不仅给当时的上海人带去了最时髦的购物方式，还初步形成了中国最早的百货业。

我国第一家百货公司——哈尔滨秋林公司

从新中国成立初期至20世纪90年代前，百货商店是我国零售业最主要的业态形式，百货商店成为我国零售业中的"霸主"，在城市或是乡镇，百货商店或百货大楼往往位于一个城市的中心地段，成为地区商业发展的地标建筑。那个时期的百货商店有两个特点：第一，国有百货商店是主体，信誉度高，是老百姓信得过的商店；第二，经营的商品包罗万象，从食品到家电，从灯具到家具应有尽有，是真正的"百货"商店，可以满足消费者全方位的需要。百货商店由于生意兴隆，数量快速增加，迅速成为我国零售业中的主导业态。

20世纪90年代中期，百货商店在度过了黄金时期之后，进入过剩调整时期。1995

年，百货商店出现效益下降甚至倒闭的现象，尤其是20世纪90年代末，百货商店竞争进一步加剧，1997年被称为百货商店"倒闭年"，1997年下半年，北京的卡玛商业大厦、万惠双安等闭门谢客。1999年，中国最大的百货商店——上海第一百货公司被联华超市以73亿元的年销售额（第一百货公司为63亿元）超过，标志着雄踞中国零售业榜首50年的百货商店作为主导业态让位于超市业态。自此以后，百货商店倒闭的新闻不断出现，我国的百货商店渐渐失去了在零售业中往日的辉煌。

从世界范围看，面对传统零售向新零售的转变，百货商店同样受到竞争者和网络零售商的冲击。2018年10月，世界百货业巨头、曾经的世界百货之王、拥有百年历史的西尔斯公司申请破产。面对潜力巨大的零售市场，百货商店只有进行全方位的变革创新，才能迎接新的挑战。

拓展阅读 　　　　　　　　西尔斯的故事

西尔斯的历史是美国社会变迁和经济起伏的缩影。它从美国的铁路时代崛起，以邮购零售的方式突破地域局限抵达广大的农村消费者，又敏锐地抓住汽车社会的契机，转型开启百货商店的时代，将目标投向了涌入城市的中产阶级。

对于年纪稍长、见证过西尔斯辉煌的美国人来说，西尔斯不仅仅是一家百货商店，它象征着一家人的愉快购物时光，是一场有关消费的集体记忆。

铁路时代

西尔斯的故事开始于19世纪美国的铁路时代。

1886年，23岁的理查德·西尔斯（Richard Sears）还是明尼苏达州北雷德伍德火车站的一名站务人员。一次偶然的机会，他接收了一批从芝加哥运来，但被当地珠宝商拒收的镀金手表，将手表倒卖后赚了一笔的西尔斯从中发现了商机。

西尔斯很快辞去了火车站的工作，开了自己的手表公司，之后又搬去全国铁路枢纽中心芝加哥，与同样只有二十来岁的钟表制造商阿尔瓦·罗巴克（Alvah C. Roebuck）合作，成立了一家商品邮购零售公司，出售手表和珠宝。

当时，美国地广人稀、交通不便，广大农村消费者的购物范围被局限在家附近的商店。而邮购零售的模式正是抓住了19世纪后期美国铁路高速发展的契机，将早已经忍受够了选择有限、库存不足、价格偏高的小卖铺的边远地区农民纳入了现代消费体系。

这一模式最早在1872年由一个名叫蒙哥马利·沃德（Montgomery Ward）的乡村商店店主发明，通过商品目录吸引消费者，并通过邮寄的方式将商品送达消费者。

随着1896年美国农村免费邮寄法令的通过和1913年邮递包裹制度的确立，邮购公司的生意更加红火。

西尔斯的经营范围从珠宝、手表扩大到衣服、家具、缝纫机、童车等领域，品类繁多、价格低廉。第二次工业革命促成了大规模、流水线生产，也使得邮购零售商业模式成为可能。

在印刷媒体占据统治地位的时代，西尔斯凭借庞大的产品目录、令人惊叹的产品广告，以及超前的消费者教育和企业品牌塑造能力，主导了农村零售市场。

西尔斯早期的邮购产品目录主打"便宜"，标榜自己是"地球上最便宜的供应室"（the cheapest supply house on earth），又或者是"廉价手册"（the book of bargains）。

到1894年，西尔斯的邮购产品目录已经有322页，所涉及的产品几乎能够满足所有美国普通家庭的需求，被誉为"消费者圣经"。

1900年，西尔斯的销售额达到1 000万美元，取代蒙哥马利·沃德成为美国第一大零售商；1906年，西尔斯成为美国首家公开上市的零售商，当时每股价格达到97.50美元，相当于今天的2 700美元。

百货帝国

当年的理查德·西尔斯有着灵敏的商业嗅觉，在美国城市化再到后来城郊化的过程中，西尔斯在他的带领下都紧紧跟随消费者的步伐，从邮购零售转型到实体门店，目标客户也从散落在乡野的农户转向涌入城市的中产阶级。

1924年，罗伯特·伍德（Robert E. Wood）从蒙哥马利·沃德跳槽加入西尔斯。有着军旅背景的伍德敏锐地意识到，汽车社会的到来赋予人们更为便利的移动性，邮购的模式将面临挑战。

于是，在伍德的带领下，西尔斯于1925年在芝加哥开设了第一家百货商店。此后便迅速扩张，到1929年大萧条前夕，西尔斯已经拥有324家门店。

到1931年，百货商店在销售额中所占的份额已经超过了邮购零售。西尔斯开始推出自己的品牌，包括工具品牌Craftsman、汽车电池品牌DieHard和家电品牌Kenmore，它们都成为美国家喻户晓的必需品。

即使在经济低迷时期，西尔斯也没有停下增长的脚步。善于审时度势的西尔斯管理层在大萧条时期明智地倡导节俭美学，产品目录上主打袜子、内衣、床单、毛巾等生活必需品，低廉的价格为收入拮据的美国人带去了心灵安慰。

到20世纪50年代中期，西尔斯的门店超过了700家；1973年，西尔斯在芝加哥建造了当时全球最高的"西尔斯大厦";20世纪70年代末80年代初,西尔斯年营业收入占美国GDP的1%(亚马逊现在也仅占0.8%),成为全球最大的百货零售商,当时每204个美国人里就有1个受雇于西尔斯。

对于见证过西尔斯辉煌的美国人而言,它不仅仅是一家百货公司。经典的产品目录和耳熟能详的广告口号总能唤起他们有关一家人愉快购物的记忆,丈夫们在这里选购Craftsman的工具,妻子们从这里搬Kenmore的家电回家,而孩子们则盯着西尔斯的圣诞产品目录Wish Book来计划自己的愿望清单。

有一段时间,西尔斯出售汽车甚至出售房屋,一套带有水暖照明设施的三居室仅售1 800美元。当时,由西尔斯提供设计,并预先切割好材料,这些建筑材料通过火车运送到镇上,接着用马车送到建筑地,供用户组装。

在1908年到1940年间,西尔斯共出售了7万多套房子,现在许多组装房仍然屹立在美国的东海岸和中西部。

作家戈登·韦尔(Gordon L. Weil)在1977年的一本书中曾写道:"西尔斯被视为一个全国性的机构,几乎是像邮局一样的存在。每个人都去,每个人都在那儿买东西,每个人都认为,它会是这片土地上永恒的一部分。"

西尔斯1975年的圣诞产品目录Wish Book

在西尔斯邮购的房子100年后风采依旧

失去王冠

如今再步入西尔斯门店,迎面而来的是萧条的气息:昏暗的灯光、破损且满是污渍的地板、过时的产品,甚至还有一些空荡荡的货架,以及售货人员低落的神色……

西尔斯偌大却空旷的停车场

西尔斯的兴衰转折点可以追溯到 20 世纪 70 年代。在象征这家公司鼎盛时期的西尔斯大厦落成的同一年,一场由石油危机引爆的经济衰退席卷了美国,冲击了西尔斯最忠实的消费人群——蓝领中产阶级。

这场冲击并没有随着经济复苏而结束,在全球化的背景下,随着国外成本优势的不断增强,美国走向"去工业化"时代,日渐式微的制造业大大削弱了蓝领阶层的消费力量。

而塔吉特(Target)、凯马特(Kmart)和沃尔玛(Walmart)等一批低价零售商在通货膨胀飙升的时代纷纷冒了出来,为寻求便宜货的人提供了更好的选择。

西尔斯没有正视自己的"护城河"所面临的威胁,反而将精力投入到拓展保险、金融服务和房地产业务中。1981 年,西尔斯收购了一家股票经纪公司和一家房地产经纪公司;1985 年,西尔斯推出了信用卡业务,到 20 世纪末,信用卡业务在其利润中的占比已经高达 60%。

西尔斯寄希望于多样化能够提供更多的收入来源,但这些业务使它从零售业务分心,它们不温不火的业绩也掩盖了核心业务的恶化,最终西尔斯失去了全美第一大零售商的地位。

在遇到亚马逊之前,让西尔斯败下阵来的是沃尔玛。

1991 年 2 月,沃尔玛销售额同比增长 38% 至 27 亿美元,首次超过了西尔斯成为美国第一大零售商。

西尔斯失去了王冠,但它并不接受这个事实。在被沃尔玛正式超越前,已经有媒体在报道这个趋势,但当时的西尔斯只是一味地指责这些报道不负责任、误导人,甚至认为即使沃尔玛在某个月击败了西尔斯,也不可能长期超越西尔斯。

但事实是,西尔斯再也没能赢回来这场比赛。

当时，沃尔玛倾向于选址在更便宜的郊区，提供更便宜的商品。但真正让沃尔玛崛起的是其精准的供应链管理、高效的门店配送和智能化的货架空间管理技术——以数据驱动的方法来判断哪些商品，以什么样的价格，在哪些城市最畅销。

相比之下，西尔斯在追随华尔街的繁荣向金融和地产领域扩张的时候，忽视了对门店基础设施的投资，依然依靠门店经理来反馈销售趋势。

重回零售

到 1999 年，西尔斯终于意识到问题的症结，提出了"回归零售基业"的战略，卖掉了一些分散注意力的金融服务业务。

西尔斯开始让其零售业态变得多样化，它推出了西尔斯五金店、果园用品专门店以及大西尔斯（Grand Sears，一种介于百货商店和沃尔玛之间的零售店）等，然而这些努力都收效甚微，在某些情况下，它们甚至对西尔斯原有的百货商店构成了竞争。

2005 年，有"巴菲特第二"之称的对冲基金经理埃迪·兰伯特（Eddie Lampert）在收购凯马特之后，又以 150 亿美元并购了西尔斯，这是美国零售业史上最大的并购案，凯马特控股后来更名为西尔斯控股。

兰伯特无疑是一名优秀的基金经理，他的对冲基金从成立到 2003 年之间的平均年回报率为 29%，然而他并没有任何零售经验，也没能复制巴菲特将一家濒临破产的纺织厂变成一家多元化投资集团的奇迹。

合并公司的销售额在 2006 年出现增长，但随之而来的是连续 9 年的下滑。

2008 年金融海啸触发的大衰退导致消费者支出大幅减少，尤其是洗衣机和烘干机等大件商品的消费者越来越少，囊中羞涩的人们开始利用互联网来搜寻便宜货，亚马逊的时代来临了。

实际上，在 21 世纪初，西尔斯就已经意识到互联网的重要性。公司早在 2000 年就上线了 Sears.com，销售产品包括家用电器、电脑、办公设备、家用电器、厨具、婴儿用品、校服、礼物、玩具和体育纪念品等。彼时，亚马逊才刚刚开始涉足图书业务，提供软件、视频游戏和家居产品等。

然而，迷失的消费者定位注定了西尔斯的数字化是一场失败。

产品过时、体验极差、吝于推广的西尔斯在年轻一代中毫无知名度，顾客年龄结构严重老化，对于只习惯在实体店消费的中老年人来说，西尔斯对于数字化的雄心犹如打在空气上。

拖垮西尔斯的还有它混乱的内部管理。2008 年，兰伯特将公司分成了 30 个部门，一年之后增加到 40 个，每个部门单独汇报利润，部门和部门之间犹如独立的公司，互相起草合同，争夺资源，内耗极为严重。

在兰伯特的带领下，西尔斯再次闯入了时尚、美容、银行、房地产等多项不相关的领域，资产负债表越来越臃肿。

与此同时，他还忽略了旗下真正有竞争力的产品——Kenmore 电器、Diehard 电池和

Craftsman 工具箱。后两者早已经被兰伯特卖掉，而在破产计划讨论中，Kenmore 电器也面临被出售的命运。

西尔斯的最大危机是现金流危机。在连年亏损的情况下，公司债务越积越高，一方面使得其在供应商处获得的账期越来越短，加重经营性现金流的压力；另一方面使得其每年的债务本息越来越高，债权人信心丧失殆尽。西尔斯在过去六七年里不可谓不努力，但是多种创新都无法应对电商的挑战。

一地鸡毛

西尔斯的股价在 2007 年达到历史最高点 195.18 美元，截至 2018 年 10 月，跌至每股股价不到 0.5 美元。

过去几年来，兰伯特一直靠出售资产、大幅削减员工工资甚至不惜倾入自有财产和旗下对冲基金的资金来维持公司运营。

西尔斯的门店数量从 2011 年时的 4 000 多家减少到 2018 年的 700 多家。作为破产重组的一部分，西尔斯当时计划在 2018 年年底前再关掉 142 家店。

房地产业主们担心西尔斯随时会关门，西尔斯与供应商的关系也早就开始破裂，纠纷频起，就连与其有长达一个世纪合作关系的电器制造商惠而浦（Whirlpool）也于 2017 年抛弃了它。

西尔斯上一次盈利的年份是 2010 年，但 2011～2018 年已累计亏损逾 110 亿美元，年销售额下降近 60%，每年需要筹集超过 10 亿美元的资金才能维持运营，这也意味着，它根本没有余粮来应对电商时代的激烈竞争。

除此之外，西尔斯还要面对一个涉及 9 万名员工且数额高达 15 亿美元的养老金漏洞。在宣布申请破产保护的同时，兰伯特也宣布辞去西尔斯首席执行官一职。但作为控股股东（兰伯特本人持有西尔斯 31% 的股份，旗下对冲基金 ESL Investments 持有约 19% 的股份），兰伯特还在为西尔斯奔走。

资料来源：新浪财经，https://news.ctoy.com.cn/show-32796.html，有删改。

二、超级市场的出现

1930 年 8 月，美国纽约一家名为"King Kullen"的超级市场的出现，拉开了零售业第二次革命的序幕。

超级市场的出现和发展有历史的必然性，超级市场产生的背景主要有以下几个方面。

（1）经济危机是超级市场产生的导火线。20 世纪 30 年代，席卷全球的经济危机使得居民购买力严重不足，生产大量萎缩，零售组织纷纷倒闭，店铺租金大大降低，超级市场利用这些租金低廉的闲置建筑物，采取自助购物方式和薄利多销的经营方式，以低廉的价格受到了广大消费者的青睐。

（2）生活方式的变化促进了超级市场的产生。第二次世界大战以后，越来越多的妇女参加了工作，人们的生活节奏加快，城市交通拥挤，原有零售商店停车设施落后，许多消费者希望能到一家商店购齐一周所需的食品和日用品，超级市场便应运而生。

（3）技术进步为超级市场创造了条件。制冷设备的发展为超级市场储备各种生鲜食品提供了必要条件，电子技术在商业领域的推广运用促进了超级市场设备设施机械化的程度，包装技术为超级市场中消费者自选商品提供了极大的方便。此外，冰箱和汽车在西方国家家庭中的普及使消费者大量采购和远距离采购成为可能。

超级市场真正取得大发展是在第二次世界大战以后，很快，它的总销售额就超过了百货商店，成为零售业的主干力量。超级市场作为零售业第二次革命的标志，给零售业带来了以下革命性的变化。

（1）消费者的自主性增强。超级市场采取开架售货的方式取代了传统的营业员服务方式，因此消费者在购物过程中更加自由。自选购物的方式作为一个重要的竞争手段不仅冲击了原有的零售业态，而且影响了新零售业态，后来的折扣商店、货仓式商店、便利店等都采取了开架售货或自选购物方式。

（2）节省购物时间。超级市场的商品种类比百货商店更丰富，满足了消费者购物更方便、更快捷的需求，消费者可以在超级市场完成一站式购买，大大节约了购物时间。超级市场实施的统一结算和关联商品陈列，也大大节省了人们选购商品和结算的时间。

（3）营造了舒适的购物环境。超级市场营造的整齐、干净和舒适的购物环境取代了脏乱、嘈杂的生鲜食品市场，使消费者在购物的过程中有愉悦的心情，能充分享受购物的乐趣。此外，开架售货的方式迫使各厂商进行全新的商品包装设计，展开了包装、商标等方面的竞争，出现了大、中、小包装齐全、包装精致的众多产品，这也使得超级市场显得更整洁、美观。

（4）零售组织经营者加强了对消费者的关注。工业革命的发展使世界的物资生产过剩，市场由卖方转变为买方，企业的营销策略发生了很大变化。

1990年12月，我国第一家超市——美佳超市在广州开业；1991年5月，上海联华超市商业公司成立，并于同年9月推出联华超市曲阳商场；1993年1月，上海华联商厦成立华联超市，在一天内6家商店同时开业。此后，我国的超市迅速发展。

按照国际标准，人均年收入达到1 000美元是超级市场起步的门槛，20世纪90年代初我国东部一、二线城市居民的收入已接近1 000美元。同时，冰箱进入家庭，这使大量购买和储藏日常消费品成为可能。超级市场以商品齐全、开架销售、一次结账的方式为消费者提供了良好的购物场所，成为当时零售业中发展最快的业态，并在上海、北京、深圳等城市率先成为零售业中的龙头。2000年，超级市场业态在东部地区已渗透到乡镇，在中西部地区已拓展到县城。

20世纪90年代初期，我国的超市大多规模较小，营业面积一般不超过1 000平方米，以干杂食品和日化品为主要经营范围。大型超市是在20世纪90年代中期发展起来的，随后大型超市的发展进入快速发展轨道，尤其是2001年我国加入WTO以后，国外零售企业蜂拥而至，它们进入我国的业态主要是大型超市，包括大卖场和大型综合超市，从而加快了我国大型超市的发展。2012年,大型超市的发展达到顶峰,数量达到11 947个,最终超市代替百货商店成为我国零售业的主要业态,2015年超市的销售额已占社会零售总额的25%。

拓展阅读 　　　　　　　**北京的第一家超市:京华自选商场**

20世纪80年代初,在原澳门中华总商会会长何贤的建议下,北京决定对传统的商业经营模式进行试验性改革,效仿国外商场的先进经验,建立具有国际水平的大型自选商场。

当时的北京市二商局接到这个任务后非常重视,很快对全市的商业零售网点进行筛选,改建自选商场。

京华自选商场位于西城区,该区副食品公司负责筹办开业事宜。最终,京华自选商场选址圈定在三里河地区,主要是因为这里聚集了国家多个部委,居民层次较高、素质较好,收入水平和消费水平较高。

1984年4月,京华自选商场首任经理曹增森带领48名青年职工,开始了紧张的筹备工作。通过一系列努力,他们将原来破旧的三里河酒馆改建成一座三层小楼,总建筑面积约为1 500平方米。

根据新经营模式的要求,商场的设备和装饰分别从美国、日本、比利时等7个国家采购而来。从监控设备到封口机,从收银台到贴码机,全套都是进口的。其中,新的收银台收款方式是自选商场的关键。

这是一个陌生的工作,所有的人都没接触过。为了开业后能正常运转,在征得有关部门同意的情况下,商场派有关人员到日本进行了考察和学习。

与进口设备相匹配的是自选商场豪华的装修。一进门,全是收银台,然后有一个旋转楼梯,楼梯中间是个冰柜;去往二楼的通道上有一个方方正正的水池,水池里有假山,水底还有7盏彩灯。曹增森说,当时的中央电视台春节联欢晚会剧组还打听彩灯是在哪儿买的。

"大冬天的,在温暖如春的商场里,望着墙壁上的哗哗流水和脚边的人造五彩池塘里自由游动的金鱼,简直就傻了眼了。"一名消费者这样回忆当年走进商场的第一印象。

1984年9月28日,京华自选商场正式开业。

当时的消费者都还能清晰地记得计划经济年代的商场售货模式,"三尺柜台"将顾客与商品、售货员分隔为两个阵营,顾客只能隔着柜台观看商品,想仔细地摸摸看看、挑挑选选,那是奢望,除非遇上劳模售货员。

而走进现在的自选商场,开架销售的商品摆在货架上,顾客可以在商品区任意穿行,琳琅满目的商品近在咫尺,顾客可以自由挑选,如果改变了主意,可以把商品随时放回原地,不必看售货员的脸色,想买什么就买什么。

曹增森的回忆也印证了这一点。当时有一个来北京的外地游客,偶然走进自选商场,发现大家都是想拿什么就拿什么,也没见有人前来收钱,以为北京已经进入了"各取所需"的时代,就回到宾馆叫来同行的人,各自拿到满意的商品后,就大摇大摆地走出商场,最后当然在派出所里明白了自选并不能"白拿"。

随着自选商场名气的增大,很多市民都来亲身体验一把以前只有在电影里才能看到的购物方式。京华自选商场所在的月坛南街,由昔日的宁静突然变得人来人往,不但周围的居民前来选购,其他各区县和外地的居民也慕名而至。

其实,京华自选商场吸引市民的不仅是全新的消费模式,还有丰富的商品。

京华自选商场开业时,《北京日报》曾这样报道:位于月坛南街30号的京华自选商场今天中午开业,一楼经营肉类、禽类、海味、豆制品和蔬菜等,二楼经营烟、酒、糖果、日用杂品等,共三千多种商品。其中有部分进口的儿童商品和百货用品。

曹增森对当年开业时顾客"爆满"的情形记忆犹新,"要是赶上周末,10台收款机后面全都排着长队,很多商品都不能保证全天供应"。

"当时销售特别好,每天销售额十五六万元,但是当时人民币票面没有50元和100元的,全是10元的,光点钱就特别费劲,我们每次收完钱以后,搁到一间小屋里,大家一块儿去点钱。"原京华自选商场职工高女士向记者讲述商场曾经的辉煌。

曹增森说,当时还有一些是紧俏商品,比如茅台酒、中华烟、排骨等,部分商品还采取搭配的方式销售,商场的盈利能力非常强,在差不多三年的时间就将400万元人民币、100万元港币投资全部收回来了。

在20世纪80年代中期,自选商场的人气达到了鼎盛,京华自选商场的购物袋也成了时髦物件儿,在公交车上经常可以看到手提"京华自选商场"字样购物袋的乘客。根据估算,北京当时带标志的塑料袋中,有三成来自京华自选商场,由此可见,当时自选商场的人流量之大。

资料来源:凤凰网,http://news.ifeng.com/history/video/detail_2012_11/28/19619478_0.shtml,有删改。

三、连锁经营的兴起与发展

连锁经营的兴起与发展被认为是零售业的第三次变革。1859年,美国大西洋和太平洋茶叶公司在美国纽约建立了世界上第一家连锁商店。自此,连锁商店登上历史舞台,但连锁经营的真正普及是在20世纪40年代以后,第二次世界大战(简称"二战")以后连锁经营得到了空前规模的发展,引起了人们的广泛关注。

连锁经营是指经营同类产品和服务的若干企业,在核心企业或总部的领导下,通过规范化经营,实现规模效益的经营形式和组织形式,采取连锁经营的商店像锁链一样分布各地,彼此紧密连接,形成强有力的销售网络。连锁经营的本质是把现代化工业大生产高度专业化分工的原理应用于零售业,连锁经营的基本特征主要体现在经营管理的标准化、专业化、集中化和简单化四个方面。

（一）标准化

连锁商店经营管理的标准化主要表现在产品、服务和企业整体形象三个方面。新产品的研发、产品类别、包装设计、产品定价、标准化的设备、员工培训甚至员工服饰等各方面都由商店总部统一管理，从而保证连锁商店在产品和服务方面的统一性，使消费者对标准化的产品和服务的需求得到满足。另外，连锁商店使用统一的店名、标识、装修风格、营业时间和广告宣传，可以实现企业整体形象的标准化。连锁商店产品、服务和企业整体形象三个方面标准化的统一，有利于消费者建立和延续对企业的信任。

（二）专业化

连锁经营的各个环节根据不同的生产经营过程分成各个业务部门，实现了专业化分工。连锁商店内部分为总部与店铺两个层次，从职能分工上看，总部的职能是管理，店铺的职能是销售。总部研究制定企业的经营管理方法、策略并通过各店铺的经营来实施，使连锁企业在获得技术、管理共享效益的同时分摊了经营成本。

（三）集中化

各连锁商店如采购、储存、运输和会计核算等活动由总部统一管理，实现了经营管理的集中化，从总体上降低了企业的经营管理成本。连锁经营在经营管理上的集中化，主要体现在以下几方面。

（1）集中制定规划。集中制定规划是指由连锁商店总部集中制定连锁商店的发展规划，并通过对连锁商店的集中化管理，使发展规划分期、分批实现。

（2）集中制订营销计划。集中制订营销计划是指由连锁商店总部集中制订具体的营销计划，各店铺统一按计划组织销售。

（3）集中物流管理。集中物流管理是指总部设立集中的商品配送中心，实行统一的进货、库存、分货、加工、送货等，以减少各店铺的库存和费用，降低经营成本。

（4）集中信息管理。集中信息管理是指连锁商店建立统一的信息管理系统，各店铺将各类市场及经营信息传给总部，总部将信息进行加工处理后，指导各店铺的经营活动。总部还可以将有效信息反馈给生产商或供应商。

（5）集中人事管理。集中人事管理是指连锁商店总部集中管理连锁商店的人事权，任免总部各有关机构的负责人、各店铺店长，决定所有员工的奖惩及升迁。

（四）简单化

一方面，连锁商店将整个作业流程中的各工作程序制定成一个简明扼要的操作手册来指导员工工作，减少经验因素的影响，使商店的作业流程和工作岗位上的商业活动尽可能简单化。另一方面，由于连锁商店实现了经营管理的标准化、专业化和集中化，开办新店铺变成了统一规范的复制,实现了开办新店铺过程的简单化。

总之,连锁经营创造了一种商业循环,即用规模效应实现低售价,再用低售价来扩大销售。连锁经营对社会经济的发展产生了巨大的影响,最重要的是催生了大型企业集团的出现。世界500强企业几乎都采用连锁经营的方式,连锁经营使得企业的经营在地域上得到了发展,实现了空间上的跨越,同时又有效地整合了各种资源,给企业带来了巨额利润。

我国的连锁经营是随着超市的发展而出现的,开始时大多数超市只有一两家门店,后来,很多超市采取连锁经营的模式,超市规模迅速扩大。例如,1993年1月,上海华联超市在同一天开出6家连锁店,标志着零售企业拉开了连锁经营的大幕。1993年底,上海各种超市和自选商场的门店数量达到405个。

随着超市发展起来的连锁经营的推广是零售业的一次新的革命,与零售业的前两次革命有所不同,连锁经营不是一次简单的业态革命,而是一次组织形式的革命,它的任务是把现有各种零售业态连锁化,形成零售企业的规模化和标准化经营。连锁经营的强大生命力还表现为异地发展,它冲破了零售业难以跨地区发展的传统体制,改变了零售企业的经营机制,促进了效率的提高和供应链的优化。

总体来看,连锁经营的兴起与发展对整个零售业的影响是巨大的,因为它不仅影响着单个业态,还影响着多个业态。进入21世纪以后,我国的连锁经营全面展开,除超市外,百货商店、便利店、专业商店、专卖店、仓储式商场也都纷纷实行连锁经营,同时,以各种产品经营为主的专业连锁商店在全国遍地开花,如家电、建材、医药、通信器材、服装等商店。在服务业,各行各业也都实行连锁经营,如餐饮、美容美发、维修、洗涤、健身等,连锁经营已成为零售业发展中的强大动力。

四、无店铺零售的发展

无店铺零售(non-store retailing)是与店铺零售相对的概念,指不通过店铺,由厂家或商家直接将商品递送给消费者的零售业态,包括电视购物、邮购、网上商店、电话购物和自动售货亭(自动贩卖机)等不同形式。在当下的我国,网络零售成为无店铺零售的主要形式。

最古老的无店铺销售方式古已有之,或走街串巷的小商贩,或送货上门的推销员,而现代意义上的"无店铺销售"最早产生于20世纪70年代的美国,一些大中城市人口稠密、地价昂贵、开设商店的成本不断上升,"无店铺销售"应运而生。2015年5月,为了规范无店铺零售业的经营行为,维护流通秩序和商业环境,保护消费者和从业者的合法权益,促进无店铺零售业健康有序发展,我国商务部发布了《无店铺零售业经营管理办法(试行)(征求意见稿)》。

（一）无店铺零售的基本类型

无店铺零售可以划分为三种基本类型：直复营销、直销和自动售货机销售。

1. 直复营销

根据美国直复营销协会（American Direct Marketing Association, ADMA）的定义，直复营销（direct marketing）是指一种不受空间限制，利用一种或多种媒体手段来得到消费者可测定的回复和达成交易的一种互动式的市场营销体系。从这一概念的字面理解，直复营销中的"直"是指它不受空间限制，相对于等待顾客上门的销售方式而言更加直接；"复"指出了直复营销的基本精神，它是一种双向沟通式的营销体系，强调双向交流信息。

最早的直复营销于1871年被美国蒙特马利百货公司采用，其本质是从商品广告、订货、配送到收款都利用邮政通信来完成。随着多种通信工具的发展，直复营销的手段更加多样，电视购物、邮政（邮购）、网上商店、电话购物等都是直复营销的方式。

2. 直销

直销（direct selling）也叫访问销售或直接推销，是指不通过固定零售店铺进行销售，而是面对面地向消费者销售产品或者服务。直销在方法上有上门零售、家庭聚会零售、展示零售等。

直复营销和直销都是无店铺销售，两者的区别是，直销是推销员以个人方式面向消费者；直复营销则是以非个人方式（如通过电话、商品目录等）向消费者推销商品，买者和卖者之间没有推销员的介入。

20世纪90年代，直销形式引入我国，但我国市场发育程度低，管理手段比较落后，消费者心理不成熟等，导致有人利用直销名义欺骗和欺诈，严重扰乱市场秩序。2005年，为规范直销行为，加强对直销活动的监管，防止欺诈，保护消费者的合法权益和社会公共利益，商务部颁布了《直销管理条例》，对直销活动进行管理，规定从事直销的企业需要通过申请和审批，并规定直销公司需采取店铺和雇员相结合的直销模式。数据显示，2018年我国有91家持有牌照的直销公司，其中内资企业58家，外资企业33家。其中超过一半的企业的经营范围与保健品相关，其他产品主要是化妆品、保洁用品、保健器材、小型厨具等。

3. 自动售货机销售

自动售货机（automatic vending）是商业自动化的常用设备，它不受时间、地点的限制，能节省人力、方便交易，是一种全新的商业零售形式，又被称为24小时营业的微型超市。自动售货机在1970年后取得迅猛的发展，由最初出售口香糖、香烟、罐装饮料、瓶装饮料等扩展到各种食品和日用杂货，后来延伸到服务领域，出现自动点唱机、自动洗衣机、自动提款机等。

自动售货机的运营和管理由商品制造商或零售商负责,自动售货机生产厂家将机器以转让、出租或转卖的形式交付运营商,运营商再与机器设置的所有者签订协议,按照一定比例交纳场地占用费;运营商工作人员用便捷式电脑与自动售货机和总部终端连接,及时接收信息指令并兼做配送员,负责补充商品、取走货币、清洁卫生和信息管理等日常工作。自动售货机的好处在于24小时连续营业,给消费者以极大便利,而且无人销售可以节约大量劳动力,降低流通成本。自动售货机的局限在于它仅适合销售规格统一、质量保证、价格一定、即时性消费的商品和服务。

日本的自动售货机分布非常广泛

我国经济不断发展,人们的生活节奏越来越快,工作时间极不固定,这在客观上要求市场能提供全天候的零售服务,自动售货机已成为零售业态布局的新兴市场。我国市场早期的自动售货机只接受硬币或小面额纸币,只售卖低温瓶装或听装饮料。近年来,我国自动售货机保有量均呈现出30%以上的高速增长态势,并且出现支持互联网和移动支付的智能售货机,不仅可以销售饮料和食品,还可以销售快餐、日用品等。从机器保有量来看,2016年,我国自动售货机的保有量在19万台左右,同比增长58.3%;2017年,我国自动售货机保有量达27.5万台;2018年,我国自动售货机保有量为31万台,同比增长12.7%。图2-4为2012~2018年我国自动售货机市场规模及增长情况。

从自动售货机分布点来看,首先,目前自动售货机的主要分布点位于工厂/办公楼,占比达34.4%;其次,地铁/火车站也是自动售货机企业乐意分布的地点,占比达22.8%。图2-5为我国自动售货机区域点分布情况。

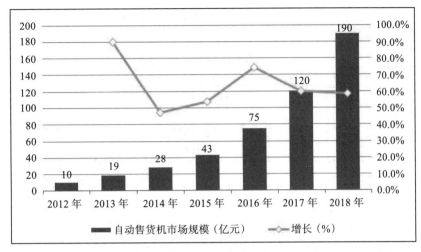

图 2-4　2012～2018 年我国自动售货机市场规模及增长

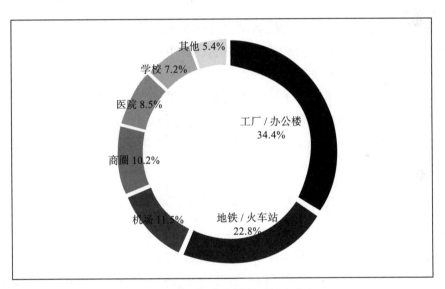

图 2-5　我国自动售货机区域点分布

（二）网络零售成为无店铺零售的主要形式

20 世纪 60 年代电子商务的发展推动了新时期无店铺零售的发展，使网络零售成为无店铺零售的重要形式。1995 年成立的美国亚马逊公司可视为电商的起源。我国 20 世纪 90 年代后期开始出现电商企业，成立于 1999 年 5 月的 8848 是我国早期电子商务的标志性企业，随后成立的阿里巴巴则是我国电子商务革命的旗帜。进入 21 世纪，电子商务开始冲击传统零售业，使传统零售业遭遇日益严重的危机，网络零售演变成零售业不可缺少的一个组成部分，一场新的零售革命来临。表 2-17 为网络零售的创新内容。

表 2-17　网络零售的创新内容

创新点	主要特点
业态	网上商店、线上和线下融合商店
组织	新的供应链、网络零售交易平台
技术	网络信息技术、移动支付技术、人工智能技术、大数据
模式	B2B、B2C、C2C、O2O
支付	网上支付、货到付款
物流	无人仓库、智慧物流、机器人配送

2013 年，我国网络零售额达 1.84 万亿元，超过美国成为世界第一网络零售大国，之后网络零售额不断创新高。网络零售的出现极大地改变了传统零售业的交易模式，对零售业的深度和广度产生了巨大的影响。

网络零售对传统零售业的影响具体表现在以下几方面。

1. 扩大了商圈范围

对于零售商而言，建立一个传统店铺的首要因素就是选址。选址不同，辐射的商圈范围就不同，对消费者的吸引力和购物的便利性产生很大的影响。选址受到人口、交通条件、地理位置、零售饱和度等诸多因素的影响。因此，商圈范围会对传统店铺零售产生很大的影响。而网络技术打破了零售市场的时空界限，店面选择不再重要，地理位置的重要性将大大下降，商圈不再受地域的限制，任何零售商只要通过一定的努力，都可以将目标市场扩展到全国乃至全世界。虽然零售商需要考虑商品运输、配送，但网络零售无疑还是极大地扩大了商圈的范围。

2. 降低了企业的经营成本，零售利润进一步降低

传统店铺零售通常需要经过多个中间商环节，才能将产品传递给消费者，商品在空间范围内要经过多次流通，借助各种中介组织才能完成交易过程。而网络零售不仅节约了各环节的交易费用，而且不需要店面租金费用、店铺装修费、大量的人工费用等支出。在网络平台上，消费者和生产者的直接交易成为可能，网络零售一方面节省了大量流通环节的费用，另一方面其大额订单降低了生产商的边际成本。此外，网络零售商还可以采取"虚拟库存"的方法来减少库存，进而降低经营成本，向消费者提供比传统店铺零售更低的价格。网络技术大大避免了信息沟通的障碍，各商家的价格透明化，使得消费者可以搜寻到最佳价格，因而市场竞争更加激烈，零售利润进一步降低。

3. 营销理念发生深刻改变

在信息时代，消费者想购买什么产品，就有可能实现对这种产品的生产，消费者正取得商品生产、流通和消费的主动权，强制性消费时代已结束，真正满足消费者个性化需求的自由消费时代来临。因此，传统商业中辅助服务策略转化为核心服务策略，服务

覆盖商品销售的全过程已成为零售业务增值的重要来源。尤其是在产品结构类似、市场竞争激烈的情况下，营销服务成了商品交易最重要的前提和基础，成了满足消费者个性化需求的决定性因素。

4. 商业经营的技术含量和流通效率不断提高

网络零售使购物的自助化程度大幅提高，零售管理的重点由店面设计转向以广告设计为主的"虚拟商店"的制作，技术密集型特征明显。以网络技术为媒体的网络零售使零售经营管理的随意性大幅减少，更易于操作和模仿，这引起传统分工方式的改变，使越来越多的生产企业参与到零售业务中来，便于减少流通环节，提高流通效率。

5. 零售商内部组织面临重组

网络零售使人们的购物方式发生了巨大的变化，消费者从过去的"进店购物"演变为"居家购物"，尤其是移动终端购物的普及，使消费者随时随地便能轻松在网上完成过去要花费大量时间和精力的购物过程，从而导致商店销售方式的变化。对传统零售企业来说，组织内部进行重组，引入新型经营模式和新型组织形式是一种必然。

综上所述，改革开放以来，我国零售业快速发展，在短短40多年时间内经历了百货商店革命、超级市场革命、连锁经营革命和以网络零售为特征的无店铺零售的发展革命。我国零售业的发展从实践来看，呈现的特点有：第一，我国超级市场革命和百货商店革命在时间上间隔很短，百货商店的高潮起始于20世纪80年代中期，超市革命起始于20世纪90年代初期，相隔不到10年，原因是我国经济发展速度很快，零售业态更新通常是和经济发展水平联系在一起的，并且对外开放使世界最先进的零售业态同时进入我国，大大缩短了业态更新时间；第二，我国的超级市场革命和连锁经营革命几乎同步，原因是超级市场的发展需要连锁经营，不过连锁经营革命的范围远远超过超级市场革命的范畴；第三，网络技术引发的第四次零售革命是一次全方位的变革，它使零售业态和经营模式发生了深刻变化，线上、线下充分融合，互联网巨头大规模介入，科学技术为零售革命提供了持久动力。从实践来看，我国的第四次零售革命与世界是同步的，甚至正成为第四次零售革命的引领者。

本章小结

本章主要介绍零售业态的基本知识和相关理论。

零售业态是指商业领域中商品流通企业的组织类型和经营方式，或者指零售企业为满足不同的消费需求而形成的不同的经营形态。根据我国商务部的标准，零售业态分为17种。其中，有店铺零售业态共有12种，无店铺零售业态共有5种。有店铺零售业态的类型包括百货商店、超市、大型超市、购物中心、仓储式会员店、折扣店、专卖店、专业店、工厂直销店、便利店等；无店铺零售业态包括电视购物、邮购、网上商店、自动售货亭和电话购物。每一种零售业态在经营方式、商品结构、服务功能，以及选址、商圈、规模、店堂设施、目标顾客和有无固定经营场所等方面都存在差异。

本章介绍了零售业态的发展理论，主要有零售轮转理论、零售手风琴理论、适者生存理论、辩证过程理论、零售生命周期理论、真空地带理论、新零售之轮理论。这些理论从不同的角度解释了零售业态以及零售业发展的规律。

从发展历史来看，零售业态发生过四次重大变革，分别是百货商店的诞生、超级市场的出现、连锁经营的兴起和无店铺零售的发展。零售业态的变革实际上是一个国家和地区社会发展、经济增长、技术变革的必然产物。

本章练习题

一、简答题

1. 简述零售业态的概念。
2. 零售业态有哪些类型？划分的依据是什么？
3. 简述无店铺零售业态的主要形式。
4. 简述零售业态发展的主要理论。
5. 零售业态变革的主要内容是什么？
6. 简述我国不同零售业态发展的主要特征。

二、论述题

1. 为什么说百货商店在我国零售历史发展中居于重要地位？论述当前我国百货商店发展的主要问题和发展思路。
2. 了解我国超级市场的发展历程，分析其发展的原因，并论述连锁经营对超市发展的作用。

三、实践题

1. 选择一家便利店进行调查，了解其选址、产品经营范围、顾客的类型及特征。
2. 记录近一周之内你去过的零售店，并分析说明这些零售店是什么业态类型，以及你为什么会选择这些零售店。

CHAPTER 3
第三章
零售环境

学习目标

学习零售环境的构成；掌握零售环境分析的内容；分析人口环境变化对零售商的影响；了解政治、法律、法规对零售业及零售商的影响；熟悉经济环境和零售业的关系；了解技术环境对零售业发展的影响。

导入案例

肯德基如何在中国实现本土化

1987年11月12日，北京前门大街热闹非凡，并没有什么重大活动，但是许多人都在往路口的一座三层小楼里挤。这是一家刚开业的餐厅，门口挂着大大的红牌子"美国肯德基家乡鸡"。这是肯德基在中国大陆的第一家餐厅。

1987年11月12日，肯德基在中国内地的第一家店——北京前门店开业

（图片来源：https://www.sohu.com/a/204434379_523099）

如今，随处可见那个留着山羊胡子、和蔼可亲的老爷爷的头像，超过5 000家肯德基餐厅遍布中国的城市、乡镇，消费者可以很方便地在自己的家门口品尝到有滋有味的肯德基快餐。

实际上,肯德基是地地道道的洋品牌,总部位于美国肯塔基州路易斯维尔市,是全球知名的炸鸡连锁餐厅。1952年,第一家肯德基餐厅在美国犹他州开张。此后,肯德基餐厅受到全球消费者的欢迎,除了美国本土的消费者,还包括中国、英国、澳大利亚、韩国、墨西哥、法国、德国和荷兰等国的消费者。肯德基隶属全球知名的餐饮集团百胜餐饮集团,其旗下有肯德基、必胜客、塔可钟三个世界著名餐饮品牌,分别在烹鸡、比萨、墨西哥风味食品领域居全球领导地位。其中,中国是肯德基最大的海外市场,经过30多年的发展,肯德基已在中国实现了本土化。

中国有句老话叫"入乡随俗",身为洋品牌的肯德基深谙此道,把自己打造成地地道道的中国人的餐厅,开发出很多适合中国人口味的食品。1987年,在北京前门的肯德基餐厅只能买到原味鸡、鸡汁土豆泥、菜丝沙拉、面包等不超过8种产品,而现在,肯德基餐厅至少有56种常规产品可供选择。依靠自己的产品研发团队,肯德基平均每年推出40多种新产品,累计新品上市超过478种。目前,除了广为消费者喜爱的吮指原味鸡、香辣鸡腿堡、香辣鸡翅等代表产品,由中国团队研发的老北京鸡肉卷、新奥尔良烤翅、早餐花式粥、葡式蛋挞、安心油条、法风烧饼、醇豆浆等产品也受到广大消费者的好评和欢迎。此外,肯德基还推出了"培根蘑菇鸡肉饭"和"巧手麻婆鸡肉饭"等盖浇饭。2019年7月15日,肯德基又推出新产品撸串桶和香卤系列,涉及产品品类8种,如川香燃辣撸串桶和香卤鸡翅尖等。这些产品非常符合中国人的口味和消费习惯,为消费者提供了新的选择。

正如肯德基负责人所说,"肯德基在中国并不只是追求餐厅数量的增长,肯德基的蜕变之道在于深入消费者的生活当中。"百胜餐饮集团中国事业部主席、首席执行官苏敬轼说:"肯德基已不再是简单卖产品,而是和消费者进行良好互动,努力让肯德基成为消费者生活中的一部分。"

中国人认为"民以食为天",餐饮市场很大,但竞争也非常激烈。肯德基根据中国人的饮食特点及要求,顺应市场发展,不断推陈出新,给消费者带来了很多惊喜。

资料来源:http://www.kfc.com.cn, https://www.sohu.com/a/204434379_523099,有删改。

思考:
1. 根据案例,分析肯德基在产品开发方面是如何适应中国市场变化的。
2. 你如何评价肯德基因环境而变的策略?中国的哪些环境因素对肯德基的影响比较大?

第一节 人口环境

一、人口数量与人口自然增长率

(一)人口数量

任何社会都由一定数量的人口组成,数量规模是人口最基本的特征之一。零售市场是由具有购买欲望且具有购买能力的人组成的,人口数量直接决定了零售业的市场容量,人口环境对零售业的影响至关重要。

人口数量是指人口的量的规定性,是以数量表示人口的存在和变化程度。从狭义上说,人口数量仅指人口的绝对量,即人口总体中所包含的生命个体的多少。从广义上说,人口数量不仅指人口的绝对量,还泛指与一定相关因素成比例的人口的相对量,如人口密度。

一般而言,在人均收入一定时,市场规模与人口数量成正比。因此,为了获得更大的市场规模,有一定的人口数量是必要条件。例如,"金砖国家"(指巴西、俄罗斯、印度、中国和南非)以其高速经济增长、丰富的原材料资源和人口红利著称,吸引着投资者的目光。对零售商而言,一个人口数量多的国家、地区或者城市对其吸引力更大,因为这意味着更大的市场潜力。

数据统计结果显示,截至2020年2月2日,全球230个国家人口总数接近76亿。世界上人口过亿的国家共有13个,中国依然是世界上人口最多的国家,印度紧随其后,人口过亿的国家还有美国、印度尼西亚、巴西、巴基斯坦、尼日利亚、孟加拉国、俄罗斯、墨西哥、日本、埃塞俄比亚、菲律宾。

表3-1 2020年全球各国人口数量及增长率(前10名)

排名	国家	人口数(亿)	增长率(%)
1	中国	14.001	0.39
2	印度	13.541	1.11
3	美国	3.268	0.71
4	印度尼西亚	2.668	1.06
5	巴西	2.109	0.75
6	巴基斯坦	2.008	1.93
7	尼日利亚	1.959	2.61
8	孟加拉国	1.664	1.03
9	俄罗斯	1.440	0.00
10	墨西哥	1.308	1.24

资料来源:https://www.10guoying.com/bangdan/3985.html。

> ⊙ 知识链接　　　　　　什么是"人口红利"
>
> "人口红利"是指一个国家的劳动年龄人口占总人口比重较大,抚养率较低,为经济发展创造了有利的人口条件,整个国家的经济呈现出高储蓄、高投资和高增长的局面。人口变化给经济发展带来的红利,不仅包括劳动力供给的增加,还包括扩大储蓄以及人力资本投入与回报上升。凭借大量低成本劳动力,我国成为世界工厂和世界经济增长的引擎。

(二)人口自然增长率

人口自然增长率是反映人口发展速度的重要指标,指在一定时期内(通常为一年)人口自然增加数（出生人数减死亡人数）与该时期内平均人数（或其年中人口数）之比，其计算公式为：

人口自然增长率 =（年内出生人数 – 年内死亡人数）/ 年平均人数 ×1 000‰

= 人口出生率 – 人口死亡率

人口自然增长率一般用千分率表示。

适度的人口增长为经济社会发展提供了充足的劳动力。经济和社会的可持续发展需要一定数量和质量的适龄劳动人口。同时，适度的人口增长有利于经济结构的调整。

有关统计显示，2018年，我国常住人口增长最快的地区是广东、浙江、安徽、河南、山东、广西等地，其中，广东占据了人口增长第一大省（自治区）的地位，连续四年人口增量过百万。一方面，广东有较高的人口自然增长率；另一方面，广东近年经济发展与转型升级成效显著，新经济创造了大量优质岗位，并且广东市场经济历来相对发达，中小民营企业众多，更能灵活和多元地吸纳人口。因此，生育和人口流入的双重优势使广东保持了较快的人口增长，相应地，人口的增长也为广东的经济发展提供了新动力。

拓展阅读　日本正遭受百余年来最严重的"人口之痛"

根据日本厚生劳动省2018年12月21日公布的一份统计报告，日本人口问题出现了"出生人口创新低、死亡人口创新高"的局面。

根据当时厚生劳动省的预计，2018年全日本新生婴儿数量将比2017年锐减2.5万名，降至92.1万名，这是自1899年统计此类数据以来的最低水平。这是日本连续第三年预估新生儿数量不足100万名。

与此同时，2018年的死亡人数达到136.9万人，创二战后最高水平，自然人口减少量达到44.8万人，是有史以来的最高纪录。日本正加速进入超级老龄化社会，多达20%以上人口的年龄超过65岁。日本的每千人口出生率仅为7.4，在9个发达国家中排名倒数第2位，明显低于瑞典（2016年，11.9）、英国（2016年，11.9）、美国（2017年，11.8）、法国（2016年，11.5）等。这主要是因为25～39岁的适龄生育期的女性人口数量减少了。厚生劳动省的数据显示，近年来适龄生育期女性人口数量大约以每年25万人的速度在减少。截至目前，全日本人口总量为1.24亿人，但厚生劳动省预计，到2065年前，也就是再过近半个世纪，日本人口总量将降至8 800万人，那将意味着比现在减少30%。

安倍晋三希望挽救日本人口减少的局面。安倍晋三早在2018年的新年记者会上就特意强调了日本面临的国难——"少子老龄化"的问题，他将人口问题视为日本经济内部深层次的核心矛盾点。2018年夏季，当被问及如何看待自民党干事长二阶俊博关于"不生孩子的人是自私的"的言论时，安倍晋三回答："生不生孩子要交给本人来选择，我们要做的就是为想生孩子的人创造良好的社会环境。"2017年9月，安倍晋三宣布将投入2万亿日元（约合人民币1 200亿元）用以提高日本人生育的积极性。日本共同社将该计划称为"育人革命"。

按照安倍政府的计划,到2020年,接受免费学前教育的儿童年龄标准将扩大到3~5岁,以减轻国民家庭的财务负担。低收入家庭0~2岁的幼童也将享受免费政策。同时,政府还将减少日托中心的等待入学时间,以解决入托难的问题。安倍政府将从消费税税率上调后的增税部分拨出一部分资金,承担上述费用。

资料来源:http://money.163.com/18/1225/18/E3T1HLF900258105.html,有删改。

20世纪80年代初,我国实行计划生育政策。近年来,面对低生育率水平、人口老龄化、性别比失调等问题,我国对人口政策进行了调整,从2016年1月1日起,全面实施"一对夫妇可生育两个孩子"政策。随着二孩政策的全面实施,儿童占总人口量的比重将增大,由此推动儿童产业市场规模的扩大,儿童产业将迎来巨大商机。以童装为例,我国童装市场目前拥有0~14周岁的消费群体2.2亿人,每年有超过1500亿元的销售规模,随着二孩政策的实施,童装市场每年将增加1000万~1500万名婴童消费群体。

当前,我国零售商纷纷看好儿童产业市场,在商城产品结构和业态布局方面提高儿童产品和服务的比例,增加儿童早教、主题摄影、生日派对、亲子餐厅、婴童服装、玩具等功能区。很多购物中心纷纷推出儿童游乐项目,包括儿童益智类、动手能力类、体验类、家庭式亲子类等项目,来满足各年龄段儿童的"吃喝玩乐购"需求。另外,由于儿童外出消费大多需要家长陪同,且以女性家长为主,在儿童游乐的同时,家长可能会顺便购物,因此,此时段是发展女性消费以及家庭消费的绝好时机。由此,儿童项目带动家庭消费,体现出儿童项目对购物中心的吸客作用。例如,上海恒隆广场把儿童业态当作主力业态之一,儿童群体成为其拉动客流的关键;万达集团也进军了儿童产业,推出了动漫亲子乐园"万达宝贝王",作为万达集团的新业态,第一家"万达宝贝王"于2014年在广东开业,至今在全国已拥有近300家儿童乐园。

针对0~8岁儿童的动漫亲子乐园"万达宝贝王"

(图片来源:万达宝贝王官网,https://www.kidsplace.cn)

二、人口结构的变化

从一定意义上说,人口结构的变化会直接影响零售商的策略。例如,当前我国人口的老龄化为零售商带来新的机遇,经营服装的零售商可根据老年人口数量和年龄结构的变化来订货、采购服装。因此,零售商认识到人口结构的变化是非常有必要的。

(一)性别差异

性别差异是零售商在分析人口对企业的影响时一定会考虑的指标之一,因为不同性别的消费者对产品和服务的需求不同,男性和女性在生理上和生活上的区别,及其在社会中地位、责任和义务的不同,导致了不同的社会心理,从而在购买心理和行为上表现出很大的差异。

(1)男性与购物。总体来看,男性消费者的购买目的性很强,购买决策过程不易受感情支配,多为理性购买。同时,男性消费者比女性消费者更果断,购买决策速度快。他们在购买过程中缺乏耐性,很少在不同店铺之间反复比较和选择。

英国一项研究指出,不少男士对逛街购物的兴致并不高,甚至有畏惧感,男士一进入商店就会出现心跳加速、血压升高的现象。研究中,研究员让一群不同年纪的男女带着相同的圣诞采购单前去购物,其中有些是独自前往,有些有小孩陪伴。结果发现,每一名单独去商店的男士离开店铺后,都有心跳加速和血压升高的现象,女士则每四人才有一人如此。研究员相信,男士即使去买礼物,面对拥挤的顾客和排长龙的状况,都足以让他们觉得压力倍增。调查指出,大多数男士承认,圣诞购物的压力往往使得他们先看到什么就买什么,而懒得花时间在拥挤的店里考虑其他的选择。

针对男性不爱逛街的特点,一些商场特别开设了"老公寄存处",收留那些不愿陪老婆逛街的男士,解决夫妻逛街无法协调一致的问题,方便陪女士逛街逛累的男士休息。有的寄存处还配了椅子、报纸、杂志等,并提供茶水,最重要的是 Wi-Fi 全覆盖,供男士消遣。

武汉一家商场设置"老公寄存处"

(图片来源:http://m.people.cn/n4/2017/1128/c3445-10179094.html)

(2)女性与购物。女性消费者是零售商最强大的消费群体。怎样才能增强对女性顾客的吸引一直是零售商考虑的问题。

有研究显示,生活中 80% 以上的购买行为来自女性,或是受到女性的强烈影响,包括食品、电子产品、家用产品、汽车和其他大宗商品。美国一家调研公司发现,男性和女性的信息处理方式是截然不同的,女性之间更容易描述并讨论各个购物话题,任何一次营销的努力都必须触及女性生活的许多方面,如她们的工作、朋友、子女和她们自己的身体状况,而且必须要真诚。调查还发现,友好的员工、良好的照明、清洁的环境、符合女性生活方式的时间安排、畅通无阻的结账出口和轻松购物导航能够刺激女性顾客消费。

> ⊙ 知识链接　　　　　　　　**什么是"她经济"**
>
> "她经济"是教育部 2007 年 8 月公布的 171 个汉语新词之一。随着女性经济和社会地位的提高,围绕女性理财、消费形成了特有的经济圈和经济现象。女性对消费的推崇推动了经济的发展,这一现象称为"她经济"。现代女性拥有更多的收入和更多的机会,她们崇尚"工作是为了更好地享受生活",她们喜爱购物,成为消费的重要群体。

(二) 年龄结构

年龄结构是指一定时点、一定地区各年龄组人口占全体人口的比重,人口年龄结构可以划分为年轻型、成年型和老年型。年龄结构不仅对未来人口发展的类型、速度和趋势有重大影响,而且对今后的社会经济发展也将产生一定的作用。

国家统计局的数据显示,2016 年,我国 60 周岁及以上人口达 2.3 亿人,占总人口的 16.7%;65 周岁及以上人口达 1.5 亿人,占总人口的 10.8%。据《中国城市发展报告 (2015)》预测,到 2050 年我国老年人口将达到 4.83 亿人,占总人口的 34.1%。

> ⊙ 知识链接　　　　　　　　**什么是"银发市场"**
>
> 21 世纪,人口老龄化已经成为世界各国必须面对的一项重大挑战。随着老年消费者消费比例的不断提高,各国企业界、社会服务业都已注意根据他们的特殊需求,为他们提供称心如意的服务和产品,甚至在每种产品的通用设计中,也会考虑到"银发族"的特殊需求。这对企业来说,意味着一个藏金蕴银的大市场,这个市场被称为"银发市场"。在一些发达国家,围绕老年人消费市场应运而生的企业已经形成了一条延伸产业链。"银发市场"不仅涉及适合老年人的衣、食、住、行、康复保健,还涉及老年人的学习、娱乐、休闲、理财和保险等。

不同年龄层次的消费者,其购买习惯有很大差异,对零售业态的偏好也不相同。对于老年人来说,他们更愿意在购物前花时间去浏览且不喜欢变化。相对于年轻人,网上商店对老年人似乎吸引力不大。不过,随着网络零售的普及,不少老年人也加入了"网购大军"。京东大数据研究院和南都消费研究所联合发布的《2017 年老年人网购消费趋势报告》显示,老年人网购消费呈现持续快速增长态势。其中,一线城市学历高的老年人是主力军。

> **拓展阅读**
>
> 热爱工作的日本老人
>
> 日本是一个老龄化程度很高的国家。截至2017年9月，65岁以上人口多达3 514万人，占总人口的27.7%，老年人口比例高居全球第一。
>
> 在日本行走，你会发现日本的服务行业老年职工从业人数很多，如出租车司机、旅游巴士司机、酒店服务员、超市收银员、学校和企业保安、快递员等，到处都活跃着老人的身影。
>
> 据统计，日本50岁以上的老人，掌握了7成以上的国民存款额，日本政府规定60岁可以退休，65岁开始领取养老金，很多人却"退而不休"。他们坚守在超市收银员、出租车司机、便利店服务员、机场引导员等各种岗位上。明明有退休金可以领，为什么日本人还要拼命工作呢？仅仅是因为人口老龄化吗？
>
> 1."不工作，会变老"的观念
>
> 在东亚儒学文化圈中，勤奋与自我奉献，一直都被当作人人追求的人生哲学。在日本，一个人说自己"辛苦"，包含了一种复杂的情感：越辛苦越自豪，越辛苦越能体现价值。"不工作，会变老"是日本人信奉的生存法则。正是因为持有这种生活态度，日本老人不愿意放弃工作，他们的理由是"我还能做，而且我还想做"。
>
> 2. 为了"活出自我，活出尊严"
>
> 日本的老人很多时候并不是在"逞能"，而是想尽自己所能完成一些事情，这是一种"尊严"。
>
> 3."不给他人添麻烦"的心理
>
> "不给他人添麻烦"这一信条已经深入日本人的骨髓。日本老人很少会和子女住在一起。他们认为子女工作很辛苦，所以不想花子女的钱，也不让子女照顾自己，在日本，不给子女添麻烦的心理很普遍。
>
> 4."集体主义"观念
>
> "在日本人眼里，成功与失败都是集体的事，这个集体的每一员不论工作表现如何，都必须与整个集体同甘共苦。"在整个社会成员都努力工作的情况下，如果自己天天在家闲着不工作，日本老人会有一种被社会抛弃的感觉。
>
> 总之，在社会制度、观念和自身实力的多重作用下，日本的老人可谓非常不服老了。他们和年轻人聊天时会拍着胸脯自豪地说："我可没有老，我现在依然有能力工作，有能力养活自己！甚至比你们年轻人做得还要好！"
>
> 资料来源：http://www.sohu.com/a/283654762_362823，有删改。

三、家庭的变化

在正常情况下，人的一生大都是在家庭中度过的。大多数人在一生中会拥有两个家庭：一个是原生家庭，另一个是成人后自己组成的家庭。当消费者做出购买决策时，一般会受原生家庭和自己家庭的共同影响。

随着经济发展和社会转型，我国家庭正经历深刻的变化，具有以下特点：①家庭数量居世界之首；②家庭规模日益小型化；③家庭类型更加多样化，核心家庭比重持续下降；④计划生育家庭成为主体；⑤民主、平等的新型家庭关系在越来越多的家庭中确立；⑥家庭经济功能收缩，家庭功能重心更多地转向情感、消费、照料、安全和娱乐等；⑦快速的人口老龄化给家庭养老带来挑战，家庭对外部支持的依赖程度越来越高。

其中，家庭规模日益小型化是我国人口统计方面的一个显著变化。我国国家卫生和计划生育委员会⊖的相关数据显示，在20世纪50年代之前，我国家庭户平均人数基本上保持在5.3人的水平上。新中国成立后，随着经济社会发展和人口变化，家庭户平均规模开始缩小。20世纪80年代以来，家庭户平均规模缩小的趋势更加显著，根据国家统计局数据，2012年居民家庭户的平均规模为3.02人。进入21世纪以来，中国1人户和2人户的微型家庭数量迅速增加。2000~2010年，1人户数量翻倍，2人户数量增加68%，到2010年这两类家庭户已接近40%，共计1.6亿户。3人户家庭占比则从2002年的31.6%下降到2016年的26%。家庭结构小型化已成趋势，4个老人、2个中年夫妻加1个子女的"421"式家庭模式已经是普遍现象。在未来一段时期，小型化家庭数量将继续保持快速增长的势头，平均家庭规模将会进一步缩小。

零售商已经感受到家庭规模的缩小对其经营的影响。例如，超市中小包装的面粉、大米、水果、蔬菜等特别受欢迎。另外，人们就餐形式呈现多样化，在外面吃饭的人大大增加，超市中设置的主食厨房，经营的方便食品、半成品都很受欢迎。

一家超市货架上摆放的小包装商品（适合小型化家庭）

在考虑家庭因素的影响时，还需要注意在不同的家庭生命周期阶段，家庭成员对产品和服务的需求不同，因此，所选择的零售商也会有差异。例如，有婴幼儿的家庭会经常光顾超市购买奶粉、尿布等产品，年轻的夫妇倾向去购物中心，满足购物、吃饭、娱

⊖ 现为国家卫生健康委员会。

乐等多重需求。家庭成员在购买时的决策方式是不同的，有经验的销售人员能够通过言谈举止猜中来店的夫妇中谁有最终决策权。另外，孩子在家庭中具有重要的地位，零售商不但要将孩子用的产品摆放在合适的高度，便于孩子拿取，还要专门设置儿童娱乐设施，使家长专心购物。

宜家家居通过在商场内设"儿童乐园"吸引不爱逛街的孩子

（图片来源：宜家家居官网，https://www.ikea.cn）

除了人口数量、人口自然增长率和家庭的变化，影响零售商经营的人口环境因素还包括人口的地理分布、受教育程度、职业结构、人口流动性等。

第二节　政治与法律环境

一、政治环境

一个国家政治稳定、政局安定，必然使人民安居乐业，促进市场需求增长、经济繁荣，有利于宏观经济的平衡发展。改革开放以来，我国零售业以极短的时间实现了跨越式的升级换代，变化之大、发展之快、对经济和社会生活影响之深是前所未有的。这一方面是因为零售商的积极参与和努力，另一方面是因为我国各级政府部门为零售业的发展创造了良好的政治环境。

（一）实施多种政策措施促进消费

为促进消费，释放内需潜力，推动经济转型升级，保障和改善民生，进而推动零售业的发展，我国政府实施了多种政策措施。例如，放宽服务消费领域市场准入条件，完善促进实物消费结构升级的政策体系，加快推进重点领域产品和服务标准建设，建立健全消费领域信用体系建设等。其中，还包括为推动绿色流通发展，倡导流通环节减量包装,使用可降解包装,提出创建一批绿色商场,在继续做好绿色购物中心创建的基础上,逐步向超市、专业店等业态延伸,引导流通企业增设绿色产品专区,扩大绿色产品销售,积极发挥绿色商场在促进绿色循环消费方面的示范作用。这些措施有力地促进了零售业的发展。

> ⊙ 知识链接　　　　　　　什么是"家电下乡政策"
>
> 家电下乡政策是我国财政部、商务部深入贯彻落实科学发展观,积极扩大内需的重要举措,是财政和贸易政策的创新突破。自2007年12月起在山东、河南、四川进行了家电下乡试点,对彩电、冰箱(含冰柜)、手机三大类产品给予产品销售价格13%的财政资金直补,后推广到其他省市。家电下乡政策的主要内容是顺应农民消费升级的新趋势,运用财政、贸易政策,引导和组织工商联手,开发、生产适合农村消费特点、性能可靠、有质量保证、物美价廉的家电产品,提供满足农民需求的流通和售后服务,并对农民购买纳入补贴范围的家电产品给予一定比例(13%)的财政补贴,以激活农民的购买能力,扩大农村消费,促进内需和外需协调发展。家电下乡政策的实施起到了拉动农村消费、促进行业发展、改善民生的作用。

(二)积极扩大内需,鼓励节假日促销活动

扩大内需是促进经济增长的重要手段,"十一五"规划纲要提出,立足扩大国内需求推动社会经济发展,把扩大国内需求特别是消费需求作为基本立足点。

为加强消费对我国经济增长的拉动作用,我国政府先后出台了积极扩大就业和再就业、扩展消费领域、改善消费环境、鼓励消费信贷的政策。例如,商务部鼓励和规范广大商贸企业(包括商场、超市等)开展促销活动,并要求全国的商业部门结合当地经济发展水平、消费结构、消费趋势和风土人情,引导广大商贸企业开展节假日促销、主题促销、文化促销和品牌促销等,优化消费结构,促进消费。在扩大内需的政策指引下,国内消费需求进一步增长,社会商品零售总额不断提高。

我国从1995年5月1日开始实行双休日,"双休日"制度的实施潜移默化地使人们的生活方式发生了很大的变化。一来使人们"休养生息",促进了社会和谐发展;二来人们的休闲时间增多,逛街购物成为周末的主要活动,有力地推动了零售市场的发展。另外,"五一"或"十一"黄金周对零售业消费的促进作用也相当明显。

(三)鼓励支持网络零售的发展

近年来,在"互联网+"的社会背景下,我国政府各级部门制定各种鼓励措施积极推动实体零售创新转型,政府鼓励零售企业积极参与网络零售等新零售的规划布局。例如,在政策层面上,推出了规范网络零售经营者的政策措施,并把网络零售经营发展列

入经济发展总体规划。针对网络零售市场的跨越式发展，政府充分发挥职能作用，积极培育网络零售经营者主体，大力加强对网络零售经营者主体的监管，规范网络零售经营者的经营行为，强化网上维权等。

2012年3月，《商务部关于"十二五"时期促进零售业发展的指导意见》特别指出，我国将稳步推进无店铺销售；促进网络购物、手机购物、电视购物、自动售货机等无店铺零售业态规范发展；鼓励大型零售企业开办网上商城，重点支持以中小零售企业为服务对象的第三方平台建设，推动建设行业电子商务平台，促进线上交易与线下交易融合互动、虚拟市场与实体市场协调发展。

2015年9月，《国务院办公厅关于推进线上线下互动加快商贸流通创新发展转型升级的意见》（以下简称《意见》）出台，提出推进零售业改革发展的各种措施。《意见》鼓励零售企业转变经营方式，支持受线上模式冲击的实体店调整重组，提高自营商品比例，加大自主品牌、定制化商品比重，深入发展连锁经营；鼓励零售企业利用互联网技术推进实体店铺数字化改造，增强店面场景化、立体化、智能化展示功能，开展全渠道营销；鼓励大型实体店不断丰富消费体验，向智能化、多样化商业服务综合体转型，增加餐饮、休闲、娱乐、文化等设施，由商品销售为主转向"商品＋服务"并重；加大金融支持力度，支持线上线下互动企业引入天使投资、创业投资、私募股权投资，发行企业债券、公司债券、资产支持证券，支持不同发展阶段和特点的线上线下互动企业上市融资等。

二、法律环境

企业在运用法律时应当发挥其四种作用：法律参谋、法律保障、法律培训和法律监督。在我国，零售行业的行政管理部门为商务部和各地商业管理部门，其主要职能是制定产业政策与发展规划。行业自律组织有中国商业联合会、中国百货商业协会及中国连锁经营协会等，其主要职能是协调成员单位之间以及成员与政府部门之间的沟通交流。

各级政府部门有的直接为零售业制定了相关的法律法规，也有的是针对所有行业。这些法律法规涵盖了价格约束、广告、竞争、产品安全、专利、商标和消费者权益等各方面。比如，价格法是指国家为调整与价格的制定、执行、监督有关的各种经济关系而制定的法律规范的总称。《中华人民共和国价格法》于1997年12月29日由中华人民共和国第八届全国人民代表大会常务委员会第二十九次会议通过，自1998年5月1日起施行。根据《中华人民共和国价格法》，企业间的价格协议、掠夺性定价、虚假价格等都被视为违法行为。《中华人民共和国反不正当竞争法》的颁布对制止不正当竞争行为，促进和维护健康的市场秩序，起到了重要作用。

1998 年 5 月 1 日起施行

《中华人民共和国价格法》

1993 年 12 月 1 日起施行

《中华人民共和国反不正当竞争法》

  为了保护消费者的合法权益，维护社会经济秩序稳定，促进社会主义市场经济健康发展，我国自 1994 年 1 月 1 日起施行《中华人民共和国消费者权益保护法》。这是我国第一次以立法的形式全面确认消费者的权利，对保护消费者的权益，规范经营者的行为，维护社会经济秩序，促进社会主义市场经济健康发展具有十分重要的意义。2014 年 3 月 15 日，新版《中华人民共和国消费者权益保护法》（简称"新消法"）施行，进一步完善了消费者权益保护制度，强化了经营者义务，规范了网络购物等新的消费方式，建立了消费公益诉讼制度，等等。

1994 年 1 月 1 日起施行

《中华人民共和国消费者权益保护法》

  我国政府确立了以市场为主体，以市场行为、市场秩序、市场调控及信用管理等为主要内容的商业法律体系的总体框架。《中华人民共和国反垄断法》《直销管理条例》《商业特许经营管理条例》已陆续颁布,《外商投资商业领域管理办法》《零售商供应商公平交易管理办法》和《零售商促销行为管理办法》等部门规章相继出台,逐步形成了适合现代市场流通的法律体系。例如,2006年我国有关部门颁布了一系列零售连锁经营企业行业性法规,如表3-2所示。

表3-2 有关我国零售连锁经营企业的部分法规(2006年)

时间	法规名称	主要内容
2006年10月	《零售商供应商公平交易管理办法》(〔2006〕第17号)	由商务部、发改委、公安部、税务总局、工商总局联合下发并指出,零售商与供应商应当本着合法、自愿、公平、诚实信用的原则进行交易;零售商不得滥用市场终端的优势地位
2006年9月	《零售商促销行为管理办法》(〔2006〕第18号)	由商务部、发改委、公安部、税务总局、工商总局联合下发,规范了零售商的促销行为,保障了消费者的合法权益,有利于维护公平竞争秩序和社会公共利益,促进零售行业健康有序发展
2006年8月	《零售业同业损害评估办法》	商务部发布该办法旨在遏制零售业过密开店的现象,避免在同一主要商圈不合理设立相同或类似业态的零售店铺,减少对相邻、相同或类似业态的已有零售商店的经营性损害,从而有利于区域零售市场的合理竞争和有序发展

2019年1月1日,《中华人民共和国电子商务法》正式实施,其中明确规定:对关系消费者生命健康的商品或者服务,电子商务平台经营者对平台内经营者的资质资格未尽到审核义务,或者对消费者未尽到安全保障义务,造成消费者损害的,依法承担相应的责任。电子商务平台经营者违反本法第三十八条规定,对平台内经营者侵害消费者合法权益行为未采取必要措施,或者对平台内经营者未尽到资质资格审核义务,或者对消费者未尽到安全保障义务的,由市场监督管理部门责令限期改正,可以处五万元以上五十万元以下的罚款;情节严重的,责令停业整顿,并处五十万元以上二百万元以下的罚款。《中华人民共和国电子商务法》的颁布与实施,使我国电子商务领域真正实现了有法可依,使网络零售的电商获得了更多的机会,以及更规范、更有保障的市场环境,推动了我国网络零售市场走向良性发展之路。

第三节 经济环境

一、经济增长速度

零售企业的经营活动是在一定的经济环境条件下进行的。一般来说,经济高速发展的国家总是伴随着消费者对商品的强烈需求,对物质的渴望转化为对商场的热爱。而对于经济不景气的国家来说,消费者总是倾向于选择保守的产品或是减少去商场消费的次数，显然，这对零售企业的销售是不利的。

经济增长速度是指一国或地区在一定时期内社会物质生产和劳务发展变化的速率。改革开放以来，我国经济的增长速度保持在高位，成为世界第二大经济体。经济的发展带动了社会消费品零售总额的增长，这是中国零售业发展的内在动力。

国家统计局公布的 2018 年中国经济数据显示，我国的经济总量突破 90 万亿元，比上年增长 6.6%，增速在世界前五大经济体中居首位，中国经济对世界经济增长的贡献率接近 30%，持续成为世界经济增长最大的贡献者。数据还显示，2018 年，我国城镇新增就业 1 361 万人，再创历史新高，连续 6 年实现城镇新增就业 1 300 万人以上，城镇调查失业率也保持在较低水平。我国社会消费品零售总额超过 38 万亿元，最终消费支出对 GDP 的增长贡献率为 76.2%，消费在我国经济中所起的作用越来越大。

二、收入与支出的变化

一般而言，经济的增长将带来人们收入的增加。个人可支配收入是指居民个人可用于最终消费支出和储蓄的总和。按照收入的来源，可支配收入包括工资性收入、经营净收入、财产净收入和转移净收入。个人消费支出是指居民用于满足家庭日常生活消费需要的全部支出，既包括现金消费支出，也包括实物消费支出。消费支出包括食品烟酒、衣着、居住、生活用品及服务、交通通信、教育文化娱乐、医疗保健和其他用品及服务八大类。

国民收入与个人可支配收入是零售业发展最重要的市场驱动力。个人可支配收入不断提高，意味着零售业发展的空间在扩大。一般认为，连锁超市诞生时期，人均 GDP 为 800～2 000 美元，这一时期消费特征表现为注重方便、快速、清洁、卫生，追求大量购买低价商品；便利店、专卖店、专业店批量发展时期，人均 GDP 达到 4 000 美元，这一时期的消费特征是消费者喜爱多种商品、高品质商品；高级专卖店、精品店、奢侈品店开始流行时，人均 GDP 超过 4 000 美元。目前，在我国的一线城市，如上海、北京和深圳等地，随着经济的快速发展，以及居民个人收入的增加，消费者在服装消费上的个性化需求明显，推动了奢侈品店、设计师品牌店、买手店的蓬勃发展。

随着可支配收入的变化，消费者的支出结构也会发生一定的变化。我国居民以生活必需品为主的支出结构逐步转变为以生活选购品甚至奢侈品为主的支出结构。

> **拓展阅读**　　　　**2018 年我国居民收入和消费支出情况**
>
> 国家统计局公布的数据显示，2018 年，全国居民人均可支配收入为 28 228 元，比上年名义增长 8.7%，扣除价格因素，实际增长 6.5%。其中，城镇居民人均可支配收入 39 251 元，增长（以下如无特别说明，均为同比名义增长）7.8%，扣除价格因素，实际增长 5.6%；农村居民人均可支配收入 14 617 元，增长 8.8%，扣除价格因素，实际增长 6.6%。

全年全国居民人均可支配收入中位数为 24 336 元，比上年增长 8.6%，中位数是平均数的 86.2%。其中，城镇居民人均可支配收入中位数为 36 413 元，增长 7.6%，是平均数的 92.8%；农村居民人均可支配收入中位数为 13 066 元，增长 9.2%，是平均数的 89.4%。图 3-1 为 2018 年全国居民人均可支配收入中位数与平均数。

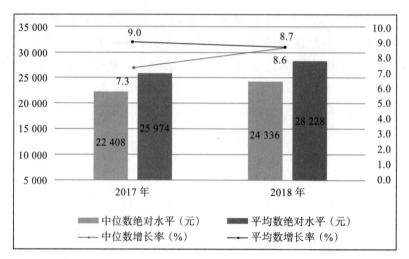

图 3-1　2018 年全国居民人均可支配收入中位数与平均数

根据收入来源分析，全年全国居民人均工资性收入 15 829 元，比上年增长 8.3%，占可支配收入的比重为 56.1%；人均可支配经营净收入 4 852 元，增长 7.8%，占可支配收入的比重为 17.2%；人均可支配财产净收入 2 379 元，增长 12.9%，占可支配收入的比重为 8.4%；人均可支配转移净收入 5 168 元，增长 8.9%，占可支配收入的比重为 18.3%。

居民消费支出情况：2018 年，全国居民人均消费支出 19 853 元，比上年名义增长 8.4%，扣除价格因素，实际增长 6.2%。其中，城镇居民人均消费支出 26 112 元，增长 6.8%，扣除价格因素，实际增长 4.6%；农村居民人均消费支出 12 124 元，增长 10.7%，扣除价格因素，实际增长 8.4%。

全年全国居民人均食品烟酒消费支出 5 631 元，比上年增长 4.8%，占人均消费支出的比重为 28.4%；人均衣着消费支出 1 289 元，增长 4.1%，占人均消费支出的比重为 6.5%；人均居住消费支出 4 647 元，增长 13.1%，占人均消费支出的比重为 23.4%；人均生活用品及服务消费支出 1 223 元，增长 9.1%，占人均消费支出的比重为 6.2%；人均交通和通信消费支出 2 675 元，增长 7.1%，占人均消费支出的比重为 13.5%；人均教育、文化和娱乐消费支出 2 226 元，增长 6.7%，占人均消费支出的比重为 11.2%；人均医疗保健消费支出 1 685 元，增长 16.1%，占人均消费支出的比重为 8.5%；人均其他用品及服务消费支出 477 元，增长 6.8%，占人均消费支出的比重为 2.3%（见图 3-2）。

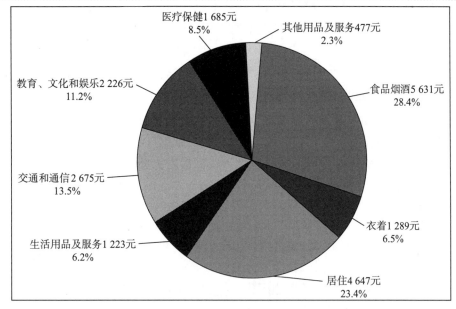

图 3-2　2018 年全国居民人均消费支出及构成

资料来源：http://www.199it.com/archives/824836.html，有删改。

三、通货膨胀对零售的影响

通货膨胀是在纸币流通条件下，货币供应量过多导致有支付能力的货币购买力超过商品可供量，从而引起货币不断贬值和一般物价水平持续上涨的经济现象。

通货膨胀对零售业影响的研究有两种不同的观点：一种观点认为，温和的通货膨胀对零售业是有利的，能够刺激零售业的发展；另一种观点认为，通货膨胀势必会造成从紧的货币政策出台，货币信贷总量和投放结构受到严格控制，这对于对资金要求非常高的零售业来说是非常不利的。

通货膨胀对消费的具体影响体现在以下几个方面。第一，通货膨胀使人们的生活负担加重，生活水平降低。民以食为天，消费物价上涨的核心是食品价格，它直接影响到城乡居民家庭的生活水平和生活质量。如果食品支出份额增大，其他消费必然受到挤压。因此，物价上涨短期内制约了消费结构改善以及消费层次提高，降低了城乡居民的生活消费水平，对零售业的影响不言而喻。第二，通货膨胀使人们支出增加，收入水平降低。日常生活消费支出增加，从收入角度而言，意味着城镇居民人均可支配收入不同程度缩水。通货膨胀使居民的实际收入减少，降低了居民的消费能力。第三，通货膨胀使人们需求减弱，消费预期降低。居民消费价格持续上涨，特别是以食品为主的生活必需品价格较大幅度上涨，在一定程度上削弱了城乡居民的消费欲望，制约了消费档次的提升。不少中低收入家庭不得不精打细算，在日常消费品选择上更趋向于经济实惠的替代品，居民购买力下降，消费欲望受到抑制，对零售业发展极为不利。

通货膨胀对零售业的影响大小取决于通货膨胀的严重程度，经济学界普遍认为，当社会总物价水平的上涨幅度在一定范围内，并对经济增长有较为积极的刺激作用时，即呈现良性通货膨胀特征。良性通货膨胀甚至是有利于商店经营的。有研究显示，通货膨胀率和超市的零售利润增速趋势一致，呈现出较高的相关性。原因如下：首先，超市主要经营日常生活必需品，这类需求为刚性需求，在价格上涨时销量不会减少太多；其次，超市的货源有一定的周期性，在通货膨胀情况下，原库存存货价值的升高将反映在利润表中，且消费者"买涨不买跌"的消费心理也会推高超市利润。

此外，财政政策、货币政策、利率和汇率的变化也会影响零售企业的决策。例如，利率上涨会使零售企业资本扩张所需的资金成本更高或更不容易得到，从而限制企业的扩张发展计划。

第四节　技术环境

现代科学技术极大地推动了社会生产力的发展，使人类走向知识经济时代，它所蕴含的能量是巨大的，给人类社会的影响也是巨大的。技术已经成为人类创造财富和发展经济的一个重要手段，它使人类步入一个以知识的生产、分配、使用为重要因素的经济时代。

从零售业的发展历史来看，19世纪以来，零售业经历的重大变革都有技术力量的推动。例如，制冷、包装、电子技术的推广应用，提高了商业机械化的程度，使超级市场的出现成为可能；而汽车和冰箱的使用，促使大量采购和远距离采购成为可能，推动了大型购物中心的出现；互联网打破了零售时空的界限，催生了新的网络零售，为零售企业带来了新的挑战和机会。

总体来看，技术进步为零售业态的发展注入了新的活力，为新业态的产生提供了契机。现代零售业运用到的高新技术主要有：计算机及网络应用技术；信息、通信和情报处理技术；高效率的现代物流、配送技术组合；超市及配送中心食品保鲜、杀菌、干燥、脱水和冷冻技术；商品分割包装技术；零售商自有产品设计、开发技术等。先进的技术条件可以有效地控制商品的采购、运输、销售、储存等环节的费用，从而为零售企业降低成本，增强其竞争力。

一、电子商务对零售的冲击

电子商务（electronic commerce）是以信息网络技术为手段，以商品交换为中心的商务活动。20世纪90年代，我国电子商务开始起步。1998年3月，随着我国第一笔互联网网上交易的成功，我国在零售领域开始更加广泛地开发应用电子商务。由此，电子商务行业迅猛发展，产业规模迅速扩大，电子商务信息、交易和技术等服务企业不断涌现。

电子商务的价值已超越了新零售形式本身所具有的价值，它不仅改变了企业的生产、经营、管理，而且给传统的零售方式带来了巨大的冲击。

（1）更广阔的环境：消费者不受时间和空间的限制，不受传统购物的诸多限制，可以随时随地在网上交易。

（2）更广阔的市场：在网上，这个世界将会变得很小，一个商家可以面对全球的消费者，而一个消费者可以在全球的任何一家商店购物。

（3）更快速的流通和更低廉的价格：电子商务减少了商品流通的中间环节，节省了大量的开支，从而也大大降低了商品流通和交易的成本。

（4）更符合时代的要求：消费者越来越追求时尚，讲究个性，注重购物的环境，通过网上购物，更能体现个性化的购物过程。

零售企业不但可以通过电子商务进行产品销售，还可以通过电子商务跨地域、跨行业，直接连接生产厂商、供应商、物流中心、金融机构等参与企业商务活动。零售企业应在内部建设企业管理信息系统，规范企业业务流程和内部管理流程，缩短产、供、销与消费者之间的距离，加快资金、商品、货币与人才的快速流动等。

二、物联网推动零售的发展

物联网（Internet of Things，IoT），顾名思义就是物物相连的互联网，是新一代信息技术的重要组成部分，具体是指通过各种信息传感设备，把需要的物体与互联网和通信网连接起来，进行信息交换和通信，以实现智能化识别、定位、跟踪、监控和管理。物联网广泛应用于工业、交通、物流、电力、环保、军事、公共安全以及人们的生活等，并被认为是世界下一次信息技术浪潮和新经济引擎，对世界经济、政治、文化、军事和社会都产生巨大的影响。

物联网是一个先进的、综合的、复杂的系统。从采购商品到维护仓库，再到销售商品，通过物联网，零售商可以最大限度地降低成本和失误，并能够为顾客提供良好的零售生态系统，使顾客获得更好的体验。

（一）提高顾客体验

物联网将会带来远超以往、更加真切而有意义的个性化体验。依托这种互联互通的环境，企业能够以每一个消费者为中心去设计并创造产品与服务。

例如，零售商可以通过智能手机，利用无线信标定位技术在顾客进入商店后即与顾客进行直接互动。比如罗德与泰勒（Lord & Taylor）、哈德逊湾（Hudson's Bay）等百货公司利用苹果 iBeacon 技术和 Swirl 移动营销平台，为下载品牌应用软件的顾客提供个性化促销信息，从而可以实现与顾客的双向、实时互动。

此外，零售商还可以利用与顾客互动生成的数据，改善顾客的进店体验。比如，商家可以利用传感器跟踪顾客在店内的足迹、在货架前的停留时间等，并以数字化的方式记录下来,从而改善店内陈设和商品的摆放策略,提高销售转化率。雨果博斯公司(Hugo Boss)就在店内安置了热传感器来研究客户的移动路径,进而将热门产品摆放在客流量较大的区域。

(二)优化供应链运营

面对更为复杂的供应链、日益重要的数字渠道,以及越来越高的顾客要求,物联网设备和产品为零售商优化供应链运营提供了机会。比如,通过无线射频技术可以提高库存追踪的精确性,通过数据视觉化技术可以追踪产品在供应链上的位置,等等。零售商可以通过物联网设备使顾客能够查看其订单在生产和流通环节中的进度情况。

商店经理可以利用联网智能价签来实时调整定价,比如降低促销产品或销量不佳的产品的价格,抑或提高热销商品的价格等。同时,完全整合的定价系统能够使零售商实现货架、收银台和各种渠道之间的价格同步,确保网店与实体店价格一致。

此外,零售商还可以在供应链中整合其他物联网设备,进一步改善店铺运营,降低成本。比如,依托物联网技术的传感器有助于店铺经理监控并调整照明亮度与温度,在提高顾客舒适度的同时,实现能源节约和开支削减。

(三)创造新的盈利点

物联网能够为零售商带来新的收入来源,甚至开发新产品,建立起全新的渠道使零售商获得更高的营业收入。例如,2018年,苏宁成立智能终端公司。2018年9月,苏宁智能终端公司发布了苏宁小Biu智能音箱极智版、智能安防套件,以及PPTV新一代激光电视、QLED电视等10款智能硬件产品,涉及智能家电、智能家居、影音显示、运动健康、智能穿戴和车联网等。

2019年3月,苏宁金融区块链+物联网汽车库融平台上线,为客户提供汽车库存融资业务的授信额度。该平台实现了完整的融通仓融资模式,将区块链及物联网技术运用到供应链金融业务中,提高了仓储监管企业的动产管理水平,降低了金融机构的业务风险,完善了银行的风控体系。与此同时,该平台也缩短了客户的融资周期,降低了融资准入门槛,为客户提供了更多融资选择。

当前,很多公司,包括苹果、亚马逊、微软、高通等国际巨头,以及腾讯、百度、阿里、小米、长虹、创维等互联网和家电企业都围绕着"AI+IoT"进行发展或技术布局。作为和个人家庭紧密结合的家电巨头,海尔、海信、TCL、创维等老牌家电企业,也已开启了智慧家庭的IoT战略,打造各自的IoT系统。

三、数据挖掘在零售中的应用

近年来,随着大数据时代的到来,数据挖掘引起了社会各界的极大关注。数据挖掘是一个多学科领域,它融合了数据库技术、人工智能、机器学习、模式识别、模糊数学和数理统计等最新技术的研究成果，可以用来支持商业智能应用和决策分析。

目前，数据挖掘广泛应用于银行、金融、医疗、工业、零售和电信等行业。零售企业可以利用大数据进行顾客细分、交叉销售、顾客流失分析、商品销量预测等，数据挖掘技术的发展对零售企业具有重要的现实意义。

拓展阅读　　　　　　　　　**"尿布与啤酒"的故事**

在零售业中流传着的"尿布与啤酒"的故事，实际上就是一则与数据挖掘有关的故事。故事的主角是这个世界上最大的零售商沃尔玛，在其遍布美国各地的数千家超级市场中，尿布与啤酒居然并排摆放在邻近的货架上一起销售，而且两者销量都还不错。原来沃尔玛分析了原始交易数据，然后利用数据挖掘工具进行分析和挖掘，再对商品进行市场类组分析——分析顾客最有可能一起购买哪些商品，结果惊奇地发现尿布与啤酒一起购买的概率非常大。一般来说，很少有人能将尿布与啤酒联系在一起，若不是借助数据挖掘技术，有可能现在还没有发现隐藏在背后的事实：美国的太太们常叮嘱她们的丈夫下班后为小孩买尿布，而丈夫们在买尿布后又随手为自己买了两瓶啤酒。既然两者在一起购买的概率很大，沃尔玛索性将它们并排摆放在一起销售，结果尿布与啤酒的销售量成倍增长。

资料来源：http://www.sohu.com/a/321301524_100294787，有删改。

具体来看，零售企业在做数据挖掘时可以根据企业既定的业务目标，对大量的企业数据进行探索和分析，揭示隐藏的、未知的或验证已知的规律性，并进一步将其模型化，以利于管理决策。

（一）准确掌握销售状况

通过数据挖掘，零售商店可以根据商品种类、销售数量、商店地点、价格和日期等信息了解其每天的运营和收支情况。

例如，结合 5W1H 分析法开展零售数据的分析与挖掘，5W1H 分析法即回答以下问题。

What：销售情况怎么样？有多少用户？来了多少次？每次消费多少钱？买了什么东西……

Where：哪些门店销售最好？为什么（交通、地区等）……

When：哪个月份销售得最好？哪个节日是销售高峰期……

Who：顾客是谁？有什么样的特征？偏好买哪些产品？产品规格是怎么样的……

Why：为什么买那些产品？为什么买那么多？会不会继续购买……

How：怎样提高顾客重购率？怎样唤醒顾客？怎样进行铺货……

> **拓展阅读** **朝阳大悦城的大数据战略**
>
> 朝阳大悦城位于北京东四环与东五环之间，总建筑面积超过 40 万平方米，其中购物中心 23 万平方米，高档公寓 7 万平方米。得益于北京城市发展的重心东移，该区域内已经云集了众多高档住宅，逐渐成为"中央生活区"，是北京新贵人群、高级城市白领置业的首选地之一。朝阳大悦城定位"超级家庭生活娱乐购物中心"，以家庭为主题包装商业，在北京的商业地产项目中堪属第一，成为北京市场极具地标性与文化性的超大型、一站式休闲购物中心。朝阳大悦城的生命力何在？除了及时的业态调整和不断创新的营销活动等表面上的动作，朝阳大悦城真正的核心竞争力是高效的运营管理，是以大数据为基础来部署的大战略，所有的营销、招商、运营、活动推广都围绕着大数据的分析报告来进行。
>
> 第一，根据超过 100 万条会员刷卡数据的购物清单，将喜好不同品类、不同品牌的会员进行分类，将会员喜好的个性化品牌促销信息进行精准通知。
>
> 第二，在商场的不同位置安装了将近 200 个客流监控设备，并通过 Wi-Fi 站点的登录情况获知顾客的到店频率，通过与会员卡关联的优惠券得知受消费者欢迎的优惠产品。
>
> 第三，经过客流统计系统的追踪分析，提供解决方案，改善消费者动线。例如，4 层的新区开业之后顾客总是不愿意往新区里走，因为他们更熟悉之前的动线。为此，招商部门在 4 层新老交接区的空区开发了休闲水吧，打造成欧洲风情街，并提供 iPad 无线急速上网休息区。通过精心设计，街区亮相后，新区销售有了明显的改观。
>
> 第四，打通微信与实体会员卡，会员的消费数据、阅读行为、会员资料打通后，商场能更好地了解消费者的消费偏好和消费习惯，从而更有针对性地提供一系列会员服务。
>
> 资料来源：http://bigdata.idcquan.com/news/70661.shtml，有删改。

（二）细化库存管理

零售商通过数据挖掘系统，将零售销售数据和库存数据集中起来，通过数据分析，决定对商品、货物进行增减，确保正确的库存。数据挖掘系统还可以将库存信息和商品销售预测信息，通过电子数据交换直接送到供应商那里，这样可省去零售中介，而且供应商负责定期补充库存，减少了零售商的负担。

> **拓展阅读** **沃尔玛：大数据的深度挖掘**
>
> 早在 20 世纪 70 年代，沃尔玛就开始使用计算机进行管理；20 世纪 80 年代初，他们又花费 4 亿美元购买了商业卫星，实现了全球联网；20 世纪 90 年代，沃尔玛采用了全球领先的卫星定位系统（GPS），控制公司的物流，提高配送效率，内外部信息系统的紧密联系使沃尔玛能与供应商每日交换销售、运输和订货信息，实现商店的销售、订货与匹配保持同步，以速度和质量赢得用户的满意度和忠诚度。
>
> 2011 年，沃尔玛公司成立 @WalmartLabs，目的就是在互联网背景下，通过深度挖掘

消费者在社交网站上产生的峰值数据预测商品和消费需求，将这些数据转化为有助于决策的信息，通过移动终端向用户进行精准推送。这就是沃尔玛大数据挖掘的开始。该实验室的成立主要实现了两大功能：第一是数据挖掘，分析消费者在社交网络上展现的兴趣，从而预测他们可能在 walmart.com 购买的下一个产品；第二是发展地理位置科技，实验室的工程师希望能够开发出一个地理位置应用，以引导用户寻找自己感兴趣的商品。沃尔玛大数据包罗万象，可以细化到全球 27 个国家 11 457 家门店任一时段的销售数据和销售细节。通过 @WalmartLabs 工程师的努力，这些数据会通过电脑系统，从扩散到集中，详尽地呈现顾客消费习惯的变化，通过数据挖掘和分析，得出不同地域的不同购物偏好，为采购、开店决策提供依据。

资料来源：http://www.100ec.cn/detail--6258751.html，有删改。

（三）科学商品布局及购买推荐

从销售记录中挖掘相关信息，可以发现购买某一种商品的顾客可能购买其他商品的信息。这类信息可用于形成一定的购买推荐，或者保持一定的最佳商品分组布局，以帮助顾客选择商品，刺激顾客的购买欲望，从而增加销售额，节省顾客购买时间。

（四）提高促销的有效性

零售商常常通过广告、优惠券、各种折扣和让利的方式搞促销活动，以达到促销产品、吸引顾客的目的。只有充分了解顾客，才能定位促销活动，提高顾客响应率，降低促销活动成本。

零售商利用数据挖掘技术可以分析出应该在什么时间、在什么地点、以何种方式和对什么样的人开展促销活动，能真正达到促销目的，避免资源的不必要浪费。同时，零售商在进行数据挖掘时也可以使用过去有关促销的数据来寻找未来促销中回报最大的顾客。

（五）预测市场趋势

利用数据挖掘工具和统计模型对数据库的数据进行仔细研究，可以分析顾客的购买习惯、广告成功率和其他战略性信息。检索数据库中的销售数据做分析和数据挖掘，可以预测出季节性销售量、月销售量。对商品品种和库存的趋势进行分析，还可以确定降价商品，并对数量和运作做出决策。

（六）吸引和留住顾客，提升顾客体验

首先，零售商可以通过顾客细分的方法找到自己的顾客，以不同的方式区别对待处于不同细分群体中的顾客。然后，零售商根据顾客的兴趣特点和购买行为，向顾客推荐用户感兴趣的信息和商品，从而实现交叉销售，满足顾客的个性化需求，

提升购物体验。最后，零售商通过对顾客的信息进行数据挖掘，了解顾客的消费习惯或跟踪顾客的消费行为，记录顾客的购买系列，分析顾客的消费水平，从而提高顾客的忠诚度。

> ⊙ 知识链接　　　　　　　什么是"用户画像"
>
> 　　用户画像又称用户角色，作为一种勾画目标用户，联系用户诉求与设计方向的有效工具，用户画像在各领域得到了广泛的应用。
> 　　用户画像最初是在电商领域得到应用的，在大数据时代背景下，用户信息充斥在网络中，将用户的每个具体信息抽象成标签，利用这些标签将用户形象具体化，从而为用户提供有针对性的服务。纵览成功的产品案例，可以发现它们服务的目标用户通常都非常清晰，特征明显，体现在产品上就是专注、极致，能解决核心问题。比如，苹果一直都为有态度、追求品质、特立独行的人群服务，赢得了很好的用户口碑及市场份额。又比如，豆瓣专注文艺事业十多年，只为文艺青年服务，用户黏性非常高。所以，相对于给广大人群提供低标准的服务，通过用户画像，给特定群体提供专注的服务，更容易成功。

　　2014年，肯德基在我国一线城市推出自助点餐服务，顾客只需下载肯德基自助点餐App，打开应用，就可以找到距离最近的肯德基餐厅，然后通过手机下单、付款、获取二维码，到店内不用排队，就可以拿到提前下单的餐点了。除了手机自助点餐，肯德基还在门店推出自助点餐机，顾客可以通过点餐机进行点餐，在机器上刷支付宝或微信完成付款后，就可到柜台领取店员配好的餐点。

肯德基自助点餐App宣传页

（图片来源：肯德基官网，http://www.kfc.com.cn）

　　肯德基自助点餐就是针对现阶段消费者对互联网、数字化媒体的需求，以及在就餐中进行社交、商务会谈的需求，让消费者不用排队，可以花更多的时间在感兴趣的环节，从而成为一种方便、快捷、舒适的就餐方式，营造出新的消费体验。

本章小结

本章以宏观的视角分析了环境因素对零售业发展和零售商经营的影响，包括人口环境、政治与法律环境、经济环境和技术环境等对零售产生的直接或间接的影响。

人口环境对零售市场的形成和变化产生了直接的影响。人口数量决定了零售的市场容量，人口增长速度对零售的潜在市场产生影响。我国庞大的人口数量是零售市场快速发展的基础。人口结构主要体现在人口的性别差异、年龄结构等方面。人口结构的变化会直接影响零售商的策略。随着我国二孩政策的全面实施，儿童产业必将迎来巨大商机。同时，老年银发市场的潜力不可忽视。家庭规模的缩小是我国人口统计方面的一个显著变化，家庭生命周期的变化使家庭成员对产品和服务的需求不同，因此，零售商需要全面分析。

相关政策和法律及其执行情况对零售业的发展起着决定性的作用。我国零售业之所以能够在极短的时间内实现跨越式的增长，与我国各级政府部门为零售业的发展创造的良好的政治环境和法律环境密不可分。

经济环境指企业营销活动所面临的外部社会经济条件及其运行状况和发展趋势，会直接或间接地对企业经营活动产生影响，包括经济增长速度、收入和支出的变化、通货膨胀对零售的影响等方面。我国个人可支配收入的提高，意味着零售业发展的空间正在不断扩大。

从零售业的发展历史来看，零售业的重大变革都与技术力量的推动有关。技术的开发和应用为零售业发展注入了新的活力和动力。本章主要分析了电子商务对零售的冲击、物联网推动零售的发展和数据挖掘在零售中的应用。未来，新技术对零售的影响力和驱动力将不断加强。

本章练习题

一、简答题

1. 分析人口环境因素对零售产生的影响。
2. 简述家庭的特征及变化对零售商的影响。
3. 分析经济环境因素对零售的影响。
4. 分析电子商务给传统的零售方式带来的冲击。
5. 分析物联网技术在零售商经营活动中的应用。

二、论述题

1. 论述当前我国人口结构的变化给零售商带来了哪些机遇和挑战。
2. 论述数据挖掘技术在零售商管理决策中发挥的作用。

三、实践题

1. 你所在城市的政府部门为推动零售市场的发展推出了哪些举措？收集这方面的信息和数据。
2. 有人说技术是一把"双刃剑"，你在零售活动的实践中是否有这方面的体会？举例说明。

第四章
识别和理解消费者

学习目标

学习零售商对消费者类型的划分方法；熟悉消费者的基本类型及特征；分析并理解消费者的购物心理；掌握消费者购买行为的特征；识别冲动性购买的特点和影响因素。

导入案例

"善变的"消费者到底想要什么

FOREVER 21 曾是美国火热的时装品牌，也是美国的标志性快时尚品牌之一。鼎盛时期，FOREVER 21 在 57 个国家拥有超过 800 家门店。FOREVER 21 曾多次出现在热门美剧中，以每天百款上新以及价格亲民的优势，深受全球消费者的欢迎。

位于上海南京东路上的 FOREVER 21 店已经关闭

（图片来源：http://www.sohu.com/a/337553416_467279）

FOREVER 21品牌由韩国出生的张东文和张金淑于1984年在美国创立，它的目标客户是18~30岁的都市活力人群，主要走时尚潮流路线，设计风格简单，颜色丰富亮丽，产品品类众多。更重要的是，FOREVER 21的产品更新速度极快，在店里，如果你看上心仪的衣服却不马上行动，那也许你就会错过这件衣服。由此，以FOREVER 21为代表的快时尚潮流席卷全球，FOREVER 21商店成了许多城市时尚青年心中的购物圣地。

随着互联网时代的来临，年轻人的消费方式、消费观念和消费选择都发生了变化，各种网上商城、购物App不断出现，为消费者带来了新的购物方式，消费者无须到实体店铺试穿购买，鼠标一点，衣服就进入购物车，节省了交通成本和时间成本。同时，新的消费观念正在觉醒，产品价格在4~20美元的FOREVER 21对消费者不再具有吸引力，并不是因为消费者不在乎价格高低，而是现在消费者更注重服饰的可用性，越来越厌倦质量低劣和廉价的商品。

FOREVER 21于2008年进入中国市场，第一家店铺开在江苏常熟，但只经营了一年就关闭了。直到2012年，FOREVER 21才卷土重来。这次它吸取了失败的教训，只遵循一个战略：在核心城市、核心商业圈开大店。因此，它先在北京繁华的王府井地区开设了总面积为2 500平方米的北京王府井APM购物中心店；随后，8 000平方米的上海南京东路旗舰店也盛大开幕。

但是，"黄金地段"似乎并未给FOREVER 21带来与之匹配的业绩，甚至加重了其租金成本负担。据媒体报道，FOREVER 21香港铜锣湾京华中心店就因为无法负担租金而关闭，该店月租金高达1 100万港币，要维持盈利，月销售额至少要达到6 000万港币，这意味着每分钟需要卖出4~5件衣服，以每件300港币计算，一天内需卖出6 667件衣服和配饰才能完成目标。所以，在持续几年的跑马圈地后，FOREVER 21的"关店潮"随之而来。

消费者的改变和FOREVER 21的过度扩张，使FOREVER 21在全球处于节节败退的状态，近几年不断缩小其在市场的门店面积。2017年10月，FOREVER 21位于日本东京原宿的首家旗舰店关闭；2018年1月阿姆斯特丹旗舰店关闭；2018年1月，北京APM店关闭（北京APM店是该品牌进入中国大陆市场的首家标志性门店）；2018年11月，3家法国门店关闭。2019年9月26日，FOREVER 21日本官网宣布退出日本市场，并将关闭日本的所有门店。

2019年9月29日，FOREVER 21在美国宣布申请破产。FOREVER 21表示，其很快就会停止在40个国家的运营，全球可能会关闭350家分店。

或许，FOREVER 21的失败只是"快时尚"品牌糟糕现状的一个缩影。以中国为例，2018年8月，在英国维持了50年之久的"快时尚"品牌Topshop对外宣布，提前终止与中国特许经营合作伙伴尚品网的合作，并关闭了其天猫旗舰店。2018年11月，在中国市场奋战了4年的英国另一家"快时尚"品牌New Look因不堪重负也宣布退出，并关闭了在中国的120多家门店。

"快时尚"曾经以上货时间快、价格亲民和紧跟潮流的特点，极大地激发了消费者的兴趣。随着"90后""00后"逐渐成为消费主力军，"快时尚"也迎来了寒冬，"快"不再是消费动力，价格低但容易撞衫、穿几次就丢弃的服装不再有吸引力。

资料来源：http://www.sohu.com/a/344426114_115479；http://www.chinasspp.com/News/Detail/2019-5-4/437453.htm，有删改。

思考：

1. 根据案例，分析 FOREVER 21 失败的原因。
2. 面对"快时尚"，为什么消费者"变"了？你认为"快时尚"品牌是否还有新的机会？

第一节 获取消费者

一、消费者的细分

消费者的细分就是对消费者进行市场细分，是企业根据消费者需求的不同，把整个市场划分成不同的消费者群体的过程。

零售企业首先需要知道企业服务的顾客是谁，顾客的基本特征是什么。这需要通过消费者细分的方法来发现，并由此确定目标市场，进而进行市场定位，制定有效的经营和竞争策略，以取得和增加竞争优势。同时，对消费者细分体现了零售企业以消费者为中心的现代市场观念。

市场细分的方法主要有以下几种。

（一）地理细分

地理细分就是指按照消费者所处的地理位置和自然环境来细分市场，具体变量包括：区域、城市规模、气候条件及人口密度等，如表 4-1 所示。

表 4-1 地理细分的主要变量

细分变量	典型的细分子市场
区域	按世界整体区域划分，北美、西欧、亚洲、非洲、中东、太平洋沿海等
	按国家内部区域划分，以中国为例：华北、东北、华东、华中、西北、华南等
城市规模	特大城市、大城市、中等城市和小城市
气候条件	热带、亚热带、温带等
人口密度	都市、市郊、农村等

地理细分是企业常用的一种细分方法。地理细分之所以可行，主要是因为处在不同地理环境下的消费者对于同一类产品往往会有不同的需求和偏好，他们对企业的产品价格、销售渠道、广告宣传等营销措施的反应也存在差别。

例如，以卖鱼为例，每个国家或地区都有自己卖鱼的方式。美国的商场基本都是把鱼去头去尾后切成片并包装好来卖，鱼当然是死的。而在法国，鱼虽也是死的，但是整条出售的，并且鱼下面要铺上冰，据说法国人可以通过看鱼的眼睛来判断鱼是否新鲜。在中国，有两种卖鱼的方式：一种是卖活鱼，另一种是卖冷冻鱼。中国的南方和东部地区主要是卖活鱼，人们对鱼的新鲜度要求非常高，鱼要放在专门的鱼缸中，人们认为

"活蹦乱跳"的鱼才是好鱼，死鱼是卖不出去的。东北和中西部地区主要是卖冷冻鱼，因为出产新鲜鱼类的地区与中国东北和中西部地区的距离太远，以至于当地顾客更青睐冷冻鱼类，而不是未冷冻的死鱼，甚至是活鱼。

因此，不同区域或城市的零售企业在经营时，都努力使自己的产品、广告、促销和销售活动适应当地市场。例如，法国零售企业家乐福（Carrefour）成立于1959年，是大卖场业态的首创者、欧洲第一大零售商、世界第二大国际化零售连锁集团，主营大型超市、超市以及折扣店。1995年，家乐福在中国开设第一家店铺，作为早期进入中国市场的零售商，它对与西方国家不同的中国市场和中国的区域市场进行了深入的研究。家乐福按照中国人的方式来卖鱼，在南部和东部城市的卖场中设置具有当地生鲜市场风格的生鲜区，销售活鱼甚至活禽；而在中西部的卖场中，设置冷冻鱼区域，这样，超市的环境更干净、价格更低，非常受当地消费者欢迎。

家乐福在中国的一家门店

（图片来源：https://xw.qq.com/amphtml/20190627A0M80K/20190627A0M80K00）

（二）人口统计细分

人口统计细分以人口统计变量为基础，将市场细分为若干部分。人口统计变量包括年龄、性别、婚姻状况、家庭规模、家庭生命周期、收入、职业、受教育程度、宗教、种族与国籍等。表4-2为人口统计细分的主要变量。

人口统计变量是消费者细分时最常用的标准，因为消费者的心理与行为常与人口统计变量高度相关，而且人口统计变量通常较其他变量更容易衡量，即使市场并非以人口统计变量来细分,最后也要和人口统计变量的特性相关联,才容易掌握目标市场特征。通过人口统计变量进行精确的消费者细分,许多零售企业受益匪浅。

表 4-2 人口统计细分的主要变量

细分变量	典型的细分子市场
年龄	婴幼儿、儿童、青少年、青年、中年、老年
性别	男、女
婚姻状况	已婚、未婚、离异
受教育程度	小学以下、中学、大学、大学以上
收入	低收入、中等收入、高收入
职业	国家公务员、专业技术人员、企业管理者、个体工商户等
家庭规模	1～2人、3～4人、5人以上

例如,北京大悦城是由中粮集团打造的现代大型购物中心,主要包括北京西单大悦城和北京朝阳大悦城。在北京的众多商场中,大悦城以其准确的消费者细分和市场定位独树一帜。大悦城定位为时尚、流行、性感、潮流等多重年轻风格,打造"中国真正的国际化青年城",主要消费群体定位为25～50岁,有较高文化层次、较高收入的公司白领与公务员群体。

北京大悦城(西单店)

(图片来源:https://baike.sogou.com)

其中公务员是广泛意义上的公务员,不仅包括政府工作人员,还包括国有企业和事业单位工作人员等(见图4-1)。然后,在对消费者进行充分市场细分的基础上,大悦城对每一类消费群体的消费特征进行进一步分类,根据消费者特征不同设置不同的服务类别,在商场业态选择方面明确方向(见图4-2)。

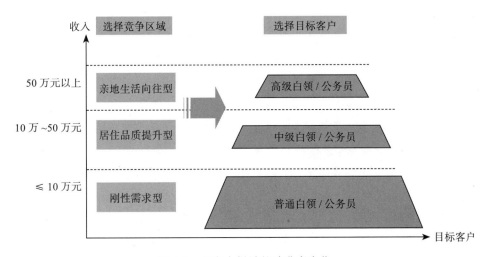

图 4-1　北京大悦城的消费者定位

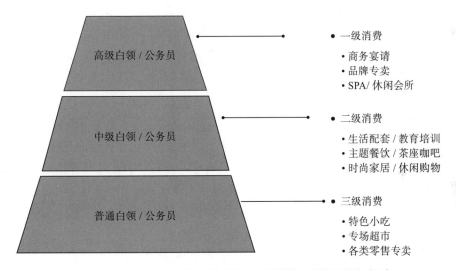

图 4-2　北京大悦城根据消费者特征不同设置不同的服务类别

在消费者细分的基础上，大悦城选择与消费需求特征相符的商家和品牌进驻商场，并在商场的每一层都主打一个概念，这些概念包括趣味、炫目、优雅、性感、潮流、动感、冲撞、快乐、约会、童真、兴奋和梦想，每个概念都充分体现青春个性和独特性格，各个楼层集合了当下各类时尚品牌，吸引了消费者，同时，这些概念为其目标市场构筑了一个全方位的体验空间。

> **拓展阅读**
>
> ### 老年人"网络消费"正当时
>
> 2017 年 12 月，中国国际电子商务中心内贸信息中心与京东战略研究院联合发布《老年网络消费发展报告》。报告指出，当前，我国老年网络消费呈现出九大特征。
>
> 一是进入快速发展阶段。网络购物给子女为老人代买商品和服务提供了更多有利条

件，也满足了老年群体对于消费便利性的强烈诉求，消费规模持续扩大。

二是具有显著的买用分离特征。老年消费表现出明显的购买者与使用者相分离的特征，既有年轻人为父母以及长辈朋友消费，也有老年人为子孙一代消费。

三是注重身心健康发展。一方面，随着老年人对身体健康的追求和疾病防治意识的加强，医药保健用品成为消费者最关注的老年商品；另一方面，老年群体追求丰富的精神文化生活，对电脑办公类商品也表现出较强的偏好。

四是年轻化和时尚化趋势明显。老年消费具有明显的补偿性特征，部分老年人心态趋于年轻化和时尚化，消费观念逐渐向年轻人靠拢，越来越注重化妆、衣着等展示型消费。

五是社交性消费需求较强烈。中国家庭趋于核心化和小型化，空巢率急速上升，老年人对更紧密的联系和社交方式的需求日益旺盛。手机消费表现出强劲的增长势头，也是年轻人关怀老人的重要商品载体。

六是呈现出较强的国产品牌偏好。基于本地化优势，国产老年商品厂商对市场需求的洞察清晰、深入，产品迭代快速，老年商品消费仍以国产品牌为主。

七是在空间上由集聚转向扩散。线上老年消费群体空间分布表现为"沿海大、内陆小"，并且逐渐由东南沿海较发达地区向西北内陆欠发达地区扩散。老年网络消费发展速度与区域发展水平呈反向变动，表现出从一、二线城市逐步向三、四线城市及农村渗透的趋势。

八是兼顾实惠与品质。大部分老年人仍表现出追求实惠的生存型消费特征，小部分老年群体正在向高水平、高层次和多元化的方向发展，表现为追求品质的享受型消费特征。

九是性别差异突出。在老年群体中，男性对电子设备较为敏感，女性则对吃穿类基本生活品更关注；在老年商品的消费群体中，男性在手机类商品上消费最多，女性则对服饰内衣类商品更为偏爱。

资料来源：http://www.sohu.com/a/210928586_617328，有删改。

（三）生活方式细分

生活方式是指个体在成长过程中，在与社会各种要素相互作用下，表现出来的活动兴趣和态度模式。来自不同文化、社会阶层、职业的人有不同的生活方式，生活方式不同的消费者对产品有不同的需求。

围绕消费者生活方式及其变化，零售商需要不断调整经营策略。例如，20世纪90年代以后，我国一些购物中心最大限度地适应人们生活方式的转变，集购物、娱乐、休闲于一身，满足现代生活方式的需要，把餐厅、影院、美容院、游戏厅、儿童娱乐馆等引入购物中心，从而形成比单一零售业态更具魅力的多种功能的综合优势。还有的购物中心与宾馆、办公楼、公寓等联合开发，并配套教育机构、图书馆和博物馆等设施。

例如，北京"华润五彩城"购物中心以城市社区为目标市场，选址在一线城市的区域性中心位置，主要满足社区家庭生活方式的需求，为周边居民打造高品质的一站式生活广场。

北京华润五彩城购物中心抓住家庭消费需求，打造"家庭生活方式购物中心店"

（图片来源：http://www.linkshop.com.cn/web/archives/2015/317559.shtml）

⊙ 知识链接　　　　　　　生活方式购物中心

"生活方式购物中心"（life style shopping center）通常被认为是个人生活方式的衍生。典型的生活方式购物中心起源于20世纪90年代美国的大中型城市。有别于传统的购物中心（shopping center），它不是简单地将多种业态堆集在一个巨大的封闭空间里，而是将景观环境、建筑小品、主力店等各种因素科学地结合在一个开放的环境中，为人们提供轻松、闲适的空间。生活方式购物中心更注重消费者对生活方式的精神享受和追求，这种更开放、更具体验和审美双重特色的新兴商业极具开发潜力，被视为商业地产的下一个增长点。

拓展阅读　年轻人生活方式报告：每个人都是自己的意见领袖

"这个世界归根结底是年轻人的。"我们无法用年龄去定义"年轻"，"90后""95后"的标签也不能一概而论，我们唯一可明确得知的信号是，他们是当下和未来最具话语权和消费力的人群。面对崛起的个体形成的庞大消费力量，品牌和CEO需要一直考虑并回答的问题是年轻人究竟想要什么样的"商品"？

2016年底，虎嗅联合一点资讯发布了《年轻人生活方式报告》，一点资讯副总裁金治分享了"年轻人的生活方式和生活态度"，以下是部分结论。

一点资讯的安装量大概有2.9亿，日活用户有4 800万，一点资讯18～24岁的年轻用户占比达20.1%。此次报告的数据来源于对一点资讯平台上5 880万年轻用户的精准分析。一点资讯在说、学、逗、唱、吃、喝、漂、独等各个方面发现了一些有趣的结论，帮大家更好地了解年轻人。

（1）年轻人说自己是"吃货"，不仅爱吃，还热衷于研究烹饪。

（2）相较西餐，年轻人更偏爱中国菜；重口味川菜最受年轻人欢迎。

（3）"二次元""宅""腐"是年轻人自我设定的高频标签，宅男比宅女多很多。

（4）相较节食减肥，年轻人更偏爱运动塑形。

（5）年轻人最关注的三种运动类型分别是篮球、足球、瑜伽。

（6）年轻人的电影口味十分小众，最关注邪典电影。

（7）相较于爱情片，年轻人更关注恐怖片、动作片和科幻片。

（8）年轻的追星族，对 Angelababy、赵丽颖的关注度较高。

（9）18 岁以下的年轻人更爱追星。

（10）年轻人不喜欢自嘲是单身狗，更认为自己是生活丰富多彩的"单身贵族"。

（11）年轻人谈恋爱，外遇、出轨竟成年轻人的关注重点。

（12）近三成年轻人有微整容经历，并且最希望整容的部位是眼睛。

（13）年轻人非但不穷且很富裕：潮牌、高街品牌、奢侈品成为年轻人的新宠。

（14）"95 后"品位出众，对奢侈品的追求已远超"90 后"。

（15）相较上班，大多数年轻人想要自主创业。

（16）年轻人创业项目更接地气，关注学生创业、电子商务、创业加盟、"互联网+"创业、小本创业等。

此外，一点资讯用户画像显示，年轻群体以 ACG 人群、美食党、健身爱好者、追星"粉丝"、时尚达人为主。在成长过程中，他们有态度，懂得分辨，敢于追求，又不盲目热爱。他们不接受定义和标签，"每个人都是自己的意见领袖"——这些就是年轻人的生活方式。

资料来源：http://www.sohu.com/a/121774434_465948，有删改。

拓展阅读

生活方式与美国购物中心的发展

随着人们生活方式的变化而变化，是购物中心发展的基本趋势。1960 年，美国国际购物中心协会定义的购物中心具有以下特征：①在统一的组织体系下规划、建设、经营；②适应管理需求，产权要求统一且不可分割；③尊重顾客的选择权，满足顾客一次性购足（one stop shopping）的需求；④拥有足够数量的停车位；⑤有更新或创造新商圈的贡献。严格地说，购物中心不仅是一种商业业态，更是一种有计划、有组织的商业聚集形式，是不同业态、不同功能商业集聚的一种形式。

一、购物中心发展的三个变化

从购物中心的发展历程看，其本身就是生活方式变化的产物，同时又随着社会主流生活方式的变化而不断变化。

购物中心始于美国，19 世纪，美国购物中心初现雏形，20 世纪二三十年代在规划、建筑、停车场建设等方面逐渐形成规范样板。购物中心真正进入发展的快车道是在第二次世界大战以后，美国经济发展进入黄金时期，中产阶级快速崛起，越来越多的人去郊区居住，汽车文化日益普及，与这种生活方式相适应，美国购物中心一度快速发展。

20世纪70年代后，以美国的购物中心为代表，购物中心的发展大体经历了三个方面的变化。

1. 由郊区型向城区型部分回归

20世纪70年代中期的石油危机对购物中心，特别是郊区购物中心的发展造成了巨大的冲击，部分购物中心从郊区回归城市。与城市的高昂地价相适应，购物中心建筑格局多为多层化、垂直结构，停车楼也出现了多层设计。

2. 从单一商业集群向多门类商业集群转变

传统购物中心以顾客一次性购足为目的，主要围绕顾客购物需求组织业态，以购物为主，以餐饮及其他服务为辅。随着顾客消费需求的日益多样化以及市场的逐渐细分，20世纪90年代以后，各种专业性、功能性购物中心逐渐出现并快速发展，如主打价格折扣的工厂直销中心等。

3. 从简单功能向复合功能转变

20世纪70年代之前的购物中心主要以零售业态为主；20世纪70年代以后，一些区域的购物中心开始逐步增加餐饮、影院和其他形式的家庭娱乐及休闲活动，如温泉疗养、游戏室、儿童骑乘设施以及各类娱乐设施等；20世纪90年代以后，购物中心的功能更加多样化，许多购物中心与其他功能综合开发。例如，位于芝加哥密歇根大道的"Water Tower Place"与宾馆、办公楼、公寓等进行复合开发。另外，很多购物中心还配套教堂、学校、邮局、市政厅、图书馆和博物馆等设施。总之，购物中心变得更为生活化，更符合人们不断变化的生活方式。

二、购物中心的发展呈现出两大主题

21世纪以来，以美国的购物中心为代表，购物中心的发展整体上呈现出两大主题：一是休闲娱乐目的地，二是生活方式中心。休闲娱乐目的地通常位于郊外，以主题休闲娱乐为核心功能，辅以主题餐饮、住宿、购物等功能，主要吸引消费者专程来体验。例如，位于明尼苏达州布卢明顿市，占地39万平方米，拥有尼克罗顿主题乐园、MOA公园、水下探险水族馆、LEGO探索中心、史努比营、飞行模拟中心、NASCAR虚拟赛车场地、14家电影院等娱乐项目的美国摩尔购物中心就是最有代表性的休闲娱乐目的地，它每年接待游客超过4 000万人次。

生活方式中心（life style center）就是生活方式化的购物中心，即将购物中心变为一种体验式的消费文化中心，它更关注消费者在消费过程中的身心感受，强调以舒适友好的环境和服务营造多元化的体验式消费空间。由于紧密联系消费者的生活，因此生活方式中心通常与社区相联系，是社区商业中心的转型和升级。

> 1983年，围绕消费者生活方式的购物中心出现于美国并逐步发展，2005年以后开始有了突破性增长。2005～2008年3年间，美国生活方式中心的年增长率为8%，仅2007年，美国就有37家"生活方式中心"建成，几乎是过去10年总和的40%。2008年以后，美国生活方式中心的增长率更高达20%。
>
> 资料来源：http://www.92to.com/shehui/2017/05-05/21321898.html，有删改。

消费者生活方式的划分可以采取AIO测量法，即活动（activity）、兴趣（interest）、意见（opinion）测量法，主要是通过问卷（生活方式量表）调查的方式了解消费者的活动、兴趣和意见，以区分不同的生活方式类型。另外，以生活方式作为细分标准时，一般还要结合消费者的人口统计特征。

表4-3列出了测量消费者活动、兴趣和意见因素的主要指标以及回答者的人口统计项目。

表4-3 消费者的生活方式量表（含人口统计变量项目）

活动	兴趣	意见	人口统计变量项目
工作	家庭	自我表现	年龄
爱好活动	工作	社会舆论	性别
社会活动	交际	政治	收入
度假	娱乐	经济	职业
文娱活动	时尚	教育	家庭规模
社交	食品	产品	居住的地理区域
购物	媒体	未来	受教育程度
运动	成就	文化	城市规模
……	……	……	

⊙ 知识链接　　　　　　什么是"生活方式营销"

"生活方式营销"就是以消费者追求的生活方式为诉求，通过将公司的产品或品牌演化成某一种生活方式的象征甚至是一种身份、地位的识别标志，从而达到吸引消费者、建立起稳定的消费群体的目的。生活方式营销要求企业研究社会变迁及其对社会心理产生的影响，将消费者生活方式的特征与企业的营销战略结合起来，用一种综合的视角来审视企业的经营环境。生活方式营销的本质是一种有意义的建构，竞争将不再是企业间单纯的商业竞争，而是不同生活方式之间的竞争，这意味着围绕消费者生活方式差异展开的竞争将出现多元化趋势。

消费者不同的生活方式对企业经营的影响体现在以下几个方面。

第一，生活方式影响着消费者的需要、态度和购买行为，需要、态度和购买行为反过来强化了生活方式。

第二，生活方式的分类及识别为市场细分和市场营销组合提供了依据。企业的营销目标是使其营销组合符合消费者的生活方式，使消费者实现自己选择的生活。企业营销更重要的任务是确定与消费者特定的生活方式相近的产品或服务。

> **拓展阅读**
>
> **"叫外卖"正成为一种生活方式**
>
> 　　如今外卖已经成为消费者的生活方式之一，是生活中不可缺少的一部分，当今外卖对人们的生活影响很大，人们可以有更多的时间工作、娱乐。而由于外卖行业火爆，在一、二线城市，外卖已经全面普及。如今外卖行业正在下沉，逐渐往三、四线城市发展。
>
> 　　2019年1月2日，阿里本地生活服务公司发布《2018年阿里本地生活数据》，来自676个城市、350万注册商户的消费大数据显示，在生活消费领域，消费升级势头不减。从年度数据来看，三、四线城市是外卖行业新的增长点之一，外卖市场的增速超过了一、二线城市，保持高增长活力。数据显示，河北廊坊、江西赣州、广西梧州、福建泉州和浙江金华位居三、四线城市外卖订单量增幅前5名，其中廊坊成为线上外卖订单增幅最高的城市。"外卖小哥"创造的"新纪录"同样证明了人们旺盛的消费需求。在浙江丽水，"外卖小哥"王某成为饿了么2018年跑单最多的骑手，共配送了29 797单，日均跑单81单。在上海，"外卖小哥"刘某成为跑单路程最长的骑手，配送距离长达63 221公里，相当于绕赤道骑了约1.6圈。
>
> 　　今天，无论你想吃什么，只要用手机通过外卖App下单，热腾腾的外卖就能送到你手中。"叫外卖"正成为一种生活方式，特别是对于上班族来说，"叫外卖"更是少不了的。
>
> 资料来源：http://hb.jjj.qq.com/a/20190107/004913.htm，有删改。

二、消费者的基本类型

在零售活动中，消费者是零售活动的主体，面对不同的消费者，零售商采取的销售策略有所不同。同样，作为消费者，知道自己是哪一类型的消费者有助于提高购物技巧和消费效果。

（一）根据在消费过程中表现的特征划分

（1）模仿型消费者。这类消费者的基本特征是在消费中习惯于模仿他人的行为。这类消费者善于接受新产品，对市场反应较灵敏，并有很强的从众心理，在购买商品时追赶流行的需求多于自身对商品实际使用价值的需求。

（2）想象型消费者。这类消费者的基本特征是凭借以往的消费经验创造新的消费方式，并从中得到新的享受。这类消费者一般具有较强的创造力和想象力，较注重自我形象，在购买商品时较注意商品的特色。

（3）随意型消费者。这类消费者的基本特征是生活适应性较强，对个人消费没有过多的要求。这类消费者比较满足于现状，对商品也没有特别的要求。

（4）专一型消费者。这类消费者的基本特征是对日用消费品没有过高的要求，但对某种消费品情有独钟。这类消费者往往偏爱某一品牌，在购买商品时对价格不敏感。

（5）节制型消费者。这类消费者的基本特征是收入水平较低，在日常消费时比较节省，购买商品时以经济实惠为标准，对价格敏感。这类消费者一般意志力较强，为了购买大件商品，可以压缩现行消费，有计划地存钱，为以后购买做准备。需要说明的是，节制型消费者在日常消费时节省，可能并不仅仅是因为收入低，还与节制或节俭等个性因素密切相关。

拓展阅读

坎普拉德：最节俭的亿万富豪

2018年1月28日，全球最大家具零售商瑞典宜家集团宣布，其创始人坎普拉德（Ingvar Kamprad）于2018年1月27日逝世，终年91岁。宜家公布这一消息时称："坎普拉德在他位于瑞典南部的寓所安详离世，坎普拉德的家人和全球宜家员工都会非常思念和怀念他。"坎普拉德1926年3月30日出生在瑞典南部的埃耳姆哈耳特。1943年，年仅17岁的坎普拉德建立了自己的公司，取名IKEA（宜家）。据《福布斯》估计，截至2017年5月，坎普拉德的净身家达到437亿美元，虽然坎普拉德坐拥百亿身家，但生活异常节俭，他乘飞机时总是坐经济舱，一辆价值约2.2万美元的车开了20年，坎普拉德还声称，自己为了省钱只有到发展中国家时才会理发。

资料来源：http://www.sohu.com/a/219794844_100106801，有删改。

（6）放纵型消费者。这类消费者的基本特征为追求较高的消费水平。这类消费者多为自制能力差、开支无计划的及时享乐主义者，他们情绪波动大，多以青年人为主。

（二）根据购买目的的确定程度划分

（1）全定型消费者。全定型消费者是指那些购买之前就有明确购买目标的消费者。他们对商品的种类、规格、样式、价格、商标等都有考虑，并做了充分的准备，只要看到实体商店或网店上有他们需要的商品，就会立刻买下，在购买过程中不易受其他人的影响。

（2）半定型消费者。半定型消费者是指那些购买前对所购商品有所考虑，但对商品的厂家、牌子、价格等尚未确定的消费者。他们往往在商店里边比较边做购买决定，当商店有他们满意的商品时才购买，否则就会到其他商店继续选择。这类消费者在购物时易受现场广告和销售人员的影响。

（3）未定型消费者。未定型消费者是指没有明确购买目标和意图的消费者。这类消费者只有在某商品对其有特殊吸引力时才做出购买行为。

（三）根据购买态度划分

（1）习惯型消费者。这类消费者有自己的购买习惯，对产品或品牌保持较高的忠诚度，在购买时一般不进行反复比较，不易受新产品或流行因素的影响。

（2）冲动型消费者。这类消费者的情感和情绪易变，没有固定的购买习惯，容易受到广告、推销等外在因素的影响。这类消费者经常在刺激因素的影响下，做出冲动性的购买。

（3）情感型消费者。这类消费者有较强的想象力和丰富的感情，在购买商品时主要依据自己的喜怒哀乐，购物时容易受当时情感和情绪的影响。

（4）疑虑型消费者。这类消费者性格比较内向，购物时很少冲动、草率，选购的时间比较长，考虑价格、品牌或产地多种因素，不容易对所购商品建立起信任。

（5）慎重型消费者。这类消费者购物时比较慎重，不易受广告等外来因素的干扰，往往在反复比较、鉴别之后才做出购物行为。

第二节　消费者购物心理

一、消费者需求的产生、分类及特征

（一）需求的产生

需求是人们进行消费活动的内在原因和根本动力。

消费者需求总是针对能够满足自身生理或心理缺乏状态的物质对象而言的。在商品社会中，消费者需求具体表现为对获取以商品或服务形式存在的消费对象的需要和欲望。其中，需要是一种心理倾向，一般以"缺乏感"体现，以意向、愿望的形式表现出来。当消费者以现实的视角来评估自身的需要时，就用需求的概念来体现，即从市场研究的角度而言，消费者需求的产生必须具备三个基本条件：一是消费者没有得到满足的欲望；二是消费者的支付能力；三是商品和服务信息的刺激，即消费诱因。

消费诱因是指某种外部刺激，能使消费者产生消费需求，比如，零售商的大力度促销活动可能引发消费者的冲动购买。从这个角度来说，有时消费者并没有感到生理或心理体验的缺乏，但只要有消费诱因的存在就可能产生购买行为。图4-3为需要的激发过程。

图4-3　需要的激发过程

> **拓展阅读**
>
> ### 为什么"女人的衣橱里总缺一件衣服"
>
> 女人的衣橱里总缺一件衣服,哪怕事实上衣橱已塞不下任何东西,女人们都会觉得少了些什么。大街上十有八九的女性都会觉得自己的衣服不够穿,总缺一件合适的,旧衣服再多,也抵不上新衣服对女人的吸引力。为什么会造成这种现象呢?
>
> 一是因为时尚总在变动。女人对衣服的表现一直是与时俱进的,因为女人总是追求时尚,走在潮流的前沿,总是想通过衣服的变换来紧跟时代的步伐。旧衣服再好也有落伍的时候,只有新衣服能让女人跟上潮流,获得周围人的赞同。
>
> 二是因为季节的变化。一到换季就是女人频繁逛街的时候,有时候一逛就是大半天,从这家店逛到那家店,衣服一件件看、一件件试穿,或者在网上浏览几个小时都乐此不疲。
>
> 三是因为年龄的变化。大学生毕业离开象牙塔走向社会时,步入职场,不能穿得像学生,但是也不能穿得太老成;30 岁,有一定的阅历,女人衣服的品位也要随之更新;40 岁,多了些岁月的沉淀,涵养也在不断增加,既要靠内心来展示,又要靠外在穿衣来展现。
>
> 四是因为场合的变化,需要不同的搭配。一个女人即使衣橱塞得再满,每次打开它,面对一堆各色各样的衣服,也会有点茫然,不知道选哪一件,总觉得缺一件正好合适的,因为要适应不同的场合,例如,去工作、去聚会、去运动、周末惬意时光……场合在变,衣服也要跟上。
>
> 五是女人的个性使然。其实女人与生俱来就有恋衣情结,她们通过五颜六色、款式新颖的服饰去编织一个瑰丽多彩的梦,这是女人生命里五彩缤纷、妖娆多姿的浪漫情结。女人每一天、每个场合都要穿不同的衣服展现自己,这不正是精彩生活的一部分吗?
>
> 资料来源:http://www.chong4.com.cn/read.php?13034,有删改。

(二)需求的分类

1. 基本分类

(1)需求按照不同的产生原因可以分为自然需求和社会需求。自然需求也被称为生理需求,是消费者为维持和发展个体生命而产生的对衣食住行、睡眠、安全等客观事物的需求和欲望。社会需求是人类特有的高级需求,它是消费者在社会环境的影响下形成的带有人类社会特点的某些需求,如人对劳动、友谊、爱情、社会地位、威望等的需求。社会需求又被称为心理需求,它受到政治、经济、文化、地域、民族等社会条件的制约。

(2)需求按照不同的实质内容可以分为物质需求和精神需求。物质需求是指顾客对以物质形态存在的、具体有形的商品的需求。精神需求是指消费者对精神生活和精神商品的需求与欲望,如对科学、艺术、文化、道德、审美、健身等的需求。精神需求是人们掌握知识、追求真理、探索自然和社会发展规律的动力。

(3)需求按照不同的实现程度可以分为现实需求和潜在需求。现实需求是消费者具有明确的消费意识和足够的支付能力,已经或者即将实现的消费需求和欲望。潜在需求是指当前消费者的消费意识和支付能力尚未完全具备,但已列入消费计划的需求和欲望。

(4)需求按不同的层次可以分为生存需求、享受需求和发展需求。生存需求是指消费者为了维持生存而产生的对基本生活物品的需求和欲望。享受需求是指消费者为增添生活情趣,实现感官和精神愉悦而产生的需求和欲望。发展需求是指消费者为发展智力和体力,提高个人才能,实现人生价值而对所需商品的需求和欲望。

2. 马斯洛的需要层次理论

1943年,美国著名的心理学家亚伯拉罕·马斯洛提出了需要层次理论。马斯洛认为,人的基本需要可以分为生理需要、安全需要、社交需要、受尊重的需要和自我实现需要,这些需要相互联系,由低级到高级依次发展,如图4-4所示。

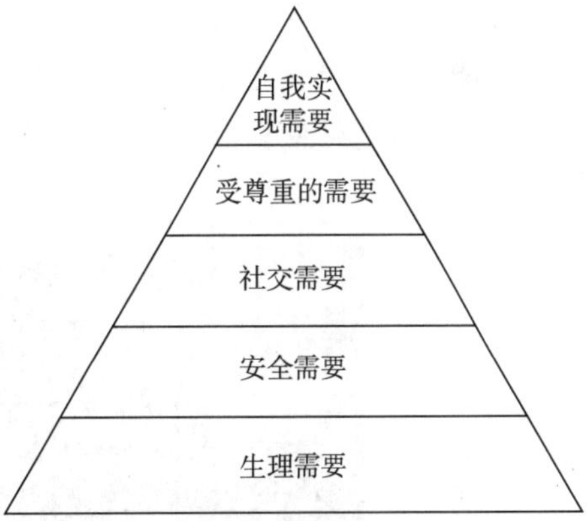

(1)生理需要。生理需要是维持个人最基本的生存的需要,如食物、水、衣服等。零售商提供的产品很大一部分是满足消费者基本生理需要的产品,如商场销售的水、饮料、面包、服装等。

(2)安全需要。安全需要包括对人身安全、生活稳定以及免遭痛苦、威胁或疾病等的需要。一个人的生理需要已基本上获得满足时,就会出现安全需要。例如,消费者买服装是因为遮体避寒的生理需要,除此之外,消费者还希望衣服的面料符合安全标准,穿起来舒适、不伤身体,同时,服装的安全性还体现在消费者着装符合相应的场合而不会引起异议,这是一种心理上的安全需要。

图4-4 马斯洛的需要层次理论

(3)社交需要。社交需要是指个人渴望得到朋友、家庭、同事及团体的关怀、爱护和理解。这一层次的需要更多地表现为精神方面的需要。从社交需要来考虑,消费者会因在不同场合、不同团体中而产生对不同类型服装的需要。例如,在家时穿休闲衣,上班时穿正装。或者,消费者在自己家中喝啤酒,就买瓶装酒;而在聚会时,就会选择罐装啤酒,因为这样显得更有"面子",这也是一种社交需要。

(4)受尊重的需要。受尊重的需要是指消费者为获得他人和社会的尊重而对具有社会象征意义并能体现自身财富、地位、价值的商品和服务的需要。例如,服装早已不只是用来满足人们的物质需要,它常常被人们用来彰显自己的身份和地位,奢侈品牌爱马仕、路易威登、菲拉格慕等更容易满足人们受尊重的需要。

(5)自我实现需要。自我实现需要是人类最高层次的需要,是消费者为提高自身能力、实现个人理想和抱负而产生的需要。它是一种追求个人能力的内驱力，表现为一个人希望发挥自己的全部潜能，并从中得到自我满足。

马斯洛的需要层次理论比较科学地揭示了人类需要的基本规律，为研究消费者的需要提供了基本理论依据，正确理解并抓住消费者的需要对零售商的成功起到至关重要的作用。

拓展阅读

用颜色来决定你想要的服务态度

虽然比起网络购物，实体店购物消费能够享受到的服务才是价值所在，但是有些时候，实体店的店员才是令人烦心的存在。当你就是想一个人安静地看看，随便走走逛逛，却被店员围绕在身边纠缠不休时，有什么好法子能让买卖双方都既有里子又有面子呢？

日本东京涩谷有一家倩碧专卖店，采用了一种用腕带颜色来表达顾客购物目的与欲望的方法。在顾客进入商店之前，选择代表"我想要怎样的服务"的一种颜色的腕带，无言中就向营业员传递了自己的要求。白色的腕带代表"想要快速买好东西"，粉色的腕带代表"想自己慢慢自由地选择看看"，绿色的腕带则代表"我有时间，请慢慢接待我"。

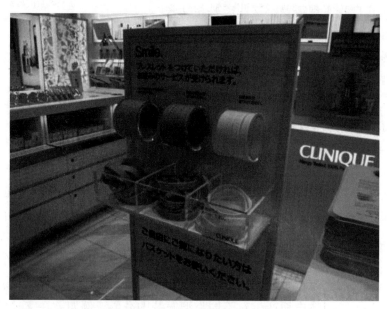

日本东京涩谷的一家化妆品店对消费者的温馨提示

据报道，该方法采用当初，只有一半的人戴上了腕带，其中六成是粉色腕带。为了让更多的人戴上绿色腕带，现场工作人员也感受到了挑战与对品牌实力的考验。

在日本，很多商场的经营、管理、服务人员都在努力营造一种"可以毫无负担地把喜欢的商品拿来看看"的消费氛围，很好地把握了消费者的心理需求。

资料来源：http://www.sohu.com/a/238477149_202933，有删改。

（三）需求的特征

1. 多样性

消费者个体差异、地域差异或社会经济文化背景差异都会使消费者的需求呈现出多样性特征。这种多样性一方面表现为不同的消费者具有不同的需求；另一方面表现为同一消费者的需求是复杂多样的，同一消费者在不同时期、不同场合、不同情境对产品的需求会表现出多样性。

2. 层次性

消费者的需求是多层次的，其中既包括生存、安全等低层次的需求，也包括社交、受尊重、自我实现等高层次的需求。消费者的需求一般是从低层次的需求向高层次的需求发展的，当低层次的需求得到满足后，消费者就会转而追求更高层次的需求。例如，当商品短缺时，消费者到商店只希望能买到商品；而当供过于求时，消费者开始关注零售商的购物环境，干净、舒适、放松的商店氛围才能吸引消费者。

3. 可诱导性

外在的刺激因素会对消费需求的产生和发展造成很大的影响。流行趋势、广告宣传、价格、销售服务等外界的影响和刺激可能会使消费者的需求发生变化和转移，进而引起消费者购买行为的变化。消费者的潜在需求可以转变为现实的购买行为，微弱的需求可能变成强烈的需求。因此，销售过程中的价格策略、产品组合策略、店铺风格、服务态度和促销活动等应该得到零售商的足够重视。

4. 时代性

当前，我国经济的快速发展和人民生活水平的提高，使时尚成为大多数消费者追求的目标，特别是女性消费者，她们的消费理念不是仅限于满足基本的物质需要，而是更多地追求精神需要，甚至是享受性消费。因此，零售商从产品设计、店铺设计、销售方式等各方面都要紧跟时代潮流。

拓展阅读 **新时代出现的"智能"酒店**

2018年底，阿里巴巴首家未来酒店"菲住布渴"（FlyZoo Hotel）在杭州开业。据悉，"菲住布渴"是全球第一家支持全场景身份识别、大面积使用人工智能的酒店。阿里巴巴开启了酒店行业的变革序幕，这也预示着国内人工智能技术落地步伐将进一步加快。

阿里的智能型、智慧型酒店——"菲住布渴"

如今，由于租赁成本、人员成本等压力，以及国家相关政策的限制，酒店利润增速放缓，行业的进一步发展急需一个新的助推剂。人工智能、区块链等技术的日益成熟，为酒店从设施、服务到产业链发展提供了一个新的可能。

人工智能技术的出现，为酒店行业开启了新的变革。过去，酒店一直致力于打造一个与众不同的实体住所，而未来，结合人工智能技术，更加舒适、智能的服务和别具一格的入住体验将成为酒店行业的突破点。科技在为酒店降低运营成本的同时，也为酒店的个性化、特色化运营提供了基础，高相似度、千城一面的酒店竞争模式或将被改变，预示着酒店行业的变革即将来临。

资料来源：http://www.sohu.com/a/283477471_120020324，有删改。

5. 多变性

社会的进步、经济的发展、科学技术和生产力的发展、社会文化的变化等因素都会使消费者的需求发生很大改变。以服装为例，服装的流行色就非常具有变化性，蓝色、绿色、红色……每年都有新的流行色产生，消费者是流行色的敏感者和追逐者，因此，染化料厂商可以根据流行色谱生产染料；时装设计师可以根据流行色设计新款时装；零售商可以通过店内产品或陈列来保持对流行的关注，由此引领潮流方向，吸引消费者。

二、消费者购买动机

（一）购买动机的产生

动机是推动和指引人们从事各种活动的内在动因。购买动机是指消费者为满足某种需要而引发的购买行为的内在驱动力。消费者购买动机由需求驱使、刺激强化和目标诱导三个要素推动。

1. 需求驱使

消费者的内在需求是其产生购买动机的根本原因和动力。当消费者有了某种需求并期望得到满足时，就会产生一种内在推动力，消费者就要寻求能够满足需求的产品和服务，并产生能够满足这种需求的行为。当满足该需求的行为产生后，消费者的需求或动机就得到满足，生理或心理的紧张状态得以解除，新的需求又会产生。

2. 刺激强化

尽管消费者的内在需求和购买动机息息相关，但并不能说明需求等于动机。动机的形成有时还缘于外界环境对消费者的刺激。在外界的刺激下，消费者会产生较强的购买动机。比如，一个孩子在游乐园玩时，旁边卖冰激凌的小店就会使他产生很强的购买动机。

3. 目标诱导

目标诱导是指在消费者受到众多的刺激时，能够引起其注意，促成其购买行为的目标产品或服务的诱发作用。例如，商场里的POP海报或者广播促销信息都可能吸引潜在的消费者。图4-5为动机形成的心理过程。

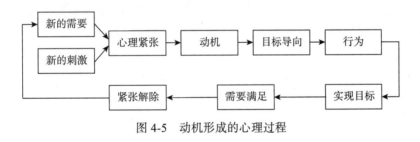

图4-5 动机形成的心理过程

（二）购买动机的分类

1. 一般的购买动机

消费者购买动机一般可分为生理性购买动机和心理性购买动机。

生理性购买动机是指由消费者的生理需要而引起的购买动机，它是消费者最基本的购买动机。生理性购买动机主要可以分为以下三个类型：①生存动机，是指消费者为了满足维持生命的需要而产生的购买动机，如因饥饿而购买食物，因口渴而购买饮品或因御寒而购买服装等。②安全动机，是指消费者为了保护生命安全而产生的购买动机，如为治病而购买药品。③繁衍动机，是指消费者为了组织家庭、繁衍后代、抚育子女而产生的购买动机，如因组建家庭而购买结婚用品，为哺育后代而购买婴幼儿产品等。

心理性购买动机是指由消费者的认知、情感、意志等心理需要而引起的购买动机，包括个人心理性购买动机和社会心理性购买动机。个人心理性购买动机，是由个人心理需要而引起的，它主要包括以下几种类型：①感情动机，即由消费者的感情需要引起的购买动机，包括情绪动机和情感动机。情绪动机是指消费者受喜、怒、哀、乐、爱、恶、惧等情绪影响而产生的购买动机，情绪动机引起的购买行为一般具有冲动性、即时性、不稳定性等特点。情感动机是指由顾客的道德观、群体感、美感等人类高级情感引发的购买动机，具有稳定性、深刻性等特点。②理智动机，即消费者能客观认识商品，经过对商品的分析、比较并经过深思熟虑之后产生的购买动机，具有周密性、客观性、控制性的特点。③偏爱动机，即消费者因对某商品的特殊爱好而产生的购买动机。社会心理性购买动机，是由社会因素引发的顾客购买动机，如求实求廉动机、求美求名动机、求新求异动机、求同动机等。

2. 具体的购买动机

消费者具体的购买动机通常有以下几类：

（1）求实动机。求实动机是指消费者以追求产品或服务的使用价值为主要目的的购买动机，它是消费者最普遍、最具代表性的购买动机。具有该动机的消费者特别注重产品的功能、质量和实际效用，比如，买衣服时特别在意服装的保暖性、透气性，而对服装的款式、外形、颜色和新颖性等不太重视。

（2）求新动机。求新动机是指消费者以追求商品的时尚、新颖和奇特为主要目的的购买动机。具有这种购买动机的消费者非常注重产品的款式、包装、色彩等新颖性和时尚性元素，而不太关注产品的价格和实用性。在服装消费中，具有求新动机的消费者往往会对新款式、新花色、新造型的服装产生浓厚的兴趣和强烈的购买欲望，对服装的流行性非常敏感，而不太关注服装的价格、质量和实用性。

（3）求美动机。求美动机是指消费者以追求产品的艺术价值和欣赏价值为主要目的的购买动机。具有该动机的消费者不仅重视产品本身存在的美感，如色彩美、造型美、艺术美等，还重视产品能为消费者自身创造出的美感，如对自我形象的提升、对生活环境的装饰等。具有此类购买动机的消费者在购买服装时十分注重服装的审美艺术价值，而不太看重服装的价格。

（4）求廉动机。求廉动机是指消费者以追求产品价格低廉，希望以较少的货币支出获得较多收益为主要目的的购买动机。具有求廉动机的消费者追求低廉的价格，在购买活动中对价格的变化格外敏感，对优惠价、特价、折价的产品特别感兴趣，不太计较产品的外观、包装和新颖性。

（5）求便动机。求便动机是指消费者以追求产品购买方便、使用方便和维修方便为主要目的的购买动机。具有这种购买动机的消费者十分看重时间和效率，希望能快速、方便地买到能满足自身需求的产品。随着人们生活节奏的加快，多数消费者在消费过程中都有求便动机。例如，消费者选择在网上购物的原因之一就是网店方便，不用出家门，不用坐公交车，还可以24小时购物，很好地满足了消费者追求便利的需要。

北京的美廉美超市以物美价廉吸引消费者

（图片来源：搜狗百科，https://baike.sogou.com）

（6）求名动机。求名动机是指消费者购物时以追求名牌产品和高档产品或仰慕某种传统产品的名望，借以显示自己的地位和威望为主要目的的购买动机。具有这种购买动机的消费者特别重视产品的品牌、产地、声誉以及象征意义，而不太注重产品的使用价值。这种动机在奢侈品消费中尤为明显，有的消费者希望通过奢侈品的名望来显示自己的身份和地位。

（7）储备动机。储备动机是指消费者以储备产品的价值或使用价值为主要目的的购买动机。这种动机的出现一般有三种情况：一是购买金银首饰、名贵工艺品、名贵收藏品等进行保值储备；二是购买有价证券进行保值储蓄；三是在市场上出现不正常的现象，如当市场商品供不应求、社会动乱时，消费者会尽可能多地购买产品以备不时之需。

（8）偏好动机。偏好动机是消费者对某种产品、某个品牌或某个企业产生偏好而形成的购买动机，这种偏好可能因消费者对产品的良好体验而产生，也可能因消费者个人的兴趣爱好而产生。优质的产品和服务有助于企业良好形象的建立，进而有助于消费者偏好的形成，从而建立消费者忠诚，增强品牌和企业的竞争力。

（9）从众动机。从众动机是指受其他众多消费者的影响而形成的跟随性的购买动机。具有该动机的消费者没有充分考虑自身的需要，在购物时缺乏主见，往往追随大多数人的消费行为，追求大众化，对新、奇、特的产品不感兴趣或不愿冒险购买。

（10）攀比动机。攀比动机是一种以争强好胜或与他人攀比并胜过他人为主要目的的购买动机。具有该动机的消费者并不是为了满足某种急切的需要才购买某种产品，而是为了胜过他人，达到心理上的平衡和满足。这种消费者在消费中容易受到广告宣传和他人购买行为的影响，特别关注时髦、高档的产品，是消费者心理不成熟的一种表现。

第三节　消费者购买决策及行为特征

一、购买决策的形成

购买决策是指消费者寻找、比较、选择、评价商品、品牌或服务的属性，并进行判断、决定等一系列活动的过程。

（一）消费者做出决策的方式

1. 理性决策

早期对消费者的研究认为，消费者会最大限度地收集信息，认真选择对比，最终做出理性的决策。这种认识的假设前提是"消费者是理性的人"。

从心理学的角度看，做出理性决策需要消费者获得全部有效的信息，能够找出与实现目标相关的所有决策方案，并且能够选择最优化决策。但由于主客观条件的限制，完全理性决策并不总是可行的。

> ⊙ **知识链接**　　　　　　　　　**有限理性模型**
>
> 20世纪50年代以后，美国经济学家赫伯特·西蒙（Herbert Simon，1916—2001）提出了满意标准和有限理性标准，用"社会人"取代"经济人"，大大拓展了决策理论的研究领域，产生了新的理论——有限理性决策理论，并随之发展出"有限理性模型"（bounded rationality model）。有限理性模型又称为"西蒙模型"或"西蒙最满意模型"。这是一个比较现实的模型，它认为人的理性是处于完全理性和完全非理性之间的一种有限理性。1978年，赫伯特·西蒙因为"有限理性说"和"有限理性决策理论"获得诺贝尔经济学奖。

2. 经验决策

经验决策是指消费者根据以往与商品或行为相关的体验、情感来购买商品或做出决策。例如，如果一个消费者在一家商店获得良好的购物体验，就会形成对该商店的良好印象而再次光临。由于经验决策主要是个体凭借个人的经验做出决策，因此带有较强的主观性。

3. 行为决策

行为决策认为消费者决策的做出实际上是对环境影响的反应，也就是说，消费者的行为是受到环境的影响而不是受到认知决策的影响。例如，餐厅中的音乐和灯光有助于消费者进餐；干净、整洁的商店可以使消费者停留更长的时间。有数据显示，有效的商品陈列或良好的商店氛围确实能够影响消费行为，因此，零售商可以从行为决策视角出发去拓展思路，完善商店布置、店内设计和商品陈列方面的工作。

（二）购买决策的类型

购买决策一般被看作一种解决问题的过程。根据消费者在决策过程中介入程度的不同，购买决策可以分为以下三种类型。

1. 扩展性决策

扩展性决策是指消费者在广泛收集信息的基础上，认真分析、反复比较、谨慎评估每一个选择，形成对不同商品的认识，从而引发购买某种商品的意向并做出购买行动的决策。扩展性决策一般发生在消费者缺乏有关商品知识和使用经验或者面临决策风险时，例如，有关汽车、房子或家电等贵重商品的购买行为都发生在扩展性决策之后，扩展性决策是消费者深思熟虑的结果。

2. 限制性决策

限制性决策通常发生在购买风险相对较小并且商品相关度相对较低的情况下，消费者几乎不花费时间收集信息，一般以对商品的认识以及商品的属性为基础进行决策。例如，在消费者购买一瓶水时，如果他只想买便宜的矿泉水，那么他就有可能选择任何具有这一特征的矿泉水。

3. 习惯性决策

习惯性决策指的是消费者已经具有有关商品和品牌的使用经验，并且建立起了一系列评价标准，在既有使用经验，又熟悉品牌的情况下做出的不用思考的习惯决策。例如，消费者口渴时会直接购买日常喜欢的品牌饮料。

（三）购买决策的内容

在日常生活中，消费者在做出购买决策前主要考虑以下几方面的内容：为什么买（why to buy）、买什么（what to buy）、买多少（how much to buy）、在哪里买（where to buy）、何时买（when to buy）和如何买（how to buy），即"4W+2H"。

1. 为什么买

为什么买即消费者的购买动机，决策和动机的关系是密切的，几乎所有的购买决策都以对目标的追求为中心。

2. 买什么

买什么即确定购买对象及具体的内容，包括商品的名称、品牌、款式、规格和价格，这是决策的核心和首要问题，也是消费者在做出购买决策时最基本的任务之一，因为消费者的购买目标不能只停留在一般的类别上，还要明确具体的对象。

3. 买多少

买多少即确定购买数量。购买数量一般取决于实际需要、支付能力及市场的供应情况。例如，消费者自己口渴难耐时会直接到便利店买一瓶水解渴，但如果消费者买水是为了家庭需要，往往会到超市或大卖场成箱批量购买。

4. 在哪里买

在哪里买即确定购买地点。购买地点是由多种因素决定的，它既和消费者的购买习惯有关，也和消费者不同的购买动机有关。例如，求便、求速的消费者会光顾便利店，追求声望的消费者会去高档商场，喜欢物美价廉的消费者会到超市购物等。

一般来说，各个商店都有不同的吸引力。比如，有的商店可供选择的商品品种不多，但离家很近；而有的商店商品价格略高，可是服务周到。消费者决定在哪里购买还与消费者买什么商品十分密切，例如，消费者在购买高档时装时，最偏向去百货商场。

5. 何时买

何时买即确定购买时间。这也是购买决策的重要内容，它与主导购买动机的迫切性有关。在消费者的多种购买动机中，往往由需要强度高的动机来决定购买时间的先后顺序；同时，与市场供应状况、营业时间、交通情况和消费者可供支配的空闲时间有关。例如，大城市中忙碌的工薪家庭一般会选择在周末集中购物。此外，商品本身的季节性、时令性也会影响购买时间。

6. 如何买

如何买即确定购买方式：是实体商店选购还是网购，是现购还是预购或代购，是付现金还是分期付款等。

如今，除了传统的现金支付方式，消费者有了更多选择，使用手机进行移动支付的情况已经非常普遍，消费者不需拿出钱包付钱，只需用微信或支付宝的"扫一扫"就能很快完成付款。新的支付技术使消费者的支付方式更加快捷、方便。

⊙ 知识链接　　　　　　　　**什么是"移动支付"**

"移动支付"就是允许用户使用移动终端（通常是手机）对所消费的商品或服务进行账务支付的一种支付方式。单位或个人通过移动设备、互联网或者近距离传感直接或间接向银行金融机构发送支付指令,产生货币支付与资金转移行为,从而实现移动支付功能。移动支付将终端设备、互联网、应用提供商以及金融机构相融合,为用户提供货币支付、缴费等金融服务。未来全球移动支付业务将呈现持续走强趋势。

拓展阅读　　　　　"移动支付"受青睐,源于真能省钱

科技发展日新月异,很多原本的必需品都难逃被替代的命运,钱包就是其中之一。代替它的是全新的"电子钱包",也就是移动支付。在为居民支付提供方便的同时,移动支付更有非常实惠的独家折扣,从而也有了省钱的窍门。

最近,CNN记者在北京体验24小时移动支付的视频走红网络,从街头的小商小贩到大型商业连锁,大多数商家都接受移动支付。最后,CNN记者用一句话概括了这一天的感受:"太爽了!"

如今,中国的移动支付无疑处在世界领先地位。智能手机在中国的普及率已相当高,有数以亿计的消费者在使用支付宝和微信,加之Apple Pay、中国移动支付等移动支付方式在快速渗透,这一领域将迎来更加广阔的市场前景。

你也许会有这样的疑惑:移动支付不也是付钱吗,能省多少?

现代生活离不开"衣食住行"。关于买衣服,消费者已经习惯了上淘宝、京东这样的电商网站。前不久,笔者在某网上商城看上了一款T恤衫,价格是568元,底下还有一行字,手机App专享价格499元。抱着试一试的心态,笔者下载了该商城的App,没想到衣服的价格真的变成了499元,用手机支付还可以再领30元的券,几乎相当于打了个8折。

老刘是铁杆吃货,他利用网上订餐得了不少实惠。老刘说,平时家里很少做饭,都是从外面买着吃,偶然的机会他发现了一款订餐App,有常吃的一些快餐,送餐上门比自己去买还要便宜,打折红包可以分享给亲人和朋友,老刘现在每周末都离不开这款App了。

此外,利用手机预订宾馆、火车票、机票,交电话费、水电费、煤气费等,也都有相应的优惠。

有行业专家指出,对于商家而言,使用移动支付可以跟踪消费者的喜好,花钱买数据,势必会使商品有一定的折扣,商家、支付服务平台和消费者都能从中获益。

虽然移动支付很方便,也很实惠,但手机"扫一扫"后,钱一下子就没了,还是让人不免对移动支付的安全性有所顾忌,如果手机丢了,钱岂不是会被盗用吗?

其实,移动支付系统本身的防御性很高,再加上消费者自身多加防范,完全可以把被盗的风险降到最低。比如,用微信支付时会让用户输入支付密码,而一些交易平台则会把验证信息发送至用户的安全邮箱里。消费者自身也要加强对手机的保护,不要轻易把手机给陌生人,注意手机防盗。锁屏密码也能有效防止被盗后钱财的丢失,新一代的指纹密码解锁则更加保险。

资料来源:http://www.sohu.com/a/106574606_220012,有删改。

二、消费者的购买决策过程

消费者的购买决策过程是一个系统的决策活动过程,包括需求的确定、信息的搜索、方案的选择和购买实施、购后评价等环节。简单地说,就是将消费者在购买商品和服务过程中所经历的步骤分为 5 个阶段,即确认需求、收集信息、评估选择、购买决策、购后评价,如图 4-6 所示。

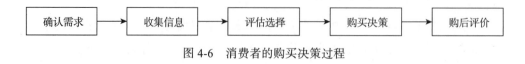

图 4-6 消费者的购买决策过程

(一) 确认需求

当消费者认识到自己有某种"缺乏"时,就是其购买决策过程的开始,这种由于缺乏产生的需求可能是消费者内在的生理活动引起的,比如,消费者体型的变化使消费者不得不购买新衣服,需求也可能是由外在的刺激引起的,比如,看到朋友穿的衣服特别帅气,看到商场的服装在打折等,都可能使消费者产生新的需求。在这个阶段,零售商可以增加对消费者的各种刺激,来唤起和强化消费者的需求。

(二) 收集信息

收集信息即购前学习,消费者搜索、寻找和收集特定的品牌及商品信息。

当前,互联网为消费者提供了丰富的信息资源,消费者收集信息的方法和途径很多,既可以利用购物平台搜索产品,又可以利用其他用户的评价等信息。例如,使用百度搜索引擎,输入关键信息来寻找答案。当消费者在百度搜索引擎页面输入"头发干怎么办"时,百度知道、百度经验以及一些购物平台的产品信息很快就显示出来,消费者由此可以找到解决问题的方法,包括购买哪类产品。

另外,由于微博、微信的流行,消费者还可以在微博或微信上搜索相关信息。有研究显示,他人对产品的评价和使用体会对消费者选择有重要的影响。总之,消费者收集信息的途径非常丰富,考验消费者的是在大量的信息中鉴别有用信息的能力。

面对货架上丰富的商品,消费者常常无从选择

(图片来源:https://wenku.baidu.com/view/b301a96a7375a417866f8f7b.html)

(三) 评估选择

消费者需求的满足是有条件的，这个条件就是实际支付能力。消费者为了使消费需求与自己的购买能力相匹配，就要对各种渠道汇集而来的信息进行比较、分析、研究，根据产品的功能、可靠性、性能、模式、价格和售后服务，从中选择一种自认为"足够好"或"满意"的产品。

对消费者来说，在大信息量的信息集里对特定信息进行判断，从而达到品牌比较和商品比较的目的，有时并不那么容易，消费者需要做出取舍。现在有很多电商平台网站与部分门户网站已经开始提供商品和品牌比较的功能，而这种实现比较的个性化需求恰恰是传统信息媒体难以做到的，因而受到消费者的欢迎。

另外，在网络购物中，由于消费者不能直接接触实物，因此，网络电商需要对自己的产品进行充分的文字描述和图片描述，增加消费者的信任感，以吸引更多的顾客。值得说明的是，在网络零售中，商家的信誉评价成了消费者信赖的标杆，也是降低购买风险的法宝。网络消费者一般信任亲朋好友推荐的购物网站，在做购买决定时，会主动分析网上的买家评论，这些评论成为消费者的重要参考依据。

拓展阅读　　　　　　　　**选择太多等于无法选择**

你可曾有过去杂货店里买一管牙膏，面对摆满货架的各种牙膏品牌和种类却无从下手的经历？先不说各种熟悉的和不熟悉的牙膏品牌，光是一个品牌的牙膏就有各种不同口味，也有针对不同人群清洁要求的款式：防龋齿、美白、清新口气……各种牙膏售价不同、口味不同、颜色不同。

让人们无从选择的不仅仅是选择太多，还有每种选择背后涵盖的海量信息。社会科学家巴里·施瓦茨（Barry Schwartz）认为，商品选择和信息过多会让人错误地认为选错带来的风险会很高，但实际上并没有那么糟糕。他认为，人们之所以如此，是信息过度的结果。过多的选择和信息会让人们误判一件很普通的事的重要性，即便是买牙膏这样的小事。

施瓦茨还指出，互联网让这种情况变得更加糟糕。一次简单的网页搜索可以得到成千上百万个结果，我们不得不从大量的搜索结果中找到我们需要的页面。

真正的问题是"想找到完美之选"。当我们在做决策时，我们不仅想得到更好的选择，而且害怕错过更好的选择。决策过程并非单纯的分析过程——有研究人员用功能性磁共振成像术扫描了面对抉择的人的脑部，发现在决策进行时，脑部负责悔恨和情绪化记忆的部分区域被点亮，分别是额叶中区、前扣带皮层和海马体。

施瓦茨说，通常人们悔恨最多的其实是分析对比每个微小信息所花费的时间，这会导致人产生挫折感和疲劳感，削弱人的决策能力。有没有解决的办法呢？专家认为，下一次决策时，你可以想一想是做出决定需要花费的时间重要，还是决策本身重要。就拿牙膏来说，花上不多的时间选一管牙膏，很有可能满足你的大部分要求——会使你的牙齿白白净净、健健康康，还能让你有一口薄荷味的气息。

资料来源：https://wenku.baidu.com/view/b301a96a7375a417866f8f7b.html，有删改。

（四）购买决策

在完成对商品的评估选择之后，便进入购买决策阶段。

与传统的购买方式相比，网络购买者在购买决策时主要有以下三个方面的特点：第一，网络购买者理智动机所占比重较大，而感情动机所占比重较小；第二，网络购物受外界影响小；第三，网络购物的决策行为与传统购买决策相比，速度更快。

网络消费者在对某种商品做出购买决策时，一般要具备以下三个条件：第一，对厂商有信任感；第二，对支付有安全感；第三，对产品有好感。所以，网络电商要抓好以上工作，促使消费者购买行为的实现。

> ⊙ **知识链接** 　　　　　　　　　什么是"心理账户"
>
> "心理账户"（mental account）的概念最早是由芝加哥大学的教授理查德·泰勒（Richard Thaler）在 1980 年提出的。他发现，在消费者个人的行为过程中，人们习惯将不同来源、不同种类、不同用途的货币视为相互之间独立性很强的不同财富，并在心目中按照不同的账户对其分门别类地进行安置，事实上几乎每个人都会存在"心理账户"效应。心理账户影响了人们的决策选择，揭示了人们在进行消费决策时的心理认知过程。

（五）购后评价

消费者购买商品后，要通过使用商品才能对自己的购买选择进行检查和反省，以判断这种购买决策的准确性，购后评价往往能够决定消费者未来的购买动向。

为了提高企业的竞争能力，最大限度地占领市场，企业必须虚心听取消费者的反馈意见和建议。微信或电子邮件为零售商收集消费者购后评价提供了条件。零售商收集到这些评价之后，通过计算机的分析、归纳，可以迅速找出工作中的缺陷和不足，及时了解消费者的意见和建议，制定相应对策，改进自己产品的性能和服务。

> **拓展阅读** 　　　　　　　　漂亮的宜家竟然暗藏"危机"
>
> 如果你和伴侣组装过宜家家具，那你们有可能已经为组装家具的事吵过了。由这家瑞典零售商的产品引发的家庭战争在当下同居生活中很常见，以至于喜剧明星艾米·波勒（Amy Poehler）有一次开玩笑说，宜家简直是瑞典语里"争吵"的代名词。
>
> 组装沙发很容易让夫妻或情侣吵起来，这到底是为什么？为什么关于沙发组装的讨论这么容易陷入阴暗的死胡同？
>
> 一些做过研究的心理学家、行为学家和家庭治疗专家解释了为什么宜家的每一个流程都充满情感引爆点，以及一旦出现不妙的情况该如何避免爆发。

一组家具引发的情感危机

"把一组架子放在一起这种小事,会引起伴侣间的一些历史遗留问题,"《爱的爬虫:结束毁灭性争吵,发展更有爱的关系》(Reptiles in Love: Ending Destructive Fights and Evolving Toward More Loving Relationships)的作者唐·弗格森(Don Ferguson)说,"比如,你信任我吗?你认为我很傻吗?你认为我一无是处?"

许多夫妻或情侣都在近期逛过宜家的"不利"条件下开始组装家具,这本来就是一种造成情感不稳定的经历。

临床心理学家拉玛尼·德瓦苏拉(Ramani Durvasula)说,展示间里干净、时尚、宽敞的理想家居"实际上成了人们之间争吵噩梦的地图"。在她开展的对人进行心理治疗的过程中,夫妻或情侣们提到的关于宜家的争吵太多了,以至于德瓦苏拉开始去宜家商场里做实地研究。她发现每个主题区都会引发对相关问题的争执:厨具(家务)、儿童家具(教育孩子)。

展示间也是品位问题发生分歧的地方。在挑选咖啡桌被看作个性表达的场景下,人们很容易从伴侣的观点中推测出深层意义。比如,对方可能会想:如果我喜欢 LACK 桌而你喜欢 KLINGSBO 桌,我们想要的家是一样的吗?我们想要的是同一种生活吗?你到底是谁啊?

"夫妻或情侣倾向于从购物和组装家具时的小摩擦中过度解读,认为他们自己也许不那么适合另一半。"经常接触伴侣的伦敦临床心理学家梅兹·周·查芬(Maisie Chou Chaffin)说。

在儿童区,夫妻可能会为怎么教育孩子而争论一番。

到底谁当家

在整个组装家具过程中,最关键的是有人要先拿起螺丝刀。即使一对夫妻或情侣想在他们的关系中始终平分劳动量,他们也会发现当涉及个人任务时,一方往往先掌握主动权,比如,她负责买单,他则只能去下厨。

当出现新任务时,比如组装一个 HEMNES 衣橱,伴侣也许会产生"我们俩谁更适合先干这个"的竞争性想法。一种权力争夺继而产生,这提供了矛盾滋生的土壤。(这也是为什么"开车去哪儿"也是有力的争吵导火索。)

"除非你们中的一方在建设性决定方面是公认的'领导',否则你们就会陷入这种'到底谁当家?'的局面。"丹佛大学心理学教授、《为你的婚姻而战》(Fighting for Your Marriage)的作者斯科特·斯坦利(Scott Stanley)说。

"即使当你已经发觉你们之间的某一方主导更多,你也会遇到服务员看着你们中的主导者做了错误决定的时候。"斯坦利说,"虽然我们往往都是在指导性的反馈中做得更好,但没有人喜欢这个。"

> **组装说明书让人"压力山大"**
>
> 　　为了在任何文化或语言中都能使用,宜家家具的安装说明书异常简洁,给用户留下了简单的印象,以为组装的工程不用花太多工夫就能完成。他们会想,(说明书里)那些不会说话、无性别的卡通形象都能建一个旋转吧台,我们当然也可以。当这些期待毁灭时,他们的自尊心也会受打击。
>
> 　　"与任何焦虑一样,一定程度的自我虐待会掺杂进来,"弗格森说,他现在是加利福尼亚奥本退伍军人管理局的心理学家,"并且非常快地(如果你没法暂缓一下)就会向伴侣发泄出来。"
>
> 　　一个任务引发的挫败感会立刻影响你对伴侣的感觉。2014年的一项研究中,蒙莫斯大学乌尔辛纳斯学院的研究者将120个被试者分为两组:一组给的是按次序写数字这样简单无压力的任务,另一组的任务则是解一组复杂的数学题。完成任务之后,两组都被要求一到家就写下可能有的对组员的赞美。被施压的这组被试者给他们队友的积极评价比无压力那组少15%。
>
> 　　"压力太大的体验会损害关系,家具组装引起的压力是损害积极关系的另一个原因。"研究报告的作者加里·莱万多夫斯基(Gary Lewandowski)说。
>
> 　　资料来源:http://www.linkshop.com.cn/web/archives/2015/334818.shtml,有删改。

三、消费者冲动性购买行为

(一)冲动性购买行为的含义

　　刺激-反应理论认为,冲动性购买是消费者事先并没有购买计划或意图,而是在进入商店后基于特定的情境,在足够大的刺激下,产生强烈的情感反应,在缺乏足够的意志与理智的控制下,立即付诸实施的购买行动。这种购买往往出于自由意志,伴随着无计划、情绪化,购后一方面可能使消费者的冲动性欲望及时得到满足;另一方面也会带来效用风险、经济风险、心理风险和社会风险。

　　20世纪50年代,研究者就开始对冲动性购买行为进行研究。传统的消费者研究一般假定消费者是理性的,所以用理性的方法去分析消费者行为。例如,消费者的每个决定是从确认需求开始,到收集信息、评估选择,然后才到购买决策。然而,人的决策更多是带有情感的,消费者购买决策过程的每个环节,都有消费者感性因素的介入,也都有流失的可能,正如在日常生活中,消费者所产生的冲动性购买行为是非常普遍的。甚至有研究者认为,传统的营销手段失效,也许是过于理性地考虑消费者行为的结果。

　　总体来看,冲动性购买行为相对于计划性购买行为,是一种即兴的、自发的、无意识的非计划性购物行为,具有一定的复杂性和情感因素。

（二）冲动性购买行为的特点

冲动性购买行为具有以下五个特点：

（1）冲动性。冲动性即指消费者突然涌现出来的一种强烈的购买欲望，而且马上付诸行动，这种行动和常规的购买行为不同。

（2）刺激性。刺激性即指冲动性购买的发生总是因为消费者在购买现场受到了一种或几种刺激。这个外在的"刺激"具有以下特征：第一，"刺激"要足够有吸引力，在接触的一刹那，让消费者产生强烈的购买冲动；第二，"刺激"要足够有压迫感，强迫消费者即时决定购买，不买就错过；第三，"刺激"要足够快速，一步就能立刻完成支付。

（3）强制性。强制性即指有一种强大的促动力使顾客马上采取行动，在某种程度上顾客似乎失去了对自己的控制。

（4）情绪性。情绪性即指消费者突然的购买促动力常常伴随着激动的情绪。

（5）不计后果性。不计后果性即指促使消费者购买的力量是如此强烈和不可抵挡，以至于消费者很少考虑或根本不考虑购买行动的潜在不利后果。

（三）冲动性购买行为的影响因素

冲动性购买行为会受到许多因素的影响，总体来说，影响因素可以分为外在的情境因素和内在的消费者个体因素两大类。

1. 外在的情境因素

（1）零售商所提供的刺激。零售商所提供的刺激通过唤醒消费者的消费意识，诱发消费者产生强烈的购买冲动。这些刺激一般来自零售商的广告、促销等，例如，常用的有"限时抢购""限量发售""折扣""大减价""大促销"等价格手段，或者通过用户参与、抽奖等活动来刺激顾客，甚至商店门口排队购买的队伍也是一种刺激因素。

街上排着的长长的队伍对消费者来说是一种刺激因素

（图片来源：http://www.sohu.com/a/157727894_439378）

零售商所提供的刺激具体可以归纳为以下几个方面：

1）商品陈列。商品陈列包括陈列地点、货架高度、货架空间等。不同的商品在商店中的陈列位置不同，刺激消费者冲动性购买的程度自然也不相同。有研究发现，牛奶、面包、日常用品等在商店中的摆设位置会刺激消费者的冲动性购买。此外，商品组合也能唤起消费者的购买欲望。很多情况下，一个饰品不容易卖出去，但若把许多饰品连同家具摆放在一起，营造出一种气氛，就会为商品赋予一种符号学上的意义，这时，商品就代表了一种生活方式，对消费者的诱惑力更大。于是，消费者就容易忽视商品本身的价值，为了追求商品所包含的生活方式而不惜重金。

2）商场氛围。商场通过对整体环境的布置，给消费者造成一种心理错觉，形成冲动消费的气氛。例如，明亮的灯光、鲜艳的颜色、快节奏的音乐可以提高消费者的购买热情，增强消费者的购买冲动。

3）促销和广告。商场现场的促销形式是冲动性购买行为的直接诱因，营业推广活动和 POP 广告有助于激发消费者相应的心理反应，促使其产生冲动性购买。

4）特定商品的吸引力。研究表明，具备以下特征的产品更能有效推动冲动性购买。

第一，低涉入度的产品。消费者无须经过太多考虑，看好了可以立刻就买，或者一些低风险产品"买错了也无所谓"，单纯用大量的曝光就能刺激销量。例如，零食、日用品、杂货、个人用品这类产品比较容易使人产生冲动性购买行为，这一类产品相对来说是低涉入度的产品。第二，具有享乐属性的产品。比如，旅游、游戏、巧克力等享乐性的产品，带有情感冲动的属性，可以满足一时的享受体验。只要提供足够的诱惑和刺激，多次曝光就能让消费者抵不住诱惑而购买。第三，连带销售的产品。这类产品的销售很容易连带其他产品的销售。比如，消费者买了手机，就会想到买手机壳、充电宝、耳机等。这类连带产品也经常引起冲动性购买。第四，知名品牌的产品。知名品牌的产品更容易激发冲动性购买行为。品牌本身代表信誉度，消费者为了避免决策失误或减少购买风险，更偏向相信品牌并购买认识的品牌。

5）互动体验。热情好客的销售人员会激发消费者的购买，加速购买决策。另外，研究显示，付款方式会造成冲动性购买的显著差异。

（2）消费者购买时的情境因素。消费者购买时的情境因素体现在以下几个方面：

1）时间压力。消费者可利用的时间越少，越容易产生冲动性购买行为；反之，如果可利用的时间越充裕，则越可能保持从容状态，考虑的因素比较周全，产生冲动性购买行为的可能性就越小。例如，消费者在排队支付的时候，没时间考虑太多，前面有收银员在扫商品，后面有其他消费者在排队，在这条窄道里，前后都有压迫感。这是一种强迫性的购物场景，消费者往往没有时间考虑。

2）经济压力。消费者的购买预算越高，面对可能购买的商品种类越多，所接受的刺激也越多，发生冲动性购买的概率就越高。有些消费者在一次购物中即使没有正式的预算，也会在心中做个计划，如果在某一类商品上花费较多，就会减少对另一类商品的消费，表现出一定的理性，不易产生冲动性购买行为。

3）购买时的心情。一个心情不好的消费者很可能会进行冲动性消费，购买时的情绪越负面或越强烈，就越容易产生冲动性购买行为来改善心情，这时的冲动消费其实是一种"心理补偿性消费"。当消费者预期控制诱惑后可能产生的正面情绪越多时，就越不会产生冲动性购买行为。当然，一个心情好的消费者也可能会进行冲动性消费，以享受购物的乐趣。

2. 内在的消费者个体因素

冲动性购买行为与不同消费者所具有的不同个人特质有关，具体如下。

（1）消费者的价值观。消费者的价值观越趋于物质享乐主义，其越容易产生冲动性购买行为。

（2）消费者的气质类型。胆汁质的人，心情变化剧烈，对新商品有浓厚的兴趣，较多考虑商品外观和个人兴趣，易受广告宣传的影响。而多血质的人，活泼好动，注意力易转移，兴趣易变，审美意识强，易受商品外观和包装的影响。

（3）人际关系。消费社会化的过程中，人际的互动对消费者购买决策有显著的影响。虽然在现代消费社会中，个性化消费正在成为一种趋势，可是传统消费观念依然存在。例如，有的消费者将购买行为与审美观作为一种信念，努力符合集体的观念，以获得集体的认同而避免获得集体的惩罚，就很容易形成一窝蜂消费或集体消费的情形，也就是从众消费。受人际影响越大的消费者，受到旁人的怂恿与影响，越容易产生无计划性的甚至不假思索的冲动性购买行为。

（4）人口统计变量。人口统计变量包括年龄、性别、收入等，这些都是影响冲动性购买行为的因素。例如，年轻人更容易发生冲动性购买行为，相比之下，中老年人的消费趋向理智。研究显示，女性比男性更容易发生冲动性购买行为。研究还显示，可支配资金越充裕，消费者就越容易进行冲动性购买；反之，可支配资金越紧张，消费者就越倾向于理性消费。

本章小结

本章介绍了零售商如何识别和理解消费者。对零售商而言，明确自己的消费者是谁，了解消费者的心理特征和行为表现，发现这些现象背后的原因，是零售商制定经营策略的基础。

零售商获取消费者可以通过消费者的细分和消费者的基本类型来完成。消费者的细分可以采用地理细分、人口统计细分、生活方式细分等方法。在零售实践中，以上各种细分方法可以综合起来运用。消费者类型的划分有多种方法，例如，根据在消费过程中表现的特征，可划分为模仿型消费者、想象型消费者、随意型消费者、专一型消费者、节制型消费者和放纵型消费者；根据购买态度，可分为习惯型消费者、冲动型消费者、情感型消费者、疑虑型消费者、慎重型消费者等。

消费者的购物心理非常复杂，影响因素众多。本章主要分析需求和动机的影响，包括需求和动机的产生、需求和动机的分类等。例如,消费者购买动机包括:求实动机、求新动机、求美动机、求廉动机、求便动机、求名动机、储备动机、偏好动机、从众动机、攀比动机等。

　　本章还介绍了消费者是如何做出购买决策及其行为特征等,包括消费者一般通过理性决策、经验决策、行为决策来做出购买决策。根据消费者介入程度不同,购买决策具体分为扩展性决策、限制性决策和习惯性决策。消费者的购买决策的内容包括:为什么买、买什么、买多少、在哪里买、何时买和如何买,即"4W+2H"。消费者的购买过程由五个步骤构成,即确认需求、收集信息、评估选择、购买决策、购后评价。冲动性购买行为具有冲动性、刺激性、强制性、情绪性和不计后果性等特点,消费者冲动性购买行为的产生受外在的情境因素和内在的消费者个体因素的共同影响。

本章练习题

一、简答题

1. 分析零售商对消费者进行细分的基本方法。
2. 简述零售商划分消费者的基本类型。
3. 什么是消费者的需求?需求具有哪些特征?
4. 简述消费者具体的购买动机。这对零售商有哪些启发?
5. 简述购买决策的主要类型。
6. 分析消费者冲动性购买行为的影响因素。

二、论述题

1. 试论述零售商按照生活方式对消费者进行细分的意义及应用。
2. 根据消费者的购买决策过程,零售商如何制定相应的策略?

三、实践题

1. 选择你熟悉的两个城市,对比分析两个城市消费者的特点,做一份调查报告。
2. 选择一家服装店进行调查,观察该店服装购买者的年龄、性别特征,询问这些购买者的购买原因,了解购买者做决策时考虑的因素。

第五章
零售战略与组织结构

学习目标

学习零售战略的定义、类型,了解零售战略在零售商经营中的作用;掌握零售战略目标和零售使命的内容;掌握零售目标定位的条件和影响因素;熟悉零售战略的类型;学习零售组织结构设计的要求;了解零售组织结构的类型和建立程序;了解员工的招聘和管理的基本内容及其对零售商的重要性。

导入案例

ZARA 的"快"战略

ZARA 是西班牙 Inditex 集团旗下的一个子公司,它既是服装品牌,也是专营 ZARA 品牌服装的连锁零售品牌。Inditex 集团由阿曼西奥·奥特加(Amancio Ortega)于 1975 年创立,集团旗下拥有 ZARA、Pull and Bear、Massimo Dutti、Bershka、Stradivarius、Oysho、Uterque、ZARA HOME 八大品牌,其中 ZARA 是最成功的,被认为是欧洲最具研究价值的品牌之一。

北京富力广场的一家 ZARA 店,色调简单的品牌 Logo 彰显 ZARA 的独特格调

Inditex 集团在中国共开设了 593 家店铺,其中,ZARA 最为中国消费者所熟悉。2018 年,ZARA 在中国共有 183 家店铺,分布在 62 个城市,仅次于其在西班牙的店铺数量。ZARA 正

加紧在华的扩张布局，甚至出现了进入三、四线城市的明显趋势。

ZARA 的品牌之道可以说是时尚服饰业界的一个另类，ZARA 在传统的顶级服饰品牌和大众服饰中间独辟蹊径开创了快时尚模式，以"快速、少量、多款"区别于一般服装企业。其中，最突出的特征就是其速度，不管是设计、生产、配送、出售还是更新，ZARA 都保持快速高效。通过这种快速经营的模式，ZARA 新品的开发周期只需 5～15 天，其全年新款可超过 12 000 款，平均每周就有 200 多款。这种"小快灵"的模式使 ZARA 成为全球快时尚品牌的典范，"快速、敏捷、多品类、小规模、大终端"成为其具有优势的竞争战略。

如何贯彻这样的战略呢？ZARA 招募了 480 人的庞大的设计师队伍，这些设计师也称为"抄版员"或"买手"，他们随时穿梭于米兰、东京、纽约、巴黎等城市，公司在这些时尚重地建立了完备的时尚情报站。通过这样的战略部署，全球任何一个地方最时尚的时装款式出来，ZARA 喝到的总是"头啖汤"，这保证了 ZARA 永远可以引领时尚潮流。同时，ZARA 用 3 000 万美元重组其信息系统，还通过收购将 1 200 家生产企业变为自己的战略联盟，应用 IT 支撑的 ZARA 信息系统使公司的组织结构、业务流程和业务模式发生了巨大的变化。ZARA 的"快"战略使其产品设计、生产、配送和销售迅速融为一体。

全球著名的品牌咨询公司 Interbrand 发布的 2017 年西班牙品牌榜中，入选了 30 个西班牙最有价值的品牌，共有 5 个时尚品牌，其中 ZARA 名列第一。

资料来源：http://info.texnet.com.cn/detail-717761.html，有删改。

思考：
1. ZARA 如何通过"快"战略确定竞争优势？
2. ZARA 采取哪些措施保证"快"战略的实施？

第一节　零售战略

一、零售战略的定义及其特征

（一）零售战略的定义

为什么零售商需要制定一个零售战略？显然，对于一个街边的小商贩来说，能够把手中的商品尽快卖出去更重要；但对于一个有一定规模的、具有长期发展计划的零售商来说，具有战略眼光和思维是必要的。

零售战略（retail strategy）是零售商为了求得长期生存和发展，根据外部环境和自身条件，规划未来的发展方向，制定发展目标，并确定经营活动的总体计划和行动纲领。通过制定零售战略，一个零售商能够明确自己的目标市场，确定满足目标市场需求的零售方式，并以此建立持久的竞争优势。

一般来说，零售战略的构成要素包括：①战略思想，指制定零售战略所依据的指导思想，包括竞争观念、市场营销观念、创新观念、效益观念等。②战略目标，指零售商未来所要达到的目的，它是战略决策的核心。③战略重点，指对零售商战略目标的实现具有重大甚至决定意义的关键部位、环节和部门。④战略阶段，指零售商为了达到战略目标，在战略的制定和实施过程中按照一定标准划分的阶段。⑤战略对策，指零售商为了实现战略指导思想和目标而采取的措施与手段。

(二) 零售战略的特征

1. 全局性

零售战略是从企业的全局出发，根据零售商整体发展的需要而制定的。零售战略解决的是有关企业发展的综合的、总体的、全局的基本方针和总体部署问题。

2. 纲领性

零售战略是一种计划，是指导未来的行动纲领，为企业进一步发展指明方向，指导和激励企业全体员工为之努力。

3. 可预见并避免风险性

零售战略是零售商在一个较长时期的发展方向和目标，对企业更长远的发展起指导预见作用。战略的失误往往会导致零售企业遭受重大损失甚至倒闭，风险极大，因此零售企业要尽可能避免这种高风险。

4. 长远性

战略是长期的行动模式，而不是当前的战术问题。

二、战略目标及零售使命

(一) 明确战略目标

战略目标是零售战略的重要组成部分，为零售商指明发展方向和评价绩效的操作标准。零售商的战略目标是多方面的，如销售额，包括销售额的增长量、稳定性、市场份额等；利润，包括利润水平、投资收益、经营效率等；公众或利益相关者的满意程度；企业形象，包括顾客和股东的观点、看法等。

零售战略目标主要有以下几个。

1. 经营目标

经营目标是指确定企业的经营范围，如零售商将会服务于哪些类型的消费者、目标消费者需要什么、企业经营的商品等。由于资源和能力的限制，面对众多的消费需求，零售商只能选择一部分消费者作为自己的目标市场，并据此确定经营范围。

2. 财务目标

财务目标是指零售商为经营活动的效益、经营达到的效果以及在市场中的地位提出的目标。在依法经营的前提下，零售商既要满足消费者的多样化需求，又要努力追求开源节流，实现每股收益最大化。零售商的财务目标主要包括：①利润指标，如销售利润率、资产利润率、资本利润率、每股收益等。②运营效率指标，如单位面积营业额、人均销售额、商品周转率等。③市场地位指标，即零售商的销售业绩和行业地位，一般用市场占有率表示。

3. 社会目标

社会目标是指零售商满足消费者选购商品需要、履行社会责任的目标。社会目标包括社会公平和社会责任：社会公平是指零售商在经营活动中不能欺骗生产厂家、供应商和消费者，不诋毁竞争者；社会责任是指惠泽社会。

从具体表现上看，零售商的社会目标具体包括满足消费者需要、向顾客提供服务、依法纳税、提供就业机会、积极支持各种公益活动等。

4. 个人目标

个人目标是指零售商提供的与员工有关的、满足其工作和生活需要的目标，包括员工生活与工作基本条件满足目标，员工发展机会目标等。

5. 形象目标

零售形象是指公众对零售商的印象和评价，良好的形象是企业一笔重要的无形资产，是企业竞争优势的来源，表现为高知名度、高美誉度等。

零售商目标以财务目标为核心，相互联系，构成有机的整体。在实践中，这些目标可以分解到各个经营环节和经营部门，而且每一个目标应该尽量具体明确。例如，"提高市场份额"不如"到明年年底我们的市场份额提高20%"表述更清晰。

（二）零售使命

零售使命（retail mission）是指企业长期的战略意向，它是一个企业的行动指南，说明了企业存在的目的和理由。零售使命是制定零售战略的基础，它说明了零售商经营什么、打算经营什么、选择什么业态、主要服务于什么顾客、顾客需要什么等。

例如，银泰百货的官网对零售使命的表述为：银泰百货以"传递新的生活美学"为理念，以年轻人和新型家庭为主要客户群，树立"年轻活力、时尚品位"的百货形象。作为独具银泰商业文化特色的知名百货连锁品牌，银泰百货是中国零售百货业的标杆，在全国各地共布局了近30家银泰百货，以独具魅力的流行、时尚元素改变了人们的生活,推动了中国城市新时尚文化建设。

1. 影响零售使命的因素

(1)零售商的历史。零售企业经营的历史状况会使它在某一领域形成自己的特征和优势,如低价、优质服务和供应链整合优势等。

(2)市场环境。市场环境包括市场机会和市场威胁,零售商根据环境的变化来调整零售使命。

(3)零售管理者和所有者的偏好。零售管理者和所有者的性格特征、文化背景、价值观念和管理风格、目标和观念等,会在一定程度上影响零售使命的确定。例如,沃尔玛"天天低价,始终如一"的经营理念就受到了其创始人山姆·沃尔顿(Sam Walton)的影响。一般来说,风险承担型的管理者倾向于制定激进的企业使命,风险规避型的管理者倾向于制定保守的企业使命。

(4)零售商资源。资源是零售商完成其使命的保证。零售商确定自身的使命既要有充分的资源保证,又要充分利用企业的资源。零售商资源不仅包括人、财、物等硬件资源,还包括员工素质、管理水平、社会形象、品牌知名度、开发新技术的能力等软件资源,特别是零售商自身拥有的特殊能力和竞争优势。零售商内部结构和资源的调整也会影响到零售使命。

零售使命和零售战略相互作用并互相影响,零售使命的修改会导致整个零售战略的重新制定。同样,零售战略中某一阶段的调整也可能促使零售商重新审视它们的使命。

2. 使命陈述

使命陈述(mission statement)是指零售商在更大范围的环境中对想实现的目标所做的陈述。零售使命一经确定,就要做出准确的表述,要说明所要服务的顾客是谁,满足顾客什么需要,使用什么方式。例如,某百货零售企业的使命陈述是"一站式购买使顾客成为上帝"。

一般来说,对满足顾客需要的表述要用市场导向来表述,而不能用产品导向来表述。因为产品和技术是有生命周期的,而用市场导向来描述,则表明顾客需求具有无限性。市场导向型使命陈述以满足基本顾客需要的方式来定义企业的业务。此外,应该避免使命陈述太宽或太窄的情况,使命陈述必须适合市场环境,应该具有激励性。

三、目标市场定位

对于一个零售商来说,选择一个目标市场,并根据目标市场的特征进行市场定位,这决定了零售商经营活动的整体特征。有效的市场定位有利于企业树立产品的鲜明特色,有利于零售商满足顾客的需求偏好,有利于零售商取得目标市场的竞争优势。

一个好的目标市场必须具备以下四个条件:①所选的目标市场要有一定的购买力,

否则就不能获得应有的经营效益。②必须具有未满足的需求，有充分的发展潜力，否则就不能求得长久的生存。③竞争者不至于充斥甚至控制这个市场，否则就不能有效地占领目标市场，以致在竞争中受挫或失败。④企业要有进入目标市场的能力。

以杭州大厦购物中心为例，杭州大厦购物中心是杭州著名的大型零售商场之一。1993年杭州大厦购物中心重新装修后，管理层确定以中高收入人群作为商场的目标市场。1993年9月12日，杭州大厦购物中心开业当天，销售额达208万元。为了调查选定的目标市场是否具有延续性和发展潜力，商场在开业一周之后进行进一步调查，发放了1.25万份顾客跟踪卡。统计结果显示，杭州大厦购物中心的顾客主要来自杭州市区，公司及事业单位职员居多，收入较高。顾客年龄主要分布在21～35岁，该年龄段顾客约占总顾客人数的62%，有近70%的顾客属于高层次消费人群，并有50%的顾客是"回头客"，他们对品牌的认知度极高，他们的购物动机是要求商品档次高、购物环境好、商品质量好和服务好。可见，杭州大厦购物中心把目标市场定位为中高收入人群，有相当的目标顾客数量基础，并且将在很长一段时间内目标市场不断发展壮大。

实际上，没有任何一个零售商能够向所有人提供所有商品。例如，便利店尽管位置优越，但商品品种不够多，价格偏高；大型综合超市或仓储式商店，商品种类丰富且价格便宜，但缺少相应的服务；专卖店能提供良好的服务、高档的环境，但商品种类有限且价格不菲。由此可见，零售商有选择就要有所放弃，有所牺牲，鱼和熊掌不能兼得。

零售商在进行市场定位时主要考虑两方面因素。

（一）零售市场细分

零售市场细分（retail market segment）就是根据消费者明显不同的需求特征将整个零售市场划分成若干个消费群的过程，每一个消费群都是一个具有相同需求和欲望并要经历相似购买过程的细分子市场。通过市场细分，零售商能向目标子市场提供独特的产品、服务及相关的营销组合，从而使顾客需求得到更为有效的满足，并维持顾客的忠诚度。

零售商进行市场细分，依据的变量可分为四大类：地理变量、人口变量、心理变量和行为变量。在实际运用市场细分时，要考虑到消费者需求差异的大小，需求差异大的产品，可以运用较多的变量；需求差异小的产品，可以运用较少的变量。凡是需求差异大、市场竞争激烈的产品，往往要经过多次细分，才能从中筛选出符合本企业条件的分市场或子市场，以此作为企业的目标市场。

（二）规划商店形象

经过市场细分，零售商选择了其中一个子市场或几个子市场作为目标市场，并根据零售业态特点、竞争者状况和目标市场顾客对形象的反应来规划其商店形象，据此设计自己的战略，确定一系列经营策略组合。如果规划的形象得到了目标市场顾客的认同，零售商的定位便成功了。

例如，杭州大厦购物中心在确定了中高档定位之后，首先在商场装修方面体现出该定位特征，围绕"亮、宽、低、开"四个字来展开，即增加商场照明，提高亮度；拓宽柜台之间的距离，方便顾客行走；降低柜台的高度，方便顾客对货架中的商品一目了然，所有商品开架销售，提供给顾客最大限度的自主选择空间。除此之外，杭州大厦购物中心的定位还体现在物业、营业员、商品等多个方面，将定位信息传递给顾客。最终，商场的中高档定位形象获得了顾客的认可，确定了杭州大厦购物中心的中高档形象。

市场定位虽然是无形的，却是无形的存在，它不是虚无的，是无限的真实，因为它能支配企业的营销活动。当定位确定之后，保持定位的连续性对零售商来说就更重要了。市场用脚投票，如果商店的定位经常变化，不管是有意还是无意，现有的顾客都可能流失。当然，商店必须适应竞争的实际情况，根据大众品位或者人口统计资料方面的变化进行调整，但定位的变化应该是慎重决策的结果，而不是缺乏连续性的表现。

拓展阅读

日本 7-Eleven 全渠道战略

在日本，零售实体店互联网化开始的时间是非常早的。早在 2000 年前后，Seven & Holdings（7-Eleven 日本母公司）就依靠整个集团的力量，以 7-Eleven 便利店和伊藤洋华堂的商品品项和物流系统为基础，开展电商业务，直至 2014 年，已经成长为日本第五大电商公司。

日本 7-Eleven 创始人铃木敏文持有的开放态度让人很难相信他已经是一个 80 多岁且经营了四十几年"传统零售业"的领军人物。铃木敏文曾明确表示，当今的时代，控制了互联网经营等同于控制了实体经营。观察互联网与实体店两方面的动态已经是商家们不得不直面的课题。人们总是倾向于认为，当社会互联网化后，随着电商销售额的扩大，顾客逐渐从实体店流向虚拟店铺，最终必定导致实体店铺的营业额锐减。但是，现实情况并不一定完全如此。运用互联网充实与发展战略性市场，然后把对应的成果扩展至实体店的思维方式变得越来越重要。零售业和制造商通过互联网与实体店的融合，利用所有的销售渠道，将消费者在各种不同渠道的购物体验无缝连接的"全渠道零售"，已经成了当今市场发展的必然趋势。

那么，7-Eleven 的全渠道战略到底有什么不同呢？铃木敏文把流通渠道分为四个阶段：①单渠道销售，基本是在 1995 年之前，零售商与顾客服务接触点只有实体店，渠道非常单一。②多渠道销售，在 1995～2005 年，这个阶段的特点是，虽然通过互联网的普及，电商已经高速成长，但是对于不同渠道的流通企业来说，自己的目标顾客群是非常明确的。例如，电商基本以 15～25 岁的顾客为主，实体店基本以 25～40 岁的顾客为主等。③交叉渠道销售，在 2005～2013 年，这个阶段的顾客因为已经开始习惯互联网等新的销售渠道，所以会根据自己购买的商品不同，选择不同的零售渠道进行购物。但是，每个渠道的购物体验还是相对单一的，或者是电商，或者是实体店，或者是其他渠道（如电视购物等）。④全渠道销售，基本在 2014 年以后，无论是百货商店还是超市，都已经对自己公司的全渠道销售做好了充分的铺垫。无论是 PC 端还是移动互联网端，都已经能够精准地运营，给顾客带来更加立体的消费体验。不过，Seven & Holdings 想实现的全渠道销售和一般公司的全渠道销售还是有些区别。由于 Seven & Holdings 集团体量大业态丰富，以 7-Eleven 便利店和伊藤洋华堂为主的全渠道销售变成多业态、多渠道打通整合的更加丰满的无业态差别全渠道销售。也就是说，Seven & Holdings 集团内的餐饮等其他非主流业态的实体店，也会被整合到全渠道经营的范围之内，对顾客进行全方位服务。

日本 7-Eleven 提出的全渠道战略，具体来说有三个方面：①连接集团内部各种服务业态（包括便利店、超市、百货商店、食品超市等），向顾客提供多样性服务。②通过一定的调整，线上部分整合日本国内将近 19 000 家实体店，与顾客进行多触点销售（包括移动互联网的应用）。③通过全渠道战略，统一集团品牌形象，提高顾客的认同感。

资料来源：http://mt.sohu.com/20151014/n423212247.shtml，有删改。

四、零售战略的选择

零售商在制定零售战略时不但需要考虑顾客，还需要分析竞争者，成功的零售商在目标市场选择的基础上能够比其竞争者更好地满足顾客的需求。

美国管理学家迈克尔·波特提出了企业发展的竞争战略理论，通过竞争战略模型（见图 5-1），分析了产业因潜在利润而带来吸引力的五方面竞争优势，并在此基础上提出了赢得竞争优势的三种战略：成本领先战略、差异化战略和集中化战略。

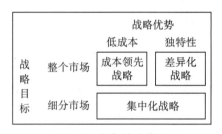

图 5-1 竞争战略模型

（一）成本领先战略

成本领先战略（cost leadership strategy）是指企业以要成为整个行业中的低成本厂商为经营目标。超市、仓储式会员店和折扣店等零售商常使用成本领先战略。

成本领先战略要求企业建立起高效、规模化的生产设施，在经验的基础上全力以赴地降低成本，紧抓成本与管理费用的控制，最大限度地减少研究、开发、服务、推销和广告等方面的成本费用。如果企业能够创造和维持全面的成本领先地位，那它只要将价格控制在产业平均水平或接近产业平均水平，就能获取优于平均水平的经营业绩。在与对手相当或相对比对手低的价位上，成本领先者的低成本地位将转化为高收益。然而，成本领先者不能无视差异化战略，它必须在相对竞争对手标新立异的基础上创造价值相等或价值近似的地位，以领先于产业平均收益水平。

成本领先战略可以给企业带来以下优势：①获得高于产业平均利润的利润；②有较大的降价空间；③有较高的抗击价格竞争的能力；④高市场份额带来的种种利益。例如，美国沃尔玛成功实施这一战略，占领市场，赢得竞争优势。

零售商也需要认识到，低价策略是一把双刃剑，采用成本领先战略也会面临以下风险：①易被竞争对手模仿，引发价格战，从而对整个零售行业造成损害；②当顾客需求从注重低价转向注重产品形象或其他方面时，原有的低价优势可能会变成劣势。

（二）差异化战略

差异化战略（differentiation strategy）是指针对竞争对手生产或提供顾客认为很重要的或与众不同的产品或服务，建立起独特的竞争优势的产品或服务。差异化战略常常被购物中心、百货商店、连锁店等零售商广泛采用。差异化战略选择顾客认为重要的一种或多种特质，并给予这种特质独特的地位以满足顾客的要求。差异化战略可以为企业带来溢价的报酬。差异化战略同样不能忽视对成本领先地位的追求，因为企业的溢价报酬很可能会被显著不利的成本抵消。

差异化战略的优势是：①建立起顾客对产品或服务的认识和信赖，降低顾客对产品价格和服务发生变化时的敏感性；②因顾客的品牌信赖和忠诚而形成的强有力的行业进入壁垒，使现有竞争者很难与之竞争；③差异化形成的高边际收益增强了零售商对上下游的讨价还价能力。

差异化战略的风险是：①使零售商服务成本增高，价格上涨；②精明的顾客可能会降低对产品或服务差异化的要求，使零售商失去优势；③竞争者的模仿和进攻也可能使零售商已建立起来的差异不断缩小。

差异化的方式是多种多样的，如产品差异化、服务差异化和形象差异化等。产品差异化主要是指经营比同行业竞争对手更有特色的产品组合，以满足顾客群的需要。

例如，国际零售商麦德龙之所以进入新兴市场国家开设超级市场，并选择进口食品、日用品作为主要经营的产品类别，是因为它看中了新兴市场国家的中产阶级与日俱增的购买力和时尚的消费模式。还有瑞典家居品牌商宜家的体验营销，向顾客展示了别具一格的购买体验，属于服务差异化的策略。

拓展阅读　　　　　　　　　**连卡佛：设计师品牌店**

创立于1850年的连卡佛（Lane Crawford），是亚洲具影响力的时装及生活专门店。连卡佛在香港、北京、上海和成都的门店云集了世界各地的时尚奢侈品牌及高端现代设计师精品，产品涵盖女装、男装、鞋类、配饰、内衣、珠宝、化妆品及家居用品。在香港，连卡佛可谓是香港老资格的高档百货店。对于香港人，尤其是香港中产阶级，乃至更高阶层，去连卡佛，不只是购物，更是消费者对自我阶层的认同。

2004年，连卡佛在香港国际金融中心商场推出全新的零售概念。顾客可在店内纵览香港海湾全景，而82 000平方英尺⊖的专门店由一系列画廊式隔间组成，隔间内展出设计

⊖　82 000平方英尺≈7 618平方米。

师作品和时尚品牌,以及各种专门定制的艺术品。2005年,连卡佛在香港太古广场开设新店,综合运用创新的材料、技术和照明,充满现代气息,活力四射。连卡佛独特的产品定位、服务和环境是品牌的核心。各个专门店的装饰风格经常更新,不断推出获奖的视觉设计以及专门的艺术展览,置身其中,处处皆风景。与众不同的礼宾服务、专属的个人形象顾问以及化妆品礼宾服务,让顾客在连卡佛能享受个性化的购物体验。2013年10月,连卡佛在上海时代广场开设了内地最大的旗舰店。在连卡佛百货推出的个人形象顾问服务中,销售人员不仅仅是销售产品,还给顾客提供咨询服务,介绍最新的潮流趋势,为顾客选择最符合自身气质的服装配饰。当然,这些服务和产品的价格都不菲,但这种方式恰恰迎合了市场中的高收入消费者群体,这也正是市场定位概念及服务差异化策略的具体体现。国内传统百货业需要更加先进的经营理念,避免同质化竞争,只有采取差异化的经营策略及拥有更高的顾客服务水平,才能在顾客心里占有一席之地。

(三) 集中化战略

集中化战略(focus strategy),又称目标集聚战略,是指零售商选择一种或一组细分市场,并"量体裁衣"使其战略为它们服务而不是为其他细分市场服务。专卖店、便利店等零售商适合采用集中化战略。

集中化战略的优势是:①在一个特定领域内发挥自身优势,更好地满足顾客需求;②避免与大零售商进行正面竞争。

集中化战略的风险是:①市场狭小,难以扩大规模,导致经营成本增加;②外部环境变化使目标市场和整体市场之间的产品或服务需求的差异逐渐变小,零售商的原有优势消失;③竞争者竞争战略发生有针对性的变化时,会使零售商失去原有的战略优势。

零售商在实施集中化战略时,首先将经营重点集中在一个狭小的市场空间,即细分市场,然后根据这一细分市场的特点,选择营销战略组合,为这一目标市场服务。通过对目标市场进行战略优化,实施集中化战略的零售商致力于寻求其目标市场中的竞争优势,尽管它并不具有在全面市场中的竞争优势。这种竞争优势有两种形式——成本领先优势和差异化优势。在成本集聚战略指导下,零售商寻求其目标市场上的成本领先优势;在差异集聚战略指导下,零售商则追求其目标市场上的差异化优势。由此,我们可以把集中化战略分为集中成本领先战略和集中差异化战略。

(1) 集中成本领先战略,是零售商以某一狭窄的消费者群体为焦点,通过为这个小市场上的顾客提供比竞争对手成本更低的产品或服务来战胜竞争对手。集中成本领先战略的实施需要有这样一个消费者群体:十分注重价格,期望获得价格低廉的产品和服务,对产品和服务的品质要求并不十分苛刻,能够接受品质的降低。如一元店、小型食杂店、小型时装店等适合采用集中成本领先战略。

(2) 集中差异化战略,是零售商通过提供具有独特性的产品或服务来满足顾客具有特殊价值和个性化的需求,从而取得本行业的竞争优势。零售商通过实施这一战略,可以吸引高收入消费者群体,获取较高的利润,取得行业竞争优势。如著名品牌时装店、健身器材专卖店、热带观赏鱼专卖店、汽车装饰店等适合采用集中差异化战略。

例如,广州摩登百货股份有限公司以"创百年老店,树百年品牌"为企业愿景,以"时尚、价优"为经营定位,走中档时尚百货的经营路线,锁定"追求时尚潮流、具有时尚消费意识"的目标顾客群体。摩登百货选择国际流行的时尚百货经营模式,大胆摒弃了"家电""超市"两大业态,突出穿戴类商品的经营,其中鞋类、女士服装的经营优势尤为突出,无论是在商品种类、促销方式上,还是在店面设计上,都为目标顾客量身定做,这就是一个独特的定位。

以上三种竞争战略是可供企业选择的、抗衡竞争对手的可行方案。在零售领域,几乎所有成功的企业都是彻底追求上述三种竞争战略的结果,如在成本方面领先的货仓式商店、折扣商店、大型综合超市等;在差异化方面领先的百货商店、购物中心等;在目标集聚方面领先的便利店、专卖店等。这些业态正是因为有了正确的战略目标定位,才能在激烈的零售竞争中共同分享巨大的零售市场。

尽快确定自己的竞争战略,是一个企业获取竞争优势的关键,通常企业必须在三种竞争战略中做出选择,因为成本领先和差异化是相互抵触的,差异化意味着增加成本,而降低成本则意味着牺牲差异化,同时实施两种竞争战略,常常会使企业陷入"夹在中间"的危险。夹在中间的企业可能无法战胜那些专攻高利润目标的或做到了全面标新立异的企业,会因为模糊不清的企业文化、相互冲突的组织安排与激励系统而遭受种种麻烦。而企业如果真正实现了其中一种战略目标,就已经构建起自己的竞争优势。

当外部环境发生变化,或企业内部资源出现变化,或企业处于不同的发展时期,企业也可以随时调整自己的竞争战略,以求得更好的发展。在实施一种竞争战略时,零售商必须确保所有战略要素都是适宜的。例如,一家折扣商店在商品销售时应该有充足的现货,而不必在地板上铺豪华地毯;一家提供优质服务的商店应该拥有服务态度良好的店员,而不一定在商品类型上有过多追求。

第二节　零售组织结构

一、零售组织结构设计要求

零售组织结构是指零售商从事零售业务的基本形态和结构。一个零售商为了维持企业正常运转,设置不同的部门和机构,建立分工合作的体系是必要的。或许,一个小的杂货店似乎不需要组织结构,但实际上,小杂货店的老板在零售中承担了多种角色。

组织结构是组织活动的载体,一个零售组织往往同时面临提高内部效率和增强外部适应性的要求,这就是指零售商的组织结构设计必须满足三方面的需要:目标市场的需要、公司管理部门的需要和员工的需要。

（一）目标市场的需要

零售商作为一种企业组织，其经营活动的根本目的以及存在和发展的基本条件就是保持盈利。零售商通过向顾客提供品种繁多的商品和适当的服务来谋利，一方面，这些商品和服务能否满足顾客的需要，将决定该零售商是否有利可图，或者是否有存在的价值。另一方面，经营商品的结构和提供服务的内容又影响组织结构的设置，例如，提供昼夜服务就要求设置店面经营人员轮班。因此，建立零售商的组织结构，必须认真研究目标市场的需要，如：能否提供比较舒适的购物环境；能否以适当的价格水平提供所需的服务（如送货、昼夜服务或晚间经营）；能否提供品种齐全的商品，保证随时货源充足；能否适应顾客需求的变化、反馈顾客需求信息、及时处理顾客投诉意见等。

（二）公司管理部门的需要

从管理的角度理解组织结构，需要注意组织结构的设置应该考虑管理部门提高经营管理水平的需要，包括考虑企业管理幅度、管理层次与管理规模及员工素质的关系；注意处理好集权和分权的关系；注意处理好企业正式组织与非正式组织的关系。

（三）员工的需要

满足员工的需要，实现有效激励，是组织结构设计应考虑的重要方面。

员工的需要一般表现在：工资是否满足基本要求，人际关系是否和谐，权责关系是否明确，联系渠道是否畅通，是否能得到奖励，是否有充分的发展前途，是否具有晋升计划，公司是否实行内部提升制度，职务内容是否有挑战性等。

零售企业的员工不仅要掌握相关的商品知识，更要懂得人际关系和沟通技巧。因此，他们的工作绝不是简单的操作，而是技艺性的、复杂的工作。零售业的这一技术特点，要求其组织结构具有一定的灵活性，给员工一定的管理和决策权；同时，强调横向沟通。在这种组织中，有时口头沟通可能比规范的书面沟通更有效。

二、零售组织结构建立程序

零售组织结构建立程序大致可以分为四个步骤：首先要清楚必须由本企业承担的各项职能；其次是将这些职能分解为具体的工作任务；然后将相关的工作任务进行归类，设计出不同的组织岗位并划分部门；最后明确各个部门和岗位上的权利和信息沟通渠道。

（一）清楚要履行的商业职能

职能分析是建立组织结构的起点。通常，零售商的职能有以下几类：一是战略管理，包括选择店铺位置、确定零售方式、制定零售战略等；二是商品管理，包括采购、运输、库存管理、价格确定等；三是商店管理，包括客户调查与信息交换、广告、人员推销、商品修理与更换、顾客回访与抱怨处理、橱窗陈列和设施维护等；四是运营管理，包括信息管理、销售预测和预算、便利购物条件的创造、账簿管理、送货、商品退换与退还、人员管理等。

上述各职能并不一定全部由零售商承担，某些职能可以由制造商、批发商、专业人士（公司）或顾客来履行。例如，可以将一部分配送到店铺的商品运输工作交给制造商来完成；可以将市场调研、销售预测等信息收集处理工作交给批发商来完成；可以将运输职能和仓储职能交给第三方物流公司来履行等。

对于零售商而言，只有目标市场迫切需要的且没有更合适承担者承担的职能才由自己去承担，这种职能往往也是零售商的核心职能。将一部分工作任务外包，可以使零售商降低非核心能力之外的运营成本，当然这种外包可能会使零售商失去对某些活动过程的控制力。

（二）把职能活动分解成具体的工作任务

零售企业的组织结构决定了企业中每名员工应该承担的具体任务，以及企业的权力线和责任线。职能是按业务范围的大类划分的，一种职能可能包括多种具体的工作任务。

零售战略决策方面的工作任务主要由高层管理人员来承担，他们包括首席执行官、总裁以及代表股东利益的董事会。战略管理包括制定零售战略、确定目标市场、决定零售方式、设计组织结构。

零售商店运营方面的工作任务由运营经理负责，他们的工作任务包括采购商品、管理商店，并且贯彻执行商店的战略计划，制定能够直接影响零售商经营业绩的日常决策。商品管理包括商品采购、确定评估供应商、采购谈判、订货、控制商品库存数量、制订采购预算计划、分配库存商品、检查开架购物位置和存货位置、商品定价、确定初始零售价格、调整价格。商店管理包括招聘与培训商店人员、制定工作时间表、维护商店设施、评估商店管理人员业绩、确定展示位置并展示商品、向顾客出售商品、维修和更换商品、提供捆绑赠品和送货服务、处理顾客投诉、进行实物盘点、防止存货短缺。

商店的行政管理人员提供有关信息来帮助运营经理贯彻执行企业的战略计划，负责制订实施战略的具体计划，并确定计划实施步骤。具备人力资源管理、财务、会计、管理信息系统、广告和市场调研等专业知识的员工为商店提供相应的行政支持。

（三）设立岗位，明确职责

零售商应结合自身特点，根据实际工作的需要，坚持"因事设岗，按岗择人"原则，建立岗位规范制度，合理确定岗位职责，明确每一岗位的职责和工作任务，并根据岗位工作的难易繁简程度、责任轻重，确定岗位系列和档次，建立岗位分配制度、培训制度、考核制度、奖惩制度等，发挥组织最佳的整体效益。

（四）建立组织结构

零售商在建立组织结构时应明确地规定和划分各项职务及其相应职责，还必须规定各项职务之间的关系，不应该孤立地看待各项职务，而应该从系统观点出发，把它们看作整体中有机联系、相互作用的各个组成部分。这样，零售商就能按照综合、协调的方式，根据各项职务及其相互关系的要求建立相应的组织结构，形成健全、统一、有机协调的公司组织，并且图示形式表示组织内部的层次、部门和权力分布关系。

三、零售组织结构类型

零售组织有不同的结构类型，本章主要涉及小型商店、百货商店、连锁店（集团）所采用的组织结构。

（一）小型商店的组织结构模式

小型商店的业务一般由业主自己打理，由于交易量有限，人员不多，结构简单，一般没必要进行专业化分工。商店的每一名员工负责的范围都很广，业主则负责所有的管理任务，也没有分支机构。

随着业务的不断扩充和销售额的不断增加，零售店老板开始雇用管理人员，这时管理分工就产生了。图5-2为小型商店组织结构图示例，主要划分为商品管理和商店管理。此时，零售店老板继续执行战略管理工作。商品经理负责商品管理、广告和促销工作。除商店管理工作以外，商店经理还要负责商品分销工作和人力资源管理。有时零售店老板会雇用会计公司来完成财务管理工作。

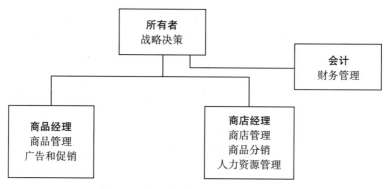

图 5-2　小型商店的组织结构图示例

（二）百货商店的组织结构模式

许多大中型百货商店把整个零售活动分别由财务部、商品部、公关宣传部、商店管理部四个职能部门负责，分管四个职能领域：财务与控制、商品销售、公关宣传及商店管理。这些职能部门的任务如下：财务部负责商品统计、报表编制、销售核查、开支预算和控制、信用审查、薪金发放等；商品部负责采购、销售、库存计划与控制；公关宣传部负责橱窗设计和店内陈列、广告、促销、市场调研、公共关系等；商店管理部负责商品保管、顾客服务等。这四个职能领域依据直线（垂直授权和责任）和职能结构（建议和支持）组织起来（见图5-3）。

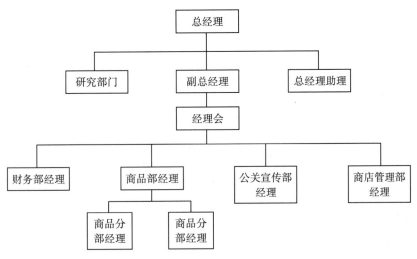

图 5-3　百货商店的组织结构图示例

（三）连锁店（集团）的组织结构模式

连锁店通常都采用一种平等型的组织结构。这种形式的一般特点是：采购职能（如预测、计划、采购、定价、把商品运送到分店、促销）均采用集中管理；销售职能（如商店陈列、推销、顾客服务、商店运营）由各分店管理；各销售点（包括总店）的待遇是平等的；采购人员不受总店人员的监督。

如图5-4和图5-5所示，虽然连锁店（集团）的结构各不相同，但是它们有以下共同特征：①划分多个职能部门，如促销、商品管理、配送、商店运营、人事和信息系统等；②权责高度集中，各分店经理负责销售；③运营标准化（固定设备、商店布置、建筑设

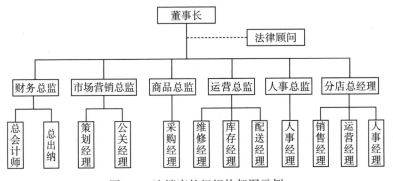

图 5-4　连锁店的组织构架图示例

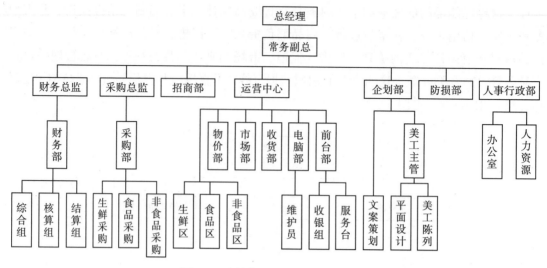

图 5-5　连锁集团的组织结构图示例

计、商品服务等）；④完善的控制系统使管理保持一致；⑤为了更好地适应当地的情况，分店实行了一定程度的分权，并增加了分店经理的责任。

四、员工的招聘与管理

零售商是劳动密集型企业，销售人员所占比例很大。从事销售的员工只有拥有充沛的精力、良好的人际互动能力与高尚的职业道德，才能向顾客提供满意的服务。同时，销售人员是零售商中最一线的人员，是企业价值的最终实现者，因此，在零售商的组织管理中占有重要的位置。

(一) 员工招聘

1. 人员招聘

零售商在进行人员招聘时，应首先符合国家相关规定。我国劳动法规定企业必须为员工提供必要的劳动保障，如保险、基本工资、每周工作时数等，并要求一些特殊岗位从业人员必须具备专业技术知识或从业资格证，如送货司机应有驾照、财务人员应有会计证等。

在进行具体人员招聘时，零售商主要考察应聘人员的以下几个方面：①身体素质，为了配合零售店的形象及产品组合特点，对店员的健康、体型、身高、年龄、性别等方面通常有特别要求；②个性，主要从应聘人员的一般能力、气质、性格等方面考察，对店员的基本要求包括好学上进、思维灵活、观察能力强、沟通能力强、动作敏捷、热情大方、性格开朗、为人诚实、工作细心和耐心；③工作能力，可从受教育程度、商品专门知识、零售服务技能、工作经历等方面进行考察。

2. 招聘方法

招聘方法一般有笔试、面试两种。笔试的主要目的是测试应聘人员的知识水平与一般能力（如感知、记忆、思维、想象、语言、概括、创造等）；面试的主要目的是测试应聘人员的应聘动机、个人品质（如精神面貌、仪表、性格、诚实性、价值观等）及从事零售工作的专业能力（如待人接物的能力、观察能力）等。

3. 招聘方式

企业招聘的方式有多种，使用何种招聘方式应根据当地人才市场、工作职位类型及级别等因素进行确定。企业常用的人员招聘方式如表 5-1 所示。

表 5-1 企业常用的人员招聘方式

招聘方式	优点	缺点
内部招聘	费用低，有利于提升员工士气，招聘者熟悉公司内部情况和企业文化	人才有限，造成另一个空缺
各类广告	辐射范围广，可以针对特定目标人才	有许多不合格的应聘人员
员工推荐	可为候选人提供公司的相关情况，基于推荐人的认真推举有可能产生高素质人才	有可能会产生任人唯亲的情况（尤其在民营企业），增加管理难度
人才市场	入场费（场地租金）或免费	会有很多非熟练或受过很少训练的人应聘
猎头公司	人选较多，广泛接触，专业人才较多	费用高
校园招聘	费用低，大量、专业集中，可挑选余地较大	应聘人员经验少，只适合低职位人员招聘

（二）员工培训

培训对确保员工完成每天的工作以及很好地达到企业的要求相当重要。大企业的培训工作通常由人力资源部组织，企业聘请相关专家对员工进行培训；小企业的培训工作大多是由部门经理负责。

1. 制订培训方案

培训方案包括培训时间、培训地点、培训内容、培训方法、受训人员、培训教师、培训的日程安排、培训的目标与效果测定、培训费用估算等内容。

2. 选择培训方法

（1）教授培训法。教授培训法是指由专门的培训教师通过理论教学，让店员掌握专业理论知识，如消费心理、职业道德、企业文化、商品知识、服务规范、作业规范等。这种培训工作可请高校教师或企业管理咨询机构来完成。

（2）相互学习提高法。相互学习提高法是指店员在日常工作中，能相互学习与交流，扬长避短，提高整体服务水平，从而提高零售业绩。这种培训工作可由零售店管理人员来完成，在日常工作中即可进行，不必专门抽出时间进行培训。

（3）实例分析法。实例分析法通常是指利用拍摄手段，将店员一天的工作记录下来，然后让店员观看，发现不足的地方并提出改善的措施。这种方法能让受训人员主动思考，寻找问题及答案，从而有效提高发现问题及解决问题的能力。

（4）会议法。这是零售店管理人员培训店员的一种常规技巧，店长可以利用一些日常销售会议及参观访问活动等对店员进行培训。这种培训方法比较经济，也有利于培养团队精神。

3. 员工培训的分类

员工培训通常分为以下三种。

（1）新员工培训。新员工培训主要集中在相关行业基础知识（陈列、商品知识）、日常基本工作、同顾客交往的基本礼仪等方面。

以服装店为例，服装店新员工培训的内容可以分为如下几个方面。

1）服装店基本知识：店员应了解店面内部软硬件设备知识与操作；掌握服装价格；熟悉各类收银程序、业绩报表填写、盘点库存、信用卡使用方法等。

2）服装专业知识：除对套装、衬衫、西装、夹克、裙装等的面料、剪裁、式样有清楚认识外，店员还必须掌握基本搭配的技巧以及了解当前的流行趋势。

3）相关商品知识：店员应了解相关商品的基本情况、优点和缺点、搭配方法等，要鼓励店员协助顾客选购最好的商品，满足顾客的需要。服装商品认知是培训中最基础的部分。表 5-2 为服装商品基本知识框架。

表 5-2　服装商品基本知识框架

类别	内容	要点
产品	面辅料	面辅料种类、工艺特点、原料成分、比例、花色特点
	款式	款式类型、名称、特点、造型特点、细节处理
	功能	功能特点、适用范围、功能表现、满足程度
	规格	产品规格、号型标准、适用范围
	特性	新面料、新工艺、新功能、新品类、新品种
	性价比	产品档次、价格级别、实物价值、附加价值
使用	T.P.O	适用时间（time）、地点（place）、场合（occasion）、注意事项
	搭配	穿着要领、配套原则、发型、化妆、首饰
保养	洗涤熨烫	洗涤方法、色牢度、缩水率、晾晒方式、熨烫要领
	存放	存放形式、防蛀、防潮、通风、晾晒
文化	流行程度	流行元素、前卫、流行、中庸、过时、保守
	审美形态	审美角度、形体特征、材料、造型、装饰、艺术特点
	风格特点	风格属性、风格元素、典型性
	象征性	职业、身份、性格、情绪、观念
穿着评价	适合程度	合身度、美感、整体形象、穿着目的

4）店面应对知识：店员应注意店面内各种作业流程的应对及接待顾客的礼节；店员应注意自己的仪容仪表、穿着打扮，让自己的仪表给顾客留下整洁、亲切、可信的印象。

（2）中层管理人员培训。中层管理人员培训主要以计划、组织、领导、沟通、激励、人员管理、成本管理、绩效考核、控制等课程为主，主要提升中层管理人员对该部门的管理能力，加强与其他部门的配合，发挥其团队协作精神，控制好本部门的运作成本和工作进度。

（3）销售人员培训。销售人员的职责就是用自己的专业知识和产品知识帮助顾客选择产品。销售人员要拥有良好的商品销售技能与处理人际关系的能力、信息分析能力，还要对顾客心理有敏锐的把握力，具有一定的文化水平，能够掌握基本商品知识。

例如，服装店的销售人员需要培训的内容主要有店铺礼仪、销售技巧、微笑服务、面料知识、产品知识、顾客心理、店铺运作、商品陈列与服装搭配、销售英语、顾客投诉的有效处理等。同时，销售人员还要掌握当季的流行趋势、流行色、流行款式、顾客资料等，以便为顾客提供顾问式的建议和服务。

4. 实施并评价培训效果

当培训项目完成之后，企业要对培训的效果进行检测与反馈。对培训效果的检测可以从受训者对培训项目的反应，受训者对培训内容的掌握程度，受训者接受培训之后工作表现的改善程度，培训之后销售业绩或服务水平的提升程度等四个方面进行评价。

拓展阅读　　　　　　　　**ZARA 买手的技能培训**

买手这个职业虽说在国内属于一个新兴的细分行业，发展时间短，处于萌芽阶段，但是国内对买手人才的需求并不少。国内很多一、二线服装品牌都已经在引进买手制模式。我们通过 Inditex 集团的 ZARA 品牌买手培训的案例过程来分析国内服装买手具体需要培训哪些技能。

买手的知识技能培训重点主要有以下几个方面：

一、设计知识的再培训

设计知识再培训的要点为服饰产品工艺设计、色彩认识、流行色彩的发现技巧等。设计知识的再培训使公司设计师更加明确由服饰设计师转为买手需要具备的现实设计知识技能。

二、对市场运营知识技能的培训

买手需要掌握服饰市场运营的知识，能够明确不同品牌的市场细分、市场定位、价格策略以及消费者行为，更要清楚地掌握竞争对手的市场运营信息，这样才能更好地让自己开发的产品具有针对性。同时，不同的服饰产品款式的营销知识也会在新的服饰市场营销当中具体地体现。而这些服饰产品的创造者是这些买手，买手需要在创造自己服饰产品款式的同时，再创造一种服饰产品营销的概念来拉动市场消费，因此，对买手进行服饰市场运营知识技能的培训就显得十分重要。这也是买手不同于服饰产品设计师（只知设计不知市场）的非常重要的知识技能点。

三、市场中建立信息采购渠道能力的培训

市场信息是买手能够以最快、最短的时间获取服饰产品开发情况的主要来源。对 ZARA 买手来说,信息决定着其产品开发的速度与开发的质量。从 ZARA 的产品上市情况可以看出,有的产品在时尚信息还未被其他服饰品牌采用的时候,就已经出现在店铺中了,而且 ZARA 少量多款式的产品开发又会让个性化消费时期的消费者满足自己的心理需求。买手的市场信息网络建设主要是让买手在各自的市场运营当中建立起自己的猎手、探手群体。这两个群体是买手获取市场信息的有力支持者,也可以说是买手的双眼。猎手群体是为买手获取市场新产品开发信息的,探手是为买手传递市场销售信息的,这两个群体构成了买手的信息网络。

四、市场样衣采购与批量采购的技能培训

买手的样衣采购是为了完善自己对产品开发的需求。不同的服饰品牌在市场上都需要进行零售,这也是买手们需要对其进行款式分析与采购的原因。采购到的样衣要具备自己品牌产品开发的实用性,而不是随机乱买。批量采购是买手对一些贴牌加工厂商的一种采购行为,这需要买手在采购前制订采购项目实施的计划。对一些与买手进行合作的贴牌加工厂商,买手需要经常光顾它们的产品开发车间。对适合自己品牌经营的款式,买手应当进行批量采购。这些知识技能让买手学会在市场上借助其他专业厂商进行产品的开发,有力地推动了自己品牌产品的开发速度,缩短了更新款式的时间周期。

五、店铺运营沟通技能培训

买手需要学会与终端店铺的沟通技巧。买手应当对店铺的销售情况有明确的把握,将店铺销售的信息用于自己调整产品开发的直接建议方案,省去不必要的信息循环,能够更为直观地反映出产品款式的市场销售,也便于买手进行下一个款式的开发。

六、对店铺销售分析能力的培训

通过店铺的销售数据,买手可以对自己开发的款式进行数据分析,对追加的款式进行有选择性的追加,对需要进行不同地区店铺调货的款式,也会在分析销售数据后进行快速反应。

七、买手与买手、买手与企业协调能力的培训

买手的职业角色不是设计师那样的专业技术人员,他们是服饰企业的经营者,因此企业需要对他们进行运营知识技能的培训。买手企业运营模式最大的运营点就是信息与决策的沟通协调。企业要教会买手用运营者的技能去与不同的对象进行协调运营,以达到最好的运营效果。在市场当中,买手与买手之间需要就产品开发的信息进行有效的协调沟通,这一点是十分重要的。因为同样的信息可能会被两个以上的买手发现并采用。如果没有沟通,就会造成款式上的雷同,而失去款式销售的稀缺作用。企业建立起自己内部的信息数据库,让不同的买手在第一时间能够准确地查出自己采购到的新产品开发信息有无被其他同伴采用,并且加强了买手与买手、买手与企业的协调能力。

八、对服饰产品营销陈列技能与色彩基础的培训

服饰产品营销陈列技能是买手模式下重要的营销手段，该技能是指将服饰产品的陈列从营销的角度去进行操作。在买手的运作当中，他们对自己开发出来的款式有明确的陈列要求，因此，企业要对买手进行陈列知识的培训，以更好的陈列方式完成对服饰产品的展示。此外，企业还需要买手与企业陈列师、店铺销售师进行更好的合作。对色彩的培训体现了从市场的实际运作角度出发的观点。服饰产品以色彩左右其生命，而买手在色彩运用上就是制造流行与引领流行。对色彩基础培训的要点是色彩运用、色彩与服饰的搭配等。

九、运营成本知识技能的培训

买手最为重要的一项培训就是运营成本知识技能培训。如果不具备这一知识点与意识，就会造成企业产品开发与运营成本的快速增长，对企业的运营是十分不利的。运营成本知识技能的培训体现在对产品开发成本的培训、对采购成本的培训、对信息成本的培训、对费用支出成本的培训等方面。

上述几项培训在 ZARA 的服饰设计师转变成服饰买手过程中起到了决定性的作用。

资料来源：http://blog.sina.com.cn/s/blog_9b3e01360100ysq9.html，有删改。

（三）绩效考评

1. 员工的工作评价

员工工作的内容是多方面的，但最后都体现在销售业绩这一终极目标上，因此许多零售店在考核员工时，以个人的零售额为基本依据。这种做法往往会有一些消极效果，如店员只顾围绕顾客转，只盯着销售额而忽视了顾客服务的质量、销售环境的改善与维护，也不利于树立团队意识。因此，零售店在对店员的工作进行评价时，应系统全面，除了评价销售业绩，还要评价店员的协作精神、行为规范的遵守程度、整体的服务水平等。

2. 考评方法

常用的考评方法有以下几种。

（1）考评报告法。考评报告法是绩效考评中最简单的一种方法，它是用记叙的方法对员工过去一段时间的工作表现、工作态度、工作技能、取得的成绩、工作潜力、待改善之处进行描绘，最后提出改进和提高建议。它实际是一种"模糊"考核，只可得出"优秀""良好""中等""较差"等评价，评价结果不仅取决于员工自身的表现，还与考评者的写作水平有很大关系。

（2）关键事件法。考评者的关注点一般在一些细节方面，这些细节虽然小，但能说明员工处理某些问题的能力或员工的思想品质。

（3）考评表法。考评表法是比较常用的一种考评方法，是指在表中列出了一系列考评因素，如营业额、服务态度或客户满意度、库存、成本、工作人员、工作质量、态度、团队合作、出勤、忠诚、诚实、创新等，然后考评者对表中的每项逐一给出分数。评分尺度通常采用"5分制"，如对顾客服务态度这一因素的评分可以是"1分"（对顾客态度傲慢），也可以是"5分"（对顾客主动热情、彬彬有礼）。考评表法之所以得到广泛应用，是因为其在设计和执行过程中总耗时较少，而且便于定量分析和比较。

（4）相对比较法。相对比较法是指将一位员工的工作绩效与做同样工作的员工进行比较，这种比较的结果是一种相对衡量指标。

（5）目标管理法。目标管理法是指在员工有明确、具体、可证实、可衡量的目标的前提下，对员工完成工作情况进行绩效考评。考评者可根据营业额、毛利润率、成本等指标对员工进行考评，目标管理更重结果而不是过程或手段，考评者可得到更大的自主权和更多的思考时间。

（四）员工激励和薪酬与福利

1. 员工激励

激励员工的方法包括物质激励与精神激励两个方面。物质激励主要是个人的工资报酬，常用的工资制度有固定工资法、固定工资加销售额提成法、销售额比例提成法、特别奖金；对管理层的激励通常还有奖金、利润分成、红利、股权等措施。精神激励主要是满足员工较高层次的需要，如赞扬、评优、晋升、培训、调岗、人际沟通等。

2. 薪酬与福利

薪酬与福利都是激励员工的重要手段。合理而具有吸引力的薪酬与福利制度，不但能有效地激发员工的工作积极性，提高组织绩效，而且能在人才竞争激烈的环境中吸引和保留一支素质良好的员工队伍。制订福利方案要具有一定的灵活性、多样性和可选择性，如健康保险、员工折扣、免费工作餐及娱乐设施、年金计划、幼儿园、个人发展机会、社会活动、储蓄计划、信用计划，通过制订弹性的福利计划，可给予员工更多的选择机会，提高激励的针对性与激励效果。

（五）员工职业发展

为激励员工的工作积极性，认可员工的工作能力，零售企业可以制定员工职业发展方案，规划员工的职业生涯，来发挥员工的最大潜能，增强员工的职业竞争力。

本章小结

本章介绍了零售战略与零售组织结构，并增加了部分员工管理内容。

对零售商来说，制定零售战略与设计零售组织结构是极其必要的，虽然有的小零售商可能并没有形成文字战略或组织结构图，但实际上，任何一个零售商只要希望能够长久发展，战略与组织结构就必不可缺。

零售战略是零售商为了求得长期生存和发展，根据外部环境和自身条件，规划未来的发展方向，制定发展目标，确定经营活动的总体计划和行动纲领。零售战略具有全局性、纲领性、长远性等特征。零售战略分为成本领先战略、差异化战略和集中化战略三种类型。

战略目标是零售战略的重要组成部分，为零售商指明了发展方向和评价绩效的操作标准。战略目标主要包括经营目标、财务目标、社会目标、个人目标、形象目标。零售使命是指企业长期的战略意向，它是一个企业的行动指南，说明了企业存在的目的和理由。目标市场定位决定了零售商所有经营活动的整体特征。

零售组织结构是指零售商从事零售业务的基本形态和结构。零售商组织结构设计目的是提高组织工作效率，利于组织沟通，以实现效益最大化。一个好的结构设计要通过一定的步骤设计来实现，并要满足目标市场的需要、公司管理部门的需要和员工的需要。不同零售组织的结构类型是不同的，随着零售商业务的发展，对组织结构进行合理的调整是对管理层的更高要求。

相比其他行业，零售业的劳动密集型特征明显，对人的管理非常重要。零售商要从员工招聘、员工培训、绩效考评、员工激励和薪酬与福利、职业发展多个环节对员工进行有效管理。

本章练习题

一、简答题

1. 什么是零售战略？零售战略的主要特征是什么？
2. 简述零售战略的三种类型，并分析其主要特征。
3. 简述零售战略目标的主要内容。
4. 零售使命是什么？请举例分析。
5. 简述零售组织结构建立的程序。
6. 简述零售组织结构类型。

二、论述题

1. 举例论述零售战略对零售商的重要性。
2. 论述零售组织结构的设计目的和主要内容。

三、实践题

1. 选择一家你熟悉的零售商，登录其官网了解或实地访谈，调查其零售战略和市场定位，并谈谈你认为该零售商的零售活动是否符合其战略和定位目标。
2. 作为消费者，你在日常生活中是否了解一个商店的组织结构？你认为一个商店的组织结构的作用体现在哪些方面？

第六章 零售商圈与选址

学习目标

学习零售商圈的基本概念；掌握商圈的构成及形态；学习零售商圈的调查方法；明确影响商圈大小的因素；掌握零售商进行城市选择的方法；了解零售店不同位置选择的差异；明确零售店具体地点选择的影响因素；了解零售店的选址决策和方法。

导入案例

优衣库：开店的智慧

优衣库是日本一家以销售服装为主的企业，建立于1984年，当时是一家销售西服的小服装店，现已成为国际知名服装品牌。优衣库母公司是大名鼎鼎的迅销集团。2002年，优衣库进入中国市场，在上海南京路开设第一间店铺。在刚刚进入中国的几年间，优衣库"廉价"的形象并没有获得消费者的认可，在中国市场一直亏损。转机出现在2005年，佐藤可士和出任优衣库创意总监之后采取新的市场策略，例如，他推出了艺术家设计的UT系列，提升了优衣库的个性化水平；同时，优衣库在宣传和展现形式上有了新的变化，选择中国明星做全球代言人，通过明星带动消费等。2008年之后，优衣库产品优良的性价比和品牌形象吸引了越来越多的中国消费者。2012年，优衣库加快在中国市场的开店速度。2013年，优衣库在上海开设了全球旗舰店，占地8 000多平方米，比东京旗舰店和纽约旗舰店还要大。

但随着H&M、ZARA、C&A、GAP等相继进入中国市场，国内快时尚品牌的争夺战打响，再加上中国消费者注重高品质的生活，消费能力见长，优衣库在中国市场的发展受到夹击。对此，优衣库大中华区CEO潘宁表示："中国中产阶层的人数还在不断增加，优衣库在日本有850多家店，尚未达到饱和。而中国国土面积是日本的20多倍，所以中国短期内不可能达到所谓的临界点。"

优衣库并非没有意识到高速扩张的难处，其中最重要的是店铺选址的确定。此前在选址时，优衣库只注重一线城市和少部分二线城市，这主要是考虑到外资品牌的定位。但随着这些地区的市场竞争加剧，优衣库开始考虑更广阔的区域。潘宁表示："在大规模开店的要求之下，仅靠一线城市显然不行。我们会随着国家城镇化建设的推进，配合经济发展趋势，更多地选择在三、四线城市开店。"

关于优衣库选址，有一个说法或许不够严谨，但还是能窥见优衣库的智慧：小城市开大店。在小的城市里开个服装店，怎样在最短的时间里做到闻名于众？最有效的方法是开一个比所有竞争对手面积都要大、形象都要好的店。这样，当消费者第一眼看到你的店面，就会产生深刻的印象，会觉得你经营的这个品牌是一个很有品质的品牌。

与之相反，在大城市要开小店。北京、上海这种地方寸土寸金，以 100 万~150 万元的年租金开一家专卖店，即使 4 折进货，有 60% 的盈利空间，算上租金，也很难有很高的净利润。但如果在所有商场里都开一家分店，虽然面积不大，但客人在所有的商场都能看到你的品牌，见得多了就记住了，门店的生意也就好做了。

至于年轻人热衷的线上购物，早在 2009 年，优衣库便开设了天猫旗舰店。在新零售领域，优衣库同样有涉及。在优衣库小程序中，设有"门店急送"服务，顾客在线上下单后，快递会在第一时间将衣服送到顾客手中，真正地实现同城便捷消费。2017 年 7 月，优衣库在全国百家门店推出"智能买手"，内置感应系统，在 5 米范围内主动问候，提醒顾客一键直达虚拟零售空间——一屏汇聚优惠资讯、新品推荐、时髦搭配和趣味互动，顾客随即就能体验创意科技带来的智能购物乐趣。

2019 年 3 月，迅销集团在企业半年报业绩发布会上披露，截至 2019 年 3 月底，优衣库本土（日本）共有 825 家门店，在中国运营的门店数量是 767 家，中国是优衣库海外市场中门店数量最多的国家。据集团规划，2021 财年，优衣库在中国内地运营的门店数量将达到 1 000 家。

作为对这一规划的印证，2019 财年，优衣库日本市场仅新增了 30 家门店，大中华地区则新增了 91 家门店，是其本土（日本）市场的 3 倍还要多。

优衣库门店大举扩张的同时，迅销集团在大中华市场的销售额和利润快速增长。据统计，优衣库 2019 财年在华实现经营利润 890 亿日元，同比增长了 20.8%。在 2019 财年，中国也超越美国成为迅销集团海外非流动资产分布最多的国家，这表明，迅销集团组织构重心在向中国倾斜。

而在历年的天猫"双 11"服饰品牌排行榜中，优衣库已连续多年霸占榜首；2019 年"双 11"，优衣库天猫旗舰店再次刷新了销售额突破 10 亿元的最快纪录。

资料来源：http://www.sohu.com/a/360728410_387251；http://www.sohu.com/a/225357453_100088332，有删改。

思考：

1. 根据案例，分析优衣库采取的选址策略。
2. 根据你掌握的材料，分析优衣库的消费者特征，并据此对优衣库的开店策略进行评价。

第一节　零售商圈

一、零售商圈的概念与零售商圈分析的重要性

（一）零售商圈的概念

零售商圈是指一个零售店能够有效吸引顾客来店的地理区域，或者说是以一个零售

店所在地为中心，沿着一定的方向和距离扩展，吸引顾客的辐射范围。

每一个零售店都拥有自己的商圈，或大或小，一般来说，商圈大小是由零售商的经营能力和消费者的购买力共同决定的。有时，一个零售店和另一个零售店可能同时拥有共同的商圈，例如，同一条商业街上的两个百货商店，或者一个购物中心与其店内的便利店都可以共同分享客流。

（二）零售商圈分析的重要性

任何一个零售商的销售范围都有一定的地理界限，也就是相对稳定的商圈。不同的零售商由于经营商品、交通因素、地理位置、经营规模等方面的不同，其商圈规模、商圈形态存在很大的差别。对一个零售商来说，选址在一个好的商圈经营是一个特别的利好因素，它不但有助于零售商制定经营策略，也有助于其制定市场竞争策略和开发策略，为零售商的经营打好牢固的根基，增强其获利能力并可提升零售商的形象。

零售商圈分析就是对商圈的构成、特点、范围进行研究，分析影响商圈大小的因素，从而为零售商选择店址以及制定、调整经营方针和策略提供依据。

零售商圈分析的内容包括大环境分析和小环境分析。大环境分析即商圈总体状况分析，其目的是确定该区域的开店价值；小环境分析即店铺位置分析，其目的是确定该区域吸引目标顾客的最佳地点。

零售商圈分析的重要性体现在以下两个方面：

1. 商圈分析是零售商科学合理选择店址的前提

零售商需要明确商圈内人口的各种资料，有针对性地进行市场细分与市场定位，并以商圈为基础确定商店的具体地理位置，从而获取较大的目标市场，吸引较多的目标顾客，实现较高的销售额和利润。

2. 商圈分析是零售商制定战略及策略的依据

顾客的需求是零售商营销活动的出发点和归宿，通过商圈分析，零售商可以了解商圈内消费者的构成、特点和需求，明确基础顾客群与潜在顾客群，以帮助企业在保持基本顾客群的同时，力求吸引潜在顾客群，从而扩大商圈范围，有步骤地制定经营战略和策略。

二、商圈的构成及形态

为了便于分析研究，一般可以将商圈看作零售店以自身位置为中心的同心圆。零售商由于所处地点、经营规模、经营业态、经营能力、市场定位、交通条件等的不同，其所处商圈的构成、商圈的范围、顾客来源、顾客分布密度、需求特性的情况会有所不同。

（一）商圈的构成

按层次的不同，商圈可分为核心商圈、次级商圈和边缘商圈，其构成如图 6-1 所示。

核心商圈是指接近商店并拥有高密度消费者群的区域，包括本区域重要的大商场和以这些大商场为核心的小型商场，商店对该层次的顾客吸引力最大，通常一个商店 55%～70% 的顾客来自核心商圈。

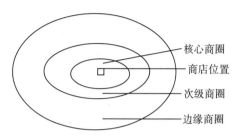

图 6-1　零售商圈构成示意图

次级商圈位于核心商圈之外且顾客密度较稀的区域，商店对该层次的顾客有一定的吸引力，该商圈内的商店顾客占总商店顾客的 15%～25%。

边缘商圈位于次级商圈以外，是顾客分布最少、商店吸引力较弱的区域，该商圈内的商店顾客占总商店顾客的 5%～10%。

对一家独立的、地区性的零售店来说，核心商圈的顾客密度最大；次级商圈的顾客密度较小；边缘商圈的顾客最少。例如，一个位于某居民区的便利店，其核心商圈的顾客来自该居民区，来自边缘商圈的顾客很少。

拓展阅读

肯德基的"百分之百店址"

很多人可能会好奇，肯德基在一个城市里有那么多家分店，为什么还开一家成功一家呢？

1987 年 11 月 12 日，肯德基在北京前门繁华地带设立了在中国大陆的第一家餐厅，获得极大成功，此后便迅速发展。到 2019 年 9 月，肯德基店已有分布在全国 1 200 多个城市和乡镇的 5 000 多家餐厅。肯德基的快速扩展，与其正确选址密不可分。"百分之百店址"是指肯德基的选址成功率几乎是百分之百，这成为肯德基的核心竞争力之一。

肯德基对快餐店选址非常重视，选址决策一般采用两级审批制，必须通过两个委员会的同意：一个是地方公司，另一个是总部。

第一，精选划分商圈。肯德基在进入每个城市之前，先通过有关部门或专业调查公司收集这个城市的有关资料，待资料收集完毕后，就开始规划商圈，并把商圈划分成四种：市级商业型、区级商业型、旅游型以及社区型，再从中确定目前重点开店的商圈。

在商圈选择的标准上，一方面要考虑餐馆自身的市场定位；另一方面要考虑商圈的稳定性和成熟度。餐馆的市场定位不同，吸引的顾客群不一样，商圈的选择也就不同。肯德基与麦当劳市场定位相似，顾客群基本上重合，所以在商圈选择方面也是一样的。我们可以看到，有些地方同一条街的两边，一边是麦当劳，另一边是肯德基。

商圈的稳定性和成熟度也非常重要。比如，政府规划开通某条道路，设立相应的地址，虽然将来这里有可能成为成熟商圈，但肯德基一定要等到商圈成熟、稳定后才进入，坚持比较稳健的原则，保证开一家成功一家。

第二，测算客点流量。肯德基的消费者以家庭成员和年轻人为主，所以肯德基在这一点上也会经过慎重的考虑，考虑哪个位置是聚客点，考虑客流会不会被竞争对手截住，观测商圈周围的人流量，来往的人群都往哪里走。在测算流量的时候，肯德基甚至"挑剔"马路的宽窄，如果马路过宽，马路中间就会有很长的隔离带，在这种情况下，马路对面的人流就不会绕道来消费。

2000年8月，肯德基中国地区开展特许经营业务，肯德基对加盟商承诺"不从零开始"，这是指肯德基将一家成熟的、正在盈利的餐厅转手给加盟者，而加盟者不需进行自己选址、开店、招募与培训员工等大量繁重的前期准备工作，这些都是现成的。其中，选址往往是成功的关键，而肯德基已经帮加盟商提前选好，这更加突出地展现了肯德基在选址方面的眼光和实力，为其扩展特许加盟业务打下了基础。

如今，肯德基已经进入中国超过30年，正在积极打造"美味安全、高质快捷；营养均衡、健康生活；立足中国、创新无限"的"新餐饮"。而肯德基的选址要诀，对投资者来说具有不少借鉴意义。

资料来源：http://www.kfc.com.cn/kfccda/index.aspx，有删改。

（二）商圈的形态

按照商圈所在地的构成特征，商圈的形态可分为以下几种。

（1）商业区。商业区是指商业气氛浓、商业行业集中的区域。该区域的特点为商圈大、交通便利、流动人口多、热闹繁华、店铺林立，顾客购买多以购买选购品为主。商业区的消费特点是购买速度快，购买的商品时尚、流行，消费金额较高并且常常冲动购买等。例如，北京的王府井商业街和西单商业街就是两个典型的商业区，集中了多个百货商店、专卖店或购物中心，具有客流量大、流动人口较多的特点。

（2）住宅区。住宅区是指家庭住户多、住宅楼房集中的区域，其特点为流动人口少、本地人口和常住人口多。住宅区的消费特点是消费群体稳定，主要是日常用品和家庭用品的购买。消费者的购买数量一般不多，但购买频率较高。例如，北京北部的回龙观地区和天通苑地区就是两个典型的住宅区域，这两个区域的居民消费以日常生活用品为主。

（3）文教区。文教区是指文化气氛浓、学校多、教育资源集中的区域，该区域附近有大、中、小学等机构，人口以学生和教师为主，文化教育用品、体育用品、食品的购买率高。同时，由于年轻人多，该区域的消费者对时尚、潮流的接受度非常高。

例如，北京五道口购物中心位于北京海淀区五道口地区，由WDK Mall和西街一号组成，以BHG百货及精品超市为主力店，并拥有品牌服装饰品、国际影院、生活用品、国内外美食品牌等。附近的清华大学、北京大学等十几所高校，以及搜狐、网易等近百家知名企业，在此共同组成了以知识青年、文艺青年、朋克青年、前卫青年为主的年轻消费群体，形成了以年轻、时尚、潮流、品位为特色的商业定位。

北京五道口购物中心是典型的文教区,以年轻人为主要消费群体

(图片来源:http://www.wdkmall.com/)

(4)办公区。该区域办公写字楼林立、企事业单位较多,是上班族集中的区域,其消费特点表现为消费者购物时间比较固定、集中,购物讲究便利性,消费水平高等。例如,坐落在北京CBD区的世贸天阶广场,紧邻国贸、嘉里中心等众多顶级写字楼,由南北两翼购物中心和两座写字楼组成,吸引了大量的白领职员和时尚人士前来购物。世贸天阶拥有长250米,宽30米的天幕、阶梯广场、半封闭型的步行街,打造出时尚、流行的商业气息,成为CBD的旗舰商业。

北京世贸天阶广场位于北京CBD办公区,"天幕"设计成为一道独特的风景线

(图片来源:http://www.sohu.com/a/191429604_160488)

(5)混合区。混合区是指两种以上区域混合在一起的区域,如商业区和住宅区混合。混合区的社区功能趋于多元化,具备多个商圈形态的消费特色,该区域的消费者具有多元化的消费习性。

(三)商圈内的人口构成特征

对一个零售店来说,构成其商圈的人口主要有以下三种。

（1）居住人口。居住人口是指居住在零售店附近的常住人口，这部分人口具有一定的地域性和稳定性，是核心商圈内基本顾客的主要来源。这些顾客购买频率高、购买商品的类型和数量较稳定，并且对商店的忠诚度较高。

（2）工作人口。工作人口主要指工作地点在零售店附近的人口，在这部分人口中，不少人在上下班途中就近购买商品，他们是次级商圈中基本顾客的主要来源。一般来说，大型零售店附近的工作人口越多，商圈规模相对扩张越大，潜在的顾客数量就越多，对零售店经营越有利。

（3）流动人口。流动人口一般是指除居住人口、工作人口外，处于交通要道、商业繁华地区、公共活动场所过往的人口，如车站、机场、影院、剧院聚焦的大量人口。这部分人口具有明显的不固定性，是构成边缘商圈内顾客的基础。一方面，由于这部分顾客的消费随意性较大，对商店的忠诚度一般较低。因此，零售商需要采取一定的经营策略，以特色产品或优质服务争取这部分顾客。另一方面，一个地区流动人口越多，在这一地区经营的零售店可以捕获的潜在顾客就越多。

一个城市商圈的形成往往是历史、经济、社会发展共同作用的结果。例如，元朝时期，北京的商圈主要集中在积水潭、钟鼓楼地区；明朝以后，主要商圈转移到前门外、崇文门外一带；到清乾隆年间，前门外地区已发展成为北京最繁华的商业区，著名的商业街——大栅栏由此出名；20世纪90年代初期，以西单大街和王府井大街为主的商圈形成了。如今，随着北京经济社会的发展，商圈的分布、范围和形态也在随之发生变化，新型商圈不断崛起，在北京的环形城市结构下形成了众多商圈，每一个商圈的形成都代表一个区域一定的消费力，从而成为商家争夺的中心。如图6-2所示，当前北京的主要商圈除了有传统且成熟的西单商圈、王府井商圈，还有新兴的上地商圈和望京商圈等，也有的商圈（西山商圈等）还处于萌芽和发展阶段。

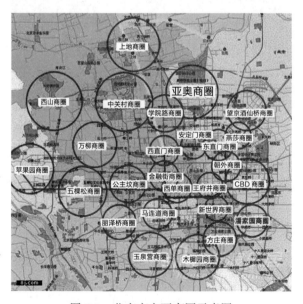

图6-2 北京市主要商圈示意图

拓展阅读

为什么要买"盒区房"

盒马鲜生是阿里巴巴对线下超市完全重构的新零售业态,是一个线上与线下结合的新零售平台。2016年,首家盒马鲜生店上海金桥店开业,自此快速扩张,布局全国,截至2019年末,盒马鲜生店累计数量达197家。

盒马鲜生开店以来,不仅在悄悄地改变大家逛超市的习惯,并且让地产营销为它造了个新词——"盒区房",特指盒马鲜生门店周边3公里内的房子,可以享受最快30分钟送达的上门配送服务。以首家盒马鲜生门店的上海金桥店为例,金桥店周边3公里范围内拥有众多小区,有数据显示,该门店覆盖了78.14万人口,是上海盒马鲜生门店中辐射人口数量排名前列的门店。同时,距离门店不足3公里范围内,另有在建的购物中心金桥啦啦宝都(Lalaport),将带着不少日本当地业态进驻,而整个金桥地区更是集聚了大量科技类企业。当然,如果消费者住的不是"盒区房",下班前通过App下单,也能享受到"盒区房"的便捷。据说,"盒区房"范围内的地产项目由此受益。

盒马鲜生在线下门店选址方面有什么方法?首先,盒马鲜生会根据网购用户数量、客单价等淘宝系数据,以及线上、线下消费数据等来深挖消费者习惯,继而瞄准开店区域;其次,商圈内以"80后"和"90后"消费者作为消费主力,盒马鲜生通过大数据发现这个消费群体对菜价并不敏感,他们更关注购物的舒适度、商品质量及品牌力等。另外,盒马鲜生制定了"3公里考量标准"。在实际的选址决策前,盒马鲜生以3公里为考核标准,对范围内的人群数量、质量、商业配套、区域特点等整体考量后再做判断,以实现3公里范围内30分钟内送货上门的目标,提出让消费者享受"新鲜每一刻"的高品质生活的口号。

盒马的便利还使不少消费者患上了"盒马依赖症"。盒马发布的《2018盒区生活报告》显示,18.6%的盒区妈妈会提前一晚预订次日的鲜奶;不少爸爸会在下班路上购买晚餐的食材;5.4%的订单下到停车场或路口,再被"盒区边缘人"接力回家。看来,"盒区房"的吸引力还真不小。

资料来源:http://www.sohu.com/a/309836463_439566,有删改。

三、商圈调查的内容与影响因素分析

(一)商圈调查的内容

1. 商圈范围的调查

商圈调查的首要内容是要确定商圈的范围,然后才能进行商圈内人口、购买力、竞争状况及环境因素的分析。

确定商圈的范围需要对顾客进行调查和对市场趋势进行分析。例如对顾客的调查,直接的调查方式是实地调查法（可以采取入户访谈、街头拦访、电话访谈、邮寄问卷，以及通过办理会员卡、提供相应的服务等方式），主要了解顾客往返商店的距离和花费的时间，吸引顾客的特征，顾客来店的频率等，从而获取顾客的相关资料并以此划定商圈。市场趋势分析主要分析的是商圈未来的发展变化趋势，一般可通过搜集有关资料来进行分析，如人口分布的预测、新住宅的兴建计划、公共交通运输条件的变化、城市规划等。

零售商根据顾客调查与市场趋势分析所掌握的资料，以商店为中心，可以描绘出商圈的范围。

2. 商圈内人口统计变量的调查

商圈内人口统计变量的调查主要调查的是商圈内人口的规模及特征，包括人口总量和密度、年龄分布、性别、学历、职业、收入情况（可支配收入总额、人均可支配收入）、人口增长率等方面的现状和发展趋势。这些调查有利于掌握商圈内人口构成的现状及未来人口变动倾向，并为市场细分和企业定位提供有用的第一手信息。人口统计资料一般可以从政府的人口普查、购买力调查、年度统计报告等资料中获取，也可以通过企业的实地调查获得。

3. 商圈内顾客购买能力的调查

一个商圈内的顾客主要分为居住人口和流动人口。商圈内顾客的购买能力可以通过居住人口的购买力与流动人口的购买力两者相加得出。由于商圈内居住人口相对稳定，因此所需的人口资料可以从社区委员会获得，再根据家庭的平均可支配收入来预测每户家庭的平均消费水平，然后用每户家庭的平均消费水平乘以住户数就是当地住户的总体购买能力。由于流动人口具有很大的随机性，因此流动人口的数量及购买力的资料，需要通过实地调查来获取。

4. 商圈内竞争状况的调查

随着零售业竞争的加剧，对竞争对手的分析越来越受到企业重视，对商圈内的竞争者进行调查，已经成为零售商必不可少的一项工作。在进行调查时，零售商主要了解以下内容。

（1）分析商圈内竞争者的数量及策略，包括商圈内现有竞争者的数量、现有竞争者的商业形式、位置分布、经营规模、营业额、商品组合策略、主要服务对象等。

（2）分析所有竞争者的优势与劣势、近期与长远的发展趋势，掌握竞争者的实力，评估竞争者对自身的影响，以便采取相应的对策。

一般认为，一个商圈中集中的商家越多，这个市场的竞争程度就会越激烈。但有时，这样的竞争也可能带来好的效果。例如，竞争者越多，往往意味着这个市场对同类消费接受度越高，消费理念也越成熟，越能节省商店培育市场和教育市场的成本。

（3）商圈饱和度调查。衡量商圈的饱和度可借助饱和指数，商圈饱和指数是判断某个地区商业竞争激烈程度的一个指标。通过计算或测定某类商品销售的饱和指数，零售商可以了解某个地区同行业是过多还是不足，以决定市场是否还有进一步拓展的空间，是否选择在此地开店。商圈饱和度测算公式为：

$$IRS = C \cdot RE/RF$$

式中，IRS 是某地区某类商品商圈饱和指数；C 是某地区购买某类商品的潜在顾客人数；RE 是某地区每名顾客的平均购买额；RF 是某地区经营同类商品商店的营业总面积。

可见，饱和度实际上是单位商业面积平均营业额。需要注意的是，饱和度计算必须基于同一个产品市场或者替代性很大的产品市场，不同产品的饱和度不具有可比性。

例如，一家经营食品和日用品的小型超市需测定所在地区商圈饱和度，假设该地区购买食品及日用品的潜在顾客是 4 万人，每人每周平均购买额是 50 元，该地区现有经营食品及日用品的营业面积为 50 000 平方米，则该地区商圈饱和指数为：$IRS = 40\ 000 \times 50/50\ 000 = 40$（元 / 平方米）。

一般来说，商圈饱和指数越小，表明目前商圈内饱和度越高，新开店的市场占有率就有可能越低，开店的风险越大；相反，商圈饱和指数越大，表明商圈内饱和度越低，新开店的市场占有率就越高，开店的成功性越大。例如，如果已知 A 区域饱和度为 20 000 元 / 平方米，B 区域饱和度为 13 000 元 / 平方米，说明 B 区域的饱和度比 A 区域高，开店的风险更大。

根据商圈饱和指数计算的结果，从大到小可以将商圈依次分为商店不足区、商店均衡区和商店过多区。很显然，新店址选在商店不足区更容易成功。

5. 商圈基础条件分析

商圈基础条件好的区域可以为零售商经营提供多种便利。例如，零售商有效的物流配送需要良好的道路和顺畅的通信系统来保障。此外，零售商还要对商圈内经济状况进行分析，考察商圈内经济结构的合理性、区域经济的稳定性、在较长时间内居民收入的增长可能性。如果商圈内经济状况很好，居民收入稳定增长，则零售市场也会增长；如果商圈内产业多元化，则零售市场一般不会因为某产品市场需求的波动而发生相应波动；如果商圈内居民多从事同一行业，往往容易受到经济周期及产品需求变动的冲击，行业波动会对居民购买力产生相应的影响，商店营业额也会相应受影响。因此，追求稳定经营的零售商通常要选择在行业多样化的商圈开店。零售商开店还要注意到商圈外部条件可能发生的变化，如人口搬迁、交通重建及城市规模等。另外，相关法律及执法情况等条件也值得关注。

> **拓展阅读**
>
> **Trussardi Jeans 品牌的选址**
>
> 时尚品牌Trussardi（楚萨迪）创建于1911年，是国际著名的顶级意大利品牌。Trussardi以皮革起家，从事皮革手套的生产，后来将制作皮手套的丰富经验运用到皮件、服装、钢笔、烟斗、器皿等产品上，使得Trussardi成为一个全方位的精品王国。
>
> 2012年，Trussardi旗下Trussardi Jeans的总裁柯露碧曾经亲临上海，希望能为Trussardi开拓中国市场、开发更多店铺进行选址。
>
> 柯露碧向媒体坦言自己的想法："我们当然希望能开出更多的门店，因为这是最好的宣传手段。对顶级时尚品牌而言，任何一种宣传方式，都比不上开设自己的专卖店或旗舰店，这样才能让消费者对品牌产生最直接的体验。"不过她遗憾地发现，这样的地方并不好找。
>
> 为什么Trussardi Jeans总裁柯露碧感叹"这样的地方并不好找"呢？国际大牌在选址时都有什么样的考虑呢？在柯露碧看来，选址过程中，同一楼层的品牌组合非常重要，这就涉及选址的标准：观察该商场已经入驻的其他品牌的销售状况，以此衡量经常光顾该商场的顾客的消费能力。她说："入驻某一商场时，最好选择与竞争者品牌比邻而居的位置。"她还建议那些二线品牌，尽量争取与一线品牌相邻，这样有助于提升自己的品牌形象。柯露碧相信，高质量的"品牌组合"能带来商场和品牌的共赢。因为不同的品牌都有各自的优势和不同用途，一个平衡的组合可以满足同一个顾客在一天中不同时间段、不同场合、不同产品风格、购买便利的需求，从而吸引更多"回头客"。店址确认后，品牌商还应对选定区域进行规划，找出"热点"区域；对展示橱窗的尺寸、主要入口及餐饮区的位置等细节都要精心考虑。不过，要进入这一阶段并非轻而易举的事，如果找不到合适的地址，那就"等"，"宁可推迟开张时间也不能马虎确定"是柯露碧的一贯主张。她强调："选址的重要性毋庸置疑，专卖店所在地段的档次本身就在向消费者传达其品牌定位，此外还要兼顾前面提到的客流质量，二者缺一不可。如果找不到合适的地点，我们宁愿推迟开张时间。"
>
> 柯露碧的这种"选址观"不仅适用于国际大牌，其实任何一家店铺都面临选址之"痛"。正确选择店址，是开店赚钱的首要条件，一个经营项目很好的店铺，若选错了店址，小则影响生意兴隆，大则可能导致"关门大吉"。尤其是现在随着创业热的不断升温，想投资开店当老板的人越来越多。但开店并非像"春天播种，秋天结果"那么简单，而要牵涉选址、融资、进货、销售等诸多环节，其中选址是关键的第一步。
>
> 看来，无论国际大牌还是发展中的品牌，其商店的选址都是一件既"痒"又"痛"的事情，要是没有经过严密科学的考虑和论证，找一个合适的地方并不那么容易。
>
> 资料来源：http://kid.ef43.com.cn/data/2013/2013-05-21/137133.html，有删改。

（二）商圈影响因素分析

商圈的大小主要受以下因素的影响。

1. 商店经营业态

商圈的大小受商店经营业态的影响，不同业态形式由于经营的商品种类不同，目标顾客不同，因而具有不同的商圈范围。

例如，仓储式商场实行会员制度，许多顾客都是成批购买商品，商圈的范围最大，可达到50公里；大型综合超级市场卖场面积大，经营商品种类丰富，因而可吸引远距离的顾客，商圈也可达到15～20公里；标准食品超级市场主要经营食品，商圈一般为5公里；传统食品超级市场经营的商品种类少，商圈为1～3公里；便利店因为经营商品种类少，而价格又比其他的超级市场高，顾客购买主要是为了寻求方便，因而商圈更小。

2. 商店规模

商店规模越大，商品的种类、品种越全，服务质量越好，服务项目越多，商店的市场吸引力就越强，吸引顾客的范围也就越大，反之则相反。

如果一个商店经营规模扩大，它的商圈会随之扩大。因为规模越大，它供应的商品范围越宽，花色品种越齐全，所以可以吸引顾客的空间范围就越大。

3. 经营商品的种类

零售商经营的商品主要包括日常生活必需品、周期性需求的选购商品和耐用消费品。

必需品是指售价低廉、经常使用、购买频率较高的日常生活必需品。这类商品同质性大，选择性不强，价格较低，顾客购买频繁，同时，此类商品的消费者对商品的性能、品种、规格和价格很熟悉，一般情况下消费者求方便心理明显，希望以尽可能短的路程，花尽可能少的时间去实现购买。如食盐、牙膏、肥皂等都是必需品。经营这类商品的商店一般最大限度地接近顾客的居住地区，商圈范围较小。

周期性需求的选购商品是指售价较高，讲究式样、品质的商品。这类商品一般是顾客周期性需求的商品，顾客需定期购买。顾客对选购品不像对日用品那样熟悉，有时缺乏充分的商品知识，因此，购买时一般要经过广泛比较，征求他人意见或对商品进行品种、质量、价格、款式等方面的比较后才决定购买，购买较为谨慎，如服装、箱包、化妆品等商品的购买。经营选购品的商店一般选址在商业中心或交通要道、交通枢纽的商业街，这类商店需加强对顾客的吸引力，吸引更大商圈范围的顾客。

顾客在购买高档耐用消费品或奢侈品时，其购买频度低，表现得最为谨慎，购买前一般已有既定目标，往往要做充分的准备，对商品进行各方面的调查、研究和比较，在反复比较、权衡的基础上再做出选择。高档耐用品或奢侈品商店一般选址在城市的中心商业区，并成为商业区中有代表性的商店。

具有特殊性需求的商品，其消费偶然性大，顾客分散，因此经营这类商品的商店一般设在与该商品消费靠近的区域或专业性的商业街道，例如，医院附近通常设有殡葬用品商店。

4. 促销力度

商店可以通过广告宣传，开展公关活动，以及广泛的人员推销与营业推广活动不断扩大知名度、影响力，吸引更多的边缘商圈顾客慕名光顾，随之扩张商店的商圈规模。

5. 竞争对手的位置

一般来说，相互竞争的两店之间距离越大，它们各自的商圈也越大。例如，潜在顾客居于两家同行业商店之间，两家商店分别会吸引一部分潜在顾客，造成客流分散，商圈都会因此而缩小。但有些相互竞争的商店毗邻而设，顾客因有较多的比较选择机会而被吸引过来，商圈反而会因竞争而扩大。

6. 交通状况

交通条件影响着商圈的大小。便利的交通条件，会给消费者的出行和购物带来方便，容易吸引较远地区的消费者，带来顾客流动性的增长，扩大商圈范围，反之则会缩小商圈范围。

例如，北京的西单商圈有明显的综合特征，商家众多，交通便利，不但吸引来自周围居民区、学校、写字楼的消费者，对其他区域的消费者也很有吸引力，商圈范围大，辐射力强。

北京西单商圈

> **拓展阅读**　　　　　　　　"高铁"商圈的形成
>
> 　　路通百业兴。四通八达的交通网络犹如城市的黄金血脉，为城市带来繁华，引入商机。而一座城市的繁华，往往集中在车站周边，特别是我国近年来发展迅猛的高铁站，那里既是人流量最密集的城市核心区域，也是商圈、写字楼比较发达的地方。
> 　　这一点，在国内外早有先例。京沪高铁、广深高铁、香港港铁、东京新干线等对城市的人才、资金、产业、文化、生活的交流与竞合，都起到立竿见影的增值作用。即使面临城市商业版图此消彼长的变革，高铁商圈依旧凭借其庞大的人流量稳居城市第一商圈的核心地位。
> 　　高铁具有高时效、高辐射的特性，是城市化发展的动力，能够有效促进城市化发展进程。从世界城市化分布地区看，但凡城市化进程快、人口密集度高的地区往往是高铁建设之地。当然，更被人津津乐道的是高铁所带来的经济发展，正所谓"高铁一响，黄金万两"。便捷的交通带来足够的人气和财气，这是商业氛围集聚的首要前提。随着各个城市高铁的开通，以高铁站为中心的"高铁商圈"在城市商业版图中迅速崛起，并逐渐成为各个城市最具发展潜力的商圈之一。
> 　　从国际经验来看，高铁的建成对城市商业发展产生了巨大的影响。而从中国经验来看，京津高铁、武广高铁的建设也带来了很好的示范样本。2008年8月1日开通的京津城际高速铁路不仅加快了京津经济一体化，促进了环渤海地区经济交流和人员往来，还带动了京津两地旅游、餐饮和房产置业的发展。一部城市发展史，就是一座城市各个商圈不断此消彼长的历史。此外，历史经验证明：一座城市无论其核心商圈如何分化、变迁，始终有一个带动全市脉搏的"心脏"，那就是交通中心客站区域。因为车站的作用不仅仅在于输送人流，它更大的魅力在于可以形成一个大商圈，改变一座城市甚至一个地区的经济布局。
>
> 资料来源：http://www.m3fc.com/news/201511/14149/1.html，有删改。

第二节　零售店选址

一、零售店位置的重要性

（一）选址的重要性

　　在分析商圈特征的基础上，正确确定零售店店址，对零售商来说有极其重要的意义。因为商店选址是一个综合决策问题，是一项大的、长期性的投资。由于资金投入量大，投入后不易变动，选址被认为是零售商战略组合中最缺乏灵活性的要素。同时，选择策略也影响着零售商其他战略的制定，如经营目标和经营策略的制定，所以商店位置的重要性是不可低估的,一个零售商在筹建商店时,应慎重而科学地进行店址选择。

1. 店址选择是一项重大的、长期性的投资,关系企业的发展前途

零售商的店址不管是租借的,还是购买的,一经确定,就需要零售商投入大量资金营建店铺。当外部环境发生变化时,它不像人、财、物等经营要素可以迅速地做出相应调整,其有长期性、固定性特点,不易调整。因此,选择店址前,零售商要深入调查、周密考虑和妥善规划。

2. 确定经营目标和制定经营策略的重要依据

不同的地区有不同的社会环境、地理环境、人口状况、交通条件、市政规划特点等,它们分别制约着其所在地区的零售店顾客来源和特点,以及零售店对经营的商品品类、商品价格、促进销售活动的选择。所以,零售商在确定经营目标和制定经营策略时,必须考虑店址所在地区的特点,以达到策略的可实施性和目标的可实现性。

3. 店址选择是否得当,是影响零售店经济效益的一个重要因素

零售商的店址选择得当,就意味着其享有优越的"地利"优势。在同行业商店之间,如果在规模相当,商品构成、经营服务水平基本相同的情况下,店址选择得当的零售商必然享有更好的经济效益。所以,零售商在分析经济效益的过程中,不可忽视店址的影响效果。

拓展阅读　　　　**ZARA：只选最好的地段开店**

ZARA 店开在城市繁华路段的显著位置,再加上简洁的店面设计来吸引消费者的目光

(图片来源:http://www.sohu.com/a/280577284_213296)

每登陆一个新市场,ZARA 都会先在大城市中心区域的最繁华路段开店,然后再把触角伸向较小的市镇,在不做任何广告的情况下让品牌影响力辐射全国。"这就像一滴油

在织物表面慢慢延展的过程。"ZARA创始人阿曼西奥·奥尔特加（Amancio Ortega）把这种策略称为"油污模式"。

这就是ZARA，它只选最好的地段开店，不惧与世界顶级品牌正面交锋。ZARA一口气在香港铜锣湾勿地臣街1号的时代广场313号和418号开了两家门店，而隔壁就是某世界著名奢侈品牌。在纽约，ZARA选择的是第五大道；在巴黎，ZARA选择的是香榭丽舍大街。

ZARA在2007年正式进入中国大陆市场。在这之前，2006年3月24日，首家ZARA旗舰店已经开始试营业，该店位于有"金三角"之称的上海市南京西路，面积约1 500平方米，与恒隆广场、中信泰富、梅龙镇广场等顶级消费场所毗邻。其后，ZARA在中国市场迅速扩张，门店数迅速增加，而这些新扩张的门店都集中在一、二线大城市。

除了在大城市中心区域的最繁华地段开店，ZARA也愿意与大牌"做邻居"，这一直是ZARA最喜爱的开店策略。ZARA在广告上的投入一向十分抠门。比起花钱打广告，ZARA更喜欢挨在大牌旁边沾沾"贵气"，经济又实惠。于是，在全世界奢侈品牌林立的地方，人们都能看到ZARA的身影。ZARA的高管也认为，门店就是ZARA最好的广告，把资金花在顶级的选址上绝对超值。

资料来源：http://www.chinasspp.com/News/Detail/2012-10-23/124069.htm，有删改。

（二）选址的原则

无论是小型居民区的便利店还是大型连锁综合超市，其选址的首要原则是一致的，即最大限度地方便顾客，满足顾客购买的需要。除此之外，还应该考虑方便货品运送，有利于竞争，有利于开拓新市场等方面。

1. 方便顾客购买原则

从消费角度出发，零售商选择店址要以方便顾客购买为首要原则。这里所说的方便顾客不是单纯指开设地点要最接近顾客，还要考虑到大多数目标顾客的需求特点和购买习惯，在符合市政规划要求的前提下，或分散，或集中设立，力求为顾客提供广泛选择的机会，使顾客购买到最满意的商品，获得最大程度的满足，实现最佳的社会效益。

2. 方便货品运送原则

商店的位置如果靠近交通运输线，既能节约成本，又能及时组织货物的采购与供应，确保经营活动的正常进行。

3. 有利于竞争原则

零售商在选择店址时要充分考虑竞争对手的情况。例如，连锁商店的位置选择应有利于发挥企业的特色和优势，形成综合服务功能，获取最大的经济效益；大型百货商店可以设在区域性的商业中心；小型便利店越接近居民点越佳，避免与大中型超级市场正面竞争。

4. 有利于开拓新市场原则

零售商在选择店址时不仅要分析当前的市场形势，还要从企业的长远角度考虑是否有利于开拓新市场。例如，零售商开店在位置布局时要尽量避免商圈重叠或在同一区域重复建设，否则相隔太近，势必造成内部相互竞争，影响营业额，最终影响整体的发展。

二、零售店的城市选择

从全国范围看，一个零售商首先要决定其要进入的城市，这是零售商选择店址的第一步，这一步可以说是生死攸关的一步，将会决定零售店未来的大环境，进而影响零售商各项策略的制定。

城市的选择比较复杂，尤其是对于大型的连锁经营零售商来讲，是否进入一个城市，需要决策层从战略的高度进行考虑，需要考虑今后如何发挥集团的效应、连锁经营的效应，也包括集团的管控难度、物流配送水平、人员招聘难易度、当地政府扶持度等因素。

对一个零售商而言，是否选择一个城市，一般会以城市 GDP、城市总人口、城市人均可支配收入的高低排序来决定。具体分析如下。

（一）城市规模分析

按照城市人口数量的多少，一般将城市划分为大城市、中等城市和小城市。一方面，城市的规模越大，人口越多，购买力越强，市场潜力越大；另一方面，竞争往往也更加激烈。所以，零售商在选择进入哪个地区时，一定要根据企业自身的条件，最大的城市不一定是最好的地区。

例如，1962 年 7 月，山姆·沃尔顿在美国阿肯色州罗杰斯城创立了第一家沃尔玛店。当时的沃尔玛规模较小，面对西尔斯和凯马特等零售业巨子，沃尔玛在建立初期并没有与这些强劲的竞争对手以硬碰硬，而是另辟蹊径，选择了从农村市场做起。按照当时零售商的想法，在人口少于 5 万的地方开设超市是无法盈利的，所以像西尔斯和凯马特这样的大型零售商并没有涉足农村市场。而沃尔玛创始人山姆·沃尔顿则看到了这块市场的潜力，非常有远见地拟定了"农村包围城市"的战略。沃尔玛在建立初期发展速度并不快，它们把细分市场定位在农村和小城市这样竞争程度不强的地方，一块一块地发展自己的店铺，一县一县地占领市场，直到完全占领这块市场才会再向外扩展，以"步步为营"的战略向前发展。到 1972 年，沃尔玛的收入达 8 000 万美元，门店扩展到 5 个州，数量达到 51 家，成为一个初具规模的区域性连锁企业，为后期发展打下了基础。

（二）城市类型分析

城市的类型可以按照地域来划分，如北方城市、南方城市，内陆城市、沿海城市；也可以按照规模来划分，如特大城市、大城市、中型城市等。按城市特征来划分，我们可以将城市划分为以下几类。

（1）第一类：工业化城市。工业化城市可以分为矿业能源类城市（如大庆、抚顺）、重工业城市（如鞍山、长春）和轻工业城市（如东莞、中山）。此类型城市的工业企业职工数量众多，居民消费水平不高，消费观念比较传统。当前，我国传统意义上的老工业城市大部分已经转型，同时，规模偏大的老工业城市（如沈阳、哈尔滨等），处于区域的交通枢纽位置，使零售商有一定的发展空间。

（2）第二类：交通枢纽型城市。交通枢纽型城市可以分为陆路交通枢纽型城市（如武汉、郑州）、港口交通枢纽型城市（如大连、天津）、区域核心交通枢纽型城市（如沈阳、西安）。交通枢纽型城市是商品和人员的集散地，外来人口活跃，消费意识超前。由于城市规模偏大，同时各地政府也在着力增加服务产业的比重，因此，交通枢纽型城市未来的零售市场活力比较大。

（3）第三类：混合型城市。混合型城市一般规模超大，具有上述第一类和第二类城市的功能，如北京、上海、深圳、广州等。这类城市的特征非常复杂，传统业态和新兴业态能够兼容并包，高消费和低消费并存，竞争程度会比较激烈。

总体来看，不同类型的城市特点不同，对零售业的影响也不同，如单一产业结构的工业城市，其零售业的兴衰受城市的产业生命周期影响较大。而商业城市和旅游城市，流动人口较多，市场容量受流动人口的影响较大。选择在不同类型的城市建店，其商店的布局、商品的经营范围、企业的营销策略都要有所区别。

（三）城市作用分析

按照城市的作用来划分，城市可以分为中心城市和卫星城市。不同的地区在发展过程中，受自然因素和社会因素的影响，在一定的区域范围内往往形成以某个城市为中心，带动周边的一些中小城市而形成一定的发展区域。例如，以北京为中心的京津冀一体化发展，以上海为中心的长三角一体化发展，带动了周边一些中小城镇的卫星城市共同发展，形成了一定的经济区域。

从城市的作用分析，中心城市往往是该地区的政治、文化或经济中心，无论是常住人口数量还是流动人口数量，都相对较大，商机较多，往往也是大型零售企业的必争之地。虽然卫星城市的人口数量及发达程度与中心城市无法比拟，但是其往往与中心城市毗邻，环境因素具有相似性，处于进可攻、退可守的位置。如果零售企业在卫星城市开店成功，则可直接进驻中心城市，如果失败，损失较小且不会伤及中心城市的市场，回旋余地较大。

(四)城市规划分析

城市规划分析是指分析一个城市建设的规划,既包括短期规划,又包括长期规划。零售商必须从长远考虑,在了解地区内的交通、街道、市政、绿化、公共设施、住宅及其他建设或改造项目规划的前提下,才能做出最佳选择。例如,大城市的近郊地段很久以来一直被认为是不太理想的开店之地,可是现在由于城市的轨道交通发展和私家车大量增加,市郊地段的商业价值也在上升。因此,当前人口并不多的市郊地段,也许未来会变成繁华的社区中心,如果零售企业能够把握机会,提前一步选择,那无疑是上策。

(五)城市化发展进程分析

根据国外的零售业发展规律,在城市化初期即城市化率低于30%时,零售商业布局以向心集聚为特征,人口、就业岗位由农村向城市中心集中,即向心集中过程;在城市化中期加速阶段,即城市化率在30%~70%时,零售商业布局以离心分散为特征,人口、就业岗位和商业零售业从大城市中心向郊区迁移,即离心扩散过程;在城市化后期成熟阶段,即城市化率在70%以上时,零售商业布局将以离心集结为特征,人口、就业岗位和零售业向郊区卫星城镇或乡村集结。

目前,随着我国城市化进程的加快,城市人口不断增加,消费者生活水平日渐提高。总体来看,我国城市化水平正处于城市化中期,这就决定了零售商业布局将由向心集聚逐渐走向离心分散的发展轨迹。

另外,一个城市的经济基础是零售店开设前要考虑的一个重要因素。一个城市如果以单一的产业为经济基础,且行业发展潜力有限,则此地区的吸引力也会削弱。假如一个地区是矿区,以原煤采掘为依托,由一个大企业控制,如果这个地区的大企业不景气或暂时关闭,甚至煤资源消失,就会影响到整个城市,并且大大减少零售商的销售。因此,在以单一产业为经济基础的城市设立商店有很大的风险。

对于一些零售商来说,既要考虑仓库系统和商品配送的合理性与及时性,还要考虑广告中介成本和有效性、劳动成本和有效性、地方政府对新商店的政策和法律等。可见,选择不同的城市,会对企业产生不同的影响,企业要审时度势,选择适合自身发展的城市。

拓展阅读

GAP开店的城市选择

2010年11月,美国休闲服装领导品牌GAP进入中国。到2019年9月,GAP品牌在大中华地区运营的门店总数突破200家。GAP品牌的门店已覆盖大中华地区约40个城市,既包括上海、北京、深圳、广州、香港、台北、成都、杭州、南京、西安、武汉、重庆和苏州等大中城市,也包括三亚、昆山和湖州等三、四线城市。

和竞争对手"先北京上海,后省会城市"的开店策略不同,GAP的扩张首先基于商圈概念。在这家公司最先涉足的19个中国城市里,既有成都和沈阳这类被认为具备区域中心地位的城市,也有合肥和宁波这样传统意义上可能会被忽略的城市。

> GAP 实体店的开店计划基于一个被称为"市场测绘"（market mapping）的调研分析过程，它的目标是分析每个城市、不同市场的商圈与 GAP 的匹配程度。除了和所有市场调研一样会收集一个市场的基本人口信息，包括年收入、服装消费金额，GAP 还会定义这个市场已经存在和潜在的商圈，并会对这个商圈的各种因素进行评估，如人流量、消费者类型、对 GAP 品牌的认识度、交通便利程度、竞争对手的表现等。每一个因素都是一个数据点，有相应的权重系数，最终所有的数据点汇总在一起排出城市以及商圈的拓展先后顺序。
>
> 在 GAP 的城市扩张序列表中，GAP 把北京和上海这两个品牌认知度比较高的城市作为开店起点，但自此之后就不再参考传统的城市分级标准。这个几乎有别于绝大多数品牌的开店策略，成为 GAP 站稳脚跟的秘诀。例如，GAP 认为旅游城市杭州就排在深圳、广州之前，因此，杭州成为仅次于北京和上海之后进入的第三个城市。在 GAP 管理层看来，苏州商业街上的商业氛围和上海可以画等号，因而苏州的 GAP 门店并不会因为苏州通常被划分为二线城市而采取不同的策略，只有在观察到消费者行为差异的时候才会变动策略。
>
> 除了分析不同的城市特征，列出城市优先顺序表，GAP 还会做一些测验，以观察"传说"中没有那么发达的市场对其品牌的接受程度，合肥就属于这样的例子。基于这些新市场发出的积极或者不那么积极的信号，GAP 就会调整自己在市场上开店扩张的速度。
>
> 资料来源：https://www.yicai.com/news/3042333.html，有删改。

三、零售店的区域选择

零售店的区域选择指的是零售商在选定开店城市之后，还要选择开设商店的区域或具体的商业区，是零售店选址的进一步细化。

零售店的区域选择同样受城市人口、经济发展、购买力强弱、交通条件等多种因素的限制，并且随着这些条件的变化而变化。例如，我国的一些中小城市人口较少、购买力有限，在这些城市的市中心开店就属上上之选。而如果在北京、上海这样的大城市，由于地价太贵，因此市中心并非大型超级市场开店的最好地段，相反，交通便利的城郊地区是最理想的地点，此外，一些新建的大型居民区也是上佳之选。

一个城市在多年的发展过程中，会逐渐形成不同类型的商业区，具体包括以下几种类型。

（一）城市中央商业区

城市中央商业区是一个城市最主要、最繁华的商业区，商业活动频繁，经营气氛较好，这样的位置就是所谓的"寸土寸金之地"，全市的主要大街贯穿其间，著名的百货商店和各种专业商店、豪华的大饭店、影剧院和办公大楼云集。在一些较小的城镇，中央商业区是城镇的唯一购物区。

对一个零售商来说,城市中央商业区无疑是理想的位置。但是毫无疑问,城市中央商业区的商铺租金也是最高的,因为这样的商铺数量有限,往往一铺难求,要获得这样的铺位,往往需要支付高额的租金。而且在城市中央商业区有许多实力非常强的零售店,它们把开设在中央商业区的店铺作为一种品牌投资,是品牌宣传的营销手段。所以虽然城市中央商业区的客流量大,顾客较多,但是竞争也非常激烈,经营成本极高。

(二) 城市交通要道和交通枢纽的商业街

城市交通要道和交通枢纽的商业街是一个城市的次级商业街。这里所说的交通要道和交通枢纽,包括城市的直通街道,地下铁道的大中转站等。这些地点是人流必经之处,在节假日、上下班时间人流如潮,商店选址在这些地点就是为了便利来往人流购物。

(三) 城市居民区商业街和边沿区商业中心

城市居民区商业街的顾客主要是附近居民,在这些地点设置商店是为方便附近的居民就近购买日用百货、杂品等。边沿区商业中心往往坐落在铁路重要车站附近,规模相对较小。

(四) 郊区购物中心

在城市交通日益拥挤,停车越来越困难,环境污染越来越严重的情况下,随着私家车数量大量增加,高速公路快速发展,一部分城市中的居民迁往郊区,形成郊区住宅区。为适应郊区居民的购物需要,不少零售店设到郊区住宅区附近,形成了郊区购物中心。

根据国外零售业的发展规律,国外的大型超级市场一般建于城郊接合部,这是建立在高速公路密集和"车轮经济"的前提之下的。例如,家乐福的法文是 Carrefour,它的意思是"十字路口"。在欧洲,家乐福超级市场的选址一般是在城市边缘的城郊接合部,为了靠近城区和大型居住区,家乐福通常开在十字路口。而德国的麦德龙在选址上更注重靠近高速公路或主干道,因为它以集团消费为主。当然,以上大型连锁超级市场进入我国之后,根据我国市场情况制定的选择策略表明,它们还是更喜欢在市中心、次中心和大型小区附近落地生根。

最近几年,由于我国家用轿车拥有量的增加和高速公路的修建,许多大城市的居民纷纷迁往市郊居住,形成了新的大型居住区,为此,许多零售店的选址也发生了变化,一些大型超级市场将店址选择在新的大型居民区或城郊接合部等地带。

> 拓展阅读

MUJI门店:"只选第二好"

MUJI门店

(图片来源:https://www.sohu.com/a/225357453_100088332)

MUJI是一个日本杂货品牌,产品主要以日常用品为主,如服饰、文具、食品等。1983年,MUJI在东京青山开设了第一家旗舰店。MUJI的本意是"没有商标与优质",因此产品极力淡化品牌意识,倡导自然、简约、质朴的生活方式,大受有品位的人士推崇。

2005年7月,MUJI正式进入中国,在上海开设了第一家店。2011年底,MUJI仅在中国开有36家门店。到了2013年,这一数字已变成100家。2018年底,MUJI在中国市场已开有253家门店。而完成200家店的计划,MUJI只用了3年。

MUJI的开店策略是比较保守的,通常情况下,MUJI在一、二线城市的门店多在城市核心商圈的次要位置,比如三、四楼,或是远离主入口的临街铺位。《日经新闻》曾将这种"只选第二好"的门店选址策略归结为MUJI在中国成功的原因。

MUJI认为,好位置意味着高店租,而高店租就会影响收益,因此要选在"第二好"的位置开店,提高营业收入和运营效率。这是20世纪90年代MUJI先后在中国香港及新加坡的黄金商铺开店却盈利惨淡后总结出的经验。

进入微信时代后,开店数字的增长被一条条标注"新店开业"的推送记录下来。慢慢地,这些推送中提及的名字不再集中于北京、上海、深圳,抑或是南京、杭州、成都,反倒是越来越多地出现了徐州、嘉兴、南昌,甚至三、四线城市的地名。MUJI总部社长松崎晓在接受《日经新闻》采访时表示,在中国的开店计划还会继续,除了在大城市增设大型旗舰店,还将下沉渠道到更多城市。

三、四线城市商铺租金本就大幅低于一、二线城市,这让MUJI即使选了比"第二好"更好的店铺位置,也同样有机会收获比一、二线城市更高的开店坪效。当然,在三、四线城市培养起足够多的购买力很重要。

资料来源:https://www.sohu.com/a/225357453_100088332,有删改。

四、具体地点的选址

当一个零售商在选址时完成了城市选择、区域选择后,就需要最终落实到一个具体地点。因为即使在同一个商业区域内,零售商也可能会有几个开店地点可供选择。

零售商在进行具体地点的选择时,主要是从微观层面上分析涉及的具体问题。实际上,零售商同样需要从宏观层面考虑商店的市场布局战略,对目标市场容量进行评估以及对零售业态进行选择。

具体地点的选择往往决定了零售商店未来发展的小环境,对零售商的影响往往是很具体的。人们常常看到这样的现象,一家店红红火火,而另一家店仅与其一道之隔,生意却很冷清,正所谓"一步差三市"。

零售商在选择开店的具体位置时,应考虑以下因素。

(一) 交通条件

交通条件是影响零售商选择开店地点的一个重要因素,它决定了企业经营的顺利开展和顾客购买行为的顺利实现。

从企业经营的角度来看,企业对交通条件的评估主要有以下两个方面:一方面,在零售店开设地点或开设地点附近,是否有足够的停车场所可以利用,如果售货场所不是购物中心地点,对停车场的要求可适当所降低,零售店根据需要做出选择;另一方面,商品运至零售店是否容易。这就需要可供零售店利用的运输动脉能适应货运量的要求并便于装卸,否则当运货费用明显上升时,会直接影响到经济效益。

为方便顾客购买,促进购买行为的顺利实现,零售商应对交通条件做具体分析。例如,对于设在边沿区商业中心的商店,零售商要分析商店与车站、码头的距离和方向,一般距离越近,客流越多,购买越方便。零售商还要根据客流来去方向而选定开设地点,如选在面向车站、码头的位置,以下车、下船的客流为主;如选在邻近市内公共汽车站的位置,则以上车的客流为主。对于设在市内公共汽车站附近的商店,零售商要分析公共汽车站的性质,是中途站还是始终站,是主要停车站还是一般停车站。一般来说,主要停车站客流量大,商店可以吸引的潜在顾客较多。中途站与始终站的客流量无统一规律,有的中途站多于始终站,有的始终站多于中途站。

另外,零售商选择开店具体地点时还要分析市场交通管理状况所引起的有利与不利条件,如单行线街道、禁止车辆通行街道、与人行横道距离较远都会在一定程度上造成客流量的减少。

(二) 客流规律

客流量是一个零售店成功的关键因素,客流包括现有客流和潜在客流,商店总是力图开设在潜在客流最多、最集中的地点,以使多数人就近购买商品。

1. 分析客流类型

商店客流一般分为三种类型。

（1）自身的客流。自身的客流是指那些专门为购买某商品的来店顾客所形成的客流，这是商店客流的基础，是商店销售收入的主要来源，因此，新设商店在选址时，应着眼于评估本身客流的大小及发展规模。

（2）分享客流。分享客流是指一家商店从邻近商店形成的客流中获得的客流，这种客流往往产生于经营互补商品的商店之间，或大商店与小商店之间。例如，顾客在购买了主商品后，就会附带到邻近补充商品商店去购买供日后进一步消费的补充商品；又如，邻近大型商店的小商店，会吸引一部分专程到大商店购物的顾客。

（3）派生客流。派生客流是指那些顺路进店的顾客所形成的客流，这些顾客并非专门来店购物。设立在一些旅游点、交通枢纽、公共场所附近的商店主要利用的就是派生客流。

2. 分析客流目的、速度和滞留时间

不同地区客流规模虽可能相同，但其目的、速度、滞留时间各不相同，要先做具体分析，再做最佳地址选择。例如，在一些公共场所附近的车辆通行干道上，客流规模很大，顾客虽然会顺便或临时购买一些商品，但这些顾客的主要目的不是购物，加上客流速度快，顾客滞留时间较短。

3. 分析街道两侧的客流规模

受交通条件、光照条件、公共场所设施等的影响，一条街道两侧的客流规模在很多情况下都有差异。在我国，人们骑车、步行或驾驶汽车都是靠右行，因此人们往往习惯光顾行驶方向右侧的商店。鉴于此，商店的开设地点应尽可能选择在街道客流较多的一侧。

4. 街道特点与客流的关系

零售商在选择商店开设地点时还要分析街道特点与客流规模的关系。交叉路口客流集中，能见度高，是商店的最佳开设地点；有些街道由于两端的交通条件不同或通向地区不同，客流主要来自街道一端，表现为一端客流集中，纵深处逐渐减少的特征，这种情况下店址宜设在客流集中的一端；还有些街道，中间地段客流规模大于两端，相应地，店址设在中间地段就更能吸引潜在顾客。

（三）竞争对手

商店周围的竞争情况会对零售经营的成败产生巨大影响，因此零售商在对商店开设地点进行选择时必须分析周围竞争对手的情况。

一般来说，零售商在开店时并不一定要排斥竞争对手。如果一个地方商店众多，但只要各个商店都经营互补类商品且经营管理各具特色，就能够协同并存，形成相关商店群，为顾客提供更多的机会进行比较和选择。因此，零售店开设在同行"扎堆"的地段或街区，更有利于经营，各商店通过分享大量的客流促进销售增长。

例如，上海的南京路，北京的西单、王府井，杭州的武林广场等，都是"成行成市"的商业街，不同零售店之间会产生"集聚效应"。当然，如果竞争对手多，并且各商店同质化经营，缺乏特色，对零售店的发展也是不利的。

（四）地理特点

零售商在选择商店开设地点时，需要分析其地理特点，比如商店是否与周围的建筑环境相融合，商店是否临街、是否在路口，商店的能见度如何，等等。零售商还应考虑以下几个方面。

1. 拐角位置的选择

处于拐角位置的地段往往是很理想的，因为其位于两条街道的交叉处，是人流的停滞点，可以产生"拐角效应"。另外，拐角位置还可以增加橱窗陈列的面积，利于店面宣传。由于零售店的位置相邻两条街，因此准确选择一面作为自己的正门，是十分重要的。一般的做法是，选择交通量大的街道一面作为零售店的正门，即店面，另一面作为侧门。

2. 三岔路口的选择

三岔路口同样是非常理想的开店位置，零售店设在三岔路口的正面会十分抢眼。处在这一有利位置的零售店应尽量发挥自己的长处，精心设计店铺正面入口处的装潢、店名招牌、广告招牌、展示橱窗等，抓住顾客的消费心理，将过往的行人吸引到零售商店中来。

3. 寻找合适的邻居

零售店可以设在一些大公司、大企业附近，一方面是因为大公司、大企业的员工可以成为顾客；另一方面是因为来过的顾客便于向别人介绍，比较容易指引他人光顾。同时，大公司、大企业的社会影响力对零售店也有积极的影响。

零售店还可以与具有同类经营方向的商店做邻居，这样商店之间可以共同分享客流，有利于零售店的经营。例如，儿童服装店靠近女士服装店，女士服装店与理发店相邻，等等。

4. 产生"集聚效应"的地方

产生"集聚效应"的地方是指方便顾客随机购物的人群集聚场所，如商业街、影剧院、娱乐场所、公园名胜、旅游地区等，这些地方可以使顾客享受到购物、休闲、娱乐、旅游等多种服务的便利，是零售商开店的较好地点。但此类地段往往存在寸土寸金、地价高、费用大、竞争性强等不利于小零售店发展的因素。

5. 店面建筑物的特征

零售商在选择商店位置时，还应重视商店所在建筑物提供的设施是否符合经营要求，建筑物的朝向是否受气候影响，以便今后在经营中减少支出。比如，在寒冷的北方，冬季时间很长，同样规模的店，设立在街道北侧的，采光效果和采光时间都要好于设立在街道南侧的。再如，店面的走向关系到通风、日照等各方面，零售商在选址时要特别注意。南北走向的店面不受日晒，白天也不会太热，既能吸引顾客光顾，又能节约空调费。对于朝西的店面，夏天下午的阳光照到店里，不但热还让人有烦躁、杂乱的感觉，顾客自然也就不想进店购物。

另外，店面建筑物本身的一些条件是零售商开店时必须考虑到的，例如：店铺的形状是否规则，店面的空间是否宽敞等。

总之，选址是一项重要而复杂的工作，零售商必须准确分析各种影响因素，选择一个合适的位置开店，以确保经营的成功。

五、选址决策与方法

由于优越的店铺位置具有稀缺性和难以模仿性，因此其正在成为零售商竞争力的重要来源之一。优越店铺位置的取得，一方面取决于企业的决策能力，另一方面则非常有赖于店铺选址的方法。

（一）选址决策

零售选址是一个复杂的决策过程，在本章上述分析的基础上，零售商应该把选址战略和企业的整体战略结合起来。零售选址不单单是一个独立的决策，还需要零售商从战略的角度进行分析。图 6-3 是零售商选址的决策过程示意图。

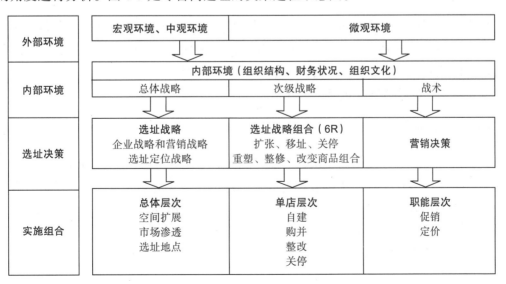

图 6-3 零售商选址的决策过程示意图

根据图 6-3，零售商的选址决策模型有四个组成要素，即外部环境、内部环境、选址决策和实施组合，这四者是彼此联系的，选址策略是在外部环境和其影响下的内部环境的共同作用之下发展形成的。

拓展阅读

GAP 开店之前的功课

尽管开店听起来是个简单的概念，但它无论是在流程上还是在权衡因素上都不那么简单。服装品牌 GAP 的开店拓展团队中有一个专门负责寻找商业地产合作的 9 人团队，他们来自中国的不同区域。除此之外，GAP 还和多家第三方地产中介公司合作。

在每个合作签下来之前，GAP 的拓展团队往往考察过上百个店铺位置。尤其在最开始的一年，GAP 在中国还没有足够的知名度和销售业绩历史做参考的时候，GAP 需要依赖第三方地产中介引荐开发商。即便是位置、价格都合适，但只要门店设计师考察后觉得门店结构不好，设计不出一个好看的店铺，相应的店铺位置也会被否决。

每一个门店从签下合同到开业的时间也会相差很大。若要进入成熟商圈原有的购物商城，要等现有租户合同到期，解约搬迁，中间会涉及各种事情。对于新建的地产项目，等待时间也要取决于商场完工和开业时间。因此 GAP 门店筹备最短的时间只有 16 个星期，最长的需要等两年多。在广州，GAP 和几家房地产公司已经协商了近两年，尚未有一个明确的进入计划。

GAP 大中华区 CEO 柯伟杰（Jeff Kriwan）说："我们更希望和一些跟我们对未来 3～5 年有同步发展规划的房地产公司合作。"这样的长期合作不仅能保证 GAP 未来的开店计划，甚至可以在前期规划阶段就介入合作，将门店位置、面积、设计等要求也纳入其中。

资料来源：https://bbs.pinggu.org/thread-3246431-1-1.html，有删改。

（二）选址方法

零售店的选址，需要零售商决策层经过科学、合理的论证，但有很多零售商是依赖他们的经验或直觉来决定，或者为降低风险请相关的市场咨询机构来完成。总体来看，选址的方法既有一定的科学性，又有一定的主观性，选址是一门艺术。

零售店选址的具体方法包括以下几个。

1. 经验直觉法

经验直觉法主观程度很高，决策者主要通过积累的经验和直觉对店址加以判断。一般来说，多年的零售实践使决策者拥有丰富的选址经验，这些经验甚至形成决策者的一种直觉，使决策者在面对一个具体位置时，能够快速做出准确判断，这也正说明了零售选址的"艺术性"所在。虽然近年来各种选址分析技术的应用大大增加，但是依靠零售商的经验和直觉的方法仍然是最基本和应用最广的一种方法。

2. 因素表分析法

因素表分析法是指零售商列出对商店经营有影响的因素，对不同的因素以不同的权重打分，最后得出可选地点，这也是采用较多的一种方法。

影响选址的因素包括人口统计、宏观经济条件、购买力和需求、饱和指数、竞争态势、文化背景和基础设施状况等。零售商通过对不同店址的诸多因素的比较，就可以得出最理想的店址。表 6-1 和表 6-2 是两家商店进行选址的因素分析表。

表 6-1 影响零售店选址的因素分析

市场环境	位置选择	物业标准
商圈等级与发展趋势	与该区域聚客点的距离	房型、层高、面积
商圈成熟度与饱和度	与目标顾客群出入方向的关系	"自购"还是"租赁"
同行经营现状与增量	网点位于路口的状况	店面租金
公共服务业与客流量	网点周边卫生、治安环境	物业费用
大型商业网点与数量	易找性：周围是否有著名建筑物	门面朝向
市场交易规模与质量	拐角效应（高客流量的位置）	楼层分布状况
周边行政、企事业单位规模		有无洗手间
小区入住规模		齐全性：各种设备是否齐全
小区居民收入、年龄		店铺面积
交通条件	**视觉形象**	**竞争情况**
免费/收费停车位	网店的可视性	网点规模和竞争对手的比较
公共交通（公交车路牌、出租汽车暂停牌）	广告位空间	周边竞争对手的数量
道路的畅通程度	识别度	网点位置与竞争对手的比较
是否易停靠		同业竞争强度
店铺周围是否有红绿灯		互补业态情况

表 6-2 某商店选址因素分析表

选址因素	权重	预选店址得分			权重 × 预选店址得分		
		店址 1	店址 2	店址 3	店址 1	店址 2	店址 3
商圈内人口多	5	8	7	9	40	35	45
商圈内人群收入高	5	5	7	6	25	35	30
接近目标顾客	5	6	5	6	30	25	30
机动车流量大	3	7	8	7	21	24	21
非机动车流量大	3	5	5	6	15	15	18
行人流量大	5	5	6	6	25	30	30
与邻店关系融洽	2	−4	3	4	−8	6	8
物业费低	4	6	5	−3	24	20	−12
广告费低	2	5	6	3	10	12	6
商店能见度高	3	3	5	5	9	15	15
营业面积合适	3	4	−2	6	12	−6	18
店面可扩充	2	−6	−2	−2	−12	−4	−4
停车位充足	3	−5	3	6	−15	9	18
与开发商关系融洽	2	7	5	4	14	10	8
合计					190	226	231

注：每一因素按重要程度分成 5 个等级，每个地址各因素评分分布为 −10 ~ 10。

3. 对比类推法

对比类推法指把可能选定的店址同现有的店铺做比较，零售商可以采用比率法对店铺的各种基本经营指标进行分析，如顾客进店率、顾客交易量等，采用这种方法的成本相对较低。零售商也可以采用判别分析法对商店的营业额、商店面积和周边地区的特点进行分析。如果掌握了一定的数据，零售商还可采用多元回归法对现有的店铺和待选店铺进行销售额预测等方面的分析。

拓展阅读　　　　　　　　**学习"麦当劳"好榜样**

零售业内曾经流传这样一种"傍大款"的说法，"选铺跟着麦当劳走，肯定没错！"似乎麦当劳把店开在哪里，哪里就是黄金市口的象征。甚至麦当劳经常把店开在一些看起来并不特别惹眼的地方，但其门庭若市的状况还是让人不得不佩服其选址的精明。准备开店的商家都把麦当劳当成选址成功的榜样。

1990年，麦当劳进入中国大陆市场，在深圳开设了第一家店。然后，麦当劳加快了在大陆地区的扩张步伐。截至2019年6月，中国大陆有超过3 100家麦当劳餐厅，员工人数超过17万。麦当劳的成功，除了源于品牌优势，有人说，这也是麦当劳的本土化策略带来的结果，但本土化只是麦当劳成功的一个方面。麦当劳最成功的地方在于选址，它在选址方面具有敏锐的目光，只选择在适合汉堡包生存的地方开店，所以它的每个店都非常成功。

"应该说，正因为麦当劳在选址时坚持对市场和位置进行全面评估，才能够使开设的餐厅无论是现在还是在将来，都能健康稳定地成长和发展。"麦当劳的工作人员表示。

以先标准化后本土化的思想建立的麦当劳，首先寻找适合自己定位的目标市场作为店址，再根据当地情况适当调整。它不惜重金，不怕浪费更多的时间在选址上。但它一般不会花巨资去开发新的市场，而是去寻找适合自己的市场；它也不会认为哪里都有其发展的空间，而是选择尽可能实现完全复制母店的店址。用一个形象的比喻来说，它不会给每个人量体裁衣，它需要做的只是寻找能够穿上它的衣服的人。

麦当劳的选址有5项标准。第一，针对目标消费群：麦当劳的目标消费群是年轻人、儿童和家庭成员，所以在布点上，一是选择人潮涌动的地方，如在商业街、地铁口、火车站等交通集散点周边设点；二是在年轻人和儿童经常光顾的地方布点，比如在动物园、游乐园附近设点，方便儿童就餐；三是在购物中心开设店中店，吸引逛商场的年轻人就餐。第二，着眼于今天和明天：麦当劳布点的一大原则，是一定二十年不变。所以对每个点的开与否，麦当劳都先考察3~6个月，再做决策评估。重点考察是否与城市规划发展相符合，是否会出现市政动迁和周围人口动迁，是否会进入城市规划中的红线范围。进入红线的，坚决不碰；老化的商圈，坚决不设点。有发展前途的商街和商圈，新辟的学院区、住宅区，是布点考虑的地区。纯住宅区则往往不设点，因为纯住宅区居民消费的时间有限。第三，讲究醒目：麦当劳布点大都选择在一楼的店堂，透过落地玻璃橱窗，让路人感知麦当劳的餐饮文化氛围，体现其经营宗旨——方便、安全、物有所值。由于布点醒目，因此便于顾客寻找，也吸引人。第四，不急于求成：黄金地段、黄金市口，业主往往要价很高。当要价超过投资的心理价位时，麦当劳不急于求成，而是先发展其他地方的布点。麦当劳通过别的网点的成功，使"高价"路段的房产业主感到让麦当劳入驻有助于提高自己的身价，于是麦当劳再与房产业主再谈价格，重新布点。第五，优势互动：麦当劳开"店中店"选择的"东家"有不少是品牌声誉较高的百货商店和购物中心，这些商店为麦当劳带来了不少客源，而麦当劳又吸引年轻人逛商店，起到优势互补的作用。

在具体选址决策时，麦当劳一向非常谨慎。首先，进行市场调查和资料信息的收集，包括人口、经济水平、消费能力、发展规模和潜力、收入水平，以及前期研究商圈的等级、发展机会和成长空间。其次，对不同商圈中的物业进行评估，包括客流测试、顾客能力对比、店面可见度和方便性等的考量，以得到最佳的位置和合理选择。在了解市场价格、面积划分、工程物业配套条件及权属性质等方面的基础上进行营业额预估和财务分析，最终确定在该位置是否能开设一家麦当劳餐厅。最后，商店的投资是一个既有风险，又能够带来较高回报的决策，所以还要更多地关注市场定位和价格水平，既要考虑投资回报的水平，又要注重中长期的稳定收入，这样才能较好地控制风险，达到获得投资收益的目的。

如今，我国餐饮行业竞争激烈，不但各国各式洋快餐纷纷进入我国，而且本土快餐也是如雨后春笋般层出不穷。不仅如此，随着国人对食品安全的重视以及选择的增多，麦当劳的压力也日渐增大。但无论如何，麦当劳的选址策略仍值得商家们学习和借鉴。

资料来源：https://km.house.qq.com/a/20111110/000052.htm，有删改。

4. 统计软件分析法

零售店选址时可能通过一些统计软件进行分析，例如，SPSS 软件分析法是统计软件分析法中的一种常用方法，通过该方法，可以进行聚合分析或因子分析，把各类数据和变量进行分类，对所有的商店通过聚合分析分成相似的小组，或者通过因子分析找出能影响店铺收益率的因素。这样，零售商就可以根据不同的地理特点或者经营变量对现有的店铺进行分类。这类方法尤其适用于细分和发展新的店铺模式。但是这类方法对数据的要求较高，而且需要相当高的数据统计方面的技能。

5. 零售引力模型分析法

零售引力模型由美国学者威廉·J.雷利（W. J. Reilly）提出，也被称为"雷利零售引力法则"。雷利认为，两个城市对第三城市的贸易吸引力和两个城市的人口成正比，和两个城市到第三城市的距离的平方成反比。在雷利零售引力法则之后，零售引力模型又有了一定的发展和补充。采用这种方法的目的是要量化顾客流动与周围零售中心的吸引力之间的关系（假设吸引力随着距离的增加而减弱）。

零售引力模型多用于在对店铺规模、形象、距离、人口分布和密度等因素分析的基础上预测商店可能的发展情况。例如，对竞争对手在某一地点开店的影响评估，或者通过对店铺选址和产品类别之间的关系研究来为某一店铺选定合适的商品品种。但这一模型涉及大量的数据和计算机应用，而且成本和时间的耗费也相对较大。

6. 大数据分析法

大数据分析法是随着计算机技术的发展而发展起来的一种新方法，是利用专业模型计算出适合开店的地址，通过选址相关的核心指标，如业态分布、聚客能力、地段成熟度、区域的用户画像等进行测算，并且大数据选址还可以在客流量、客流方向、客流随时间的变化、竞争业态、人群画像、购物属性等方面提供帮助。因此，这种方法的基础是强大的计算机计算能力和数据处理能力，对技术和成本方面的要求相当高。对大型零售商来说，大数据分析法在对待选店址进行分析，或在零售店的总体战略和次级战略的制定方面发挥着重要的作用。

大数据可以从第三方机构获得，有的需要付费，有的可以免费获得，例如，通过百度景点热力图可以对一个商店客流量的高低一目了然，利用微信城市热力图可以查看一个城市不同地方的客流热力图，还有日、周客流的变化趋势等。网络零售商对数据应用的认识更加深刻，比如，阿里巴巴集团旗下业务的阿里云向阿里巴巴数字经济体及外部机构提供了一整套云服务，包括弹性计算、数据库、存储、网络虚拟化服务、大规模计算、安全服务、管理服务、应用服务、大数据分析、机器学习平台以及物联网服务。京东数字科技以大数据、人工智能、物联网、区块链等时代前沿技术为基础，建立起核心的数字化风险管理能力、用户运营能力、产业理解能力和 B2B2C 模式的企业服务能力。未来，大数据分析法在零售店选址和经营方面将发挥更大的作用。

总之，对于零售商来说，采用经验直觉法对零售选址做出定性的分析和判断是一种简单的判断方法。但随着竞争的加剧，综合以上多种方法来选择是有必要的。零售商对选址不但要有经验或直觉的判断，还需要进行更科学的分析，而采取计算机技术和大数据分析法可以科学、理性地确定目标地段，进行对比筛选，最后再对具体目标进行实地考察，将定量分析法作为传统经验法的补充和修订，并采取科学的选址程序，从而使选址做到科学、高效、精准。

本章小结

本章主要介绍了零售商圈分析以及零售店位置的选择。

零售商圈是指一个零售店能够有效吸引顾客来店的地理区域，或者说是以一个零售店所在地为中心，沿着一定的方向和距离扩展而吸引顾客的辐射范围。商圈分析为零售商选择店址以及制定、调整经营方针和策略提供依据。商圈可分为核心商圈、次级商圈和边缘商圈。商圈的形态可分为商业区、住宅区、文教区、办公区和混合区。在一个零售店特定的零售范围内，人口构成的不同比例来源于三个方面，即居住人口、工作人口和流动人口。

零售商圈调查的主要内容包括：商圈范围的调查、商圈内人口统计变量的调查、商圈内顾客购买能力的调查、商圈内竞争状况的调查、商圈基础条件分析等；影响商圈大小的因素有商店经营业态、商店规模、经营商品的种类、促销力度、竞争对手的位置、交通状况等。

对于一个实体零售店而言，零售店位置选择的重要性是不言而喻的。零售店的城市选择是一个零售商选择店址的第一步。零售店区域选择是指零售商选择在一个城市的一个具体的商业区设店。商业区类型有城市中央商业区、城市交通要道和交通枢纽的商业街、城市居民区商业街和边沿区商业中心、郊区购物中心四大类；在进行具体地点的选择时，零售商需要分析交通条件、客流规律、竞争对手以及地理特点等。

零售选址是一个复杂的决策过程，零售商需要把选址战略和企业的整体战略结合起来，综合考虑外部环境、内部环境、选址决策和实施组合策略。零售选址的具体方法有经验直觉法、因素表分析法、对比类推法、统计软件分析法、零售引力模型分析法和大数据分析法等。为做到选址的科学、高效、精确，零售商需要综合运用多种方法。

本章练习题

一、简答题

1. 简述商圈的构成及其形态。
2. 分析一个商圈内人口的构成特征。
3. 简述商圈调查的主要内容。
4. 影响商圈大小的因素有哪些？
6. 简述零售商在进行城市选择时需要考虑的因素。
7. 简述一个城市商业区的分类及特征。
8. 简述零售店选址的具体方法及其运用。

二、论述题

1. 论述商圈分析和店址选择对传统实体零售商的重要性。
2. 对比和分析不同的零售业态在选择零售店具体地点时需要考虑的因素有何不同。

三、实践题

1. 选一家咖啡店（如星巴克），运用本章的知识，分析其选址特征和商圈特征。
2. 选择学校附近的一家便利店，观察并分析其商圈的特征及顾客的构成。

第七章
商品管理与采购

学习目标

学习商品分类与商品结构组合的基本知识；掌握品类管理的基本概念；了解品类管理流程及单品管理的作用；熟悉零售采购的流程；掌握零售采购模式和方式；了解零售商自有品牌的含义和作用。

导入案例

奥乐齐

奥乐齐（ALDI）创立于1913年，是德国最大的连锁超市。2017年，奥乐齐进入中国，通过天猫旗舰店为中国消费者提供一系列的进口产品。2017年，奥乐齐已在全球拥有10 000余家店铺，年销售额超过1 000亿美元。

颇为神奇的是，无论是穷人还是富人，都对这家超市有很高的品牌忠诚度。从德勤发布的《2019年度全球零售商力量报告》的销售数据来看，奥乐齐稳居全球零售商企业第八位。

德国最大的连锁超市——奥乐齐

从奥乐齐的商品结构来看，奥乐齐经营的商品品类数仅有 1 200～1 700 种，品类结构主要是食品杂货（50%）和生鲜（36%）等。奥乐齐对能够摆上自身货架的商品制定了严格的审核标准。以美国分公司的数据为例，为保证食品的口味和品质，公司内部每年举办约 2 500 次的"试吃"检测。精简的商品品类与商品的低价优质，使奥乐齐的单项商品极其畅销，由此引发超高的单品采购量，其单品采购规模极大，单品采购额可达 6 000 万美元。而供应商则可因此加大批量生产，并获得规模报酬。

奥乐齐的门店面积一般不超过 1 000 平方米，主要经营自主品牌和生产商代工的产品。奥乐齐的自有品牌产品占比在 30% 左右，包括经营的预包装商品的所有品类。这样下来，自营品牌的高毛利可以让利给消费者，在与其他超市同品类对比时，可以保持"低价"竞争力。毕马威的一项调查数据显示，奥乐齐商品的价格较一般超市便宜 20%～30%，个别商品较沃尔玛便宜 50% 还要多。

奥乐齐单店平均只需要 10～16 名员工，低于行业平均水平。员工被培养成多面手，进货、理货、配送、收银、保洁等样样精通，这大大提升了奥乐齐的员工效率。

2019 年 6 月，奥乐齐在上海的第一家店开业，这是奥乐齐在中国的第一家线下实体店，更是其在亚洲的首批试点店。当前，奥乐齐在中国开的两家线下店都是 600 平方米左右，SKU 总计超过 1 300 种，包括中外酒品、休闲零售等 15 个商品类别，既有空运鲜奶、红酒等进口商品，也有粽子、咸鸭蛋等极具本土特色的商品。未来，奥乐齐希望能在中国开更多的实体店，并会根据中国市场做出本土化调整，且同步布局线上线下。

资料来源：http://www.sohu.com/a/319610062_120015577，有删改。

思考：
1. 奥乐齐为什么要精简商品品类？
2. 你如何评价奥乐齐的商品政策？你认为奥乐齐在中国能获得成功吗？

第一节 商品分类与组合

商品是零售商经营的核心，甚至可以说，一个零售商所有的活动都是围绕商品展开的。市场上的商品琳琅满目，一个零售商首先需要对种类繁多的商品进行分类、组合，根据零售战略目标和定位决定需要销售什么样的商品。

商品的分类很重要，它决定了零售店对消费者的吸引力，并能使消费者在短暂的时间内选到自己中意的商品，也是零售商形成其商店经营特色、实现其利润目标的保障。

一、商品分类

如果不进行商品分类，零售商就没法规划商店的具体经营范围和品种，采购人员也无法进行采购。在零售企业的商品管理中，为了便于管理，提高管理效率，商品分类一般采用综合分类标准，将商品划分成大分类、中分类、小分类和单品四个层次。

商品大分类是指零售店经营商品的大类。

商品中分类一般是将某一大类商品按细分的消费市场进行再一次分类。

商品小分类是指商品类别（品类）。这是根据商品用途或细分市场顾客群而进一步划分的商品分类。

单品是商品分类中不能进一步细分的、完整独立的商品品项。单品是零售企业商品经营管理的最基本单位，也称为库存量单位（stock keeping unit，SKU），是库存控制的最小可用单位。当指出某个单品或存货单位时，销售人员和管理者不会将其与任何其他商品相混淆。

对一种商品而言，当其品牌、型号、配置、等级、花色、包装容量、单位、生产日期、保质期、用途、价格、产地等属性中任何一个属性与其他商品不同时，即可称为一个单品。

例如，一个大型服装零售店经营日常服装和礼服两个大类商品，日常服装分为男装、女装、童装，男装中有西服、衬衫、T恤、毛衣等商品类别，而西服又分成不同面料、款式、颜色、规格的单品。

图 7-1 为麦德龙某店的商品分类图。

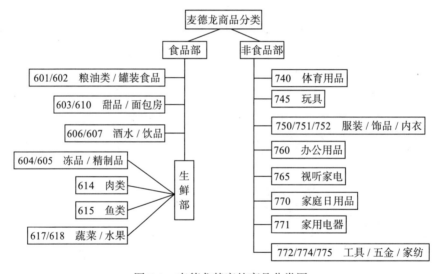

图 7-1　麦德龙某店的商品分类图

⊙ **知识链接**　　　　　　　**SKU 是什么**

SKU（stock keeping unit）是库存控制的最小可用单位，即库存进出计量的基本单元，可以以件、盒、托盘等为单位，也可译为存货单元、库存单元、库存单位、货物存储单位、存货保存单位、最小零售单位、最小库存单位等。

SKU 是用来定价和管理库存的，比如一个产品有很多颜色和配置，每个颜色和配置的组合都会形成新的产品，这时就产生了很多 SKU。每一个 SKU 需要有独立的条形码和独立的库存管理等。

SKU 现在已经被引申为产品统一编号的简称，每种产品均对应唯一的 SKU 号。

二、商品政策

商品政策是零售商为确定经营范围和采购范围而根据自身的实际情况建立起来的，也是商店经营商品的指导思想。一般来说，零售店采用的商品政策主要有四种。

(一) 单一的商品政策

单一的商品政策是指商店经营为数不多、变化不大的商品品种来满足大众普遍需要的政策，如水果店、蛋糕店、蔬菜店等，均采用这一商品政策。这一商品政策比较适合消费者大量需求的商品或享有较高知名度的商品，否则零售店在竞争中不易取得优势。

(二) 市场细分化商品政策

市场细分化就是把消费市场按各种分类标准进行细分，以确定商店的目标市场，如按消费者的性别、年龄、收入、职业等标准进行划分。各类顾客群的购买习惯、特点以及对各类商品的购买量是不同的，商店可以根据不同细分市场的特点来确定适合某一类消费者的商品政策。例如，若商店选择的目标市场是儿童市场，则可开设儿童服装店，借此形成自己独特的、个性化的商品系列，并随时注意开发和培养有关商品，以满足细分市场的顾客需要。

(三) 丰满的商品政策

丰满的商品政策是指在满足目标市场的基础上，兼营其他相关联的商品的政策，既保证主营商品的品种和规格档次齐全且数量充足，又保证相关商品有一定的吸引力，以便目标顾客在购买主营商品时能同时购买其他相关物品，或吸引非目标顾客前来购物。比如，儿童服装店除了经营品种齐全、数量充足的服装商品，也兼营儿童文具、儿童玩具等商品，使消费者感到商店经营的商品很丰满。

(四) 齐全的商品政策

齐全的商品政策是指商店经营的商品种类齐全，无所不包，能够最大限度地满足消费者各种购买愿望的商品政策。大型商场、购物中心以及大型超市均采用这一商品政策，基本满足了目标顾客的所有日常需求。一般来说，采用这一政策的商店，其经营的商品范围包含了目标顾客所需要的大多数类别，并且不同类型商品分成许多商品专柜或商品区。当然，任何一个规模庞大的商店要做到经营的商品品种非常齐全是不可能的，应该根据目标顾客需求选择重点经营商品，以这个重点为核心建立自己的商品品种政策，突出自己的经营特色，以便能够与专业商店相竞争。

三、商品结构组合策略

在确定了商品政策之后,零售商接下来就要具体落实商品结构组合,明确哪些商品是主力商品,哪些商品是辅助商品,它们之间应保持的比例关系、花色品种、质量等级应如何分配,等等。

商品结构组合,实际上就是由不同商品种类形成的商品广度与不同花色品种形成的商品深度的组合。商品广度是指经营的商品种类的数量,即具有相似用途的商品种类的数量,如超市的洗化区域有洗发水、沐浴液、洗衣粉、牙膏、化妆品等。商品深度是指商品品项的数量,即同一类商品中不同质量、不同尺寸、不同花色品种的数量。

(一) 广而深的商品结构策略

这种策略是指零售商选择经营的商品种类多,而且经营的每一类商品的品种也多的策略,一般为较大型的商店所采用。这种策略的优点是目标市场广阔,商品种类繁多,商圈范围大,选择性多,能吸引距离商店较远的顾客专程前来购买,顾客流量大,基本上使顾客一次进店购齐所需商品,能培养顾客对商店的忠诚,易于稳定老顾客。其缺点是商品占用资金较多,而且很多商品周转率较低,导致资金利用率较低。此外,这种商品结构广泛而分散,试图无所不包,但或许因为主力商品过多而无法突出特色;同时,零售商必须耗费大量的资金和人力成本用于商品采购和商品管理。

(二) 广而浅的商品结构策略

这种策略是指零售商选择经营的商品种类多,但每一种类商品的花色、品种选择性少。在这种策略中,商店提供广泛的商品种类供顾客购买,但对每类商品的品牌、规格、样式等加以限制。这种策略的优点是目标市场比较广泛,经营面较广,便于商品管理,可控制资金占用,强调方便顾客。其缺点是由于这种商品结构能够提供的花色、品种相对较少,满足顾客需要的能力较差,顾客的挑选性有限,很容易引发顾客的失望情绪,不易稳定长期客源。因此,商店必须注重商品特色,在多样化、个性化方面下功夫。

(三) 窄而深的商品结构策略

这种策略是指零售商经营较少的商品种类,而每一种商品的花色、品类很丰富。这种策略体现了商店专业化经营的宗旨,主要为专业商店、专卖店所采用。一些专业商店通过提供精心选择的一两种商品,在商品结构中配有大量的商品花色和商品品种,吸引具有偏好的消费群。这种策略的优点是专业商品种类充足,品种齐全,能满足顾客较强的选购愿望;易形成商店经营特色,突出商店形象;便于商店专业化管理,树立专业形象。其缺点是过分强调某一大类,不能一站式购物,不利于满足顾客的多种需求;由于经营的商品有限,市场有限,风险较大,需要零售商对市场趋势做出准确的判断,并通过更多努力来扩大商圈,争取客源。

（四）窄而浅的商品结构策略

这种策略是指零售商选择经营较少的商品种类，每一类中选择较少的商品品种，小型商店主要采取这种策略，如便利店或杂货店。要成功使用这种策略，有两个关键因素，即地点和时间。在消费者想得到商品的地点和时间内，采取这种商品策略可以成功。

选择不同的商品结构策略组合与零售商的业态类型有关。例如，购物中心一般采用广而深的商品结构策略，折扣店一般采用广而浅的商品结构策略，专业店或专卖店主要采用窄而深的商品结构策略，便利店主要采取窄而浅的商品结构策略等。

另外，为了便于管理，有的零售商还会采取更细致的方法对商品结构进行划分，例如，服装零售店通常将商品分为主题商品、畅销商品、长销商品三大类。其中，主题商品表现品牌某个季节的理念主题，突出体现时尚流行趋势，常作为展示的对象；畅销商品多为上一季卖得好的商品，并融入一定的流行时尚特征，常作为大力促销的对象；长销商品是在各季都稳定销售的商品，受流行趋势影响小，通常为经典款式和品类。三类商品的比例，应根据店铺定位和目标消费者的特性设定。如果针对的目标消费群体主要是大都市的年轻消费者，他们追求时尚，易于接受新产品、新流行，那么主题商品的比例可稍大一些。但为保证市场销售的稳定性，零售商通常采购较大比例的长销商品或畅销商品，主题商品的比例一般最小。图 7-2 为服装店中商品构成的常用比例。

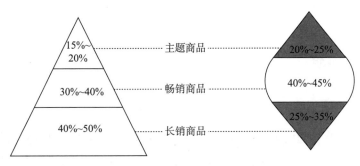

图 7-2 服装店中商品构成的常用比例

第二节 品类管理与单品管理

一、品类管理的概念

品类（category）是指一组在满足消费者某一方面需求时，可以相互联系或相互替代的产品。品类管理是指零售商把所经营的商品分成不同类型，并把每类商品作为企业经营战略的基本活动单位进行管理的一系列相关活动。同时，品类管理也是零售商从日常运营管理中提炼出来的较为科学、系统和精细化的终端零售管理方法，是零售商商品管理的一个重要管理工具。品类管理的目的是向消费者提供价值最大化的产品和服务，并提高企业的运营效果。

具体来说，品类管理旨在将最适合的产品组合和具有盈利性的品牌搭配起来，并将市场表现不佳的品种降到最少，用快速周转的产品取代滞销品。这个过程应以顾客和产品为导向，而不只是盯着供应商和商品利润。例如，在一个食品杂货店，商品类型包括酒精饮料、热饮、冷饮、主食类或早餐类。品类管理可以分为饮料类和非饮料类两种，各品类小组通常由品类经理、经理助理或业务员、采购人员及助理组成。他们承担采购、品类计划、产品定价、促销、货物上架及产品供应任务。

二、品类管理的作用

品类管理为零售商进行产品评估和制订销售计划提供了思路。它能明确指出核心问题并有助于各部门划分职责。这一方法为产品协调及部门整合提供了基础，并有助于形成店内销售空间的视觉识别。

通过品类管理，零售商能够对每一项产品的销售进行有效分析和掌握，零售商及其供应商能够更有效地分辨优势和劣势，从而有针对性地提供产品及开发新产品，提高供应链效率。同时，品类管理还有助于零售商对顾客需求变化做出更迅速的响应，能更精确地下订单和补充货物。

三、品类管理流程

（一）对品类进行定义

品类定义是品类管理的基础，也是品类管理所研究的对象，具体指品类结构的大分类、中分类、小分类等。品类定义直接影响决策结果，最终影响消费者满意度。

（二）划分品类角色

品类角色是品类投入资源的指标。因商店种类、营业场所、人员配置、资金供应等条件的限制，零售商不能为所有品类提供同等规格的支持力度，所以不同品类必须有不同的支持策略，而品类角色就是各类资源投放量的指标。通常将品类分为目标性、季节性或偶然性、常规性和便利性四种角色。

（三）进行品类评估

品类评估是对品类的现状进行检查和评价，也是对品类机会的挖掘，能帮助企业认识品类的优点和不足，从而更有针对性地制定品类策略。品类评估不能局限于销量、利润等硬性指标，必须考虑市场、品类发展趋势以及零售品类相对于市场和竞争对手的表现、库存天数、脱销、单位产出、人力投入等因素。

（四）对品类进行评分

品类评分是衡量品类管理有效性与跟踪品类执行情况的重要工具。不同的零售商需要制定不同的评分标准，常用的参考指标有销售额、利润增长率等。如果当前客流量较低，那么渗透率便成为有用的参考指标。总体来说，评分指标不能太多，如果太多，反而不能得出关键的因素。

（五）制定品类策略

品类策略是零售商为达到目标而采取的具体方式和方法。由于不同的零售商所处的销售市场、销售方向、销售客户、销售条件等因素的不同，品类策略具有一定的差异。常见的品类策略有增加客流、提高客单价、提高利润率、提升商店（品牌）形象等。

（六）制定品类战术

品类战术是指为实施已制定的策略而采取的具体操作方法。合理的做法是从策略中导出商品的选择、促销、陈列、定价等具体内容。如果仅凭个人经验来决定品类战术，可能不能实现提升产品形象和优化产品组合的目的。

（七）实施品类策略

品类策略的实施是八大步骤中具体实施的一步，不论多么完美的品类管理计划，如果没有被良好地实施，最终将不能体现品类管理的有用性和效率，反而会使顾客对商品失去兴趣，使管理层对品类管理失去耐心。

（八）进行品类回顾

品类回顾是对品类管理的总结和评估，也为下一步品类管理提供可供参考的依据和指标。

拓展阅读　　　　　　　　　　**苏果超市的存货管理**

苏果超市成立于1996年，之前是江苏省果品食杂总公司下属的果品科。2004年6月，华润创业有限公司控股苏果85%的股权，成为华润零售集团下的利润中心之一。苏果超市目前是江苏最大的连锁超市企业，在全国连锁企业中排名前十。2011年，苏果超市全年销售额达420亿元，实体覆盖苏、皖、鲁、豫、鄂等省，门店数达1 500家。苏果超市以购物广场和社区店为主要业态，便利店、标准超市为辅，以标准的各业态经营模式，四季统一变换店堂的室内装饰，为各地人民提供美观的、舒适的购物环境。

存货是超市零售业的流动资产，主要以食品和百货为主，所以要保证供应和销售连续、平衡，存货量就要保持合理的水平。同时，库存也占用大量的流动资金，直接降低资金的运转效率。对于苏果连锁超市，门店存货控制管理的重要性就在于可以促使企业整体经营和管理水平的进步，推动企业基本素质的提升。因此，对苏果超市来说，只有做好商品的存货管理，才能发挥商品周转速度快的优势，降低市场需求变化产生的风险，加快资金回笼的速度，提高经营管理效率，保证连锁超市的竞争力。

资料来源：闻爱，《浅谈苏果超市存货管理存在的问题及对策》，中国集体经济，2019年10月，有删改。

四、单品管理

单品是商品分类中不能进一步细分的、完整、独立的商品品项。单品是零售企业商品经营管理的最基本单位，各商品群是由一个个单品组合而成的商品集合体。所以，一个商店最畅销的20%的商品的选择与保留，或者滞销商品的选择与淘汰如果没有单品管理是无法进行的。

单品管理起源于20世纪60年代美国零售研究的数量管理。所谓数量管理，就是依照数量管理商品（库存）。在这之前，零售商更多是通过"商品的金额"管理，效果不理想。单品管理强调零售商必须对一个个商品细致到用数量进行管理。

单品管理是指以每一个商品品项为单位进行的管理，强调的是每一个单品的成本管理、销售业绩管理。零售商根据企业的营销目标，对单品的配置、采购、销售、物流管理、财务管理、信息管理等活动实施统一管理，既管理单品的数量，又管理单品的金额，既管理单品的进销价格，又管理单品的流通成本等。

单品管理在零售商商品管理中发挥着重要作用。实行单品管理，能够使销售的每一种商品的采购、销售、库存环节有机结合，商品购销存的数量得以准确掌握与控制，也为商品的物流、资金流、信息流的有序运行创造了良好的条件。单品管理是优化企业商品的途径，通过单品管理还可以有效地淘汰滞销商品，引进有潜力的单品，保证单品线的健康发展，同时优化商品群，降低库存，减少资金积压，提高品类经营效益，满足消费者需要。

单品管理是现代、高效的商品管理方法。虽然在小店铺经营时代，由于卖场面积小、经营品种少（仅几十种，至多上百种），经营者有可能按每一品项对其购销存进行独立管理，但随着百货商店的出现，百货商店经营的商品品种大幅度增加（达几百种、几千种甚至上万种），因此，只有将计算机技术广泛应用于现代零售商业管理中，人们才有可能对成千上万的商品品项统一实行单独管理。

> **拓展阅读**　　　　　　　　**7-Eleven 便利店的单品管理**

7-Eleven 今天的成功离不开它最重要的经营策略——单品管理。大约在 40 年前，日本的新经营之神、7-Eleven 统帅铃木敏文创建了"以假设－验证为中心理念"的精细化单品管理，使单品管理不再局限于简单的"管理的工具"，而是成了"扩大销售的武器"。

一、精细化的单品管理

1."假设－验证"的单品管理理念

在 7-Eleven 的经营理念里，昨天卖了什么商品，今天就再进几个同样的商品，这样的"补充进货模式"是不被倡导甚至被反对的。在单纯的"补充进货模式"中，商家没有任何自己的意志在里面，从而不能通过自己的判断来掌握市场和顾客的消费走向。

作为 7-Eleven 的员工，必备的制胜法宝是，"虽然环境不同，销售额也不同，我们也没有改变环境的能力，但是我们可以运用单品管理，不是逆着环境，而是顺着环境，利用环境"。我们用自己的意志对环境进行分析，把自己的意志加入商品贩卖中，进而达到"依势造市"的目的。其中最重要的手段就是"假设－验证"的单品管理。

"假设－验证"的单品管理主要分为三步：第一步是收集必要的情报并分析，依据数据的分析结果，建立采用的手段、针对的商品、商品订购数量的贩卖等假设；第二步是根据已经建立的假设进行活动，同时对店铺商品的陈列方法、宣传进行策划，提高商品的销售量并把相关的情报通过各店铺的 POS 系统进行采集、归类及整理，即 7-Eleven 所推崇的验证环节；第三步是把验证的结果通过效果分析作为原始的数据引用到下一次的假设中，完成一个完整的单品管理循环。

单品管理最重要的是能使验证的结果在下一次的假设中起到一定的作用，每天不断地积累，就可以对滞销商品与畅销商品有明确的把握与总结。通过单品管理，卖场可以排除滞销商品，对畅销商品及新商品进行不断的总结，由此组成卖场的结构。

通过这样的分析与管理，由滞销商品形成的"废弃损失"及没有畅销商品而造成的"机会损失"就会大大地减少，店铺的整体利润就会有较大幅度的增加。7-Eleven 店铺每平方米陈列商品的数量大概为 30 种，也就是说，100 平方米左右的店铺基本要陈列 3 000 多种商品，而其年次的更新率为 70%。7-Eleven 正是通过精细的单品管理把两种损失控制到最低限度，且能达到最优的平衡性。

2. 7∶3 的比率分析法

在单品管理中，对于必要情报的分析，7-Eleven 利用的是空间轴、经验情报轴及时间轴的三维坐标，采用 7∶3 的比率分析法建立假设的。在这个三维坐标中，简而言之，空间轴即全国或者各地区、区域商圈；经验情报轴即过去的贩卖实绩、过去的商品销售动向；时间轴即未来的天气，气候、季节性的变化，本地区特有的活动，节假日等先行情报。而在这些影响因素中，先行情报与其他的影响因素的加权比率是 7∶3。也就是说，在 7-Eleven 的分析经营中，单纯地依靠过去的经验是没有创新性的思维并且得不出好成果的。只有不带偏见地、正确地假设自己的论点，并以科学的方法进行验证，才会有客观、超然的发现。

二、支持单品管理的情报系统

1. 店铺系统

在便利店的店铺里，存在着在顾客结算的同时就可以进行数据收集的POS机、支持商品检查并对陈列状况进行把握的扫描终端机（scanner terminal, ST），可以进行订货跟踪的图表订货终端机（graphic order terminal, GOT）及后场的店铺计算机（store computer, SC）等各个终端结合在一起的店铺系统。通过这样的店铺系统，7-Eleven就可以对每个单品的贩卖状况、单品的日常宣传活动、通过电视及收音机播出的广告甚至天气预报及周边地区的大型活动等信息进行确认并建立预想模型，之后进行单品订货试行并进行模拟及实际的验证等一系列的单品管理活动，而这些活动可以通过这些系统的运用及每一个员工有效率的执行进行得有条不紊。

7-Eleven通过单品管理来实现小批量订货，比如水果罐头，原来每箱是40罐，店里就要摆放40罐水果罐头，而在100平方米左右的店铺里，平均要陈列3 000种商品是不可能实现的，仓库被滞销品挤满。为了消化库存，7-Eleven就不得不减少畅销品的订货量，进而影响了店铺的营业额。而小批量订货意味着在订货时能够更细致地微调，有利于进一步控制销售周期长的商品的库存。通过各店内置的店铺系统，7-Eleven的加盟店负责人员OFC（operation field counselor）实时掌握他负责的每个加盟店的销售动向。7-Eleven本部也可以即时把握各店的品种、订货走向，并根据该店的特点提出切实的建议。7-Eleven通过这些手段提高了单品管理的精度，使得单品管理工作有了飞跃性的进步。

2. 综合情报系统

实际上早在20世纪80年代初期，日本便利店就开始运用综合店铺的情报系统了，只不过当初还是综合情报信息系统的雏形。经过了几代信息系统的升级与变革，现在便利店的情报信息系统已经是一个集声音、文字、数值、静止画面及动画各种多媒体于一身，采用了卫星通信与光纤通信技术的世界最大规模专向网络系统的、真正意义上的综合情报信息系统。

7-Eleven在2007年3月就完成了从总部到各分店店铺的"第6次综合信息系统"导入。7-Eleven通过这个系统，针对实际的业务，把假设—订货—验证的流程很自然地连接在一起。通过这样的信息系统，7-Eleven的目的是把店员的单品管理率提高到60%~70%，从而提高配货作业效率和服务质量，以满足顾客的需求。第6次综合信息系统是历时4年零6个月，花费了500亿日元才完成的超大规模情报信息系统。其目标只有一个，就是使在7-Eleven店铺里工作的任何一位店主、临时工及兼职人员都可以在适当的时机进行适量的单品管理活动。所有的店员都同样高水平地执行假设-检证的单品管理是不可能的，对于此问题来说，最好的解决方案就是，"单品管理者的经验差通过信息技术来弥补，把假设 – 检证的单品管理精度再提高，从而在更高水准上消除机会损失及废弃损失。

资料来源：[1] 李志波.7-Eleven 便利店单品管理的分析研究[J].现代商业，2009(29):9.
[2] 麻雀战略趣谈：浅析便利店的零售供应链单品管理[J].信息与电脑，2015(12):14-16.有删改.

第三节　零售商品采购

一、采购流程

不管企业规模大小，为了保证采购商品适销对路、采购工作顺利进行，零售商必须制定科学的采购流程（见图 7-3），并加强对商品采购过程的监督与管理，以提高采购效率。

(一) 建立采购组织

零售商品采购的第一步是建立一个零售组织，这个组织可以是正式的或临时的，也可以是集中化的或分散化的，还可以是自有的采购部门或专门的采购代理商。零售商自己的采购部门可以决定本部门或者整个零售店的采购需求，并最终实现采购；采购代理商一般通过提供信息和建议的方式为零售商的采购部服务。在有些情况下，零售商的采购工作由采购代理机构全权负责。这两种采购组织的职责与权限取决于它们所在的企业的营销方式和各自公司的规模。图 7-4 为某零售商采购管理组织结构。

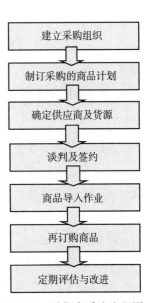

图 7-3　零售商采购流程图

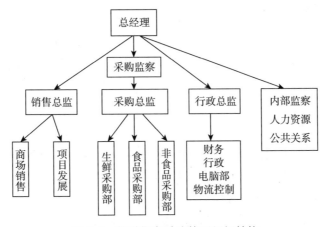

图 7-4　某零售商采购管理组织结构

采购的形式有统一采购和分散采购。统一采购有利于企业统一调配资金及货品，降低进货成本，但缺乏灵活性。分散采购则由各个商品部门或专柜自行组织采购，有利于采购适销对路的商品，减少库存，但不利于资源的统一利用，而且分散采购的进价成本也比较高。

（二）制订采购的商品计划

零售商采购的商品计划集中于四项决策：采购商品的种类、采购商品的数量、采购商品的时机以及商品存储的地点。

1. 采购商品的种类

零售商应该根据企业的经营战略、市场定位决定其采购商品的种类。

在确定采购的商品种类时，零售商需要考虑以下几个因素：目标市场、零售商形象、竞争者、商店位置、库存流转、盈利能力、制造商品牌或自有品牌、顾客服务、顾客可感知的商品或服务价值等。

> ⊙ 知识链接　　　　　　　什么是"商品经营目录"
>
> 商品经营目录是商场或商品经营部（组）所经营的商品品种目录，是商场组织进货的指导性文件。商场根据目标市场需求和企业的经营条件，具体列出各类商品的经营目录，借以控制商品采购范围，确保主营商品不脱销，辅营商品花色、规格、式样齐全，避免商品采购的盲目性。
>
> 商品经营目录包括全部商品目录和必备商品目录两种。全部商品目录是商店制定的应该经营的全部商品种类目录；必备商品目录是商店制定的经常必备的最低限度商品品种目录。必备商品目录不包括商店经营的全部商品种类，而只包括其中的主要部分。

2. 采购商品的数量

零售商决定了采购商品的种类后，就必须决定采购商品的数量，即不同商品或服务大类的数量，以及某一大类商品或服务的数量。另外，零售商也应该决定它们适当的组合。

3. 采购商品的时机

零售商应确定每一种商品在什么时候采购更合适，这就采购时间或时机的选择。对于新产品和服务，零售商必须决定在什么时间第一次陈列和销售。对于已有产品和服务，零售商必须计划一年内的商品流转规律。

为恰当地采购商品，零售商需要预测一年内的商品销量及其他各种因素：销售高峰季节，订货和送货时间，例行订货和特殊订货，库存流转率，以及折扣和存货处理的效率。

4. 商品存储的地点

在采购流程中,最后一个决策是将商品存储在合适的地点。零售商需要选择将一定数量的商品存放在仓库中,以及确定是否充分利用了仓库。一些零售商几乎完全将仓库当作中心或地区的分销中心;另一些零售商则不过分依靠中心或地区仓库,相反,它们至少有一部分产品直接由供应商运送到各分店。

(三) 确定供应商及货源

当决定了采购商品的种类后,零售商就需要选择商品的进货渠道。需要注意的是,国产商品与进口商品的进货渠道有很大区别。

1. 国产商品的进货渠道

(1) 生产商。零售商可以直接和生产商的业务部门接洽,从而购得货物。

(2) 经销商。一些生产商将产品销售交给各区域经销商负责,零售商可以向这些经销商直接进货。

(3) 批发商。一些小型的零售店铺适宜去品种齐全、价格低廉的大型批发市场采购货物。例如,北京城区许多水果店去北京丰台区新发地批发市场进货,这个批发市场是北京交易规模最大的农产品批发市场,被称为北京的"菜(果)篮子"。

2. 进口商品的进货渠道

(1) 进口代理商。国外许多中小型品牌在国内均有代理商代其接单。从进口代理商处进货,一般需要提前下单,应预付定金。

(2) 进口产品经销商。进口产品经销商是指国内较大的中间商,零售商用这种方式采购,灵活性较大。

3. 订货方式

选择好货源之后,需要确定订货方式。零售商通常采取订货会或者业务员订货这两种方式。

(1) 订货会。许多生产企业会召开产品订货会。例如,服饰企业一年一般召开两次(春夏、秋冬)或四次(春、夏、秋、冬)订货会。在订货会上,全国各地分公司、省级代理商或加盟商都到公司总部进行订货,公司会安排产品展示表演、主题介绍、产品介绍等活动,对订货进行辅导,参加订货的人员根据自己所在地市场的需求下订单。

(2) 业务员订货。业务员每天对所负责的店铺进行周期性看货,然后订货者将所需要的商品及数量逐一向供货者说明。

选择供应商时,有许多因素值得考虑:质量、价格、交货能力、服务、柔性、位置、供应商存货政策、信誉与财务状况稳定性等。

(四)谈判及签约

采购人员根据制订好的采购计划寻找供应商,并进行有关项目的谈判,如果达成协议,双方共同签订采购合同。采购合同是采购人员与供应商签订的合约,合同可以由任何一方提供。采购人员应该具有良好的谈判能力,因为在签合同之前,合同中的许多条款需要双方协商,如折扣、价格、运输费用的负担、交货期、提前交货的折扣、广告促销费用、现金折扣、推迟交货的折扣等。采购人员应充分理解合同中的每一项条款。

对许多大中型零售商来说,购买决策是自动完成的。这些零售商使用计算机完成订单处理,每一次采购都被输入计算机数据库。小型零售商通常是人工完成采购决策,利用员工填写和处理订单,每一次采购都以同样的方式记入商店的存货手册。随着计算机订单处理软件的快速发展,以及大型批发商对电子数据交换和快速反应系统的使用的增加,越来越多的零售商开始采用电子订货方式。

(五)商品导入作业

供应商按时交货后,采购部门应及时组织仓库管理人员对货品进行验收并办理入库,以免耽误新货品上架。

(六)再订购商品

零售商在销售商品的同时需要不断进行补货,对于那些不止一次采购的商品,再订购的计划是必需的(见图7-5)。制订再订购计划时,有四个因素是关键的:订货和送货的时间、存货流转率、财务支出、存货或订货成本。

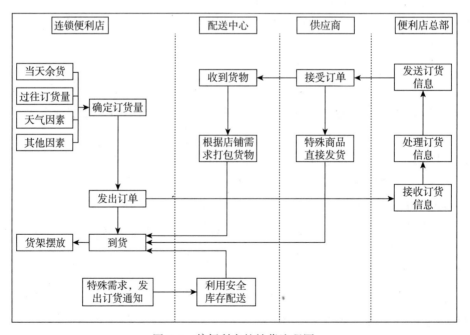

图7-5 某便利店的补货流程图

（七）定期评估与改进

定期评估包括商品的评估和供货商的评估。改进包括采购计划的改进、采购方法的改进、采购商品品种的改进、零售商与供应商关系的改进。表 7-1 为某零售商对供应商评估的考核表。

表 7-1　某零售商对供应商评估的考核表

项目	评估考核等级			
	A	B	C	D
商品质量	品质佳 （15）	品质尚可 （8）	品质差 （6）	时常出现坏品 （2）
畅销程度	非常畅销 （10）	畅销 （8）	普通 （6）	滞销 （2）
商品价格	比竞争对手优惠 （20）	与竞争对手相同 （12）	略高于竞争对手 （8）	大大高于竞争对手 （2）
配送能力	准时 （15）	偶误 （10）	常误 （8）	经常误 （2）
促销配合	配合极佳 （15）	配合佳 （10）	配合差 （5）	配合极差 （3）
欠品率	2% 以下 （15）	2% ~ 5% （12）	5% ~ 10% （8）	10% 以下 （2）
退货服务	准时 （10）	偶误 （8）	常误 （6）	经常误 （2）
经营潜力	潜力极佳 （10）	潜力佳 （8）	普通 （6）	潜力小 （5）
得分	110	79	53	20

说明：1. 对供应商应定时评估考核，一般隔半年或一季度进行一次；
　　　2. 得分 80 分以上为 A，60 ~ 80 分为 B，50 ~ 60 分为 C，50 分以下为 D。A 类供应商应给予表扬和奖励。

二、商品采购原则

零售商为了控制成本、满足管理的要求，其商品采购原则如下。

（一）适时进货

掌握好进货时机，对采购工作来讲非常重要。通常进货时机有以下几种。

（1）换季时节。换季是零售商经营中的一个重要阶段。不同的商品，对季节的敏感性也不同。例如：服装的季节敏感性高，家用电器则无明显的季节性；水果蔬菜的季节性高，日用品则无明显的季节性。

（2）装修后进货。装修后进货包括新进货柜后进货，阶段例行性的装修后进货，因经营策略的改变而做装修之后再进货，新开店铺时的大量进货。

（3）补货时节。补货时节是指随着销售活动的进行，零售商对款式、花色、品种的补充进货或顾客大量购买造成店面缺货而进货。对于店铺的促销活动，零售商应预估促销活动而增加的销售业绩，事先予以规划，提前组织货源。

（二）以需定进

（1）对于销售需求比较稳定的商品，如服装的基本款，其销售情况往往与消费需求基本保持一致，在这种情况下，零售商可以以销订购：销售什么，采购什么；销售多少，采购多少。

（2）对于季节性强的商品，如分季节生产但供常年消费的商品（如水果蔬菜等）或常年生产但分季节消费的商品（如羽绒服等），零售商需要在认真研究市场环境之后，分析消费需求的变化趋势和商品的销售量，并进行市场预测，以此为依据来决定采购数量和采购时机，防止过季积压和旺季销售断档缺货的现象出现。

（3）对于一些新特商品，零售商应在研究市场需求的基础上决定其购销活动。由于消费需求具有可引导性，零售商既可以积极运用各种促销手段来开拓市场，影响和刺激消费，引导消费需求，也可以采取少量采购试销的观察法，待确定其市场需求后再大批采购订货。

（三）信守合同，文明经商

零售商与供应商需要用经济合同明确双方责权利，以法律形式确立商品买卖双方达成的交易，维护双方各自的经济权利，明确各自应承担的经济义务，以及各自的经济利益，保证经营活动有效地进行，这是零售商进货采购的基本原则。

（四）勤进快销，经济核算

勤进快销是加速资金周转、避免商品积压的重要条件，也是促进经营发展的一个必要措施。零售商要利用有限的资金来适应市场变化的需求，以勤进促快销，快销保勤进，力争以较少的资金经营较多、较全的品种，加速商品周转，做活生意。经济核算的目的是以尽可能少的劳动占用和劳动消耗，实现尽可能多的劳动成果，取得好的经济效益。

三、零售采购模式

零售采购模式根据零售企业是否连锁，可以分为单店采购模式和连锁采购模式，连锁采购模式按集权的程度又可分为分散采购模式、集中采购模式和混合采购模式。

（一）单店采购模式

尽管零售企业越来越趋向于大规模连锁型发展，但独立的单体零售企业仍广泛地存在，并且在数目上占较大比例。

单体零售企业的商品采购模式主要有如下三种具体形式：

（1）店长或经理全权负责。商品采购的权力完全集中在店长或经理的手中，由店长或经理选择供应商，决定商品购进时间和购进数量。

（2）店长授权采购部门经理具体负责。零售企业店长将采购商品的工作下放给采购部门经理，由采购部门经理根据零售企业经营的情况决定商品采购事宜。

（3）各商品部经理具体采购。由于零售企业商品部经理是一线管理人员，他们熟悉商品的经销动态，比较了解消费者的偏好，可以根据货架商品陈列情况以及仓储情况灵活地进行商品采购决策，因此，这种形式比上述两种形式更有效。

单店采购模式的特点是，商品采购常由一个采购部负责，直接与供应商打交道，一般进货量较小，配送成本较高，零售企业需要努力实现采购的科学管理，否则失败的风险很大。对于一些规模不大的零售企业，有时店长直接负责商品采购，但实现较为理想的商品组合仍是困难的，特别是由于进货量小，不可能取得较低的进货价格或减少流通环节，因此，降低商品价格成为可望而不可即的事。

一般来说，采用单店采购模式的零售企业规模不大，经营的商品通常在 2 000 种以下，一般店长就是企业的法定代表人，因此，可以按照自己的经营意愿开展经营活动。由于规模小、商品有限，单体零售企业在竞争中往往处于劣势。

（二）连锁采购模式

1. 分散采购模式

分散采购模式就是零售企业将采购权力分散到各个区域、地区或分店，由各分店在核定的金额范围内，直接向供应商采购商品。总体来看，对零售商来说，分散采购不易控制采购过程，且缺乏价格优势，采购费用较高。

分散采购的优点：①能适应不同地区市场环境变化，商品采购具有相当的弹性；②对市场反应灵敏，补货及时，购销迅速；③可以提高一线部门的积极性，提升士气；④便于分部考核。

分散采购的缺点：①部门各自为政，容易出现交叉采购，人员费用较大；②采购控制较难，采购过程中容易出现舞弊现象；③计划不连贯，形象不统一，难以实施统一的促销活动，商店整体利益控制较难；④难以获得大量采购的价格优惠。

2. 集中采购模式

集中采购模式是指零售企业设立专门的采购机构和专职采购人员统一负责商品采购工作，统一规划与供应商的接洽、议价、商品的导入、商品的淘汰以及安排促销活动等，零售企业所属各门店只负责商品的陈列以及内部仓库的管理和销售工作；对于商品采购，各分店具有建议权，可以根据自己的实际情况向总部提出有关采购事宜。

集中采购的优点：①可以提高零售商在与供应商采购谈判中的竞价能力，降低采购费用；②有助于保持企业统一形象，使企业整体营销活动易于策划和控制；③有利于保证采购商品的质量和数量,提高采购效率和店铺的运营效率;④配送体系的建立降低了连锁店的仓储费用和收货费用;⑤可以规范采购行为。

集中采购的缺点:①购销容易脱节;②采购人员与销售人员合作困难,销售人员的积极性难以充分发挥,维持销售组织的活力也比较困难;③责任容易模糊,不利于考核。

集中统一的商品采购是连锁零售企业实现规模化经营的前提和关键,只有实行统一采购,才能真正做到统一陈列、统一配送、统一促销策划、统一核算,真正发挥连锁经营的优势。

3. 混合采购模式

混合采购模式是指零售企业统一采购部分商品,而另外一部分商品由各分店直接向供应商进行采购。

混合采购的特点:混合采购可能会同时获得集中采购和分散采购的双重利益。集中采购有利于制定和实施统一的采购政策,有利于降低进货价格和采购风险;分散采购则可以保持采购的灵活性和采购速度。

在实践中,一个零售商究竟在多大程度上实现集中采购和分散采购,目前还没有标准的模式。企业分权程度及企业结构职能之间的分工,都会对企业零售采购模式的选择产生相应的影响。当然,企业的目标、文化资源和管理需求,也是企业在确立采购模式时应当考虑的因素。

拓展阅读　　　　　　　　　　**沃尔玛的采购管理**

沃尔玛是美国的一家世界性连锁企业,总部设在阿肯色州本顿维尔。沃尔玛主要涉足的是零售业,有沃尔玛购物广场、山姆会员店、沃尔玛商店、沃尔玛社区店等4种经营业态。经过50多年的发展,沃尔玛公司已经成为美国最大的私人雇主(世界上雇员最多的企业)和世界上最大的连锁零售企业(以营业额计算,为全球最大的公司)。

沃尔玛的消费者一般都是低收入者和中产阶级。店址一般选在美国内陆各州居民人数在5 000~25 000人的小镇上。沃尔玛经营的商品品种齐全、丰富,只要是顾客能想到的家庭所需物品,沃尔玛基本都销售,如成衣、玩具、日常生活用品、家电、家纺、化妆品等,一应俱全。

沃尔玛推出的一个新的经营模式就是社区店——提供"一站式购物"。新鲜果蔬、肉类海鲜、冷冻食品等都属于品质优良、价格优惠的大众化商品。"一站式购物"的方式大大节省了顾客的时间,减少了顾客需要去不同地方购买其想要的商品而产生的资源浪费,更加便民、利民。

沃尔玛直接从工厂进货来达到降低成本的目的,同时采购人员也会想方设法再降低价格。公司在全国设立了多个配送中心,配送中心离沃尔玛门店的距离都不会太远,因为在进行门店选址的时候公司就考察过。公司总部的电脑与配送中心及所有门店联网,凡是售出的商品都会自动记录。当门店的某一种商品的库存量低于某个数量点时（即需要采购该商品），电脑会自动向总部订货。总部会在收到进货信息的 36 小时内将商品送至缺货门店。

沃尔玛的商品有不少是低价买断的，与此同时，沃尔玛大量购入这些商品，然后在经营的过程中保持良好信誉，提升顾客满意度，让顾客放心。由于沃尔玛的价格清算很及时，生产厂家的风险没有那么高，回笼资金的速度也较快，因此生产厂家通常都欣然接受沃尔玛的合理杀价。

此外，沃尔玛在经营中一直秉持节约的理念。比如，沃尔玛的办公管理费用仅占营业额的 2%，其中包括中高层管理人员的薪酬、办公室及配送中心的一些开支等。

一、沃尔玛的采购流程

1. 沃尔玛的全球采购流程

沃尔玛在进行全球采购前，先由采办会成立采办小组，采办小组根据新产品及其报价采备产品样品，再由采购人员选择样品，并决定采购品种。接着，采办小组通过内部讨论决定采办的数量和价格，然后由采购人员与厂家进行关于采办细节和价格的谈判。谈判完成后，采办会下订单，采办小组负责跟单，最后结束订单。

一国的沃尔玛店通过全球采购网络从另一国的供应商进口商品，商品从哪国进货就由哪国沃尔玛的采购部门负责商品采购工作。

2. 沃尔玛的门店采购流程

为了缩短采购环节，降低进货成本，沃尔玛会与当地的供应商建立战略合作关系，采取集中采购与配送的方式。

采购管理中心从生产供应商处直接采购，然后直接配送到门店。门店提供缺货信息到电脑信息管理中心，再向生产供应商发送订单。这是一个循环的过程。

二、沃尔玛的采购管理

1. 采购部门的工作内容

（1）按商品种类划分部门。沃尔玛按不同的商品种类划分部门，可分为：①非食品部，负责采购日常生活用品、家电等；②成衣部，负责采购短袖衣服、袜子、拖鞋等；③食品部，顾名思义，就是负责采购所有的食品（如生鲜等）。

各部门只需负责本部门需要采购的商品（应考虑销售量、毛利率等）。在做出最终的商品采购决定之前，采购人员需要仔细分析、研究门店里最热销和易销的商品，在考虑这些的同时还需要考虑毛利率。

（2）有选择性地做出商品采购决定。商品采购应遵循"80/20"原则——有 80% 的销售业绩是由其中 20% 的商品创造的，所以我们需要分析和了解这 20% 的商品。对于怎么提高这 20% 商品的销售额，我们需要认真思考。

（3）找准最低价位。采购人员需要并善于发现其所负责的商品哪一种是价位最低的、最具有竞争潜力的，还要让顾客了解顾客想买的、需要的商品在沃尔玛都有，做好宣传工作。

（4）选择商品组合。采购人员将有关商品的信息提供给供应商，通过供应商对该类商品的熟悉、了解来帮助我们进行商品组合，以达到商品组合最优化。

2. 采购信息管理系统

在供货方面，沃尔玛建立了一个卫星通信网络系统，这个系统让沃尔玛获益良多。通过应用这个系统，沃尔玛的配送中心、供应商及每家门店的每一销售点连成一线，从填写订单到各门店订单汇总，再到送出订单的流程，短时间内就能完成。沃尔玛营业的效率和准确率得到了大幅度的提升。

3. 沃尔玛对货运管理的有效管理

沃尔玛的货运流程是供应商把货物运送到配送中心，然后配送中心再把商品运送到门店里。沃尔玛巧妙地运用时间差来调控供应商发货，合理利用时间，以此来减少供应商的运输成本和商品成本，达到削减沃尔玛采购成本的目的。

资料来源：潘琳智.连锁零售超市的采购管理研究：以沃尔玛为例[J].中国市场，2016(41):31-32.有删改。

四、零售采购策略

（一）采购数量的确定

1. 大量采购

大量采购是指零售商为了节省采购费用、降低采购成本而一次性把一种商品大批量地采购进来。

大量采购一般适合以下几种情况：①该商品在市场中的需求量巨大，可以大量进货；②在集中采购模式下，可以大量采购；③对供货不稳定的商品，有时可以采用大量采购方法。

2. 适量采购

适量采购是指针对市场销售均衡的商品，在商店保有适当的商品库存的条件下，确定适当采购商品的数量。图 7-6 为零售商保管费用和采购费用的关系图。

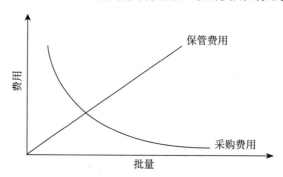

图 7-6 零售商保管费用和采购费用的关系

经济采购批量是指保管费用与采购费用之和减少到最小限度的采购批量。其计算公式如下：

$$Q = \sqrt{\frac{2K \cdot D}{P \cdot I}}$$

式中　Q——每批采购数量；
　　　K——商品单位平均采购费用；
　　　D——全年采购总数；
　　　P——采购商品的单价；
　　　I——年保管费用率。

【例 7-1】某商店预计全年销售某种商品 800 件，已知每件商品的采购费用是 0.5 元，单价为 20 元，年保管费用率为 2.5%，则经济采购批量为：

$$Q = \sqrt{\frac{2 \times 0.5 \times 800}{20 \times 2.5\%}} = 40（件）$$

通过上述计算可以得知，每次采购数量在 40 件以上或 40 件以下的年度总费用都高于 40 件采购批量的年度总费用。只有每次采购批量接近经济采购批量时，年度总费用才最小，如果远离经济采购批量而盲目去进货，就不可能取得良好的经济效益。

（二）采购方式的确定

1. 定量采购方式

定量采购（或称为不定时采购）是指根据企业的实际情况，事先确定一个订货点量（一般以经济采购批量 Q 为标准），当实际的库存量下降到预定的最低库存数量（采购点）时，就应按照订货点量进行采购补充（见图 7-7）。

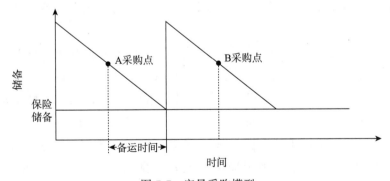

图 7-7　定量采购模型

采用定量采购方式，事先要确定采购点和订货量。通常采购点的确定主要取决于每天的需求量和订货到货的时间，此外还要加上一定的保险储备量作为安全库存。

在这种采购方式中,采购点的计算方式为:

$$采购点 = 平均每日需求量 \times 订购时间 + 保险储备量$$

订购时间是指从订购到货物验收入库期间所需要的时间。

订货量通常依据经济采购批量的计算方法来确定,即以总库存成本最低时的经济批量为每次订货时的订货数量。当然,实际的订货量也可以根据企业实际或者与订货商的约定进行确定。

【例 7-2】某商品的平均日销售量为 30 件,备运时间为 10 天,保险储备量为 150 件,则采购点 = 30×10 + 150 = 450(件)。

当商品库存量超过 450 件时,不考虑采购;当降到 450 件时,就及时按预定的采购数量或经济采购批量进行采购。

采用定量采购方式时,每次采购的时间不确定,只要库存量下降到采购点就要进行采购,但是每次采购的数量固定。因为每次订货数量固定,并且事先确定好了订货量,所以能够保证商品基本不会缺货。但是这种订货方式要求对每个品种单独进行验货作业,这样会增加订货成本和运输成本。一般而言,定量采购方式适用于品种数目少但占用资金较多的商品。

2. 定期采购方式

定期采购是指按预先确定的订货间隔时间进行采购来补充库存的一种方式。企业根据过去的经验或经营目标,预先确定一个订货间隔时间,每经过一个订货间隔时间就进行订货,每次订货数量都不同。

在定期采购时,不同时期的订货数量不尽相同,订货数量的大小主要取决于各个时期的销售情况。定量采购是对库存连续盘点,一旦库存水平到达采购点,企业立即进行订购。而定期采购仅在盘点时进行库存盘点,这就有可能在刚订完货时,由大批量的需求导致库存快速下降,新的订货又需要一段时间才能进行。定期采购一般比定量采购要求更高的安全库存。

定期采购的优点是:由于订货间隔时间确定,因而多种商品可以同时进行采购,可以降低订单处理成本和运输成本。定期采购的缺点是:遇到突发性的大量需要时,容易因缺货造成损失,因此,超级市场为了应对订货间隔时间内需要的突然变动,往往库存水平较高。定期采购方式适用于品种数量大、占用资金较少的商品。

实际上,采购周期也可以根据具体情况进行调整。例如,企业可以根据自然日历习惯,以周、月、季、年等确定周期,或者根据供应商的生产周期或供应周期进行调整。

在定期采购方式中,订货量的确定方法为:

$$订货量 = 平均日销售量 \times 采购周期 + 保险储备量 - 实际库存量$$

【例 7-3】某商店日销售某商品 30 件,保险储备量为 5 天的需求量,订货日实际库存量为 500 件,采购周期为 30 天,则:

$$订货量 = 30 \times 30 + 5 \times 30 - 500 = 550（件）$$

从例 7-3 中可以看出,采购周期为 30 天,一般情况下,月采购量应为 900 件,而现在只需采购这批货的 550 件,说明实际库存严重超储,必须在采购时做适当调整。

(三) 采购中的物流管理

物流是指商品实体从生产地点转移到消费使用地点的全过程。除了商品实体流通的意义,广义上的物流还包括流通加工、包装、储存、保管以及与之联系的物流信息等流程。零售商的物流管理一般是指商品的运输管理和仓储管理。

1. 商品的运输管理

组织商品的运输就是要达到安全、快捷、准确、价廉的目的。在进行商品运输管理时,需要解决的问题包括制订运输方案,选择运输工具,确定发运批量、发运时间、运输路线以及明确运输方式(是依靠自己的力量自行组织运输还是委托专业物流公司运输)等。

2. 商品的仓储管理

仓储的目的是解决商品的生产与消费在时间和空间上的差异,通过对商品的存储与保管满足商品在供求和周转上的需要,实现生产与消费的衔接。仓储管理的内容主要包括仓库管理和储存管理。仓库管理主要是指对库存商品的日常养护、对出入库的管理和对库存商品信息的管理。储存管理主要是指对商品储存费用的分析、对商品订购成本的分析、对经济采购批量的确定和对商品储存量的控制,其最终目的是通过科学的进货管理和库存管理来降低商品的储存成本。

拓展阅读　　　　大型商超配送中心的高效分拣解决方案

锋馥为苏州某大型商超华东地区的物流配送中心,其量身打造"交叉带分拣 + 原箱条码分拣 + 机械手臂与人工混合投货"三合一的高效分拣设备方案,从传统人工拣货物流配送中心,全面升级改造为高效率、数据化、智慧化的自动化物流分拣配送中心,不仅大幅提升了分拣效率(可达 12 000 件 / 时),降低了差错率及人员成本,而且有效地处理和缓解了配送中心的产品积压和快速吞吐问题,从而整体提高了该物流配送中心的运转效率和经济效益。

例如,每天送货、补货,分店不必准备太多的库存,降低了运营成本,缺货情况改善,运营效率大大提高;同时,采用原箱条码分拣,货箱分拣后系统自动核对,不用条码

> 枪每箱核对，减少了箱子重新贴条码的费用，一人可负责多个道口，提高了该商超的整体运营效率和竞争力。退货系统原来需 30～40 人，2～3 天的工作量，系统上线后，只需 10 人，半天就处理完毕，账目自动结算后就可以收款，货物处理快，解决了因货物积压而占更多场地的问题。
>
> 资料来源：凌峰．大型商超配送中心的高效分拣解决方案 [J]．物流技术与应用，2019(08):38, 40-41. 有删改。

第四节 自有品牌的开发

一、自有品牌的定义

自有品牌（private brand，PB），又被称为渠道品牌或私人品牌，是指零售企业在收集、整理、分析消费者对某类商品需求信息及要求的基础上，提出新产品的开发设计要求，选择合适的生产厂家或自行设厂制造，最终由零售企业定义商标并注册，仅在本企业各销售点经营的商品品牌。

在自有品牌的发展历史上，英国的连锁商店玛莎百货（Marks & Spencer）最具代表性。资料显示，玛莎百货经营的商品 80% 使用其在 1928 年创立的自有品牌"圣米高"（St Michael）。除了圣米高，玛莎百货还经营着多个自有服装品牌，包括 Limited Collection，Autograph 和 Per Una。

对我国普通消费者来说，对自有品牌的认知有可能来自屈臣氏。据不完全统计，屈臣氏在沐浴露、洗发水、护肤品、食品等品类共拥有 2 000 多种自有品牌产品。可以说，自有品牌是屈臣氏的一大特色。

二、自有品牌的特点

零售商自有品牌的发展经历了四个阶段，表 7-2 从不同的角度对自有品牌的不同发展阶段及特点做了介绍。

表 7-2　零售商自有品牌的发展及特点

产品系列	品牌	产品	制造技术	质量/形象	购买动机	制造厂商
第一代	无名产品	最基本的生活必需品	基本技术，无制造障碍	比制造商品牌产品质量低	价格	国内制造商，非专业
第二代	准品牌	数量众多的单个产品	落后市场领先者	中等，消费者认知差	价格	国内制造商，部分专业
第三代	零售商品牌家族	产品大类	接近市场领先者	与领先品牌齐平，质量有保证	产品性价比高	国内制造商，大部分专业
第四代	细分品牌、形象品牌	企业形象产品	创新技术	相同或者好于领先品牌	产品更好	国际制造商，大部分专业

第一代零售商自有品牌是指所谓的无名产品，其主要特点是价格、质量和产品形象定位远低于市场主导产品，外观设计简单，往往用简单的技术就可以生产，市场进入成本低，产品容易被模仿。这一代自有品牌主要集中在食品类的产品上。

第二代零售商自有品牌的市场定位有了提高，单个商品的市场销售增加，价格依然低廉，虽然用成熟的技术就能生产，并开始跟随市场主导产品，但是以单一商品为主的自有品牌仍然没有自身的独特性和显著性。

第三代零售商自有品牌则延伸到一个或者几个产品类别，形成品牌家族，并具有一定程度的独特性，其市场定位已经可以和市场主导产品进行比较，零售商已经可以做出一定的质量保证和承诺，产品质量有了提高，生产技术有了突破，创新程度几乎可以和市场主导产品相提并论，其生产主要由制造商品牌的生产者来完成。

第四代零售商自有品牌从质量到形象，其市场定位至少达到了市场主导产品的水平，一个品牌家族包括很多为细分市场服务的产品类别和花色品种，它们独具特色，产品质量优良，生产技术先进，通常由只生产零售商自有品牌的国际性的厂商来生产。目前，市场上同时存在着这四代零售商自有品牌。

三、自有品牌的建设

（一）明确自有品牌的定位

零售商经营自有品牌，首先要解决品牌的定位问题。所谓定位，就是在消费者心目中建立起自有品牌不同于制造商品牌的鲜明的、突出的特点。一般来说，在定位之前，零售商必须了解消费者前来购物的动机和需求。由于消费者选择零售商自有品牌商品的重要因素是产品的高质量和低价格。因此，自有品牌的定位不能脱离这两个基本因素。自有品牌的定位一方面要使品牌与制造商品牌相比有突出的个性；另一方面要使品牌与其他自有品牌竞争者相比有独到的优势。

（二）选择自有品牌的名称

在选择自有品牌的名称时，零售商首先要考虑采用企业名称还是其他名称。选用企业名称作为品牌，在品牌导入期有利于品牌的推广，但如果商品出现问题，不仅会影响自有品牌销售，还将影响企业声誉。选用其他名称，则可为产品选择恰当的品牌，而且就算这一品牌出现问题，也不会波及零售企业的声誉，但要注意把企业的风格与经营产品的特点有机地结合起来，同时结合目标市场的消费习惯和消费心理，使商品能被消费者接受。

（三）确定自有品牌数量

零售商在建设自有品牌的时候需要考虑采用统一品牌还是多个品牌。采用统一品牌费用较低，给消费者更大的可信度，但不一定适合每类商品，容易出现一损俱损的后果。

采用多个品牌，为每类产品取上最佳名称，能最大限度地覆盖细分市场，但相应的设计、制造和促销费用会增加，且易产生自相竞争。因此，采用统一品牌还是多个品牌，要视具体情况具体分析。

（四）管理自有品牌

在确定自有品牌产品应该实行的品牌策略时，零售商除了要考虑产品线本身的长短，还特别要考虑不同产品之间存在的相互影响和作用。例如，德国的零售商倾向于实行多品牌策略中的单个品牌策略，即对不同的产品给予不同的品牌名称。这种品牌策略可以顾及不同产品的特点，有针对性地进行市场定位，零售商不必考虑产品之间的相互影响和作用。但是，采取这一策略必须将有限的广告预算分摊到不同的品牌上。另外，众多的品牌名称会淡化商店的统一形象，消费者也无法直接将对单个品牌的信任转移到对商店的信任上。

与单个品牌策略不同，品牌家族策略按照商品类别或者细分市场把产品置于统一的品牌之下，以便在营销当中充分考虑特定目标顾客群的诉求和愿望。这种品牌策略的另一个优点在于，单个产品的良好形象将对同一品牌下的其他产品产生积极影响。当然，粗劣的产品质量也可能反过来对品牌造成伤害。

采用公司品牌策略则是另一种品牌战略选择，即所有产品都会采用和公司名称一致的品牌名称。品牌名称和公司名称统一，可以强化消费者对零售商的企业识别，其前提就是产品的品牌元素必须和公司的企业识别系统相协调。运用不恰当的品牌元素可能引发株连效应，即在消费者的感知当中形成两者之间的相互摩擦和排挤，最终损害企业整体形象。不管企业采用何种品牌策略，最终都必须统一到其完整的营销组合当中。

在零售商自有品牌的管理措施中，最值得关注的是品类策略和沟通策略。品类策略要解决的是向消费者提供什么产品的问题。在这里有两点必须加以考虑：一是经营商品的种类问题，这显然和零售业态有关。通常情况下，对经营零售商品牌的企业来说，并非经营种类越多越好，相反，连锁折扣经营往往严格控制商品种类的选择。这类企业一方面严格控制商品种类的数量，并保持相对稳定；另一方面在某一商品种类下严格控制替代产品的数量，也就是说，其对商品的花色品种有严格的限制。其原则就是在同一个商品类别下尽可能没有相同或者类似的商品。二是严格质量检验和控制，这是保持消费者品牌忠诚的关键所在。为了便于消费者对商品质量做出判断，商家可以把独立质检机构的评定在商品的包装上标明，或者将这样的信息连同服务策略一起传达给消费者，这就涉及和消费者的沟通策略。供零售商选择的沟通手段有很多，包括媒体广告、促销、店内广告和个人接触等。有效的沟通策略一方面表现在企业预算的合理使用上，另一方面表现在企业知名度和消费者认同度的提高上，从长远来看就是培养起消费者对自有品牌、对商店的满意和忠诚。

> **拓展阅读**

屈臣氏的自有品牌策略

屈臣氏集团（以下简称"屈臣氏"）创办于 1828 年，1871 年更名为屈臣氏公司，1981 年被华人首富李嘉诚旗下的和记黄埔集团收购。经过多年发展，屈臣氏变成了亚洲领先的保健与美容零售商，业务遍布欧亚市场，在欧亚市场经营 6 000 多家店铺，遍布中国、泰国、新加坡、马来西亚、印度尼西亚等国家。2017 年，屈臣氏在中国大陆市场有 3 000 多家门店，在中国大陆拥有超过 6 000 万个会员。

在中国大陆市场，屈臣氏自有品牌产品数量约为 2 000 多种，自有品牌产品营业额占所有销售产品营业额的 20%。自有品牌的种类有日常用品、个人护理品、护肤品、保健品及美容产品，可以说是包罗万象。2016 年长江和记实业有限公司的财报显示，2015 年自有品牌在中国大陆市场为屈臣氏贡献了高于 36 亿元的营业额，2016 年中国区营收为人民币 185 亿元，其中自有品牌为屈臣氏创造了总营业额 20%～25% 的销售业绩。可见，坚持不懈地开拓自有品牌的市场，创造价格优势，是屈臣氏在市场上竞争的一把重要利器。

屈臣氏的自有品牌主要有四个大类，如表 7-3 所示。一般来说，屈臣氏的自有品牌上面都会标注"by watsons"字样，但也有少部分屈臣氏自有品牌并没有这样的标识，如 My Party Gal 和 Letsaqua。

表 7-3　屈臣氏"个人护理类"自有品牌产品

产品种类	品牌名称	产品举例
护肤	Watsons、骨胶原系列、燕窝系列、Water360、植物水活系列、N.B.Olive 橄榄、天丝系列、虫草系列、Skin Advanced、Skin Simple	面膜、护手霜、洗面奶、爽肤水、乳液等
彩妆	My Party Gal、Letsaqua、Makeup Miracle、骨胶原系列彩妆等	CC 霜、眼线液、眉笔、粉饼、口红等
男士	Skin Advanced、Wastsons Men	洗面奶、面霜、剃须刀、唇膏等
洗护	Watsons、骨胶原系列、N.B. 等	洗发露、沐浴乳等

屈臣氏对自有品牌的开发，主要通过对店铺销售产品（包括自有品牌产品与代理品牌产品）数据的统计和分析，从中找出热销产品及极具潜力的产品，之后根据消费者的需求来确定产品研发的种类，从而仿制出相似产品。

屈臣氏为了省去从生产到销售的中间环节，充分依靠其自身庞大的销售体系，迅速形成销售规模，为企业带来巨大的利润空间。屈臣氏对自有品牌商品采取了严格的管理措施，自有品牌商品只能在自己店里或者特许店销售，以确保渠道洁净，避免不必要的费用支出，这样短平的渠道降低了屈臣氏自有品牌产品的销售成本。

屈臣氏每隔一段时间都会对消费者购买最频繁的自有品牌产品进行让利，让利比率超过 15%，相对于其他同类产品，屈臣氏的自有品牌产品价格明显更低。

资料来源：叶丹. 屈臣氏集团"个人护理类"自有品牌产品市场营销策略研究 [D]. 广西大学，2018. 有删改。

本章小结

零售商需合理确定商品经营范围和商品结构，在有限的资源条件下，尽可能满足消费者对商品选择的需要，并突出商店的经营特色。零售商首先必须对商品进行分类，在商品分类的基础上，零售商需要进一步确定企业的商品经营指导思想，即商品政策。商品政策确定之后，零售商可以选择适合自己的商品结构配置策略。每一种商品结构各有利弊，事实上零售商的商品结构是零售商在商品的广度和深度两个轴线上寻找一个合适的交点。

随着零售管理技术的不断发展，技术的运用使得零售商的商品管理从过去的战略管理规划到现在的每一个单品管理。于是，品类管理和单品管理成为零售管理的重要工具和管理理念。单品管理与品类管理都有各自的优势，单品管理的强化并不意味着它能完全替代品类管理，或可以放松和削弱品类管理。单品管理与品类管理应相互促进、相互补充，从而提高商品管理的总体效益。

采购管理是零售业务管理十分重要的一项内容，零售商的采购管理首先从采购流程控制开始。连锁采购模式按集权的程度主要有分散采购、集中采购、分散和混合采购三种。商品的商品计划集中于四项决策：采购商品的种类、采购商品的数量、采购商品的时机、商品存储的地点等。

由于零售商在开发自有品牌上具有诸多优势，自有品牌产品的销售额在零售商的总销售额中的占比呈现不断上升的趋势。自有品牌的开发是零售商面临的一个新课题，开发自有品牌产品成为零售商赢得竞争的新策略。

 ## 本章练习题

一、简答题

1. 零售商在确定商品经营范围时应主要考虑什么因素？
2. 简述商品品类管理的作用及流程。
3. 不同业态的零售商采取的商品政策有何不同？
4. 定量采购与定期采购各有何优缺点？它们各适合哪些类型商品的采购？
5. 简述四种零售采购模式的不同。

二、论述题

1. 连锁零售商在采取集中采购模式时，如何使总部采购的商品满足各地消费者的不同需求？
2. 对于国内零售商开发自有品牌商品，你有何具体建议？

三、实践题

1. 参观一家零售企业的采购部，了解采购部的工作内容，与部门主管交谈并了解采购计划的制订情况。
2. 请为一家小型服装专卖店设计商品采购计划，并说明该计划应该包括哪些内容。

第八章
零售定价策略

📖 学习目标

了解影响零售定价的主要因素;掌握零售定价方法;学习零售定价的策略;了解零售价格调整的内容及应对策略。

📖 导入案例

苹果手机在中国真的一降价就好使?

2018年第四季度,苹果在中国市场的营收下滑了26.7%。为了挽救销量,苹果利用中国新年这一契机大幅调低 iPhone 售价。

2019年1月11日零点开始,京东、苏宁下调了部分 iPhone 机型价格,相比苹果官网报价,降幅达到千元有余。京东平台的 iPhone 8/8Plus 价格11日下调至3 999元和4 799元,降价幅度分别达到600元和800元。这一报价,与苹果官网相比,分别差了1 100元和1 200元。与此同时,苏宁同样不甘示弱,在官方微博上宣布"大幅下调 iPhone 价格",其中 iPhone XR 128GB 版本到手价仅5 799元,比其他电商平台低700元,相较于苹果官网6 999元的价格,便宜了1 200元。

这一轮降价似乎真的起到了效果。数据显示,在1月11日~1月30日,苹果产品销售额增长了83%,天猫零售商的 iPhone 销量在此期间飙升了76%。而凭借来自中国市场的利好提振,苹果公司股价在当时有所回升,再次超越了微软夺回全球市值第一公司的宝座。

资料来源:老姚.苹果手机在中国真的一降价就好使?[N].人民邮电,2019-02-21,有删改。

思考:

(1)你认为苹果手机为什么在中国市场采取降价措施?

(2)降价能不能帮助苹果手机夺回失去的市场份额?

第一节 影响零售定价的因素

商品定价是零售商重要的决策之一。一方面,价格的高低对顾客的购买具有直接影响；另一方面，零售商制定一系列的价格策略，使不同零售商的价格管理和竞争策略有明显的区别，是构成零售商形象的重要内容。

影响商品定价的因素很多，有零售商内部因素，也有零售商外部因素；有主观的因素，也有客观的因素。具体来说，影响商品定价的主要因素有定价目标、产品成本、市场供需状况、消费者心理、市场竞争状况和其他因素。

一、定价目标

定价目标是指导企业制定价格决策的目标。从某种意义上说，定价目标就是企业的经营目标，这是由价格与销售和利润的联系决定的。显然，目标越明确，就越容易定价。不同的价格水平，对企业的盈利目标、销售收入目标以及市场份额目标具有不同的影响。

制定价格要根据定价目标要求来进行。通常情况下，追求当前利润最大化的定价目标会把价格定在较高水平，追求市场份额最大化的定价目标则要求把价格定在较低水平。由于价格水平只能有一个，因此，上述两个目标不可能同时实现，最后价格的确定取决于定价目标的合理安排。

二、产品成本

（一）产品成本的构成

零售商在为其产品定价时，成本是首先要考虑的关键因素。定价时，成本为最低界限，只有产品价格高于成本，零售商才能获得一定的盈利。当然，这并不排除在一段时期内，个别产品价格低于成本销售，例如，商场进行大型促销活动或季节性降价销售时。

产品成本可以分成固定成本和变动成本。零售商的固定成本有店铺租金、固定资产折旧、能源费、利息、管理人员的成本等，是与企业的销售收入无关的费用。零售商的变动成本主要是商品的采购成本，它们随着产品数量的增加而增加。但如果零售商的店铺租金是随着销售额变化而变化的，那就是变动成本了。

固定成本与变动成本之和构成了总成本。产品销售后的总收入应弥补一定水平下的总成本。

（二）零售商的成本估算

对于零售商而言，成本估算是至关重要的。零售商的商业毛利就是销售收入与进货成本的差额，在商业毛利中还包含一定的流通费用。在价格中，流通费用一般按六个项目计算，即储运费用、仓管费用、包装及整理费用、利息、商品损耗、经营及管理费用。零售商要根据自身的经营条件给出一个销售盈亏平衡点。

⊙ 知识链接   盈亏平衡点

盈亏平衡点（break even point，BEP）又称零利润点、保本点、盈亏临界点、损益分歧点、收益转折点，通常是指全部销售收入等于全部成本时（销售收入线与总成本线的交点）的产量。以盈亏平衡点为界限，当销售收入高于盈亏平衡点时，企业盈利；反之，企业就亏损。盈亏平衡点可以用销售量来表示，即盈亏平衡点的销售量，也可以用销售额来表示，即盈亏平衡点的销售额，如图 8-1 所示。

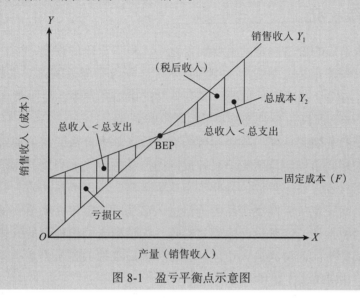

图 8-1　盈亏平衡点示意图

三、市场供需状况

产品价格除受成本影响外，还受市场需求的影响，即受产品供给与需求相互关系的影响。通常，当产品的市场需求大于供给时，价格应高一些；当产品的市场需求小于供给时，价格应低一些。反过来，价格的变动影响市场需求总量，从而影响销售量，进而影响企业目标的实现。当然，不同产品的价格变动对市场需求的影响是不同的。因此，零售商制定价格时必须了解价格变动对市场需求的影响程度。

四、消费者心理

消费者的心理是很难预测的，其随机性较大。这是零售商在定价时最不容易考察的因素。例如，服装是每个人都消费的商品，但是有些消费者注重质量，有些消费者看重款式，还有些消费者在意服装的品牌等，每个人对服装的审美和认知各不相同。

此外，随着市场经济的发展，人们收入结构的变化带来了人们消费观念的变化，心理因素对产品定价的影响越来越大。例如，消费者的定向购物心理：消费者认为大商场购物环境好，产品品种齐全，所以消费者在观念上容易接受大商场价格较高的事实。有的消费者认为集贸市场、超级市场的商品在质量、档次上不及大商场，因此，在心理上会认为其价位是中低档的。还有，不同的消费群体也会形成不同的心理价位，工薪阶层喜欢经济实惠的产品，而成功人士则追求体现身价与成就感的产品进行消费，以达到心理和精神的满足。

五、市场竞争状况

市场竞争也是影响价格制定的重要因素之一，根据竞争的程度不同，零售商定价策略会有所不同。按照市场竞争强度，市场竞争可以分为完全竞争、不完全竞争（垄断竞争和寡头竞争）与完全垄断三种情况。在竞争性的市场条件下，竞争的强度对企业的价格策略有重要影响。所以，企业首先要了解竞争的强度。

不同的市场竞争强度不同。当目标市场确定后，基本价格的定位通常比较清晰，零售商就应当考虑相同市场定位的竞争品牌或同类产品的价格。当以与竞争者产品相同的价格进入市场时，零售商应采取的是非价格竞争策略，应以产品品质、服务等优势争取市场份额。当以高于竞争者同类产品的价格进入市场时，零售商就要获得与竞争者的差别优势，比如独特性能、特殊设计或原材料等，让消费者相信他们的选择是正确的。当以低于竞争者同类产品的价格进入市场时，零售商应采取的是价格竞争策略，应降低产品与服务成本，并密切关注竞争者的反应。

六、其他因素

产品的零售定价除受产品成本、市场需求以及竞争状况的影响外，还受到其他多种因素的影响，这些因素包括国家法律法规与政策方针、产品的生命周期、国内外经济状况、零售企业或产品的形象等。在此主要探讨前两个因素。

（一）国家法律法规与政策方针

现代市场经济是有秩序的经济，政府可以使用政策手段对产品定价及社会整体物价水平进行调控。所以，零售商在制定价格时，总是要受到法律法规、政策方针的约束。国家总是密切关注物价的波动，通过规定其调控的产品或服务的价格，对价格水平施加影响。

（二）产品的生命周期

产品都有生命周期，一般包括导入期、发展期、成熟期和衰退期四个阶段。不同的产品，其生命周期长短不同，在生命周期的不同阶段，产品的定价也不尽相同。

⊙ 知识链接　　　　　　　服装产品的生命周期

服装产品由于具有流行性的特点，最能体现产品生命周期的特点。服装的流行周期长短不同，在不同的生命周期阶段，其零售价格也不同，具体关系如表8-1所示。

表8-1　服装流行周期与价格的关系

服装类别	流行周期	社会影响面	消费者类型	价格
快潮式服装	极短。前期增长很快，后期下降亦快	较小。但在某些团体或组织中影响又极大	追求流行的女士以及青少年，国外的雅皮士等	初期价格高，中期价格不稳，后期价格暴跌
一般服装	较长。演变周期基本遵循产品生命周期模式	较大。基本按产品生命周期模式由大变小	社会各阶层，基本按产品生命周期的消费类型划分	随着基本产品生命周期的演变而由高到低
古典式传统服装	极长。前期同一般服装，后期无明显衰落和消亡现象	极大。前期同一般服装，后期相对趋于稳定	社会大众，其中前期消费者按产品生命周期模式划分	前期价格较高，后期价格趋于稳定

拓展阅读　　　　　　　钻石因为稀有而珍贵吗

俗话说得好，"物以稀为贵"，钻石在大众眼中可以算是比较珍贵的东西了，然而这就是因为钻石稀有吗？

钻石也许是奢华的终极象征。我们发现，钻石几乎已经成为浪漫承诺的代名词。在美国，超过80%的准新娘都会收到一枚钻石订婚戒指，戒指的平均价格超过3 000美元。

对整个社会而言，钻石也是炫耀性消费的同义词。从时髦的纽约上流社会到洛杉矶的嘻哈明星，人们都选择用钻石来炫耀自己的财富和地位。

为什么钻石会有如此之高的社会地位？答案就是它们十分昂贵。

人们通过佩戴钻石来显示自己能够负担得起最好的饰品。为什么钻石如此昂贵呢？你也许会认为这是因为它们十分稀有，所以变得珍贵。然而事实上，钻石并非如此稀有，每年出产的钻石数以万磅⊖。

那么，为什么我们需要在钻石上花费不菲？答案就隐藏在戴比尔斯公司当中，它是有史以来最成功的公司之一。

一个多世纪以来，戴比尔斯通过采取积极的商业策略，控制了国际钻石市场几乎所有的份额。同时，它还采用了高明的营销手段，推动人们对钻石的需求。

通过控制全世界大多数钻石的生产和销售，戴比尔斯完全背离了完全竞争市场中价格接受者的企业形象。它具有十分强大的市场力量，因此能够有效地制定钻石的市场价格。要达到这一目的，它只需选择向市场投放数量有限的钻石。

戴比尔斯的故事开始于19世纪80年代，当时钻石确实十分稀缺，每年只有很少的钻石开采于印度与巴西的河床和丛林。因此，钻石十分昂贵，只有真正的贵族能够负担得

⊖　1磅≈0.45千克。

起钻石首饰。

后来,英国矿工在南非发现了储量巨大的高品质钻石矿。这看起来一定像一个大发洋财的绝好机会,但其中存在一定的潜在风险:如果企业一窝蜂似的进入钻石市场,市场上供应的钻石品质会迅速上升,而价格会不断下跌。很快,拥有一颗钻石不会让人感到如此独特和尊贵,人们愿意付出的价格也会随之下降。偏好的这一变化会引起需求变动,最终导致钻石的价格更低。人们将会购买更多的钻石,但卖者无法赚到更多的钱。一位名为塞西尔·约翰·罗兹的商人与其他矿主一起成立了一家公司——戴比尔斯。通过控制所有新发现的钻石矿以及全世界几乎所有的钻石产量,戴比尔斯确保每年投入市场的钻石数量十分有限,从而维持钻石不菲的价格,如此一来,相比大量生产并廉价出售,戴比尔斯赚到了更多钱。

垄断厂商可以通过对市场的控制谋利,但消费者则会遭遇损失,而且总的来说,总剩余会减少。基于上述理由,政府通常会通过一系列政策尽力限制垄断力量,即使是强大的戴比尔斯也无法与政府施加的压力抗衡。

现在,它仅仅控制了全世界钻石市场近40%的份额,这仍然十分可观,但相比全盛时期,现在的它仍难以望其项背。

戴比尔斯成功的秘诀之一就是,它说服了许多人钻石没有相似的替代品。这是一个了不起的壮举,毕竟,说到底,钻石只是首饰里一颗闪亮的漂亮石头而已。它本应该有许多相似的替代品,比如红宝石、蓝宝石、祖母绿(以及合成钻石,它实际上与从地下开采出来的钻石别无二致)。

如果戴比尔斯将钻石定价过高,人们为什么不购买其他宝石来代替钻石呢?秘诀在于戴比尔斯推销钻石的巧妙手法。尽人皆知的广告语"钻石恒久远",就是戴比尔斯在1938年至20世纪50年代末大力推行的。

在整整一代人心中,戴比尔斯树立了钻石是公认的订婚信物的观念。在日本,它也推行了相同的策略,将钻石宣传为时尚、西式的象征。在1967~1981年,日本佩戴钻石婚戒的新娘比例从5%一路飙升至60%。

如今,如果收到镶嵌着其他宝石或者合成钻石的订婚戒指,许多女人都会感到十分失望。

资料来源:http://www.sohu.com/a/202693469_165453,有删改。

第二节 零售定价的方法

零售定价的方法是零售商在特定的定价目标指导下,依据对成本、需求及竞争等状况的研究,对产品价格进行计算的具体方法。零售定价的方法主要包括成本导向定价法、需求导向定价法和竞争导向定价法。

一、成本导向定价法

成本导向定价是企业定价时首先需要考虑的方法。成本是企业生产经营过程中所发生的实际消耗,客观上要求通过商品的销售得到补偿。企业要获得大于其支出的收入,超出的部分表现为企业利润。以产品单位成本为基本依据,再加上预期利润来确定价格的成本导向定价法,是最基本的、企业最常用的定价方法。

(一)成本加成定价法

加成的含义就是一定比例的利润。所谓成本加成定价,就是在产品的单位成本上加上一定比例的利润,作为单位产品售价,其计算公式为:

$$单位产品售价 = 单位产品成本 \times (1 + 成本加成率)$$

这是成本导向定价法最基本的形式。成本加成率的衡量方法,即加成率 = 加成 ÷ 进货成本,其中:加成 = 售价 - 进价。

采用成本加成定价法定价的关键是确定成本加成率。加成率的大小与商品的价格弹性有关。需求价格弹性大的商品,加成率宜相对低些;需求价格弹性较小的商品,加成率宜相对高些。同时,加成率的大小因时间、地点、市场环境的变化而有很大差别。

用成本加成定价法并非一定能定出最佳价格,因为它忽视了市场需求和竞争,而且缺乏灵活性,难以适应市场竞争的变化形势。但是加成定价法具有计算方便、定价程序简单等优点,而且在正常情况下,采用此方法定价可以保证企业获得预期的利润。因此,在市场环境稳定的情况下,许多企业都采用这种方法定价。

【例 8-1】假设某一商品的进货成本为 100 元,零售商希望经营这种商品获得 30% 的毛利,则该商品的零售价格为:

$$100 \times (1+30\%) = 130 (元)$$

(二)盈亏平衡定价法

盈亏平衡定价法是企业在预测商品销售总量和已知的固定成本、变动成本及价格的前提下,确定能够保证企业收支平衡的产销量的方法。收支平衡点也称盈亏平衡点(或盈亏临界点、损益平衡点),其计算公式为:

$$盈亏平衡点销售量 = 固定成本 \div (单位产品价格 - 单位变动成本)$$

当企业的产量及销售量达到盈亏平衡点时,企业不盈也不亏,收支平衡,保本经营。保本价格的计算公式为:

$$保本价格 = 固定成本 \div 盈亏平衡点销售量 + 单位变动成本$$

【例 8-2】某企业主要生产一款电视机,该企业预计明年产品销量为 30 000 台。为生产该产品，该企业必须支付的固定成本为 7 500 000 元，单位变动成本为 1 000 元。若该企业欲实现保本经营，电视机的价格应定为：

$$7\,500\,000 \div 30\,000 + 1\,000 = 1\,250\,（元）$$

（三）成本系数定价法

成本系数定价法亦称经验定价法，常常用于一些时装与高档商品的定价。这种定价方法的关键是选择成本系数。上述成本是指产品的变动成本，不包括流通领域的成本费用。例如，对服装商品而言，一般大众时装成本系数取 3～4；中档时装成本系数取 5～6；高档或经典时装成本系数取 6 以上。对于奢侈品等特别的商品，成本系数更高。成本系数定价法的计算公式为：

$$价格 = 成本系数 \times 成本$$

虽然成本导向定价法简单易行，但从本质上说，成本导向定价是一种卖方定价导向，只看重成本，忽视了市场需求、竞争和价格水平的变化，有些时候与定价目标相脱节，不能很好地配合。此外，运用这种方法制定的价格是建立在对销售量主观预测的基础上的，降低了价格制定的科学性。因此，企业在采用成本导向定价法时，还需要充分考虑需求和竞争状况，确定最终的市场价格水平。

二、需求导向定价法

需求导向定价法是以消费者需求的变化及消费者价格心理作为定价的基础，伴随现代营销观念而产生的定价方法。这种定价方法主要有以下两种形式。

（一）感知价值定价法

感知价值定价法也称为认知价值定价法，主要是指企业根据消费者对某种产品的价值观念或感受，而不是根据产品成本来进行定价的方法。零售商应该研究产品在不同消费者心目中的价格标准以及在不同价格水平上的不同销售量，并做出恰当的判断，进而有针对性地运用营销组合中的非价格因素去影响消费者，使消费者对本企业形成一定的有利的价值观念。然后，零售商还要估算投资额、销售量、单位产品成本和利润，制定出符合消费者需求的期望价格和营销组合策略。

感知价值定价法的关键是企业要准确地评价市场对产品价值的认知。如果卖方高估了自己的产品价值，则其产品的定价就会偏高；相反，如果卖方低估了自己的产品价值，则其产品的定价就会偏低。为了有效地定价，零售商需要经常进行市场调查，测定市场的价值认知程度。

假如市场上有三家商店都卖领带，抽样选取一组顾客为对象，了解他们对三家商店领带的感知价值。有三种方法可以使用：

（1）直接价格评比法。直接价格评比法是指顾客估测每一种领带的价格，该价格能反映出购买每种品牌的总价值。例如，他们估测三种品牌领带的价格分别为：255元、200元和152元。

（2）直接认知价值评比法。直接认知价值评比法即顾客将100分分配给三种品牌的领带，来反映各自领带的价值。假如顾客给三种品牌领带的分数为42分、33分和25分，而领带的市场平均价格为200元，则可算出三种品牌领带的感知价值所代表的价格分别为255元、200元和152元。

（3）诊断法。诊断法即顾客根据一系列的特征对产品进行评判。例如，顾客赋予领带的质地、花色、种类、垂感四种属性一定的权重系数，与其得分相乘，便可发现，三种品牌领带的感知价值分别为42分（高于平均分）、33分（处于平均值）和25分（低于平均分）。因此，商店在对领带定价时，可以区分档次，分别定价。

（二）需求差异定价法

需求差异定价法是指企业按照两种或两种以上不反映成本费用的比例销售产品或服务。对于需求差异定价法，同一产品的价格差异并不是由产品成本的不同引起的，而主要是由消费者需求的差异决定的。这种定价方法对同一商品在同一市场上制定两个或两个以上的价格，或使不同商品价格之间的差额大于其成本之间的差额。需求差异定价法的好处是可以使企业定价最大限度地符合市场需求，促进商品销售，有利于企业获取最佳的经济效益。

事实上，这种价格差异的基础是：顾客需求、顾客的购买心理、产品样式、地区差别以及时间差别等。采用这种方法定价，一般是以该产品的历史定价为基础，根据市场需求变化的具体情况，在一定幅度内变动价格。这种方法的具体实施通常有四种方式。

1. 基于顾客差异的差别定价

这是指根据不同消费者的消费性质、消费水平和消费习惯等差异，制定不同的价格，如会员制下的会员与非会员的价格差别；学生、教师、军人与其他顾客的价格差别；新老顾客的价格差别；国外消费者与国内消费者的价格差别等。零售商可以根据不同的消费者群的购买能力、购买目的、购买用途，制定不同的价格。

2. 基于不同地理位置的差别定价

由于地区间的差异，同一产品在不同地区销售时，可以有不同的价格。例如，飞机与游轮上的舱位因对消费者的效用不同而价格不一样；电影院、剧场或赛场由于观看的效果不同而价格不一样。

3. 基于产品差异的差别定价

质量和规格相同的同种产品，虽然成本不同，但企业在定价时并不是根据成本不同按比例定价，而是按外观和式样不同来定价。企业定价时考虑的真正因素是不同外观和式样对消费者的吸引程度。比如，营养保健品中的礼品装、普通装及特惠装三种不同的包装，虽然产品内涵和质量一样，但价格往往相差很大。

4. 基于时间差异的差别定价

在实践中，我们往往可以看到，同一产品在不同时间段里的效用是完全不同的，顾客的需求强度也是不同的。例如，我国北方蔬菜价格冬季比夏季高；面包店的面包傍晚会打折降价等。在需求旺季，企业可以提高价格；在需求淡季，价格需求弹性较大，企业可以采取降低价格的方法吸引更多顾客。

实行需求差异定价法一般要满足如下条件：①市场必须能够细分，而且这些细分市场有不同的需求程度；②支付低价的细分市场的顾客不能将产品转销给付高价的细分市场；③细分市场和监控市场的费用不应超过差别定价所得的额外收入；④这种定价法不会引起顾客的反感；⑤差别定价不能是具有特殊市场力量企业的一种排除、限制竞争的违法手段。

> ⊙ **知识链接**　　　　　　　　　　**价格歧视**
>
> 价格歧视（price discrimination）是指商品或服务的提供者在向不同的接受者提供相同等级、相同质量的商品或服务时，在接受者之间实行不同的销售价格或收费标准。消费者对不同商品或服务感知到的效用不同，就会有不同的保留价格。企业为了同时获得不同消费者的不同消费者剩余，就需要对保留价格高的消费者收取高价，对保留价格低的消费者收取低价，这就是产生价格歧视的原理。例如，乘飞机时选择头等舱要支付比经济舱更高的价格，电影院的包厢比普通座位价格更高已普遍被市场接受。现实生活中，消费者愿意付出的价格取决于商品或服务所能带来的效用。价格歧视分为三类：一级价格歧视、二级价格歧视和三级价格歧视。一级价格歧视又称完全价格歧视，是指卖家对每个消费者按照其愿意支付的最高价格出售商品。二级价格歧视是指卖家根据买家对同一商品的不同消费数量收取不同价格，但是购买相同数量的每个人支付的价格是一样的。所以二级价格歧视针对的是不同的数量，而不是不同的消费者。比如，批量购买可以打折，一般是购买的数量越多价格越便宜，购买的数量越少享受到的优惠越少。三级价格歧视是指厂商对不同的人群按不同的价格销售产品。厂商将整个市场细分为不同的小市场，在每个小市场上制定不同的销售价格，如对军人、老年人、学生的折扣优惠等。一般来说，价格歧视是正常的商业行为，其存在是基于各种不同的商业客观环境。一般情形下，与统一价格相比较，价格歧视能够提高社会产量，给消费者带来福利。只有以价格歧视作为行为手段，欲达到消灭竞争垄断市场的目的，或具有此种效果时，价格歧视才被认为是反竞争。

拓展阅读

外卖贵于堂吃，别把定价策略看成价格歧视

同样的套餐，外卖价格比堂吃价格贵11元，消费者还要额外支付9元的外送费。近来有消费者反映，其在外卖平台上点了一份麦当劳套餐，竟然发现外送与堂吃的价格相差11元。媒体探访发现，外卖贵于堂吃并非限于麦当劳套餐，而是一种普遍现象。对此，麦当劳方面回应称，麦乐送的经营模式和麦当劳门店不一样，其菜单也是专属的，促销活动和麦当劳门店也不同，所以价格会有所不同。

尽管麦当劳方面做出了解释，但众多网友不依不饶，以至于这个话题上了微博热搜。很多网友感到不可理解——外卖贵些很正常，因为有送餐成本，可是我已经额外支付了9元外送费，凭什么还要多收钱？有人认为这是价格歧视，呼吁有关部门出手管一管。

说实话，有关部门还真管不着，因为定价属于经营者的自主权，遵循"一个愿打，一个愿挨"的市场准则，有关部门不便出手干预，甚至无权干预。

实际上，与外卖贵于堂吃相对应，也有很多商家的外卖比堂吃便宜，即堂吃贵于外卖。如此，那些堂吃的消费者，是不是也该抗议商家搞价格歧视，要求有关部门管一管？麦当劳外卖贵于堂吃，反过来说就是堂吃比外卖便宜，麦当劳方面完全可以回应说，它们只是给予堂吃优惠而已——搞优惠活动总可以吧！

商品定价是一个复杂的过程，各种因素综合起作用。价格偏离成本是再正常不过的现象，一般情况下，供求关系才是价格的决定性因素。一样东西卖得好，商家会把价格提高一点，卖得不好，商家就把价格降低一点，这就是供求关系在发挥作用。另外，商家为了开拓市场，有时候甚至赔本赚吆喝，当市场开拓完成，就要想办法"收割"消费者，这其实是一种很正当的定价策略。经历了这么多年市场经济的洗礼，消费者早该对此习以为常，并明白其中的道理。

正因如此，我们可以发现，市场上的差异化定价无处不在。比如，有些商家的饮料第二杯半价，单身人群是不是该抗议了？再比如，有些商家的啤酒买十送一，好酒贪杯的人凭什么享受优惠？很多商家极力讨好新客户，各种新人福利让人羡慕，对忠诚的老客户反倒极其吝啬，"大数据杀熟"备受舆论指责。可如果你是商家，估计也会这么干。

说到底，市场经济条件下，只要有充分的行业竞争，有诚实的明码标价，差异化定价根本不是问题，不过是"随行就市"的结果。商家有自主定价权，消费者有消费选择权，这两种权利的碰撞和博弈，最终会使商品的价格趋于合理。如果你觉得某个商家的外卖价格不合理，不点他家的外卖便是，平台上的外卖商家多如牛毛，总能找到你认为价格合理的一家。

差异化定价只是一种定价策略，别把它看成价格歧视。如果非要看成歧视也可以，只不过这里的"歧视"不是贬义词，而是一个中性词。

资料来源：http://zj.people.com.cn/n2/2019/0809/0186327-33231091.html，有删改。

三、竞争导向定价法

竞争导向定价法是指在竞争激烈的市场上，企业通过研究竞争对手的生产条件、服务状况、产品价格水平等因素，依据自身的竞争实力，参考成本和供求状况来确定产品价格。其特点是：价格与商品成本、需求不发生直接关系。产品成本或市场需求变化了，但竞争者的价格未变，产品就应维持原价；反之，虽然成本或需求都没有变动，但竞争者的价格变动了，产品价格则应相应地调整。

竞争导向定价法主要有随行就市定价法和差异价格定价法。

（一）随行就市定价法

随行就市定价法是指企业按照行业通行的价格水平或平均价格水平来制定价格的定价方法。这种定价方法简单、安全，无风险，容易被消费者接受，又可避免行业价格竞争。其不足之处是不注重自身产品的成本和市场需求。

> ⊙ 知识链接　　　　　　　　**横向限价**
>
> 横向限价（horizontal price fixing）涉及零售商之间的协议，协议规定直接竞争的双方应当制定同样的价格。假设有两个大型的折扣商店 Mel 和 KD，它们共同把油漆的零售价格固定在非常低的水平上。BIG 是一家小型连锁店，仅销售油漆。显然，BIG 竞争不过 Mel 和 KD，Mel 和 KD 的这种行为是反竞争的。根据一般的经验，零售商不应该和它的竞争对手讨论价格或销售的条件。因此，横向限价是不合法的，因为它抑制了竞争。

（二）差异价格定价法

差异价格定价法是指零售商采用与竞争者价格不同的定价法，可以低于竞争者的价格，也可以高于竞争者的价格。这是一种积极的定价方法。零售商在定价时，不仅要对本企业的产品、服务、环境等进行分析，还要对竞争对手做较为详细的调研，分析其优劣势，在此基础上确定产品价格，形成竞争优势。

当零售商品以等于竞争者同类产品的价格进入市场时，可采取服务等非价格竞争策略，使企业在同一个市场的竞争中脱颖而出。当零售产品以高于竞争者同类产品的价格进入市场时，应注意必须让消费者感到物有所值，否则，成熟消费市场中质价不符的高价产品将无人问津。当产品以低于竞争者同类产品的价格进入市场时，应尽可能降低产品与管理成本，体现商品的成本竞争优势。当产品的定价低于其成本时，往往会受到反倾销法的限制。表 8-2 为竞争价格策略的选择。

表 8-2　竞争价格策略的选择

零售组合中的变项	价格策略的选择		
	定价 < 市价	定价 = 市价	定价 > 市价
地段	不便的地方	靠近竞争者，无地段优势	没有强大竞争者，位置方便顾客
服务	自助服务，员工商品知识贫乏，无商品陈列	导购员提供适应的帮助	高水平的服务，有推销技巧，送货上门
花色、品种	集中于畅销货	花色、品种适中	花色、品种丰富
店内环境	廉价的固定装置，没有镶嵌板壁和配有货架	店内环境中等	吸引人的装饰和大量的陈列
专门服务	现购自运	不提供专门服务，或向顾客收取额外的费用	服务费用包括在价格内
品牌	他人的商标	名牌货	独家经营商标

> **⊙ 知识链接**　　　　　　　　**比　价**
>
> 　　零售商把待售商品的价格与一个较高的"正常"价格或生产者的价格清单进行比较，这样的做法就是比价（price comparison）。比价给了消费者一个价格比较，使得所出售的商品看起来便宜。值得注意的是，当零售商做广告说它们的价格是本地区最低的，或者他们的价格将和竞争对手的价格一样，甚至还要低的时候，为了避免欺骗，零售商在做广告前要有证据证明它的价格确实是本地的最低价格，或者零售商必须制定相应的政策，才能适时对价格做出调整，从而保证广告宣称的准确性，否则就是欺骗性比价。

> **拓展阅读**　　　　　　　　**数据权力如何尊重用户权利**
>
> 　　技术本身是中性的，要避免"技术的贪欲"，既要求拥有技术者不丢失克制的美德，也要求拥有技术者构建与大数据发展相适应的消费权利观念。
>
> 　　2018年的"3·15"消费者权益日刚刚过去时，人们还在谈论食品安全、假冒伪劣等问题，也有越来越多的目光聚焦于消费者的数据权利。比如，一则"大数据杀熟"的新闻就持续引发舆论关注。有网友自述，其通过某旅行服务网站订特价酒店，朋友的账号显示只需300元，自己的账号则要380元。相同的房间，不同的价格，这算得上算法的"功劳"。通过深挖消费者过往消费记录甚至浏览记录，让算法洞悉消费者偏好，不少互联网平台清晰地知道消费者的"底牌"，于是就有了上述的"看人下菜碟"。
>
> 　　明明是明码标价，却能暗度陈仓，消费者只能大叹防不胜防。随着新闻的发酵，有朋友做了类似的小实验，发现上述情况绝非个案：同在办公室的甲与乙同时打开某打车App，呼叫起终点相同的快车（平价车）。但他们发现，平时常呼专车（高端车）的甲的显示价格就比平时只用快车的乙略高。因为信息不对称，这样的手法显得很隐蔽、很"高明"，能通过赚取更多消费者剩余来获得超额收益，但对于普通用户而言，欢天喜地拥抱新经济，认准了平台反而深受其害，这真的成了"最懂你的人伤你最深"。

有人说，这是针对不同消费能力群体的差别定价。从福利经济学的视角看，差别定价并不一定是坏事。飞机头等舱价格总是高于经济舱几倍，演唱会内场座位的票价必然高，企业版软件总比家庭版贵很多，它们并不是比普通座、大众版"好"那么多！这样的定价策略之所以被接受、被实践，不只是"一个愿打，一个愿挨"，更基于以下大前提：它有助于扩大消费群体，保证产品供给，从而增进社会总体福利。然而，同一时刻对同一产品的差别定价，尤其是将消费者蒙在鼓里随意加价的情形，并不在其列。为了获得灰色超额利润，它损害了消费者权益，已经构成违背消费者知情权的价格欺诈，不为价格法所允许。

从2018年年初支付宝个性化年度账单引发的大数据信任危机，再到"大数据杀熟"的案例，大数据时代普通消费者的弱势处境暴露无遗。尽管互联网从诞生之际就被冠以"透明"美誉，但在今天看来，这份"透明"是非对称的。一方面，平台化意味着新的中心化，平台手握海量数据，对个人生活轨迹以及消费偏好精准画像，让个人无处藏匿；另一方面，就像"大数据杀熟"案例所展现的，平台可以有所隐瞒，只以"有限真实"示人。这样的权力结构，像不像站在一台望远镜两头对视的人：一方看到了对方无限放大而清晰的像，另一方则只能看到一个极度缩小的黑点？

当然，这绝不是说大数据带着原罪，毕竟，面向万物互联的未来，大数据的深度利用与广泛共享是无法扭转的趋势，无论是通过大数据营销快速撮合交易，还是依靠大数据分析完善社会治理，数据正在极大地改变着我们的生活。但换个角度说，当大数据无孔不入时，也要谨防数据规则远远落后于数字生活，尤其要避免一些"数据王国"滥用数据的权力。只有保证普通用户数据权利与平台数据权力间的大致平衡，才能为大数据的长足发展赢得更多彼此信任的空间。

从深层次上说，大数据使用引发的几次公众信任危机与人们对于技术运用的期待，是一体两面的。当网约车踢出了黑车，当12306挤出了"黄牛"，全社会已经倾向于相信：新技术的使用，不只能让社会更有效率，更可以激发诚信、透明的商业伦理和商业文明。这一份期待，也当成为大数据时代的商业自觉与技术伦理共识。

资料来源：https://baijiahao.baidu.com/s?id=1595687311778030047&wfr=spider&for=pc，有删改。

第三节 零售定价的策略

上节所述定价方法是依据成本、需求和竞争等因素决定产品基础价格的方法。在零售实践中，零售商还需要考虑或利用灵活多变的定价策略，修正或调整产品的基础价格。大多数定价策略可被组合使用，所以每种策略对企业来说都是有价值的。零售商最终选择何种定价策略，与其全部的市场营销组合密切相关。

一、价格的定位策略

在制定价格时，价格的定位是十分重要的，它是零售战略的直接体现。零售商可以选择的定位策略有高价定位政策、稳定价格政策和高/低价格政策。

(一) 高价定位政策

采用高价定位政策的零售商利用渠道而不是价格作为零售营销组合中的差异因素。高价定位策略往往同时利用高质量的产品和高水平的服务，以便零售商额外费用导致的较高价格不会妨碍看重产品质量和客户服务的消费者前来购买。事实上，许多消费者认为，他们从高价定位的零售商那里购物能得到一种心理上的满足。例如，杭州大厦购物中心汇聚了 LV、HERMES、CARTIER、CHOLE、VALENTINO、LAMER、奥丽嘉朵、DIOR 等国际顶级奢侈品品牌，成为杭州引领高端品质生活的象征。

(二) 稳定价格政策

稳定价格政策是指零售商基本上保持稳定的价格，不在价格促销上过分做文章。稳定价格政策的主要形式有每日低价政策和每日公平价政策。

稳定价格政策的主要好处是：可以稳定商品销售，有利于库存管理和防止脱销；可以减少人员开支和其他费用；可以为顾客提供更优质的服务；可以改进日常的管理工作；可以保持顾客的忠诚。对以价格作为竞争武器的零售商而言，稳定的低价政策很难长期保持，如沃尔玛实行每日低价策略。

(三) 高/低价格政策

高/低价格政策是指零售商制定的商品价格有时高于竞争对手，有时低于竞争对手，同一种商品价格经常变动，零售商会经常使用降价来进行促销。

高/低价格政策的主要好处是：刺激消费，加速商品周转；同一种商品价格变化可以使其在不同市场上具有吸引力；以一带十，达到连带消费的目的。

拓展阅读

Costco 的会员卡

2019 年 8 月，Costco（开市客）在国内的首家门店——上海闵行店开业。开业当天，消费者蜂拥而至抢购商品，Costco 仅营业 4 个多小时就紧急关门，创造了零售史上的一段神话。Costco 的好业绩也表现在财报上，截至 9 月 1 日的 2019 年财报显示，Costco 实现营收 1 527 亿美元，同比 2018 财年的 1 415.8 亿美元增长 7.9%，其中商品销售营为 1 493.5 亿美元，会员费 33.5 亿美元，归属于 Costco 的净利润为 36.6 亿美元。

2019 年 10 月初，Costco 首席财务官理查德·加兰蒂称，进入中国市场才刚满一个月，上海店注册会员超过 20 万（国内会员费为 299 元），高于 Costco 地区平均水平（68 000 名），创 Costco 成立 35 年来纪录。

上海 Costco 开业招收会员海报

（图片来源：http://m.sohu.com/a/314508406_391501）

放到全球来看，Costco 商品毛利率只有 10%。其实 Costco 没从零售中挣到钱，而是靠招收会员赚钱，其拥有会员超 9 200 万名，挣了会员费。Costco 的商业模式，本质上是在经营会员，而不是在经营商品。

Costco 的会员卡主要有两类：60 美元/年的普通卡和 120 美元/年的精英卡。其中，精英卡会员能享受 2% 的消费现金回馈。如果单个会员在 Costco 一个月的消费超过 200 美元，那么其申请精英卡比较划算，其获得的现金回馈能覆盖精英卡成本。最高现金回馈的上限是 1 000 美元。

在产品方面，Costco 所有品类商品加起来只有 4 000 种，同一类商品只有 1～2 种品牌可供选择。而沃尔玛、塔吉特都超过 14 000 个 SKU，亚马逊的商品 SKU 有 1 200 万。精简 SKU 的效果是，大大提高了效率，消费者可以用 5～10 分钟找到需要的商品，然后结账。Costco 的单店销量大，超低的 SKU 使得单个 SKU 的销量非常大，为了保证商品的生产及时，通常 1 个 SKU 会分配给若干供应链企业负责生产。在配送上，30% 货品直接由生产厂商送至门店，70% 货品送至中心库。而且 Costco 规定，除电脑、数码相机和投影仪等电子产品需要在购买后 90 天内进行退换外，其他商品没有退换货期限。也就是说，顾客在购买后，随时都可以拿着商品无理由退换，而且不需要提供购物收据。

此外，Costco 自主经营的品牌从研发、设计、生产线、价格等都能够自主可控，保证了供应商品的质量。其自主经营的品牌 Kirkland Signature 占了 Costco 全年销量的 20%。近年来，在运营成本方面，Costco 的运营费用占收入的比重是 9%，而竞争对手沃尔玛是 19%，塔吉特是 21%。这些都是 Costco 成功的关键。

资料来源：https://www.iyiou.com/p/115884.html，有删改。

二、折扣定价策略

折扣定价策略中的折扣表现为生产企业对经销商的折扣和零售商对顾客的折扣，本书主要讨论的是零售商对顾客的折扣。折扣定价是指零售商为了正确处理和顾客的利益关系，促进销售，根据商品交易的内容和条件（如交易对象、交易数量、付款条件等）给予顾客一定的价格折扣。具体做法有以下几种。

（1）一次性折扣定价法。一次性折扣定价法，即在一定时间内对所有商品规定一定比例的折扣，一般在店庆、季节末和商品展销时采用较多。一次性折扣定价法是阶段性地把商品的销售推向高潮的定价法，其实施的时间和频率需要零售商事先定好计划。

（2）累计折扣定价法。累计折扣定价法规定顾客在一定时期内累计购买商品达到一定金额或一定数量，按购买金额大小或数量多少给予不同的折扣。这种定价方法能起到稳定企业顾客的作用。

（3）会员卡折扣定价法。会员卡折扣定价法，即消费者只需交纳少量费用，或达到一定购买量，即可持有会员卡，成为零售商的会员，会员可享受多种优惠。

（4）限时折扣定价法。限时折扣定价法，即在特定的营业时间段对商品进行打折，以刺激消费者的购买欲望。限时折扣定价，一方面可以增强商场人气，活跃气氛，调动顾客的购买欲望，另一方面也可以促使一些临近保质期的商品或库存量大的商品尽快售出。

拓展阅读

双安商场的"尊赏日"

双安商场是王府井百货集团旗下的时尚精品百货店，地处北京市海淀区西北三环路畔，建筑面积4万余平方米，是集购物、餐饮、娱乐于一体的多元化大型百货商场。双安商场集结了国内外500余家知名品牌，打造了北京海淀中关村商圈集女装、化妆品、饰品于一体的最强阵容，其推行"让每个细节更完美"的管理理念，成为顾客喜爱的百货店。

自2008年起，北京双安商场自创的品牌节日"尊赏日"亮相。"尊赏日"集中北京双安商场和供应商优势资源，为VIP会员顾客推出全年力度最大、品牌参与度最高、多重礼遇重磅优惠的营销活动，时间定在每年12月的第一个周六。2019年12月7日，双安商场迎来了第十二届尊赏日，作为全年最重要的VIP尊享活动，优惠绝对是尊赏日的核心，包括全场满300元送150元起，满2 000元加送100元，国际化妆品满100元送20积分，满3 000元再送150元，多家银行刷卡满1 000元减100元等价格措施。大力度优惠的同时，商场对商品严格把关，保证参与活动的商品为当季商品。

据了解，为打造这个"全年最闪耀的VIP顾客专属优惠日"，双安人为此付出了极大的努力和心血。当然，双安商场尊赏日高达单日过亿元的销售额足以印证VIP尊赏日在顾客心目中的价值。

资料来源：https://www.wfj.com.cn，有删改。

三、心理定价策略

心理定价策略是根据心理学的原理,以强化消费者某种购买心理动机而采取的销售策略,它主要包括尾数定价、声望定价和招徕定价。

(一) 尾数定价

尾数定价是指在定价时故意保留尾数,使消费者认为价格较低,以激发消费者购买动机中的求廉心理,从而达到扩大销售的目的。例如,19.9 元的商品从感觉上比 20 元的商品要便宜。

(二) 声望定价

声望定价是指企业利用消费者仰慕名品名店声望的心理而采用的一种定价方法。由于名品名店使消费者产生了信任感,因此这类商店一般故意把价格定成整数或定高价,基本上不影响销售。当然,价格也不能高得离谱,使消费者不能接受。例如,一些珠宝首饰商品的定价就为整数,如 9 800 元。声望定价不仅可以提高商业利润,而且可以表现商品的身价,满足部分消费者的心理需要。这种定价策略适用于部分高档商品。

(三) 招徕定价

招徕定价是指零售商利用部分顾客的求廉心理,特意将某几种商品的价格定得较低,以吸引顾客。例如,某些超市推出几款商品,并以较低的价格出售,吸引顾客前来购买,顾客同时也选购了其他正常价格的商品。

⊙ 知识链接　　　　　　　　**维持转售价格**

一家生产厂家在给其零售商的一封信中说,如果得知某零售商在销售产品时,产品价格低于建议的零售价,厂家将中断对它的供货。这种做法在零售管理中被称为维持转售价格(resale price maintenance)。

拓展阅读　　　　　　　　**新"十元店":名创优品**

街边小百货杂货店已经从北京市场上渐渐消失,但是另外一种开在购物中心里的杂货店却越来越多,它们有统一的品牌、标准化的产品、低廉的价格,号称新"十元店"。似乎无论何时,走进各种品牌的"十元店",里面都挤满了正在挑选商品的顾客。十元的香水喷雾、五元的指甲油、一元的小发夹等便宜的商品,是"十元店"吸引用户的重要因素。

低价格是新"十元店"对于过去"十元店"传统经营手段的延续。在新"十元店"

的货架上，基本是价格在几元到几十元的产品，这对消费者有极大的吸引力。与早年间的"十元店"不同的是，现在的"十元店"里的商品品质相对更有保证，种类也更多，而且这些十元店都开在繁华地段的商圈和购物中心，这在很大程度上改善了大众对"十元店"便宜没好货的印象。

新"十元店"中最具代表性的就是名创优品。名创优品从2013年11月在广州开业起，截至2019年6月，历经5年多的扩张与发展，已经在79个国家和地区共开设3 500家店，营收逐年增加，2018年全年营业额达到170亿元。名创优品的门店内，大部分产品为自有品牌，共有九大产品品类，常规3 000个SKU，涵盖日常生活的方方面面，均主打"物美价廉"。名创优品产品的开发遵循"三高三低"原则：三高是指高品质（即供应商的选择）、高颜值（即设计）、高效率（即速度）；三低则是指低成本、低毛利、低价格。名创优品的产品售价保持在低价区间的原因在于其以规模化采购，买断供应，自建物流，工厂直送门店，没有中间商等手段控制品质和成本，掌握定价权。另外，由于消费者对于"高颜值"的热捧，其产品保持着一个较高的更迭速度，确保顾客对产品的新鲜感，促使产品的周转速度加快，加快资金回流。低价销售和新品快速迭代相辅相成。尽管名创优品的毛利率只有8%左右，但其以量制胜，达到规模效应，保证了利润。

名创优品的经营战略对成本控制和供应链的要求是非常高的。在一些地方，名创优品复购率降低，门店增长触顶，租金昂贵拉低店铺盈利水平，部分加盟店亏损等问题已经暴露出来。面对大大小小的挑战，名创优品也在寻找新出路。首先，为了刺激复购率，名创优品在SKU和货品陈列上费尽心机。2019年3月，名创优品与漫威展开官方合作，推出了2 000多款漫威英雄周边产品，轰动一时，圈粉无数。名创优品还陆续与故宫、Hello Kitty、咱们裸熊、粉红豹、飞天小女警等知名IP合作，开发大量正版授权的IP产品。2019年7月4日，这些联名商品上线小程序，新品在1小时内售罄，销售额突破50万元。其次，目前不少风险都被转嫁给了加盟商。据介绍，名创优品采用的是"投资型加盟模式"：由加盟商承担品牌使用费、门店租金、装修费和首笔铺货的货款；品牌方则负责门店运营、员工招聘、商品配送，这样大大降低了品牌方的成本，不需要占用过多的资金，但这种模式也意味着品牌方对下沉市场的掌控力比较弱。

改变后的一个不争的事实是，名创优品变贵了，早已不是人们印象中的"十元店"了，花十元能买到的商品越来越少，近50%的商品定价在10～49元人民币，少数高单价商品为699～999元。在名创优品天猫官方旗舰店，最贵的产品为一款标价999元的行李箱。

迈向千元单价的名创优品，还是那个"十元店"吗？当名创优品放弃"十元"后，它是否还拥有同样的竞争力，是否背离了自己成功的初衷？这是值得考虑的问题。

资料来源：http://www.cmmo.cn/article-215649-1.html，有删改。

第四节 零售价格的调整

商品的销售价格一经确定,一般不应轻易改变,但也并不是一成不变的。零售企业为了生存和发展有时候需要主动降价或提价,有时候又需要对竞争者的变价做出适当的反应。

一、价格调整的内容

在确定了产品价格后,由于客观环境和市场情况的变化,零售商往往会对价格进行修改和调整。

(一)发动降价

通常,零售商在以下情况下需考虑降价。
(1)商品库存积压严重,市场供过于求,零售商需以降价来刺激市场需求。
(2)面临强有力的价格竞争,零售商如果不降价将会失去顾客或减少市场份额。
(3)随着科技的进步,劳动生产率不断提高,经营成本逐步下降,产品价格也应下降。

发动降价的时机也很重要,早降价有早降价的好处,迟降价有迟降价的好处,企业可以根据自身的实际情况选择。

一般情况下,早降价的好处主要有:①实施早降价是在需求还很旺盛的时候就把商品降低价格出售,可以大大地刺激消费者的购买欲望;②早降价与在销售季节后期降价相比,只需要小幅度地降低价格就可以把商品卖出去;③早降价可以为新商品腾出销售空间;④早降价可以加快商店资金的周转。

迟降价的好处有:①零售商可以有充分的机会按原价出售商品;②避免了频繁降价对正常商品销售的干扰;③减少了商店由于降价造成的利润降低。

拓展阅读　　　　　　　　**无印良品的降价"艺术"**

2015年2月,无印良品的官方公众号发了一条推文:无印良品在2014年10月精选了约百种生活必需品进行价格调整,并于2015年年初又精选了多款服装商品,展开新一轮的"新定价"活动。

"新定价"活动实质就是降价。但是不得不说,无印良品的这条推文不仅让降价本身变得清新脱俗,而且顺势为品牌做了一波宣传,让消费者觉得这只是无印良品的让利活动。

2016年1月,无印良品的官方公众号又发了一条推文:为了让更多的客户可以更加方便,用更优惠、更贴心的价格选购无印良品的商品,通过无印良品的提案获得更多美好生活的提示,无印良品一直在努力为商品"新定价"。

没错,这次的理由是为消费者的美好生活而新定价。随后的2017年和2018年,无印良品也基本上沿袭"为美好生活而新定价"的思路，只是稍微做了一些调整。2017年降价的理由是，让顾客在需要的时候用合适的价格买到合适的商品。2018年的理由是，生活还在继续，改良便也在继续。也就是说，尽管每年给"新定价"找的理由都各不相同，但实际上不过是噱头而已。在无印良品看来，降价的原因不重要，重要的是姿势一定要优雅。

到了2019年，无印良品在"新定价"上又发明了一个新词，叫作"价格的重新审视"。简单来说，就是从2019年1月18日开始，无印良品对明星商品的价格进行了新的审视，希望更好的商品以更合理的价格传递到消费者手里。

无印良品对于"新定价"的官方解释是：①降低了进口关税。由于无印良品直接选择在中国内地生产货物，这样就不需要关税了；同时中国与部分东南亚国家签订了特惠关税合约，使得从这些地方进口的货物关税也更低了。②高效的库存管理。无印良品通过更高效的库存管理办法，减少了配货的烦琐流程，让流通环节的成本得到了降低。③扩大了生产规模。订单数量的增长，使得工厂可以使用更低的价格生产，生产成本大大降低。

事实是，2015年之前，无印良品在中国市场可以说是一路高奏凯歌。但是进入2016年后，以名创优品和网易严选为代表的新时尚品牌先后诞生，前者主打线下，后者则以线上为突破口，无印良品在中国遭遇了强劲的竞争对手。财报显示，2018年第三季度，无印良品在中国的继存店（即开店满一年以上的门店），总体销售额下降4.1%，连续两个季度销售额同比下降。也许这才是无印良品一直在努力为商品"新定价"的真正动因。

无印良品在过去四年多的时间里已经进行了十余次降价，但无印良品从未承认自己的"降价"行为。无印良品的这个"新定价"更高级、更艺术，也算是给品牌降价树立了一个典范。

资料来源：叶子栋.无印良品，"降价"也可以这么清新脱俗?[J].销售与市场（管理版），2019(04):86-87，有删改。

（二）发动提价

提价一般会遭到消费者反感和反对，但零售商在下列情况下不得不提高价格。

（1）成本上升。企业进货成本或经营管理成本增加，为保证利润，不得不提价。

（2）产品供不应求。当市场需求旺盛的产品供不应求时，零售商可以考虑提价，这一方面可以使零售商获取更多的利润，另一方面也可以抑制需求的过快增长，保持供求平衡。

此外，在年度交替或传统节日和传统习俗时期，由于顾客对商品本身的关心程度较高，对价格关心程度较低，对商品价格敏感度较弱，因此，在这一时期涨价容易被顾客接受。

二、价格变化的后果

价格变化不仅会引起购买者的注意，有时还会引起竞争者、供应商，甚至政府的注意。

(一)顾客对价格变化的反应

顾客对降价可能有以下看法:①样式过时的产品,将被新产品取代;②产品有缺陷,销售不畅;③企业财务困难,难以继续经营;④价格会进一步下跌;⑤产品质量下降。

提价通常会阻碍销售,但也可能带来一些积极的影响。顾客对提价的反应可能是:产品很畅销,再不赶快买就买不到了;产品价值很高;卖主想赚取更多利润;等等。

(二)竞争者对价格变化的反应

一个打算变更价格的企业必须考虑到竞争者的反应。在产品同质,买者信息灵通的情况下,竞争者是很可能随时做出反应。

(1)相向式反应。相向式反应即你提价,他也提价;你降价,他也降价。这样一致的调价行为,对企业影响不太大,不会导致严重后果。企业只要坚持合理营销策略,就不会失掉市场或减少市场份额。

(2)逆向式反应。逆向式反应即你提价,他降价或维持原价不变;你降价,他提价或维持原价不变。这种相互冲突的调价行为,影响很严重,竞争者的目的也十分清楚,就是趁机争夺市场份额。对此,企业要进行调查分析,首先摸清竞争者的具体目的,然后要估计竞争者的实力,最后还要了解市场竞争格局。

(3)交叉式反应。交叉式反应即众多竞争者对企业调价反应不一,有相向的,有逆向的,有不变的,情况错综复杂。企业在不得不进行价格调整时,应注意确保产品质量,加强广告宣传,保持销售渠道的畅通。

(三)对竞争者发动价格变化的反应

在产品差异化较大的市场,购买者不仅要考虑产品价格高低,而且要考虑质量、服务、可靠性等因素,因此购买者对较小的价格差异无反应或不敏感,企业对竞争者价格调整的反应有很多自由选择。

在产品同质化严重的市场,面对价格的瞬息万变,企业必须做出快速、灵敏的反应。在面对竞争者的价格变化时,企业必须冷静分析:竞争者调价的目的是什么?调价是暂时的,还是长期的?能否持久?企业面对竞争者应权衡得失,考虑是否做出反应及如何反应等问题。

本章小结

零售价格是零售商营销组合中能直接带来利益的要素。选择合适的价格策略直接关系到零售商的市场竞争和经济效益。零售商在确定商品价格时,必须考虑企业定价目标、产品成本、市场供需状况、消费者心理、市场竞争状况等因素的影响。

零售定价方法主要有成本导向定价法、竞争导向定价法和需求导向定价法。

在零售过程中，企业还需要根据实际情况利用灵活多变的定价策略，如价格的定位策略、折扣定价策略、心理定价策略等，来修正或调整产品的基础价格。大多数定价策略可被组合使用，每种策略都是有价值的。

当零售商考虑改变价格时，必须认真分析顾客和竞争对手的反应。顾客的反应来自价格变化后的心理反应；竞争对手的反应可以是固定的反应，也可以是来自对每一种价格变化情况的评估。企业需要时刻警惕竞争对手发动的价格攻势，并做出及时的反应。

本章练习题

一、简答题

1. 简述影响零售定价的基本因素。
2. 简述需求导向定价法的核心内容。
3. 分析在销售旺季采取早降价措施的优缺点。
4. 什么是感知价值定价法？
5. 举例分析消费者心理对零售商定价的影响。

二、论述题

1. 论述零售定价的三种方法、适用条件及它们之间的关系。
2. 论述零售商在什么情况下可以将商品价格定得高于、低于或等于竞争对手的价格或市价。

三、实践题

1. 就近选择一家店铺，观察其商品定价的特点，其定价有哪些技巧（或不足），并对此进行评价。
2. 选择一家超市和一家便利店，以矿泉水为例，对比其价格的差异。

第九章
零售店铺规划与设计

学习目标

学习零售店铺规划与设计的主要内容；掌握零售店铺规划的方法；掌握零售店铺的店内设计策略，了解商品陈列技巧；了解零售店面设计的内容。

导入案例

新鲜的在后面，必买的去最里面找

超市里的商品摆放有玄机。比如在超市冷藏柜的酸奶区，同一款酸奶，生产日期较早的放在顾客触手可及的地方，而生产日期较近的则被放在了后面。

"新鲜食品靠后放"的陈列方法在各家超市均可见到。不少顾客选购时没有仔细看生产日期，拿起最前面或最上面的食品就走。一家连锁超市的负责人坦言，有的食品摆放按新鲜规则，生产日期靠后的，一般摆在货架靠后处；生产日期较早的，摆在前面方便拿取处，以提高顾客的"选取率"，以便尽快走货。不过，所售的商品都确保是在保质期内。

另外，在超市里，卫生纸以及洗涤用品等日常用品的货架被安排在超市深处，离入口处很远；顾客要走到店铺尽头才能找到大米、面粉以及油盐酱醋等。相反，休闲零食等可买可不买的商品，多被放在顾客拿起来最"顺手"、最容易经过的地方，如收银台边、扶梯边等。

超市工作人员解释，生活必需品就算放在最远的地方，顾客也一定会买，将其放在卖场最里面，能增加顾客在店里的逗留时间。而零食等可买可不买的商品，要放在顾客一眼就能看见和方便顾客拿取的地方，增加其被购买的机会。

思考：
1. 根据案例，分析店铺设计和商品陈列的重要性。
2. 根据案例，分析如何通过了解消费者来进行商品陈列。

第一节 零售店铺的规划

现在，零售商越来越注重店铺的装潢和设计，把商品和店铺形象融合在一起，既可以让消费者区别不同店铺提供的商品和服务，又能明确店铺的经营定位。店铺设计的好坏对消费者的注意力、购物感受和购买都有很大影响。成功的店铺设计不仅吸引了消费者，也创造了较高的价值。店铺设计涉及多种要素，如店铺的风格、形象、布局、展示等，都是顾客可以看到、接触到、体验到的。

不同的零售业态使得零售店铺间有很大的不同。百货商店、超级市场、购物中心、专卖店、专业店、折扣店乃至无店铺零售等，其店铺大小、购物环境、商品展示方式都大不相同。此外，即使是同一零售业态，在销售不同类别的商品时，其店铺规划和商品展示也大不相同。

一、店铺规划的目的

零售店铺规划的目的主要有以下几个方面。

（一）打造适合消费者的购物场所

零售店铺的首要作用是商品的销售，因此需要打造一个适合消费者购物的场所。消费者在店铺内可以方便、愉快地采购自己所需的商品。

（二）创造优雅的购物环境

随着人们生活水平的提高，环境设计、室内设计受到人们的重视，并影响到人们的购物行为，优雅的环境也成为影响人们选择购物地点的因素。零售店铺设计成为提升店铺形象和购物体验的重要手段。

（三）吸引消费者的注意

消费者的视觉或注意力就是商机。新颖和有创意的设计，视觉冲击力大，容易引起消费者的兴趣，激发顾客进店参观的欲望，把顾客引入店内。

（四）塑造零售商形象

店铺的设计和陈列通过视觉语言向消费者传达零售商的理念和文化，使公众对企业产生一致的认同感和价值观，是企业视觉识别系统（vision identity system，VIS）中最重要的部分之一。

（五）创造更高的价值

优秀的店铺设计不仅提升了顾客的进店率和购买率，而且提高了顾客满意度和忠诚度，这些都为零售店的经营和品牌创造了更高的价值。

(六）与竞争店铺相区别

零售店铺设计涉及空间形象设计、室内外装修设计、室内布局设计、商品的陈列展示等。设计中要突出自我风格和特色，这种自我风格的塑造使之区别于竞争店铺或品牌，形成自己独特的个性。

二、店铺的空间划分

一个零售店铺首先要考虑的是店铺的空间划分和布局，因为有限的空间只有经过科学的设计和规划，每一寸空间才能恰到好处地发挥功效。在规划过程中，零售商必须对店铺内部空间的大小、形状、商品特点以及人们购物的感受做出综合的判断和分析，创造出功能合理、舒适美观的购物环境。零售店铺的店内布局应符合其所售商品和目标消费群的特点。

零售店铺内部空间划分有水平分割和垂直分割两种方法。

（一）水平分割

在水平空间的布置上，零售店铺不仅要提供商品的展示、销售及仓储空间，而且要有收银台、消费者休息区或试穿体验区等空间。根据用途，店铺内部空间一般分为营业部分和服务部分。

一般而言，中低档的店铺采取低价战略，以尽可能为顾客提供多的商品选择为目的，店内营业部分的占比相对较大；而高档的店铺则会留出更多的空间给服务部分，以辅助店铺的销售活动，提供更多的超值服务。

1. 营业部分

营业部分是直接进行产品销售活动的地方，也是卖场的核心。营业部分在卖场中所占的面积最大，营业部分规划设计的成败直接影响产品的销售。营业空间内主要有货架、柜台、展台等展示器具来进行商品的展示和销售。

营业部分占据店铺最大及最核心的位置。一般而言，一个店铺90%以上的面积都是营业部分。当店铺单体面积较大时，零售商可以根据所售商品的类别将营业部分进行划分，划分成不同的区域。

2. 服务部分

服务部分的设置是为了辅助卖场的销售活动，并且使顾客能更多地享受店铺的服务，通常包括收银台、仓库、消费者休息区、试衣间或体验区等。零售商在规划服务部分时主要考虑其数量、大小和在店铺内部的位置。

收银台是顾客付款结算的地方。收银台的位置和数量，根据店铺的大小、档次和销售形式而定。为了资金安全，避免客流拥堵，收银台通常设在店铺的后部，收银台前应留有足够的空间，且有明显的标志。收银台上或附近可以放置一些小商品和促销信息标识，增加连带消费。图 9-1 为某超市的功能分区示意图。

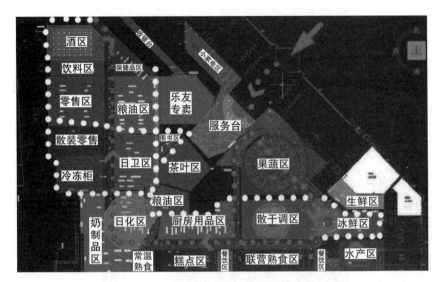

图 9-1　某超市的功能分区示意图

此外，零售店铺内可能还有仓库。仓库一般设在销售区域的后面，以方便销售人员取货。仓库的设置主要视店铺的面积和每日的补货状态而定。服装类的零售店铺需要规划试衣间。试衣间是供顾客试衣、更衣的区域。试衣间包括封闭式的试衣室和设在货架之间的试衣镜，试衣间的数量一般根据店铺的面积、商品的特点、店铺定位和客流量确定。有些零售店铺还设有顾客休息区，休息区的设置要根据店铺销售商品的类别、定位和店铺面积等情况而定。

零售商在对店铺进行规划和设计时，应提前统一考虑安全设施，如消防通道、灭火器材等。例如，《北京市商场市场消防安全管理规定》要求，每层建筑面积超过 3 000 平方米的商（市）场应设置火灾自动报警系统；每层建筑面积超过 3 000 平方米或总建筑面积超过 9 000 平方米的商（市）场应设置自动喷水灭火系统；建筑面积超过 500 平方米的地下商（市）场，以及高层建筑内的商（市）场，均应设置火灾自动报警系统、自动喷水灭火系统，以及消防防烟、排烟设施。

（二）垂直分割

零售店铺是一个三维空间，垂直空间的分割是指对天（天花板）、地（地板）、中（天花板与地板之间）的合理分割与运用。零售店铺一般根据实际情况，运用吊顶、地板、隔断、柜台、吊架、道具等元素将垂直空间分割成一些区域。

如图 9-2 所示，当顾客自然站立时，目光平视线为最佳体验，同时平视线上下 30°范围内都属于最佳的视角范围。以女性为例，中国女性的平均身高为 160 cm 左右，眼睛平视高度大约是 150 cm，假设人跟货架的距离为 80 cm，那么最佳视角范围就是 130～170 cm。在这个范围内，人们不需要抬头或低头，以最舒服的姿势平视即可看到眼前的产品。

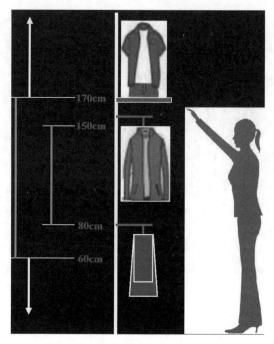

图 9-2　黄金陈列高度（垂直分割）

　　事实上，不同年代、不同地区的人的平均身高是不同的。例如，我国年轻一代的平均身高要高于上一代，北方地区消费者的平均身高高于南方地区消费者，而且不同店铺通道的宽度也不尽相同。因此，刻板的记忆最佳视觉范围是不科学的，零售商应该根据消费者的身高、店铺通道的宽度等确定最佳的商品陈列高度。通常，我们把不需要踮脚或弯腰就能取放商品的区间，即触手可及的高度称为黄金陈列高度，也叫重点陈列区。

　　重点陈列区上部为一般消费者视线能看到但不能轻易接触到的区域，因此这个区域被称为形象陈列区，一般放一些宣传画或形象商品，可用来做宣传或推广。重点陈列区下部是容量陈列区，一般消费者虽不易看到这个区域，但取放商品还比较便捷，因此，零售商可在此区域陈列不同颜色、不同型号的商品供消费者选择，或把此区域作为商品的存储空间。

　　虽然店铺在垂直空间的分割上分为三段，但并不是说每一段垂直空间店铺都要用上，店铺可根据自己的实际情况进行取舍，市场上将形象陈列区空出来留白设计的店铺也比比皆是。

　　常规情况下，店铺的空间划分属于硬性分区，即一旦划分，在一定时期内就不会经常做大的改动。所以，零售商在规划之初应该仔细斟酌、考虑清楚。

三、店铺的空间布局

店铺的空间布局是指对店铺内部空间进行整体规划、分割和合理的分配。店铺空间布局要合理、顺畅、引导性强，方便店内人员的流动，尽可能有效地利用可获得的销售空间，使店铺能够有效地将所有商品都展示给顾客。零售商还要注意，店铺空间布局要符合商品的销售习惯和当地人的购物习惯。消费者一般都会把卖场的购物体验添加到购买行为中，合理的空间布局和结构设计将会对销售活动起到促进作用。

根据商店类型、商品分类、商品数量和销售方式的不同，零售商采用的大多数空间布局都基于四种常见的布局设计：格子式布局、岛屿式布局、自由流动式布局和环形布局。

（一）格子式布局

格子式布局，也称为棋盘格布局，通常被超市采用，这种布局包含很多平行排列的货架，这些货架形成许多过道，呈格子状分布，如图 9-3 所示。

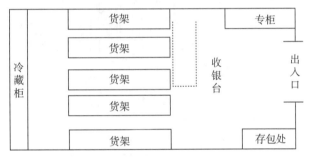

图 9-3　格子式布局示意图

格子式布局的优点是：空间利用率很高，处处连通，没有死角，可以提供大量的商品，也实现了对顾客的高商品曝光率，还可以通过标准化货架来降低成本。除此之外，顾客对路线的选择比较有限，导向性强，实现了对人流的高程度控制，顾客均匀分布于每个区域，避免了局部拥堵和局部无人问津。格子式布局的缺点是：限制了顾客的行动自由，比较呆板，顾客在店铺中的体验也极其有限。同时，顾客和员工的接触也较少，零售商很难有效地为顾客提供个性化的服务和促销。

大众化的商超采用格子式布局是没问题的（见图 9-4），但高档卖场要尽量避免采用这种布局。

（二）岛屿式布局

岛屿式布局是指在营业场所中间布置各不相连的岛屿，并在岛屿中央设置货架陈列商品。岛屿可布置成正方形、长方形、圆形、三角形等多种形式。综合商场或购物中心往往采用这种布局，如图 9-5 所示。

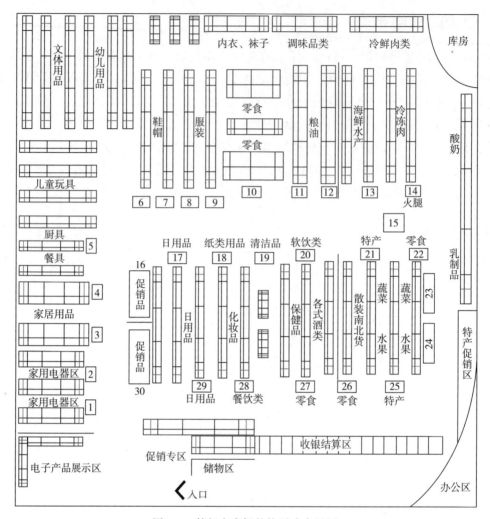

图9-4 某超市卖场的格子式布局图

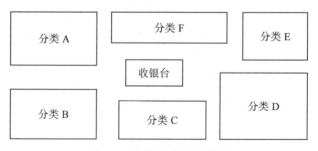

图9-5 岛屿式布局示意图

这种形式采取不同的岛屿形状与设计装饰、美化了营业场所，店铺营业气氛好，顾客流动较灵活，视线开阔，易引起顾客的冲动性购买。同时，岛屿式布置的柜台周边较长，陈列商品较多，满足了顾客对某一类或某品牌商品的全方位需求，对一些供应商具有较强的吸引力。与格子式布局相比，岛屿式布局更容易为顾客提供服务和进行人员推销，但是它不利于最大限度地利用营业面积，不利于柜组成员间的相互交流与协作，布局的变化也会造成顾客的迷失,且货架的成本较高。

(三)自由流动式布局

自由流动式布局使顾客能够通过许多不同的路线进入商店的所有区域。大面积的开放空间和多样的购物路线,大大提高了消费者的购物体验,顾客可以自由浏览,不会产生急切感,增加了顾客的逗留时间和购物机会;员工利用与购物者的近距离沟通,把握顾客需求,可以向顾客提供个性化的服务,使人员推销等行为变得容易而有效,但这种布局的缺点也是十分明显的。首先,不能充分地利用卖场面积,提供个性化服务和高购物体验的同时降低了效率,大面积的开放空间也导致了低空间利用率。其次,顾客更高的行动自由度,限制了零售商对人流的控制能力,也使人流容量比较有限,人流分布不均,潜在地降低了商品的曝光水平,即商店不能保证顾客能真正看到某个展示区域。最后,这种布局形式对卖场的管理能力也有比较高的要求。

这种布局非常适合追求商店购物体验而非效率的零售商,他们通常只向顾客提供有限的商品类别,且商品的毛利率比较高,消费者在做购买决策时需要较多时间。例如,服装专卖店常采取自由式布局,采用不同的货架,以充分展示服装商品,并拥有足够的空间让顾客自由地在店内走动。图 9-6 为自由流动式布局示意图。

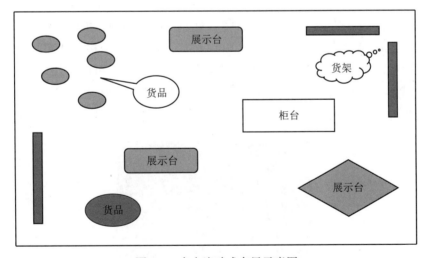

图 9-6 自由流动式布局示意图

(四)环形布局

环形布局是指营业场所的布局呈回环曲线。环形布局有多种表现,例如,高档大商场一般都是采用店中店的形式,围绕中庭,设计成"回"形或圆形的走廊,沿途排列各个店铺。这种布局也适用于中小型店铺,中小型店铺通常在营业场所四周设置货架,中间设置中岛柜台,形成环形布局。

这种布局对顾客的引导性较强,顾客无须往复奔波,可以不走重复的路线,一次性把所有的柜台或同在一层楼的商铺逛完。同时，这种布局对空间的利用还是比较充分，顾客的体验也不错。这种布局的缺点是，有时候还是会使顾客在购物时产生急切感。因此，环形布局的通道要尽可能宽敞，各类有亮点的商品基本上均匀分布，以便让顾客停留的时间相对均匀，防止在局部拥堵。图9-7为环形布局示意图。

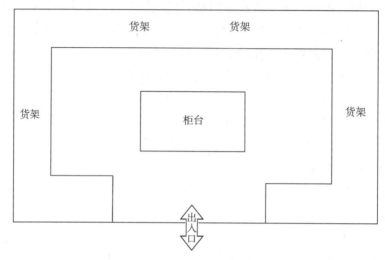

图 9-7　环形布局示意图

在零售实践中，零售店铺通常会根据经营面积和经营定位而采用不同的布局，也会存在把几种布局结合起来运用的情况。常见的布局形式有：把格子式布局和岛屿式布局结合在一起，把环绕式布局和岛屿式布局结合在一起，等等，可以取长补短。

随着现代零售业的发展，有些店铺为给顾客带来视觉冲击和新鲜感，利用新技术、新型活动展柜和衣架，经常会根据不同季节或不同货品及时、灵活地调整店铺布局。

耐克上海 001 店超大型的 LED 互动显示屏

四、通道设计

通道设计与店铺的空间布局形式有着紧密的联系。在通道的设计过程中，零售商要根据商品的分类、顾客的消费习惯、方便顾客流动的原则进行设计，基本原则如下。

第一，尽量延长消费者在卖场的停留时间。比如，有的商场避免将上下扶梯安排在同一梯口，这样可以让消费者在楼层上下时绕楼层一圈。让消费者多留一分钟，就能让商场多一个销售机会。

第二，控制好停步部分和移步部分的通道范围。顾客在消费过程中的停步选购和移步选购是可以通过通道设计来引导的。停步选购的空间一般可以做得宽敞、舒适，方便顾客选择商品；顾客移步选购的区域可陈列部分辅助性商品，并通过附近的饰物、广告等宣传品，以及模特、挂样等富有吸引力的商品信息牵引消费者的有序移动。

第三，把握顾客流动的方向。顾客流动并非无序的，顾客常常会沿着一定的方向流动，因此，在顾客入口处（如商店的店门、自动扶梯的梯口、卖场的入口等）陈列具有魅力的商品，并设计和这些入口直接对接的通道，能够方便顾客进入和选购。

第四，遵循让顾客方便、舒适的原则。在通道的设计上，通道的宽度要有舒适感，不能产生拥挤、压抑的感觉；两旁商品的展示高度、密度也要适度，避免给在通道中的顾客造成压抑的感觉；地面的材质以及地面的装饰效果也要尽量让人觉得舒适、安全。

第五，主通道、副通道的协调。主通道是店铺内顾客流动的主要通道。一般来说，主通道应该以店铺主入口为起点。不同规模的店铺应当选择不同形状的主通道，对小型店铺而言，由于店铺空间较小，主通道一般设计成I形、Y形或U形；对空间较大或结构复杂的店铺而言，主通道可以设计成环形或R形等，甚至可以连接不同的出入口，设计多条主通道。副通道是顾客在店内选购商品过程中选择的辅助通道，它将不同偏好的顾客从主通道带到不同特色的商品专柜。副通道的设计根据店铺实际情况和主通道的形状而定。一般来说，店铺内都是以主通道为核心，用不同数量和形状的副通道辐射到各个商品专柜。

一般情况下，重点销售的商品应该陈列在主通道上，而且在主通道上，也应该通过道具展示设计出陈列亮点，以调动顾客的消费情绪。副通道常常陈列一些辅助商品，但偶尔也有商家在副通道设计一些亮点，调整顾客的消费情绪，满足部分个性消费。一般主通道和副通道也是商家采用的对商品进行分类的常用手段。

一般来讲，通道的宽度设为 1.2~2.0 米，并且特别要考虑零售店所在城市或区域的行政政府管理的相关规定，例如，《北京市商场市场消防安全管理规定》要求，北京市商（市）场内柜台、货架应合理布置，主要疏散通道应直通疏散门或疏散出口，并保证主疏散通道宽度不小于 2.4 米，辅助通道宽度不小于 1.5 米；还规定建筑面积大于 3 000 平方米的超市应在收银台两侧（建筑面积小于 3 000 平方米的超市可在收银台一侧）设置宽度不小于 1.5 米的无障碍疏散通道，并且柜台不应遮挡、圈占消火栓、灭火器材以及其他消防设施等。

通常，营业面积越大、越高档的店铺，通道越宽。卖场主通道比副通道宽。表 9-1 是某超市部分区域人流量抽样统计表，可以作为通道设计的参考资料。表 9-2 为不同规模超市通道宽度参考设定值。

表 9-1 某超市部分区域人流量抽样统计表　　　　　　（单位：人）

区域	周一上午（10：00～12：00）	周三晚上（18：30～20：30）	周六晚上（19：00～21：00）
超市入口	65	150	320
主通道促销台处	45	105	250
主通道第一个转角处	40	100	220
主次通道相交处	45	100	220
主通道中部	55	80	185
次通道中部	15	25	50
货架中部	6	15	25
主通道与收银区相交处	65	115	190
出口处的季节区	55	105	180
超市出口	65	120	190

表 9-2 不同规模超市通道宽度参考设定值

卖场营业面积（不含后场）(平方米)	主通道宽度（米）	副通道宽度（米）
100	1.5	1.2
300	1.8	1.3
1 000	2.1	1.4
1 500	2.7	1.5
2 000	3.0	1.6
6 000 以上	4.0	3.0

五、客流动线

客流动线是指在一个卖场空间中，顾客从进店的起点行走到区域终点的连线，即顾客的流动路线。由于顾客的流动方向是被有计划地引导，因此客流动线也被称为"客导线"。如果将卖场比作一个人，那么客流动线就是人的血管，顾客就是血管内流动的血液；设计客流动线就是要让顾客在卖场内顺畅流动，为卖场各个组成部分提供客源和交易机会。

根据人的视觉习惯和运动方式的差别，卖场的客流动线基本组织模式可以分为三种，即线形组织模式、环形组织模式和放射形组织模式，如图 9-8 所示。表 9-3 为客流动线的类型及优缺点。

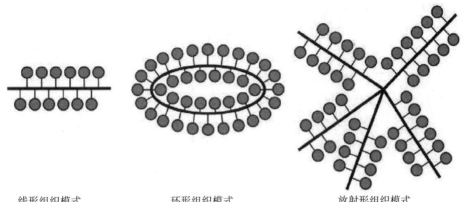

线形组织模式　　　　环形组织模式　　　　放射形组织模式

图 9-8　客流动线的基本组织模式

表 9-3　客流动线的类型及优缺点

客流动线的类型	适用性	优点	缺点	衍生的动线类型
线形平面	适用于狭长的基地，规模较小的卖场	布局紧凑，通过率高，店铺浏览率高、方向性强、店铺等级均衡	回游性略差，单方向性造成一定的枯燥感	哑铃形、折线形、双线形、弧线形、L形、U形等
环形平面	适用于较宽松的基地	回游性好，店铺等级均衡，可提高交易成功率且便于利用平面中明确的向心性来组织中庭空间	较大的进深尺寸对防火疏散有较高的要求	三角形、矩形、圆环形、复式环形等
放射形平面	适用于单层面积较大的商业体	实用性很强，灵活性高，基地利用率高	回游性差，店铺浏览率低，店铺等级不均衡，设计不当时容易出现死铺	十字形、Y形、T形等
综合空间网状平面	一般适用于商业面积较大的商业体	可以根据项目的具体情况吸收各种客流动线，使客流动线更加灵活多变	对商业体的面积要求较高	由上述动线类型灵活组合而成

对客流动线进行科学的设计、测量、图示和分析，不仅能有效改善卖场布局，而且对商品部门的品类管理、价格的调整、磁石卖场的设计、理货员的配置、卖场生动化设计等诸多方面具有重要意义。

客流动线的设计非常灵活，商家在设计时要考虑的因素很多，没有固定的标准，比如，要考虑建筑物空间结构和大小、业态、商品品类、周边顾客群消费习惯等诸多因素。

第二节　零售商品的陈列

一、商品陈列的作用

商品陈列是指将商品通过有序的展示，以突出商品的属性并显示出商品独有的价值，进而达到促进商品销售的目的。在商品供不应求的年代，商店只要保持商品整洁，将商品堆放整齐，就能达到销售目的。现今市场已经成为由消费者占据主导的买方市场，在商品货源日益充足的情况下，要有效吸引消费者的注意，科学的商品陈列就变得十分关键，商品陈列在商品的销售环节中具有重要意义。视觉美观、产品富有层次、环境舒适、选购方便是商品陈列需要遵循的基本原则。

首先，商品陈列效果会直接影响消费者的选择。商品陈列的风格、重点陈列的商品、陈列的主题、陈列主推的色彩等都可以让目标顾客直接感受到商店传达出的商品信息，刺激顾客的消费欲望。同时，商品陈列的方便性、趣味性等因素也会作用于顾客的消费心理，影响顾客的消费体验。

其次，有效的商品陈列还能提升商品的附加价值。商品如果没有经过精心的陈列，只是一堆没有生命的杂物；而经过精心陈列的商品，则被赋予了文化、意义。一件衣服可以通过有效的陈列变成一件富有内涵的艺术品，从而增加了商品的附加价值，可以使企业获得更高的利润。同时，商品的附加价值可以慢慢提升为商品的品牌核心与精髓，成为维系顾客重复消费的重要元素。

最后，商品陈列代表零售商形象。一个企业的形象不是短期能建立起来的。作为消费者，对一个零售店最直观的印象和体验是在商品的消费环节中产生的，其中商品陈列又是整个销售环节中最重要、最直接的因素。一个消费者进入卖场，首先感受到的不是具体的某件商品，而是整体的陈列风格和印象，然后再被吸引到具体的商品上，这个整体印象不但直接作用于商品的销售，还会影响到消费者对零售商的联想和感受。

某服装品牌商品陈列

二、陈列道具的选择与应用

陈列道具的选择与应用也是店铺陈列必不可少的要素。商品展示要求零售商不断提高商品本身的质量，借助商品展示的视觉效果来刺激消费已经成为零售商必修的功课。零售商为了增强商品的展示效果，离不开对陈列道具的选择与应用。

在商品陈列过程中，使用最多的道具是陈列器材和器架。陈列器材和器架的选用原则必须以利于商品展示为基础，与商品本身的品质协调，同时选用的器架还需要适用于卖场空间，当然，器材和器架的成本也要纳入考虑范畴。不同店铺适用的陈列道具有很大的不同。例如，服装店最常用的陈列器材有服装展示架、陈列柜、展示台、展示桌、人体模特、衣架等；而食品超市最常用的陈列器材是多层货架、冰柜等。

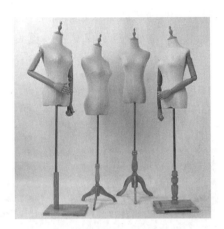

服装人体模特展示道具

各种展示架的应用不仅可以节省卖场空间，还可以方便顾客拿取商品；同时，琳琅满目的展示架还可以活跃卖场气氛，使卖场的商品既显得品类繁多，又整齐有序。目前的展示架有组合式和固定式两种，其规格还可以根据卖场需要进行设计。

超市常用的多层货架

陈列柜主要用于商品的展示、保存和收纳，同时其还可以用于卖场的自动分区，因此，陈列柜常用于空间结构的布局。陈列柜有开放型和闭锁型两种类型，前者给人亲切感，因为顾客可以随意触摸、取放商品；后者常用于陈列一些价值较高、体积小巧的便携式商品，这种陈列方式如果使用不当，容易使消费者对商品产生心理上的隔阂。依据方便顾客的原则，陈列柜的高度以 0.7 ~ 1.6 米最为合适，这一高度不仅让商品容易被看见，也方便顾客取放，这一高度的陈列柜常用于陈列主要商品。

展示台和展示桌是比较方便的展示方式，因为商家可以根据销售需要机动地搭建，并在卖场空间随意移动。同时，展示台和展示桌可以使商品立体化、全方位地展示出来，属于比较方便顾客的陈列方式。典型的展示台有直线形、S形、圆形、方形等，在选用时，零售商应主要考虑是否符合视觉美感以及是否与卖场空间协调。要达到最佳展示效果，展示台和展示桌还可以与适当的饰物或者模特搭配应用，形成视觉中心。

陈列道具随着时代的发展也在不断地创新和发展，道具的造型、色彩、结构、材料与制作工艺在近些年都取得了长足的进步。新型的陈列道具层出不穷，满足了不同陈列效果和展示风格的需求。

某服装品牌店采取陈列板和陈列架进行商品陈列

三、商品陈列的方法

不同的商品或不同的零售业态会有不同的陈列方法，比如：服装商品的基本陈列方式有叠装陈列、侧挂陈列、正挂陈列、人模陈列、装饰品陈列；超市及便利店最常用的是多层货架陈列，集中陈列、端头陈列、悬挂陈列、突出陈列、量感陈列、盘式陈列等陈列方式。在此，详细介绍几种陈列方式。

（1）集中陈列。集中陈列是超市商品陈列中最常用和使用范围最广的方法，即把同一种或同一类商品集中陈列于一个地方，这种方法最适用于周转快的商品。

（2）端头陈列。端头即货架两端，是极有利于销售的陈列位置。端头陈列即在货架两端进行的商品陈列。端头陈列的商品可以是单一品种商品，也可以是组合商品，后者效果更佳。有人曾进行过一项调查，调查资料显示，将单一的商品陈列改为组合商品陈列，销售额会大大提高。

（3）悬挂陈列。悬挂陈列是用固定的或可以转动的有挂钩的陈列架来陈列商品的一种方法。悬挂陈列能使顾客从不同角度来欣赏商品，具有化平淡为神奇的促销作用。常规货架上一般很难实施商品的立体陈列，尤其对于一些小商品，使用悬挂陈列既方便顾客挑选，又方便商店修改陈列。

某超市货架的端头陈列

（4）突出陈列。突出陈列即将商品超出通常的陈列线，面向通道突出陈列的方法。突出陈列有很多种做法，有的在中央陈列架上附加延伸架，据调查，这样可以增加180%的销售量；有的将商品直接摆放在紧靠货架的地上，但其高度不能太高。

（5）量感陈列。量感陈列突出商品陈列数量的多寡。需要指出的是，只强调商品的数量并非最佳做法，要更注重陈列的技巧，才能使顾客在视觉上感到商品很多。量感陈列的具体手法很多，如店内吊篮、店内岛、墙面、平台、售货车及整箱大量陈列等。

某超市水果区域的量感陈列

（6）盘式陈列。盘式陈列即把非透明包装商品（如整箱的饮料、啤酒、调味品等）的包装箱上部切除，将包装箱的底部切下来作为商品陈列的托盘，以显示商品的促销效果。盘式陈列表现的也是商品的量感，在一定程度上暗示顾客可以整箱购买。

某超市按照成熟度摆放香蕉

除了上述几种常见的陈列方法,一些新颖的方法不断出现在相应的商品和卖场中,人们也在对商品陈列方法进行不断的探索和开发。

四、商品陈列的手段

一个店铺仅仅考虑商品的基本陈列方法是远远不够的。店铺里的商品不是孤立存在的,商家还需要对一组组货品进行陈列,对店铺陈列面进行打造,对整个店铺陈列进行设计。目前,场景陈列法、系列陈列法、对称陈列法、重复陈列法和色彩陈列法,都是店铺整体陈列设计的常用手段。

(1)场景陈列法。场景陈列法是当前卖场普遍采用的陈列方法,一般借助灯光、饰物的搭配、商品的组合等共同营造一个生活场景,以吸引顾客消费。场景陈列需要突出商品的趣味性、生活化,也需要展示出商品的附加价值,同时,商品的搭配组合还给顾客提供了一种示范作用,因此在场景陈列中,要注意陈列主题的选择,并精心设计商品的组合效果,比如:用家具、室内装饰品、床上用品布置一间卧室的室内环境;用厨房用具布置一个整体厨房等。场景陈列法使商品在真实性中显示出生动感,对顾客有强烈的感染力。

服装对称陈列示意图

（2）系列陈列法。将同一系列的商品摆放在一起集中陈列，在进行消费提示的同时，方便顾客选择，这一陈列方法就是系列陈列法。进行系列陈列时，商家要注意，商品的款式、色彩、功能、风格等要比较接近，兼顾商品的整体协调和层次感，从而给顾客富有层次、和谐统一的商品印象。

（3）对称陈列法。对称陈列是指以一个中心或中轴为对称点，两边采用相同的排列方式，包括款式、色彩、体积及数量上的对称。对称陈列法具有很强的稳定性，给人以规律、秩序、安定、完整、和谐的美感。对称陈列法的优点是，不管是大面积还是小面积的陈列面对称陈列法均适用。该方法的缺点是四平八稳、没有生机。

某家纺产品的场景陈列

（4）重复陈列法。重复陈列是指在单个货柜或一个陈列面中，将两种以上不同形式的商品进行交替、循环陈列的一种方式。重复陈列给人以和谐感和节奏感。重复陈列既可以有效实现视觉上的统一与和谐，又能主题突出，在商品款式不是特别充足的时期，是一种不错的陈列选择。

（5）色彩陈列法。色彩陈列主要有类似色搭配陈列和对比色搭配陈列两种形式。类似色搭配给人以柔和、协调、有秩序的感觉；而对比色搭配则跳跃感强，显得朝气有活力。

在进行店面陈列之初，商家首先要考虑的就是确定店铺陈列的整体风格。确定店面的整体风格以后，再考虑陈列的第二个层次，即每个陈列面的陈列。

上述五种基本的陈列手段既适合店铺的整体陈列，也适合每一个陈列面。在一个店铺中，不同的陈列手段也可以同时使用在不同的陈列面中。

⊙ 知识链接　　　　　　**VMD 是什么**

VMD 是英文"visual merchandise design"的缩写，一般把它叫作"视觉营销"或者"商品企划的视觉化"。VMD 的概念产生于 20 世纪七八十年代的美国，VMD 是作为零售销售战略的一环登上历史舞台的。

VMD 并不是通常意义上我们狭义理解的"展示""陈列"，其不仅仅涉及陈列、装饰、展示、销售的卖场问题，还涉及企业理念以及经营体系等重要"战略"，需要跨部门的专业知识和技能。实际上，它应该是广义上"包含环境以及商品的店铺整体表现"。

目前在发达国家，视觉营销包含空间——通过空间立体视觉效果营造品牌氛围；平面——通过平面视觉以及海报等来形成一种视觉效应；陈列——完成内部的构造变化；造型——完善形象的优化整合；传媒——通过推广形式来表达视觉营销的概念及核心部分。

拓展阅读

无印良品"冷酷"的陈列标准

无印良品非常重视陈列美学，它深知，仅依靠扎根实用性需求及追求实用便利性的设计，并不足以令诸多消费者掏出钱包。当商品摆上货架之后，没有标识、没有鲜艳花纹、没有广告、没有代言人的无印良品必须通过繁复的商品陈列征服顾客。新开门店最辛苦的工作便是陈列，每个门店都要为此耗费1～3周的时间。

在中国，无印良品的陈列标准是日本总部陈列模式同本土VMD构思的混合体。通常，日本总部会给出商品陈列的方法论，例如：一个大货架的底层应为销售区，方便顾客取货；中层应为展示区，用于传达商品用途；高层陈列区应为顾客提供视觉冲击力。在无印良品的陈列哲学中，所有商品的摆放必须遵循从左至右依次由浅入深、由小到大的基本陈列规则。待培训的陈列师必须在店铺实习6～12个月体察陈列方法。最终方案则需根据中国顾客的喜好程度、所开门店周边状况、企划活动主题等进行定制。大的陈列区域确定过后，无印良品还会继续细分陈列——这是"说服力工程"中最为耗时的环节。不同于大多数零售商按照货架空间大小进行商品陈列的惯用做法，无印良品会先设计出陈列方案，再按照方案为商品量身定制货架及盛装道具，这么做的好处在于商品与货架、商品与道具能无缝融合，而饱满感会带给顾客强烈的视觉冲击力。

无印良品的每一件商品都能在其店里拥有自己的精确坐标。依据总部的基本方法论，店铺会为每个货架设计一张陈列图。基本货架用于正常陈列，而侧货架则用于售卖战略商品和促销产品。这张陈列图会精确地表示出货架的每一层，从左往右应该摆放的商品，并以条形码进行最终确认。若是大型货架，还会配上一张后期完成效果图。

除了新开门店，陈列师还需操刀门店每月新品、主题及促销陈列。通常情况下，此类更新会以图片的形式分发给各门店，店员据此进行陈列变动后，需要拍照交予公司确认。为了更好地统一中国门店的陈列，无印良品还增设"区域陈列师"一职，用于跟进各门店陈列标准化的执行情况。

标准化陈列不仅要求整齐、饱满、富有冲击力，还要求考虑顾客的购物习惯，例如：文具区所有的笔盖都必须朝向同一个方向；美容护肤品类的各类瓶子的瓶盖和标签也必须朝向统一；被挂在高处的搓澡棉、浴花必须由店员用纸板作为尺子规整，并保持同一水平高度。在占中国总销售额50%的服装销售区，无印良品要求但凡折叠摆放的衣服，必将

> 每一摞衣服最上面一件的领口向外对准通道。因为无印良品发现，顾客购买衣服时往往很在意领口，如此摆放能让顾客不弯腰就能轻易看清每层货架衣服的领口款式。
>
> 资料来源：https://www.sohu.com/a/60138605_117945，有删改。

第三节 零售店面的设计

店面是消费者认识商店的基本途径，也是消费者接触店铺的第一印象。店面设计主要包括外观设计、招牌设计、出入口设计、橱窗设计等。

一、外观设计

外观是店铺给人的整体感觉，体现店铺的档次和个性，不同的风格给人以不同的心理感受。现代风格的外观给人以新鲜的时代气息，以及现代化的心理感受。具有民族传统风格的外观给人以古朴殷实，以及传统丰厚的心理感受。店铺的外观设计会在第一时间最快速地将店铺定位和风格特色传递给消费者。

二、招牌设计

招牌，俗称店招，由店铺的标识及图案组成，能直接显示店铺的名字和格调。

招牌的图形设计和字体的大小、形状、色彩既要配合企业或品牌的视觉识别系统（visual identity system, VIS），又要与店铺融为一体，并与周边的环境相协调，做到醒目、独特、简明，既美观大方，又能迅速抓住人们的视线，使顾客或过往行人在多个角度都能较清晰地看见。临街的店铺要注意招牌的照明和防水性。

招牌的设计可以直接反映商店的经营内容和定位。不同类别的店铺在招牌的设计上侧重点有所不同。以服装产品为例，女装或休闲服装的店铺可以设计时尚感强的招牌，且颜色要醒目，风格要突出；西装店的风格大多比较正式，要设计庄重的招牌；童装店的招牌则要活泼、有趣，能吸引小朋友；运动服装店的招牌要有活力和朝气。总之，好的招牌设计能让目标消费者一眼就能看到招牌，看上招牌，有兴趣走进商店。

> ⊙ 知识链接　　　　　　视觉识别系统
>
> 视觉识别系统是企业或品牌系统的、统一的视觉符号系统。视觉识别系统用完整、系统的视觉传达体系，将企业理念、文化特质、服务内容、企业规范等抽象语意转换为具体符号，塑造出独特的企业形象。视觉识别系统分为基本要素系统和应用要素系统两方

面。基本要素系统主要包括企业名称、企业标志、标准字、标准色、象征图案等。应用要素系统主要包括办公事务用品、生产设备、建筑环境、产品包装、广告媒体、交通工具、衣着制服、旗帜、招牌、标识牌、橱窗、陈列展示等。

三、出入口设计

在设计店铺出入口时，商家要考虑店铺的营业面积、客流量、地理位置、商品特点及安全管理等因素。不合理的设计，会造成人流拥挤，甚至顾客还没有浏览完商品就走到了出口处，影响商品的展示和销售。设计得好的出入口，可进入性强，并能合理地引导顾客进出，使顾客有序地浏览全场。不同定位的店铺，其出入口的大小和造型也有所不同。一般而言，大众化的店铺，其出入口比较大；而高档店铺，为给顾客营造安静、私密的购物环境，其出入口相对较小。

四、橱窗设计

店铺橱窗不仅是店面总体装饰的组成部分，而且是商店的第一展厅，它是以布景、道具、背景画面装饰为衬托，配以合适的灯光、色彩和文字说明，进行商品介绍和商品宣传的综合性广告艺术形式。由于消费者在进入商店之前，都要有意无意地浏览橱窗，因此，橱窗的设计与宣传对消费者的购买情绪有重要影响。

橱窗的设计，既要突出经营特色，又要使橱窗布置和商品展示符合消费者的心理，即让消费者看后产生美感、舒适感，对商品有向往之情。人们可以通过浏览橱窗，了解店铺风格、文化、商品特点、时尚流行元素，甚至是社会文化。好的橱窗布置既可起到展示商品、引导消费、促进销售的作用，又可成为商店门前吸引过往行人的艺术佳作。

GUCCI 圣诞主题橱窗设计

在进行橱窗设计时，商家要考虑消费者的行走路线、视线高度及自远至近的动态视觉效果，还要考虑与店铺内的整体风格及营销活动相呼应。

根据顾客群的特点和营销策略，橱窗可采用封闭式、半封闭式或开放式的形式；在设计方式上也有简洁式设计、季节式设计、生活场景式设计、奇异夸张式设计等不同的方式。

拓展阅读　　　　　　　　　　**苹果零售店：不一样的体验**

2001年5月19日，全球首家苹果零售店（Apple Store）在美国加利福尼亚州正式开业。截至2016年5月19日，苹果零售店的全球总数已达到479家。

Apple Store在全球逐渐形成了一种独特的标志和文化。事实上，Apple Store不仅仅是苹果公司的线下销售渠道，更重要的是，它已成为苹果品牌视觉传达的重要元素之一。在遍布全球的零售店中，许多知名的店面由于其有创意的设计和风格独树一帜，甚至成为入驻当地的标志性建筑和著名景观之一。此外，2010年《彭博商业周刊》的报道称，"每平方英尺①的销售额相当于一辆奔驰"，苹果零售店大概是零售行业史上业绩最好的门店。

"如果从一开始你就只想着创造一家'店'，最终它就只会是一家'店'而已。苹果店的成功在于它不是只贩卖商品，而是一个提供体验的空间，一个最具辨识度的品牌标识。"苹果首家零售店设计师Tim Kobe说。

Apple Store的成功，抛开其他因素不谈，其建筑空间设计在其品牌的全球化以及品牌形象的塑造和巩固上的恰当运用值得细细考量。具体而言有以下几点：

一、巨幅玻璃幕墙的使用

苹果在全球近500家零售店中，众多零售店的外观都采用玻璃材质设计，而其中巨幅落地的玻璃房子已经成为Apple Store最具代表性的标志，透过高大的玻璃幕墙面和通透的品牌标识，淡黄色的枫木桌上陈列着各式苹果产品，给人以舒服而流畅的视觉享受。

为什么要如此大面积地使用玻璃材质呢？首先，这是由苹果的品牌内核决定的。苹果作为一家享誉全球的科技公司，代表着前沿的技术，是科技感、概念感和设计感的立体呈现。而玻璃的通透感配合着建筑形状设计的棱角、弧线，用巨幅玻璃幕墙代替墙泥运用，具有丰富的立面变化，结合光线展现出动态的变化，所带来的设计感明晰而强烈；高大巨幅的玻璃幕墙通透、立体，非常有助于视觉和空间感的延伸，与科技所传达的高精尖感受不谋而合，进一步体现出现代科技的概念感。其次，巨幕玻璃通透、空灵，所展现出的高端档次感符合品牌受众的定位。巨幅玻璃幕墙与光线的结合简约、大气，所传递出的豪华感符合品牌的受众定位以及受众心理，进一步强化了受众的品牌认同感和心理归属感。

二、整体高度的选择

除了巨幅玻璃幕墙的使用，高度的选择成为苹果零售店建筑空间设计运用的另一个要点。苹果零售店的高度从9.8米到15米不等，这种高度在与玻璃幕墙的结合中展现出一种开阔而立体的视觉感，从而营造出更加强烈的空间感。这种简约的现代主义建筑设计符合苹果公司整体的风格，也与其产品包装设计的风格一致。

---

① 1平方英尺≈0.092 9平方米。

三、内部细节的处理

在内部细节的处理和规划上，苹果零售店更是做到了极致。首先是内部结构分区井井有条，明确而清晰的分区不同于其他电子产品零售店的拥挤和杂乱。在 Apple Store，客户接待区、产品介绍区等都细致、分明，使顾客的视觉吸收理性、清晰，一目了然。其次是灯具，与传统零售店裸露的处理方式或是粘贴在外的做法不同，苹果零售店均采用世界顶尖的简约型嵌入式灯具，精挑细选，尽量去杂化。最后，无论是电路的线缆还是产品的工作线缆，都是隐蔽于墙内的，或者直接利用陈列桌的设计嵌入桌内融为一体，力求充满秩序。所有的建筑空间设计和处理都折射出苹果公司追求完美和简约现代的品牌风格和理念，从而能够开启和延展其零售店的附加价值，进而实现不断强化苹果公司品牌感知和识别的目的。

四、中性色彩的使用

在 Apple Store，吊顶、内部墙面以及地面的颜色几乎都无一例外地是白灰色和银灰色等中性色调，就连陈列桌的颜色也全部是原木色。这样的色彩搭配绝非偶然，整个色彩搭配设计以黑白灰为主，黑色的地毯、灰色的铝塑板墙面、白色的幕墙……为了不那么冰冷，设计师又用木纹色的桌面点缀和丰富画面，整个设计思路既有材质对比，又有色彩风格对比。这些中性色彩所传达的调性是一种类似人的性格中成熟和冷静的品质，而这种沉稳正是苹果作为一个成熟品牌想要传递给目标受众的，这种理念和定位与品牌受众在内心的自我定位是一致的。除此之外，中性色彩的使用与高端科技产品调性相符，更凸显了技术的概念感和电子产品的设计尖端感。

从第一家 Apple Store 成立到现在，十多年过去了，苹果已经在全球开设了近 500 家零售店，但苹果店的店铺设计并没有太大改变，十多年还不足以让它过时。

资料来源：孙杨. 品牌与建筑空间视觉问题：苹果零售店的建筑空间设计探析[J]. 新闻研究导刊，2017(8):82. 有删改。

第四节　内部装饰与氛围

店铺的空间布局和商品的有效陈列将直接促进销售活动的进行；而良好的店内装饰与氛围会给消费者留下美好的印象，使顾客获得购物之外的精神和心理上的满足，进而影响顾客的购物计划。

一、室内装潢

（一）天花板

天花板不仅可以创造室内的美感，而且还与空间设计、灯光照明相配合，形成优美的购物环境。在设计天花板时,设计师要考虑到天花板的材料、颜色、高度,尤其是天花板的颜色。天花板要有现代化的感觉,并注重整体搭配,以展现色彩的优雅感。比如,年轻的职业女性,比较喜欢有清洁感的、温馨的颜色,商店以使用较淡的色彩为宜。

(二)墙壁

墙壁的设计主要包括墙面装饰材料和颜色的选择、壁面的利用。店铺的墙壁设计应与所陈列商品的色彩内容相协调,与店铺的环境、形象相适应,一般可以在壁面上架设陈列柜,安置陈列台,安装一些简单的设备,以摆放商品,用来作为商品的展示台或装饰。

(三)地板

从室内设计的角度来看,地板属于整个店铺的背景,在选择和设计地板的时候,一定要突出整体的店铺氛围,还要符合商品的性质,突出商品的特点。地板的设计主要涉及地板装饰材料和颜色的选择,还有地板图形设计。

地板的装饰材料一般有瓷砖、木材、石材、塑胶、水泥等,商家可根据需要选用,主要考虑的因素是商店形象设计的需要、材料的费用大小和材料的优缺点等。

地板在图形设计上的选择很多。一般而言,正方形、矩形、多角形等以直线组合为特征的图案,带有阳刚之气,比较适合经营男性商品的商店使用。圆形、椭圆形、扇形和几何曲线形等以曲线组合为特征的图案,带有柔和之气,比较适合经营女性商品的商店使用。不规则图案、卡通图案等显得活泼,可用在经营儿童商品的商店中。

二、背景音乐

背景音乐是营造店铺情调的常用手段。背景音乐或舒缓,或浪漫,或热情,或激烈,古典乐曲、现代摇滚、流行音乐等只要应用得当,不但可以营造出店铺的特殊风情,还能有效烘托出商品的独特品位。音乐的合理设计会给店铺带来好的气氛,而噪声则会产生不愉快的气氛。商家选择的音乐类型,要与经营的商品类型和风格吻合,和卖场的销售主题吻合。比如:流行服饰专卖店应以流行且节奏感强的音乐为主;童装店则可放一些欢快的儿歌;高档服装店为了表现其优雅和高档,可选择古典浪漫感的轻音乐。在服装店的热卖过程中,配以热情、节奏感强的音乐,会使顾客产生购买冲动。同时,音乐的音量要合适,乐曲的数量要充足,避免单调。

三、温度和气味

店内顾客流量大,空气易污浊,为保证店内空气清新、通畅、冷暖适宜,店铺应采用空气净化措施,加强通风系统的建设。同时,店铺内的温度也要以让顾客感觉舒适为宜，太热会使顾客感到烦躁，太冷会让顾客想要赶紧离开。

气味有积极的一面，也有消极的一面，好的气味会使顾客心情愉快。在店中喷洒适当的清新剂，有利于除去异味，也可以使顾客舒畅，但要注意的是，香味的浓度应与顾客嗅觉上限相适应。有些店铺也会通过气味招揽顾客，例如，面包店通过面包的香味来刺激顾客的食欲，从而吸引顾客购买面包。

四、店铺照明

照明能够直接影响店内的氛围。分别走进一家光线好的和一家光线暗淡的店铺，顾客会有截然不同的心理感受：前者明快、轻松；后者压抑、低沉。店内照明得当，不仅可以渲染店铺气氛，突出展示商品，增强陈列效果，还可以改善销售员的工作环境，提高工作效率。

店铺的照明一般分为三类：一类照明针对消费者，满足顾客基本的购物需求，使顾客在适宜的光线下挑选商品；一类照明针对商品，突出商品，吸引顾客购买；还有一类是氛围照明，通常店铺为了营造气氛，采用霓虹灯等有色光源。

五、店员的仪表和态度

店员的仪表以及店员的态度不但代表着商店与商品的形象，还直接影响到顾客的消费情绪与态度，有时甚至会直接决定销售的成败。店员都穿着统一的制服，会使进入店中的顾客对店铺产生一种充满活力和干劲的感觉，能对顾客造成视觉冲击，是氛围设计的重要手段。同时，店员的仪表和态度会影响消费者对零售店铺的整体印象。

本章小结

不同的零售业态其零售店铺规划有很大的不同，即使是同一零售业态，当其销售不同类别的商品时，其店铺规划和商品展示也大不相同。

一个零售店铺首先要考虑的是店铺的空间划分和布局，因为有限的空间只有经过科学的设计和规划，每一寸空间才能恰到好处地发挥功效。店铺的空间划分包括水平分割和垂直分割。店铺的空间布局是指对店铺内部空间进行整体规划、分割和合理的分配，包括格子式布局、岛屿式布局、自由式布局和环形布局。不同的布局要求有不同的通道设计。商品陈列是指将商品通过有序的展示，以突出商品的属性并显示出商品独有的价值，进而达到促进商品销售的目的。不同的零售业态及不同的商品都可能会有不同的陈列方法。

零售店面的设计主要包括店铺的外观设计、招牌设计、出入口设计和橱窗设计。此外，零售店铺还要考虑通过室内装潢、背景音乐、温度和气味、店铺照明及店员的仪表和态度塑造良好的店铺环境。

零售店铺的空间布局和商品的有效陈列将直接促进销售活动的进行；而良好的店铺环境会给顾客留下美好的印象，使顾客获得精神和心理上的满足。

 本章练习题

一、简答题

1. 零售商在设计店铺招牌时应注意哪些问题？
2. 零售店铺该如何进行通道规划？
3. 简述商店的四种基本布局类型。
4. 商品陈列设计的常用手段有哪些？
5. 以服装为例，简述其基本陈列方法。
6. 店面设计的主要内容是什么？

二、论述题

1. 零售店在进行空间布局和商品陈列时应注意哪些方面及细节？举例说明。
2. 论述零售店的装饰和氛围对其经营的影响。

三、实践题

1. 挑选商场中的一个服装店铺，调研其空间划分和布局，并分析其特点及优缺点。
2. 挑选你家附近的一家超市或便利店，观察其商品陈列的方法。

第十章 零售促销策略

学习目标

学习零售促销的概念及作用；掌握零售促销组合的类型及其特点；了解零售促销活动的策划与实施过程。

导入案例

将超市开到音乐节

去音乐节玩一天要什么吃的？饮料、巧克力、冰激凌、饼干、薯片？你想要的，"多点"通通满足。这是 2019 麦田音乐节上生鲜快消数字零售平台"多点 DMALL"的宣传文案。

2019 年 5 月 25～26 日，2019 麦田音乐节在北京长阳音乐主题公园召开，多点携手物美超市，在现场搭起线下线上一体化的超市。现场共设 5 个售卖点，随时随地为观众补充水分和能量。

多点通过积累大量数据，获取各细分人群的画像，分析出现场观众的特征、消费偏好和消费习惯，使得现场售卖的饮料和食品大受欢迎。多点以"智能购，免排队"为收银解决方案，主推多点小程序免下载 App，贴合音乐节"心怀自由"的品牌调性，设计了"用多点，更自由"的主题海报。现场观众通过手机中的多点 App、现场的自助购设备，可以免除支付排长队的困扰，尽快享受到美食。

2019 麦田音乐节"多点"主题海报

音乐节前，多点与玛氏公司合作，联合举行了购物有机会抽取音乐节门票的活动，并在多点App、微信公众号等全渠道进行扩散。此外，音乐节PLUS票专属福利中含饮品兑换券1张，观众可以在音乐节现场换取饮品1份。

在音乐节现场，多点与统一爱夸、燃力士品牌共同搭建售卖点，联合组织互动游戏，合作营销等。多点还设置了黑科技的人脸识别体验区，刷脸就能看到商品推荐。在多点的互动展示区，观众还能参与有奖活动，奖品除免费可乐外，还有大奖——扫地机器人。

最终，5个100平方米的音乐节售卖点2天的现场销售额接近一家3 000～5 000平方米的标准超市的日销量，并收获了大量新会员。

资料来源：多点Dmall如何联合商超、品牌，将超市开到音乐节[J].中国商论，2019(10):263-264.有删改。

思考：
1. 根据案例，"多点"是如何开展联合促销的？
2. 根据案例，"多点"是如何利用新技术进行零售促销的？

第一节　零售促销的概念与作用

一、零售促销的概念

"促销"字面上即"促进销售"的意思，英文"promotion"（促销）一词来自拉丁语，原意是"前进"，是指通过人员和非人员的方法传播商品和服务的信息，并影响和促进顾客购买某种产品和服务，或使顾客对企业产品和服务产生好感和信任的活动。简单来说，零售促销是指零售商为告知、劝说或提醒目标市场的顾客关注有关企业任何方面的信息而进行的一切沟通与联系活动。可见，本质上，零售促销是零售商与消费者之间的信息沟通活动。

虽然零售商促销与制造商促销都是企业的一种营销方式，但促销的主体是不同的，两者的目的也不完全一致。制造商促销的目的主要为：提升品牌的忠诚度，鼓励尝试新产品，鼓励品牌的转换，保证良好的市场定位，提高铺货率，消化库存等。而零售商促销的目的包括提升消费者对门店的忠诚度，吸引消费者，增加客流量，增加品类销售，增加销售量，覆盖更大商圈等。从某种意义上讲，零售商如何巧妙地利用制造商的促销要求，最大限度地达到其本身的促销目的，实现双方的共赢是零售促销方案制订者面临的主要课题。

二、零售促销的作用

任何一个促销活动，都是针对某一个特定的顾客群展开的，它是指将特定的产品或服务以特定的价格在特定的渠道卖给特定的人群。零售促销既提升了零售商的形象，又扩大了产品销售，实际上也是企业与消费者之间的一种沟通方式，企业提供各种手段和方式将各种信息有效地传递给消费者并得到信息反馈,从而根据消费者的意愿不断地调整市场策略。

零售企业的促销可以起到如下作用。

(一) 刺激消费者的购买欲望

促销的最终目的是增加商品的销售量,企业无论采取怎样的促销手段,最终目的都是激发潜在顾客的购买欲望。有效的促销策略不仅能激发消费者的潜在需求,在一定程度上还可以创造需求,从而引导市场需求朝着有利于零售业销售的方向发展。促销活动使商品、服务或是氛围刺激消费者的欲望,从而达到吸引顾客的目的。当顾客处于低需求时,可扩大需求;当顾客需求处于潜在状态时,可开拓需求;当顾客无需求时,或许可通过促销激发顾客新的需求欲望。

由于现在生活节奏的加快,人们逛商场不再只是为了购物,许多人把逛商场作为一种休闲方式,因此,零售商可以开展促销活动的范围大大增加,零售商通过不同的促销活动制造热闹、欢乐的氛围,延长顾客的驻留时间,从而增加消费的可能性。例如,每到春节,国内各大商场都会挂起大红灯笼,贴上对联,举办文体娱乐活动等,营造一种节日的氛围,吸引顾客走进商场,刺激其消费。

(二) 提供商品信息情报

企业在推广新产品时,如果不进行促销就不会被广大消费者熟知,从而也就不会引起消费者的注意。有效的促销活动可以使新产品快速地被消费者了解、熟悉,为消费者提供准确的商品信息,引导消费,刺激消费。

(三) 清除存货

当零售商发现他们的存货已经越积越多或是换季时,就会通过促销加快销售,减少存货,这些促销活动可以是计划内的,也可以是计划外的。

(四) 建立价格优势

建立价格优势是指通过促销建立实惠的价格形象,抵制竞争。高档商场内商品的价格一般都会比较高,在某种程度上就会排斥一些顾客进店消费,如果商场能不定期地在关键商品上采用低价策略,就会吸引不同阶层的顾客。

(五) 提高市场占有率

零售商之间的竞争,会使企业的销售额出现波动,因此,提高市场占有率就显得十分重要。促销是提高市场占有率的有力保证:一方面,稳定了老顾客,培养了他们的忠诚度;另一方面,开拓了新客户,扩大了客户群的规模。

(六) 树立企业形象

对于具有一定知名度的企业，要加强宣传，巩固自身品牌在消费者心目中的形象。绝大多数消费者都有求新的欲望，何况随着其他同类产品的推陈出新，再忠诚的顾客也难免不动摇，顾客的流失在所难免。有效的促销活动可为企业树立良好的形象，提高产品的竞争能力。

每个零售商的定位都是不一样的，有时为了在消费者心中树立一个良好的形象，零售商需要做一些文化性质的活动，或是采用特色广告或商品展示来对特定的商品进行促销。例如，高档商场举办一次高级品牌时装周的促销活动，也许这种服装真正的销售额并不高，让消费者感到满足的是能在高档商场内买到相对低价的服装，有一种极大的成就感。

零售促销为消费者提供某种立即购买的激励，这种激励可以是花费上的节省，可以是物超所值的商品，也可以是一项特殊的服务。总之，零售商通过促销可以产生直接的、即时的销售额，或获得间接的、长期的无形利益。

第二节　零售促销组合

零售促销的方式可分为零售广告、公共关系促销、人员促销和销售促进四种。由于各种促销方式都有其优点和缺点，在促销过程中，企业常常将多种促销方式同时并用。所谓促销组合，就是企业根据产品的特点和营销目标，综合各种影响因素，对各种促销方式的选择、编配和运用。

一、零售广告

(一) 零售广告的概念

零售广告是一种沟通传达方式，它是指零售商以付费的非人员的方式，向最终消费者提供关于商店、商品、服务、观念等的信息，以影响消费者对商店的态度和偏好，直接或间接地引起销售增长。

(二) 零售广告的特点

与制造商广告相比，零售广告的特别之处在于：第一，强调及时性。零售商在各种商品上市的短期内就登出广告，力求顾客及时前来购买。而制造商一般是为了培养消费者对本企业产品的好感。第二，地区性强。由于零售商的目标顾客在地理位置上非常集中，而非分散在全国各个地区，因此，零售商一般不需要大量使用全国性宣传工具。尽管有些连锁零售商在国内部分地区有分店，但也很少使用全国性的宣传工具，即零售商一般比制造商有更集中的目标市场。当然，也有零售商选择采用覆盖面更大的媒体，例如，20 世纪 90 年代，郑州亚细亚商场在中央电视台做广告，以一句"中原之行哪里去——郑州亚细亚"享誉全国。第三，更强调价格。零售商的广告都说明商品的价格，目的是促使消费者购买；而制造商的广告很少提到价格，更多的是强调商品的性能，目的是使消费者了解商品。第四，一般采取合作广告（cooperative advertising）形式，零售商经常与制造商、批发商合作做广告。制造商和批发商需要借助零售商实现商品销售的目的，因而愿意为零售商提供广告补贴或合作广告，这也使零售商的广告支出低于制造商。第五，突出形象。零售广告尽管是关于商品的广告，也注意传递商品整体的信息，但更多的零售广告都是在树立商品形象上做文章；而制造商广告更多是在突出产品，目的是树立品牌形象。

（三）零售广告的优缺点

零售广告促销使顾客在购物前就对零售商及其产品和服务有所了解，这使得自助服务或减少服务成为可能。由于可供选择的媒体较多，零售广告可以与其他促销方式有效配合，广告内容生动活泼，表现方式灵活多样，易引起公众注意。

在采取广告形式进行促销时，有可能存在以下问题：如果广告的投入较大，中小型零售商就会承受不起；如果采用媒体广告较繁杂，零售商的广告就很容易被淹没，而且采用影响力大的媒体进行促销，其信息覆盖也许会超出商圈范围，浪费一部分零售商广告费用。另外，一些媒体刊登广告的前置时间较长，有可能造成促销信息的滞后。

（四）零售广告的类型

零售广告总体上可以分为商品广告和声誉广告两种。零售商做商品广告是出于吸引顾客快速前来购买商品的目的，这类广告是告知消费者商店提供的商品的特征，如新的商品品类、品牌、质量、价格等；或者告知消费者商店对某些商品进行优惠销售，使消费者感到物超所值，吸引消费者迅速前来购买，也使商店在短时期内提高销售额。零售商做声誉广告是出于对企业长期发展的考虑，目的是让消费者知道本企业与竞争者相比所具有的优势和地位。这类广告告知消费者本商店不但是购物的好地方，还具有一定的优势，例如：本商店是时尚商品的领导者，价格低廉的领导者，商品广泛、选择机会多的领导者，服务优秀的领导者，等等。与声誉广告相比，商品广告推销的是商品，而且以短期目标为主；声誉广告则推销的是商店，以长远目标为主。

> **拓展阅读**　　　　　　　**John Lewis 百货公司的圣诞广告**
>
> John Lewis（约翰·路易斯）是英国知名的百货公司。John Lewis 从 1864 年在伦敦牛津街开办第一家店铺至今已有 150 多年的历史，一直是英国零售界的中坚力量。截至 2016 年 1 月 30 日，John Lewis 百货经调整，营业利润按年上涨 0.2% 至 2.502 亿英镑，净销售上涨 2.8% 至 45.574 亿英镑，在线销售增速高达 17%。

John Lewis 不仅是英国人最喜欢的传统百货公司之一,也被称作最会拍广告片和最会讲故事的百货公司。它的圣诞节广告片不仅成功地塑造了品牌形象,也成为每年圣诞季消费者期待的一道视觉盛宴,在众多百货公司中独树一帜。

John Lewis 的圣诞广告

(图片来源:搜狐网,http://www.sohu.com/a/120214830_525471)

2007 年,John Lewis 与 Lowe London 合作推出第一支圣诞广告《奇妙的影子》(*Shadows*)好评如潮,其后每年推出的圣诞广告片都会为大家所期待。随着社交媒体的普及和流行,John Lewis 越来越注重利用网络进行宣传。数据显示,2012 年的圣诞广告《雪人的旅行》(*The Journey*)仅在 YouTube 上就获得了 600 万播放量;2013 年的《熊和野兔》(*The Bear and The Hare*)更是获得高达 1 600 万的播放量;2014 年的温馨圣诞广告《企鹅芒提》(*Monty the Penguin*)在社交网络上推出 4 个半小时内分享达到 10 万次;2015 年的超暖圣诞广告《月球上的孤独老人》(*The Man on The Moon*)上线 YouTube 3 天之后,点击量就突破了 1 000 万。《每日邮报》曾说:"John Lewis 的圣诞广告已成为每年圣诞倒数的重要环节,广告的发布意味着,今年的圣诞节就要到来了。"表 10-1 为 John Lewis 2007～2016 年圣诞广告汇总表。

表 10-1 John Lewis 2007～2016 年圣诞广告汇总表

年份	名称	广告语	主题	广告制作公司
2007	*Shadows*《奇妙的影子》	Whoever you're looking for this Christmas 无论是谁都向往圣诞节	期盼圣诞	Lowe London
2008	*From Me to You*《爱的礼物》	If you know the person, you'll find the present 如果你了解一个人,你就能找到他要的礼物	关爱他人	Lowe London
2009	*Sweet Child of Mine*《美好的孩提时代》	Remember how Christmas used to feel? Give someone that feeling 记得过圣诞节的感觉吗?给某人那种感觉吧	追忆童年	Adam & Eve
2010	*A Tribute to Givers*《为给予者送上赞歌》	For those who care about showing they care 致那些乐于表达关爱的人	默默奉献	Adam & Eve
2011	*The Long Wait*《漫长的等待》	For gifts you can't wait to give 你迫不及待想要送出的礼物	对父母的爱	Adam & Eve

(续)

年份	名称	广告语	主题	广告制作公司
2012	The Journey《雪人的旅行》	Give a little more love this Christmas 这个圣诞节送上更多的爱	友爱	Adam & Eve DDB
2013	The Bear and The Hare《熊和野兔》	Give someone a Christmas they'll never forget 给他一个难忘的圣诞节	友情	Adam & Eve DDB
2014	Monty the Penguin《企鹅芒提》	Give someone the Christmas they've been dreaming of 给他一个梦想的圣诞节	学会爱	Adam & Eve DDB
2015	The Man on The Moon《月球上的孤独老人》	Show someone they're loved this Christmas 让他知道这个圣诞节他们是被爱着的	关爱老人	Adam & Eve DDB
2016	Buster the Boxer《拳师犬巴斯特》	Gifts that everyone will love 每个人都会喜欢礼物	关爱动物	Adam & Eve DDB

John Lewis 的圣诞广告总是围绕"爱"与"关怀"的主题进行传播。John Lewis 圣诞广告片所表现的，无论是人与人之间的友爱和关怀，还是人与动物之间的关爱，都抓住了人心灵深处最柔软的部分。有情感诉求的广告能够强化消费者对品牌的好感，使传播效果达到预期目标，为品牌带来直接的销售转换。

此外，John Lewis 将线上广告视频与线下营销活动相结合，增强了互动性，同时也拉近了与消费者之间的心理距离，提升了品牌的知名度与亲和力。John Lewis 积极与慈善机构合作，充分体现了 John Lewis 在追求利益的同时心系公益事业的企业文化，提高了品牌的美誉度，不仅在消费者心中占据了有力的位置，也在同类品牌中独树一帜，形象鲜明。

John Lewis 的圣诞广告已经成为圣诞倒数的重要环节之一，当一种商品成为某种文化符号时，它的影响力和传播力是不可估量的。

资料来源：任婕. John Lewis 百货公司圣诞广告营销策略分析[J]. 传播与版权, 2017(9):98-101. 有删改。

（五）零售广告媒体选择

各类广告媒体在消费者接触、影响力和成本等方面有很大的差异，零售商需要根据自己的实际情况来选择合适的广告投放媒体。这些实际情况包括消费者的媒体习惯、商品特点、传播信息的特点、想获得的效果以及广告预算等。表 10-2 描述了主要广告媒体在成本、优势及局限性方面的基本情况。

表 10-2 主要广告媒体的特征

媒体	优点	缺点
报纸	市场覆盖率高，读者稳定，及时、灵活，说服性强，广告费低	注目率低，刺激强度弱，精读率低，保存性差
杂志	针对性强，受众稳定，印刷质量高，可信度高，时效性强，精读率高，传读率高	传播速度慢，会产生无效广告，覆盖范围较窄
广播	传播速度快，覆盖范围广，选择性强，收听方便，广告费低	只有声音，不能保留，听众分散，表现手法不够吸引人

(续)

媒体	优点	缺点
电视	传播速度快，覆盖范围广，受众面广，适应性强，富有感染力，能引起高度注意	成本高，干扰多，时效性差，选择性较差
户外广告牌	保留期长，注目率高，灵活多样，费用较低	传播区域小，覆盖面窄，广告受众流动性大
广告单	针对性强，简单灵活，能全面控制，无同一媒体广告的竞争	覆盖范围小，有效接收率低
销售点	针对性强，促销效果好	不同品牌产品的广告相互干扰
互联网	灵活，选择性非常高，交互机会多，信息承载量大，相对成本低	管理不规范，某些情况下传播范围有限

近年来，信息技术的发展使得消费者越来越受到非传统媒体的影响，新媒体的运用成为零售商关注的新热点，零售商官网、微信、微博、App、网上商城等都成为零售商与消费者沟通的新工具。

二、公共关系促销

（一）公共关系促销的概念及类型

公共关系促销的概念是企业运用各种传播手段和沟通手段，使企业与公众相互了解、相互协调的一种促销策略。这种促销策略可以起到树立企业良好信誉和形象，进行双向沟通，改善市场营销环境，协调内部关系，增强企业内在凝聚力的作用。

公共关系可以分为内部公共关系和外部公共关系两大类。内部公共关系是企业最重要的公共关系，主要涉及职工关系和股东关系；外部公共关系主要包括顾客关系、媒介关系、政府关系等。相应地，内部公共关系促销主要通过提出合理化建议、开展文化娱乐活动、创设内部报刊等方式进行；外部公共关系促销则主要通过新闻媒介宣传，赞助和支持公益活动，发放公关广告，印刷宣传品等方式开展。

（二）公共关系促销的特点

公共关系促销的优点主要有：①对所宣传的信息报道详细；②能进一步扩大零售商的知名度，以更为可信的方式传播有关零售商的信息；③信息的传播是不需要付费的；可以触及更为广泛的受众；④与纯粹的广告相比，人们更留意新闻报道。

公共关系促销的缺点主要有：①公关活动的效果从短期看不明显；②企业控制力弱；③零售商刻意策划的公关活动会产生一定费用。

（三）公共关系活动的形式

公共关系活动是一个企业长期进行社会交往、沟通信息、广结良缘、树立自身良好形象的过程，它表现为日常公共关系活动和专项公共关系活动两大类。日常公共关系活动是指为改善公共关系状态,人人都可以做到的日常接待工作,如热情服务、礼貌待客以及大量的例行性业务工作和临时性的琐碎工作等。专项公共关系活动是指有计划、有系统地运用有关技术和手段达到公共关系目的的专门性活动,如新闻发布会、产品展示会、社会赞助、广告制作与宣传、市场调查、危机公关等。其中,对涉及企业的危机事件,如产品质量问题、法律诉讼、环保问题、劳工问题、不可抗力事件等,企业有必要建立相应的应急处置制度。

有的零售商创办企业内部交流刊物,作为企业对外公关制度化、经常化的最佳手段,成为发布窗口、交流阵地、联系外界的主要桥梁和纽带,并把内部刊物赠送给重点消费者、客户、公众、新闻媒介、政府和有关行业协会等,反映企业文化和理念。

例如,大润发超市的主要公共关系活动包括:①企业的自我宣传。企业运用自有的媒介进行宣传。大润发的 LED 显示屏上经常会播放企业的发展历程和经营成果,以及超市内部的环境,以此来扩大影响。②利用展销会或展览会进行宣传,这是企业提升自身形象的窗口。2016 年上海超市百货展——零售商品展会在上海国际博览中心举行,沃尔玛、家乐福、大润发、欧尚等大型零售商都纷纷参展。通过该展会,大润发提供了优质的商品,创造了极具特色的舒适环境,为企业塑造良好的形象创造了条件。③提供各种优惠服务。在大润发的家电专区,企业开展了售后服务、咨询服务、维修技术培训,得到了消费者的认可。④赞助某些公益性和文化性的活动。大润发通过赞助等活动提升企业的形象和声誉,使消费者了解企业产品,进而提高产品销售量。比如,大润发冠名赞助《厨神私厨大赛》,提高了企业知名度。

三、人员促销

(一)人员促销的概念

人员促销是零售商派出人员,向潜在顾客介绍商品,劝说顾客购买,以达到销售商品目的的一种促销手段。人员促销使促销人员与消费者直接面对面地沟通,主要有商品导购、销售展示、样品试用等形式。通过促销人员,零售商可以了解消费者的需求,展示产品,表现商店服务精神和经营理念,从而达到促使消费者购买的目的。

通过人员促销,销售人员能在顾客购物时给出恰当的建议,劝说顾客购买商品,可以刺激更多的销售,促进顾客的冲动型购买,并能够向企业决策制定者反馈销售信息,增进并保持顾客满意度,进一步培养顾客忠诚。

(二)人员促销的特点

人员促销是指企业通过促销人员向顾客推销商品和服务,其特点是亲切感与说服力较强,促销人员与顾客面对面交流、沟通,可以消除疑虑,增强信任感。同时,促销人员的现场示范操作能给顾客留下直观印象，令顾客信服。

通过人员促销的方式，促销人员可以根据个别顾客的需求来调整信息，提供及时的反馈，并灵活采用不同方式满足顾客需求，比广告更容易引起顾客回应。同时，顾客面对人员促销时的注意力集中度也比面对广告时要高。因此，人员促销宣传更加有针对性。但由于促销人员在一定时间内接触的顾客有限，且与每位顾客相互沟通的成本较高，因此，零售商需要进行详细的成本效益分析。而且，促销人员的专业知识、服务素质等也会影响人员促销的效果。

（三）人员促销的策略

人员促销是在特定的条件下进行的，在不同的促销环境下，促销人员应采取不同的促销策略。常用的人员促销策略有以下几种。

（1）试探性策略。试探性策略即促销人员采取刺激性的方法引发顾客的购买行为。推销人员在与顾客见面前，从多个试探的角度去诱导、刺激顾客的需求，挖掘顾客潜在的购买欲望。运用这种策略的关键是要能引起顾客的积极反应。

（2）针对性策略。针对性策略即促销人员在已经事先大概了解了顾客某些需求的情况下，进一步对顾客进行说服以促使其购买的策略。运用这种策略，促销人员在与顾客交谈时，要对顾客关注的要点加以说明、宣传和介绍，引起顾客的共鸣，在取得信任的基础上，促使顾客购买商品。

（3）诱导性策略。诱导性策略即促销人员能激起顾客某种欲望的说服方法，进而诱导顾客产生购买行为。这种策略在实际运用中难度较大，主要适用于顾客有潜在需求的情况下。促销人员以某种方式引发顾客的需求，然后运用恰当的语言介绍商品的效用，使商品能够满足顾客的需求，从而促使顾客产生购买行为。运用这一策略的关键，是促销人员要具有较高的推销艺术。

四、销售促进

（一）销售促进的概念

销售促进也称为营业推广，是零售商在商品销售过程中，为刺激消费者购买而采取的能给消费者带来直接利益的促销手段，主要有折扣优惠、奖励折扣、降价销售、代金券、优惠卡、会员折扣、限时促销等。

实际上，我们每一个人对销售促进都很熟悉，只要我们一踏进某个商场，特别是超级市场，就能发现许多商品的包装、陈列、价格成了促销技巧的一部分。同样，从报纸、杂志的夹页中，我们常常可以找到一些促销赠品，比如折扣券、试用品等，这些大减价、大竞赛、特别馈赠、竞猜游戏、试用样品等都是零售商常用的销售促进的方法。

(二)销售促进的手段及作用

销售促进是零售商针对最终消费者所采取的除广告、公共关系促销和人员推销外的能够刺激需求、激励购买、扩大销售的各种短暂性的促销措施,主要手段有打折或降价优惠、赠品、免费样品、积分兑换、限时抢购等。在提供短期激励的促销中,它能够刺激消费者的需求,吸引消费者大量购买或尽快采取购买行动。销售促进是最常见,也是给消费者优惠最直接的促销方式之一,对消费者非常有吸引力。

(三)销售促进的主要形式

1. 优待券

零售商将印在报纸、杂志、宣传单或商品包装上的附有一定面值的优待券或单独的优待券,通过邮寄、挨户递送、销售点分发等形式发放,持券人可以凭此券在购买某种商品时免付一定金额的费用。

2. 赠送商品

赠送商品即消费者免费或付出某些代价即可获得特定物品的活动。赠送商品的方式有两种:免费赠送和付费赠送(如买一赠一、酬谢包装、包装赠品、批量购买赠送、商品中奖、随货中奖赠品等)。

⊙ 知识链接   **买满送**

消费者经常看到零售商在搞"买满送"的促销活动,买满送主要有以下两种情况:一是满送券,二是满送商品。

满送券也称返券促销,是指顾客购买商品的总促销金额达到一定数额时获得的可以抵扣一定金额的代金券。这个代金券在有效期内可以购买指定商品。满送券可以促使人们为了得到代金券而尽可能地达到购买金额,从而促进商品销售。但不足之处是,代金券通常只能用于购买指定的商品,而且要求顾客必须在有限的时间内使用。满送商品,是指顾客购买商品的总促销金额达到一定数额时获得相应的赠品。在超市内,我们经常可以看到货架悬挂的买满送的牌子,比如:买蜜饯类商品满38元送风筝一个,单张小票满58元赠送价值8.8元的新疆大枣一包,等等。这些买满送的牌子挂得非常显眼,让人一进超市就能捕捉到活动信息,特别吸引人的眼球。在满送商品的促销方式中,虽然满送商品的价值不高,但是能让顾客有种捡了便宜的感觉,使顾客在心理上得到满足。不过,有时满送商品是顾客不需要的,顾客因此产生后悔的心理。满送商品也会出现断货或者是残次品的情况,会影响企业形象,使企业丧失信誉,使顾客产生不满。

3. 折价优惠

折价优惠是指商店在一定时期内，调低一定数量的商品售价，也可以说是适当减少自己的利润以回馈消费者的促销活动。常见的优惠形式有：商品降价特卖、限时抢购、折扣优惠等。

上海一家老字号鞋店的"大特卖"活动

4. 竞赛

竞赛是一种让顾客运用和发挥自己的才能以解决或完成某一特定问题，就提供奖品鼓励顾客的活动。常见的竞赛方式有：在店内或通过媒介开展各类游戏比赛活动，让顾客参加；让顾客回答问题；征求商店的广告词、店歌、店徽等，或征求商店某一时期的促销创意等。

5. 抽奖

抽奖是指顾客在商店购物满一定金额即可凭抽奖券在当时或指定时间参加商店组织的抽奖活动。常见的抽奖方式有：直接抽奖方式、事后兑奖方式和多重抽奖方式。

6. 集点优待

集点优待又叫积分卡或商业印花（商业贴花），指顾客每购买单位商品就可获得一张印花，若筹集到一定数量的印花就可以免费换取或换购（即支付少量金额）某种商品或奖品。

7. 退费优待

退费优待是指消费者提供了购买商品的某种证明之后，商店退还其购买商品的全部或部分付款，以吸引顾客，促进销售。

8. 商品演示

商品演示就是通过表演、示范商品的使用方法，提供实物证明，使顾客对商品的效能产生兴趣和信任，以激起顾客的冲动性购买行为。商品演示的主要形式有：定点展览演示、外出流动演示、制作演示、模特演示、电视演示等。

例如，超市常见的商品演示就包括试吃：面包可以先尝后买；卖牛奶的推销人员也会端着一小杯奶让顾客先品尝。还有的促销人员现场打豆浆让顾客试喝，当顾客看到此款豆浆机简便、易操作，功能很齐全，试喝后发现豆浆也很美味，豆浆机的现场成交量就会很高。

9. 捆绑销售

捆绑销售是指两种或两种以上的商品在促销中组合出售，促使顾客的购买达到"1+1>2"的效果。捆绑销售主要有以下几种形式：一是优惠购买，消费者在购买某一产品时，可以加少许金额得到另一款产品；二是统一价出售，两种或多种商品绑在一起销售，一起定价；三是统一包装出售，两种及两种以上的商品统一包装出售。

五、促销组合策略

促销组合策略是指在分析各种促销形式的基础上，有选择地制定相应的促销策略。在制定促销组合策略时，企业主要应考虑以下几个因素。

1. 促销目标

促销目标是企业从事促销活动所要达到的目的。在企业营销的不同阶段，为适应市场营销活动的不断变化，要求企业要有不同的促销目标。因此，企业在制定促销组合时，要根据不同的促销目标，采用不同的促销组合策略。

2. 产品因素

产品因素主要包括产品的性质和产品的市场生命周期。例如，在产品的投入期，促销目标主要是宣传、介绍商品，以使顾客了解和认识商品，从而产生购买欲望。广告起到了向消费者、中间商宣传、介绍商品的作用。因此，这一阶段以广告为主要促销形式，以营业推广和人员推销为辅助形式。在成长期，由于产品的销路被打开了，销量上升，同时也出现了竞争者，这时仍需加强广告宣传，但要注重宣传企业的产品特色，以增进顾客对本企业产品的购买兴趣，若能辅之以公关手段，会收到相得益彰的佳效。在成熟期，竞争者增多，促销活动以增进顾客对产品的购买兴趣与偏爱为目标，广告的作用在于强调本产品与其他同类产品的细微差别。同时，要配合运用适当的营业推广方式。在衰退期，更新换代产品和新发明产品的出现，使原有产品的销量大幅度下降，为减少损失,促销费用不宜过大,促销活动宜针对老顾客,采用提示性广告,并辅之以适当的营业推广和公关手段。

3. 市场条件

从市场地理范围看,若促销对象是小规模的本地市场,应以人员推销为主;而对广泛的全国甚至世界市场进行促销,则多采用广告形式。从市场类型看,消费者市场因消费者多而分散,适宜采用广告等形式。此外,在有竞争者的市场条件下,制定促销组合策略还应考虑竞争者的促销形式和策略,要有针对性地不断变换自己的促销策略。

4. 促销预算

在满足促销目标的前提下,企业要做到效果好而费用省。企业确定的促销预算额应该是企业有能力负担的,并且是能够适应竞争需要的。为了避免盲目性,在确定促销预算额时,企业除了要考虑营业额的多少,还应考虑到促销目标的要求、产品市场生命周期等其他影响促销的因素。

从某种意义上说,促销就是由刺激和强化市场需求的花样繁多的各种促销工具组成的,各种促销形式层出不穷。除了以往的打折、商品示范、赠券、有奖竞赛、抽奖、免费品尝及现场陈列等方式有了更加丰富的内容,还出现了联合促销、服务促销、文化促销、以顾客满意为目标的满意促销等。

> ⊙ 知识链接　　　　　　文化促销
>
> 文化促销是指零售商以各种文化为纽带,通过举办各种文化性质的活动,营造一种独特的经营氛围,以吸引消费者购买,主要有联谊会、文化广场、企业文化研讨、名人讲座、画展、影展、文化艺术讲座等形式。目前,文化促销越来越受到零售商场的青睐,成为百货商场和购物中心的重要促销手段之一,具体目的有以文化创气氛、以文化树形象、以文化表特色、以文化造势、以文化公关等。

> 联合促销
>
> 联合促销是指两个以上的企业或品牌合作开展促销活动,以实现品牌优势互补、扩宽市场的边界、增强联合品牌的竞争力的目的。例如,星巴克和微信联合一起推出了"用星说"。网友打开微信,在第三方服务界面,就可以看到星巴克。网友可以在线购买星巴克咖啡红包,赠送给朋友。进行联合促销时,企业如果能让联合促销的双方都最大限度地暴露在目标消费者的眼前,最大限度地发挥促销的功能,那企业最终一定会收到理想的效果。当前,联合促销分为两种形式:一种是企业内部两个不同品牌的联合促销;另一种是不同企业、不同品牌之间的联合促销。

> **拓展阅读**
>
> ### 从"双11"购物狂欢看阿里巴巴的造节"赢"销策略
>
> 阿里巴巴是我国首屈一指的集团，作为BAT三巨头之一，旗下的淘宝商城、天猫、支付宝等都是家喻户晓的品牌，有很强的吸金能力。其中，淘宝商城就与各种节日有不解之缘，其利用我国节日送礼的文化习惯，"双11"购物狂欢节应运而生。
>
> "双11"的外文名称为Double 11 Shopping Carnival，是淘宝于2009年开创的网络促销活动日。每年的11月11日，淘宝的成交额都是一次轰动。根据中国青年（2017）的销售额数据，我们简单回顾阿里巴巴"双11"的历年表现，具体如下：2009年，销售额达0.5亿元；2010年，销售额为9.36亿元，店铺参与数为711家；2011年，销售额达33.6亿元，店铺参与数增加到2 200家；2012年，销售额达191亿元；2013年，销售额为350亿元；2014年，销售额再次增长到571亿元；2015年，销售额上涨到912亿元，无线端销售份额占了68%；2016年，销售额为1 207亿元；2017年，销售额再次刷新纪录，增加到1 682亿元，无线端销售份额占了90%。
>
> 不得不说，阿里巴巴的"双11"节打响了平台品牌，让消费者对"11月11日"有了固定的印象，也为企业带来了长远的利益。
>
> 资料来源：何舒帆，樊美芳. 从"双11"购物狂欢看阿里巴巴的造节"赢"销策略[J]. 中国市场，2019(6):137-138. 有删改。

第三节 零售促销管理

零售商需要根据商场的市场定位做出战略性的促销决策，包括促销目标的制定、促销策略的实施、服务种类和水平、花色品种的数量、活动覆盖的范围（特定的专卖店或整个商场）等。只有确定了这些因素，促销活动的目的才能明确，有据可依。

一、促销活动的策划

促销活动策划包括确定促销目标，制订总体促销预算，制订细案（包括促销主题、促销时间、促销商品、促销宣传及促销的具体方式）等一系列内容。

（一）确定促销目标

零售商在开展促销活动前首先需要确定促销目标，包括增加销售额、提高毛利率、增加客流量、清理滞销商品、宣传商店定位、介绍并加强零售商形象、与竞争对手抗衡等。具体的零售促销目标有以下8个：①提高市场份额；②提高品牌知名度；③建立和提升店铺、公司的形象和声誉，使公司获得社会的接纳和肯定，显示店铺的个性；④把目标顾客吸引到店里来，提高店铺的客流量；⑤提供流行信息，推广新产品，介绍新活动、新服务给目标顾客；⑥劝说顾客购买，提高销售量，并鼓励持续、重复地购买；⑦推销连带或额外的产品给顾客；⑧促使老顾客购买更多的产品，提高顾客的忠诚度等。

零售商需要分析所定目标，尽可能准确地阐述目标。在确定目标时，零售商可将目标按顾客群、销售员、销售区、品类、工作日等进行分解。详细的目标分解有助于零售商在促销执行过程中增加可控制点，及时发现问题，适时调整方式。另外，促销时间的选定也是有讲究的。例如，按促销活动持续时间的长短，促销活动可分为长期促销和短期促销。一般情况下，持续时间大于1个月的促销活动为长期促销；持续时间为1～7天的促销活动则为短期促销。促销期长短的选择需根据促销目的来划定，一般情况下，如需长期促销，则促销方式必须对品牌及利润损失影响较小。

以下为某商场在一年中的主要促销活动安排：

1月6日～1月23日新春序曲：300当500花，满12 000赠黄金坠一个。

1月22日～2月23日新喜贺岁会员特享：满600送300电子红包。

1月25日～1月31日福临门活动：满200减80/60，化妆品全场20倍积分。

2月10日～2月20日情人节和元宵节浪漫同庆：全场5折起，满赠巧克力、元宵。

3月3日～3月13日美丽密令活动：化妆品500回馈100，全场满800赠100。

3月20日～3月27日商场周年庆典：部分8折再满300送60电子红包，满减、满送、满赠等一系列促销活动。

……

11月25日～11月30日冬之韵：300当500花，会员积分回馈等。

12月15日～12月26日刮刮乐翻天：满200/1 000起刮，银行卡刷赠活动等。

12月27日～1月3日年终答谢会：满600送300电子红包等。

（二）制订总体促销预算

零售商在制订总体促销预算时，通常采用以下几种方法。

（1）边际分析法。边际分析法所依据的经济原则是：只要每花一元钱能创造大于一元钱的额外贡献，商店就应该增加促销支出。

（2）目标任务法。零售商首先会确定一组促销目标，接着确定从事这些任务必要的成本之和，即促销预算。

（3）销售百分比法。零售商用这种方法来确保促销预算，具体方法是预测预算期内的销售额，然后根据事先定好的百分比确定预算。一般零售企业会根据商品的销售毛利来确定促销费用百分比，由于这种方法操作简便，因此被零售企业广泛使用。

接下来是分配预算环节。零售商要决定有多少预算分配于具体促销方式、商品类别、地域等。一般情况下，零售商会把预算更多地分配给产出更大的商品类别或地区。

（三）制订细案

制订细案涉及促销过程中的每一个具体环节，包括：该怎么做，做的过程中将会遇到什么问题,如何规避,如何做到最好。零售商在制订方案时必须注重对细节的把控。总之,细案不是长篇大论,而是抓住重点、把握细节,使方案达到最佳的执行效果。

零售商在制订促销细案前需要确定促销主题、促销时间、促销商品、促销宣传和促销方式等。大中型商场内的促销活动一般需要提前决定,这些活动通常会与某些季节、假日、节日等联系起来,师出有名。例如,针对学生开学,商场可以举办一些文具类和体育商品的促销活动。制订的活动细案包括活动的目的、活动对象、活动内容、活动时间、活动费用预算、与供应商的协商和宣传方式等。

二、促销活动的实施

促销方案制订好后,接下来的重要工作就是实施促销方案。促销方案一般由终端促销管理者和促销策划者共同完成,而不是单方面的工作。

在执行方案前,零售商应做充分的筹备工作。首先,零售商要保证完全领会促销方案的内容和执行方案的重点,可以将疑问点、疑难点或是可能没法完全执行的点归纳出来,和促销策划者进行一次深入的沟通。其次,零售商要检查货品是否充足;货品比例是否合理;陈列需如何调整;促销物料和礼品是否到位;促销前的宣传活动是否正在进行;店铺的促销氛围是否布置到位;所有团队工作人员是否深度理解了方案的内容,是否可以将活动内容脱口而出并熟练地向顾客传达,是否了解执行过程中可能出现的问题和规避方法;等等。这些都是需要在活动开始前由管理者开会宣布的内容。

一项好的促销活动不仅仅是要有一个好的创意,关键还在于活动的实施。在活动的实施中,零售商应做好以下几个方面。

(一) 促销人员方面

第一,商店相关人员必须都了解促销活动的起止时间、参与促销的商品及促销活动的具体内容,以备顾客询问;第二,商店服务人员必须保持良好的服务态度,并随时保持服装、仪表的整洁,给顾客留下良好的印象;第三,各部门主管必须配合促销工作,安排适当的出勤人数、班次、休假及用餐时间,以免影响购物高峰期间对顾客的服务。

(二) 促销商品方面

一般零售商经营的商品达到上万种,并不是每一种商品都适合在同一时间做促销活动。零售商在选择促销商品时应考虑以下几个因素:①商品的可获利性,即促销商品的销售额、竞争对手的促销力度和销售速度;②制造商的支持程度,即制造商支持促销的形式、促销力度的大小等;③消费者的可接受程度。

促销商品确定后,零售商需要考虑以下三个方面:第一,促销商品必须有足够的库存,以免缺货造成顾客抱怨而丧失销售机会;第二,促销商品的标价必须正确、醒目，以方便顾客选购，并保证收银作业的顺利进行；第三，商品陈列位置必须正确且能够吸引人，如畅销商品应以排头货架或者堆头，用大量的陈列来体现量感，以达到吸引消费者的目的；第四，新商品促销应搭配品尝或示范等方式，以吸引顾客消费，增强顾客的购买信心；第五，促销商品应搭配关联性商品的陈列，以提高顾客对相关产品的购买率。

（三）宣传准备方面

第一，促销人员须将广告宣传单发放到目标顾客的手中，以保证有充分的客流量；第二，广告海报、条幅等应张贴在明显处，如商店入口处或布告栏上，以吸引顾客入店购物；第三，特价品广告应悬挂在正确的位置，价格标示应醒目，以吸引顾客购买；服务台应定时广播促销活动及促销品种，以刺激顾客购买；第四，商场应张贴和悬挂能带动气氛的海报、旗帜等，并播放轻松、愉快的背景音乐，营造舒适的购物气氛。

促销实施的过程可以说是整个促销的重点。再漂亮的方案，若实施与执行不到位，也只是一纸空文。完美的执行是建立在以上所有工作的基础之上的，需要由管理者进行主导，促销策划者全程跟进来完成。执行的到位情况取决于每位团队成员的执行力以及每个环节的执行效果，而整体把控需由管理者承担。不论是管理者还是促销策划者，在执行过程中都必须围绕着一个核心——目标来开展。需要注意的是，促销和执行方案不是一成不变的，零售商应该根据目标的完成情况适时进行调整。

三、促销活动的评估

与其他营销活动一样，零售商的促销活动同样需要被评估。因为零售商要保证促销活动按计划、高效率地进行，保证促销工作长期地开展下去，所以，零售商要对每一次促销活动进行评估，从而总结经验，寻找不足之处，为改进促销工作提供依据，也为今后的促销工作提供宝贵的经验。

促销效果评估包括事前评估、事中评估和事后评估。评估方法包括前后比较法、市场调查法和观察法。

事前评估就是促销计划正式实施之前所进行的调查测定活动，其目的在于评估促销计划的可行性和有效性，或以此在多个计划中确定出最佳的方案。事前评估主要有征求意见法和试验法两种方法。

事中评估就是在促销活动进行过程中对其效果进行评估，主要通过消费者调查的形式来了解促销活动进行期间的消费者动态（如参与者数量、购买量、重复购买率等）、参与活动的消费者结构、消费者意见（包括动机、态度、建议、要求与评价等）。消费者调查的具体内容分为三个方面：①促销活动进行期间消费者对促销活动的反应。零售商可以通过现场记录来分析消费者参与的数量、购买量、重复购买率、购买量的增幅等。②参与活动的消费者结构，包括新、老消费者的比例，新、老消费者的重复购买率，新消费者数量的增幅等。③消费者意见，包括消费者参与动机、态度、要求、评价等。综合上述几方面的分析，零售商就可大致掌握消费者对促销活动的反应，客观评价促销活动的效果。

事后评估就是在促销活动告一段落或全部结束后对其产生的效果进行评估，常用的方法有比较法和调查法。事后评估通过比较促销前后产品知名度、认知度、销售量、销售额等变化来评价其实际效果。

拓展阅读　　　你认为这样的广告有效果吗

　　在线广告、楼宇广告中经常会出现一些疯吼式广告。站在电梯前，你经常会听到一个人或者一群人在疯狂地重复一句广告词，如"想去哪拍！就去哪拍！""找工作，就和老板谈！老板谈！"……

　　不得不说这种广告的效果实在太好。当年的"羊羊羊""今年过节不收礼"都是这种广告，盘旋在脑海，令人多年未忘。其实，重复式广告不是什么新鲜东西。这种广告自有其传播学上的逻辑，叫"多看效应"，概括地说就是，同样的东西你只要看的次数够多，就算本来讨厌的东西也会觉得亲切。

　　互联网时代，这种广告又出现了变体。先是无所不在的弹窗，"屠龙宝刀，点击就送"等，后来是侵入你内部生活领域的转发优惠、低质推销……

　　其实，有人认为，用这种锁定用户注意力的方式来做广告，就是对用户简单粗暴地骚扰和洗脑，这种广告带有"毒性"，是用来筛选那些对商家的恶意不敏感的用户的，以达到商家的目的。

资料来源：http://www.ebrun.com/20191011/354068.shtml，有删改。

一般情况下，零售商会通过分析促销活动的经济效果和社会效果，来评定促销活动的价值。

（1）经济效果。零售商主要考察促销活动的投入费用与销售额之间的对比关系，以及促销活动后产品市场占有率的增长情况等来分析促销活动的经济效果。

（2）社会效果。由于促销活动还涉及零售商的顾客满意战略，并且促销活动具备一定的社会影响力，因此，零售商不能简单地从经济效果来评定促销活动的效果。评定一个促销活动的社会效果，可以从如下两个方面来考虑：①参加促销活动的顾客数量；②参加促销活动的顾客对促销活动的肯定程度。这两个问题的数值越高，则说明该促销活动的社会效果越明显。

成功的促销可以促进零售商的销售，提高零售商的自身竞争力并削弱竞争对手，给零售商带来喜人的回报；不恰当的促销会降低商品的获利能力，增加消费者的价格敏感度，并可能带来顾客投诉等不利的影响。因此，成功地开展促销活动既是一门艺术，也是一门科学。

本章小结

现在，为了应对日益激烈的零售竞争，越来越多的零售商频繁地开展促销活动。零售促销手段主要有：零售广告、公共关系、人员促销和销售促进。这四种手段在可控性、灵活性、可信度和成本等方面各有优劣，只有通过有效的组合才能达到促销的最佳效果。

零售促销管理包括促销活动的策划、促销活动的实施和促销活动的评估。促销活动的策划包括确定促销目标、制订总体促销预算和制订细案。零售商应根据目标顾客需求制定企业促销的目标，并量力而行制订总体促销预算，根据促销目标、零售商类型、竞争环境和费用预算，勾画促销组合的轮廓。在促销活动的实施中，零售商应做好促销人员方面、促销商品方面和宣传准备方面的工作。同时，零售商对促销活动评估是必要的。

本章练习题

一、简答题

1. 什么是零售促销？零售促销与制造商促销有何不同？
2. 零售促销组合的主要策略是什么？
3. 对比零售促销策略的差异和适用条件。
4. 零售促销的作用有哪些？
5. 简述零售促销管理的主要内容。
6. 促销活动评估的方法有哪些？它们的目的分别是什么？

三、论述题

1. 你如何看待广告宣传对零售商品牌形象的影响？
2. 为什么说零售商只有综合运用各种促销手段才能达到最佳促销效果？

四、实践题

1. 参观你家附近的超市，留意其店内的促销活动，并评价各促销活动的效果。
2. 假设有一天，媒体曝光了某商场熟食区的过期食品被员工更换包装后再次售卖，如果你是该商场公关部经理，你该如何处理此事？

第十一章
零售服务

🌀 学习目标

学习服务与零售服务的概念和特征；掌握零售服务的主要类型和具体形式；了解零售服务对零售商经营的重要性；学习服务质量的有关理论；掌握零售服务质量管理策略。

🌀 导入案例

"胖东来"你是否能学会

你知道胖东来是谁吗？或许你没有听说过，但是在河南许昌，不论是在乡村还是在城镇，人们手里提的食品袋最多的就是胖东来专用袋，甚至有人不在自己家门口买东西，反而从几十里外的乡村跑到胖东来买东西。实际上，胖东来不但在当地出名，许多外省零售商也纷纷来胖东来考察学习，胖东来已成为河南乃至全国商界具有一定知名度、美誉度的商业零售企业。

坐落在河南新乡的胖东来店

（图片来源：http://www.sohu.com/a/142234479_167028）

胖东来创建于 1995 年 3 月，总部位于河南省许昌市，是一家涵盖百货、电器、服饰的超市连锁企业。是什么使胖东来远近闻名，受到各方关注呢？

实际上，胖东来的经营没有秘诀，只是脚踏实地在服务上下功夫，顾客想要什么就给什么。"用真品换真心",牢牢地吸引消费者。

在胖东来,所有的服务体现在细节上,商品陈列、员工微笑、便民服务等服务体验无处不在,有的细节做到了极致。例如,楼层电梯出入口总有数名专职服务人员站岗,负责搀扶老人和孩子,不断轻声提醒乘客注意安全;水果蔬菜区不仅有一次性手套可以让顾客尽情挑选带泥土的蔬菜,防止弄脏双手,还在连卷袋旁放上一个蘸水器,免得买菜时打不开袋子;有机蔬菜区上方,显示屏播放着有机蔬菜的种植成长过程,让消费者放心购买;在面食加工间和面包后台加工操作间,顾客可以从显示屏上看到里面的环境、操作过程;卖场通道宽敞、明亮,而且通道一直会有工作人员清扫,地面光洁到可以反射出人行走的影子;超市入口处的打包台,有免费消毒液、纸巾、急救箱、打包袋和顾客意见簿;胖东来还设立了顾客休息区,让前来购物的顾客休息,休息区的舒适性和便利性赢得顾客口碑……胖东来足以让消费者感到服务的温度。

胖东来的服务内容广且深,涉及企业商品、商品价格、购物环境、售前、售中、售后服务的各个方面,让每位顾客满意。胖东来踏踏实实地将服务落实到行动上,"照顾好每一位顾客,服务好每一位顾客"成为胖东来人的责任和使命。

胖东来优秀的服务是怎样形成的?员工对顾客悉心的服务源于胖东来的一套人性化管理体系。"一个月给他多发一万元,我就不相信他会跳槽!"胖东来创始人于东来深谙商业模式最精髓的正是把最高的工资给最优秀的人才,让最优秀的人才创造最大的价值。

在胖东来,最基层的员工每月收入2 200元,加上公司股份,每个月可得3 000元。课长每年收入6万元,处长22万元,店长50万元,区域经理100万元。不仅如此,于东来还把股份都分给员工,他自己不占任何股份。物质激励是胖东来的管理手段之一。胖东来的每个员工都有一本"规划手册",包括"人生规划""工作标准""生活标准"。胖东来按岗位专家和管理专家两个方向培养员工,设置了五种评价体系:星级员工、服务标兵、技术明星、星级经营人员和星级后勤人员。员工每一点细微的进步都能迅速得到肯定,追求成长的本能,给人带来巨大的激励。

确实,一个精通专业、尊重商品的价值、一切为顾客考虑、尊重每一位顾客、无微不至地为顾客着想,让顾客彻底放心的零售商怎能不让顾客"满意"呢?

资料来源:http://www.sohu.com/a/323215860_228356,http://www.sohu.com/a/142234479_167028,有删改。

思考:
1. 胖东来为什么受到顾客的认可和喜爱?胖东来为顾客提供了哪些服务?
2. 结合案例,分析服务在零售经营中的重要性,谈谈胖东来案例给你的启发。

第一节 服务与零售服务

一、服务的定义

几乎每一个人对"服务"一词都不会陌生,但如果要对服务进行定义,回答"什么是服务",似乎并不容易说清楚。因为服务是看不到、摸不着的东西,而且应用的范围也越来越广泛，难以简单概括，并且随着时代的发展，"服务"被不断赋予新的意义。

学者们对服务的研究由来已久，1960 年，美国市场营销协会（AMA）给服务下的定义为"用于出售或者是同产品连在一起进行出售的活动、利益或满足感"。这一定义在此后的很多年里一直被人们广泛采用。

1974 年，斯坦顿（Stanton）指出："服务是一种特殊的无形活动。它向顾客或工业用户提供所需的满足感，它与其他产品销售和其他服务并无必然联系。"

1983 年，莱特南（Lehtinen）认为："服务是与某个中介人或机器设备相互作用并为消费者提供满足的一种或一系列活动。"

1990 年，格罗鲁斯（Gronroos）给服务下的定义是："服务是以无形的方式，在顾客与服务职员、有形资源等产品或服务系统之间发生的，可以解决顾客问题的一种或一系列行为。"

菲利普·科特勒（Philip Kotler）认为，服务是一方提供给另一方的不可感知且不导致任何所有权转移的活动或利益，它在本质上是无形的，它的生产可能与实际产品有关，也可能无关。

简单来说，我们可以这样来理解，服务就是本着诚恳的态度，为他人着想，为他人提供方便或帮助的一种行为、一个事件或者一个结果。

二、服务的特征

（一）无形性

无形性是服务最基本的特征，在购买服务之前，服务对消费者来说是看不见、尝不到、摸不着、听不见、唤不到的，因为服务是由一系列活动所组成的过程，而不是实物，在这个过程中消费者不能像感觉有形商品那样看到、感觉到或者触摸到。

（二）异质性

服务是由人表现出来的一系列行动，而且员工所提供的服务通常是顾客眼中的服务，由于没有两个完全一样的员工，也没有两个完全一样的顾客，因此就没有两种完全一致的服务。就像同一道菜由两个不同的人来烹调，其口味自然是不一样的。

为了克服服务的异质性，保持服务的一致性或稳定性，企业可以采取的措施包括：第一，对服务人员进行选择与培训，例如，为了提供优质统一的服务，许多航空公司、银行和饭店花费大量资金来培训员工，以保持服务的标准和一致；第二，通过建议和投诉制度或顾客调查来检验顾客是否感到满意，从而找出服务中存在的问题并加以改进。

(三) 不可分割性

服务的生产过程与消费过程是同步的。大多数商品是先生产，然后存储、销售和消费，但大部分的服务是先销售，然后同时进行生产和消费。

服务的这一特点表明当服务在生产的时候，顾客往往在现场，甚至是一同参与的，例如，消费者观看电影，随着电影的播放，电影的消费过程同时完成。另外，有些服务是很多顾客共同消费的，即同一项服务由大量消费者同时分享，比如，电影院的观影者共同分享一部电影，这说明在服务的生产过程中，顾客之间往往会有相互作用，因而会影响彼此的体验。

由于服务的提供与顾客的消费是不可分割的，服务质量与顾客满意在很大程度上取决于真实瞬间发生的情况，商家提供的服务水平和工作态度与顾客的感受密切相关。

(四) 易逝性

服务的易逝性是指服务不能被储存、转售或者退回的特性。比如，一个有100个座位的电影院，如果在某天只有80个顾客，它不可能将剩余的20个座位储存起来留待下一场电影放映时销售；又如，一个律师提供的咨询无法退货，顾客无法重新咨询或者转让给他人。

由于服务无法储存和运输，因此为了充分利用生产能力，对需求进行预测并制订详尽的计划成为零售商面对的重要且富有挑战性的决策问题。而且，由于服务无法像有形产品一样退回，服务组织必须制定强有力的补救策略，以弥补服务失误。例如，尽管律师糟糕的咨询服务没法退回，但是顾客可以通过更换律师的办法来重拾信心。

三、零售服务的含义

零售服务也称顾客服务，是零售商为顾客提供的，与其基本商品相连的，为了增加顾客价值并从中获益的一系列无形的活动。美国学者迈克尔·利维和巴顿·韦茨认为，顾客服务是零售商为了使顾客购物更加方便、更有价值而进行的一整套活动和计划。

从广义的角度来说，零售本身就是一种服务活动，零售组合中所有的要素都是增加商品价值的服务。店铺位置、店内布置和商品分类都为顾客购物增加了便利。本章中所指的零售服务是狭义的概念，认为零售服务是顾客与零售商接触过程中获得的，除所购有形商品之外的所有利益。

零售服务的重要性源于零售业本身的特点，因为零售业是一个与顾客"高接触"的行业，以顾客为导向的经营观念决定了零售服务是零售经营活动的基本职能。

零售服务与零售业态、零售店定位或零售策略有关。例如，超市提供有限的顾客服务，百货商店提供多样化的服务。表11-1为百货商店和超市提供的服务项目对比。

表 11-1　百货商店和超市提供的服务项目对比

服务项目	百货商店的提供情况	超市的提供情况
商品包装（含礼品包装）	普遍	少
商品调换	普遍	经常
第三方支付	普遍	普遍
维修服务	经常	少
存包处	经常	偶尔
休息室	经常	很少
更衣室	普遍	无
卫生间	普遍	少
停车场	经常	偶尔
特殊需求者的服务（轮椅、针线包）	经常	少
儿童看护或娱乐设施	偶尔	无
送货上门	经常	少
品质保障	经常	经常
特别订货	经常	少

拓展阅读

日本便利店为什么那么受欢迎

在日本，不管是普通上班族还是留学生，在生活中都离不开的一个地方就是"便利店"。不管你想买到什么，不管你是在寻找深夜食堂还是购买生活必需品，便利店的作用就是为你提供便利的生活服务。

从干净整洁的厕所到琳琅满目的商品，从邮寄大小包裹到交纳各种费用，一个便利店几乎可以解决人们日常生活的全部需求，这也就是日本人离不开便利店的原因。

日本便利店所售商品应有尽有，可谓涵盖衣食住行各个方面，快餐种类极其丰富，提供日式、西式以及中式套餐；零食和加工食品仅看包装就让人颇有食欲；各种饮料、红酒、威士忌、烧酒、鸡尾酒、果味酒、啤酒等更是令人目不暇接；在日用品方面，从针线包、指甲刀、强力胶到各种文具无所不有。当下，ATM和厕所也成为便利店的标配，消费者进店后基本就可以享受一站式服务了。在公共服务方面，日本便利店做到了细致入微，人们基本生活、娱乐或者出行所需要的，如打印机、快递、商品券、礼品券、彩票、机票等，都可以通过便利店办理。由于日本的杂志、漫画是可以直接供读者在店内阅览的，读者看多久都不会有店员驱赶，因此每天都有人站在书架前津津有味地看书，这也成了日本便利店的一道独特风景。店员服务也非常到位，消费者在购买便当时，店员会主动询问是否加热，消费者买饮料时店员也会为其配上吸管，服务意识很强。值得一提的是，日本便利店的卫生一向让消费者放心，食品严格遵守"保质期"，严控食品安全。据一位便利店经营者透露，无论是饭团还是便当，店内会在食品"保质期"到期前最后一天集中处理，这类食品绝不能出现在顾客面前，即便是店员也不允许食用。

伴随社会的快速发展，日本的便利店也与时俱进。为了进一步方便消费者，很多便利店内都设置了专门的就餐区域，使消费者不再是来也匆匆去也匆匆，消费体验再次升级，从而增加了便利店与消费者之间的互动服务黏度。

据了解，在日本所有便利店中，每日配送的商品比例会根据客户需求微调。数据显示，在所有商品、服务中，日常食品占 36.2%，加工食品占 26.9%，非食品占 30.4%，提供的各项服务占 6.5%。

细节决定成败，从丰富的产品到暖心细致的服务，再加上卓越的品质，便利店在改变人们生活方式的同时成了许多日本人日常生活中必不可少的一部分。

资料来源：http://japan.people.com.cn/n1/2019/0816/c35421-31299122.html，有删改。

第二节　零售服务的重要性

一、零售服务的类型

（一）按顾客购物过程划分

按顾客购物过程划分，零售服务可以分为售前服务、售中服务和售后服务。

1. 售前服务

售前服务是指在顾客购买商品之前，企业向潜在顾客提供的服务。售前服务是一种超前的、积极的顾客服务活动。它的关键是树立良好的第一印象，目的是尽可能地将商店信息迅速、准确、有效地传递给顾客，沟通双方感情，同时也了解顾客潜在的、尚未满足的需求，并在企业能力范围内尽量通过调整经营策略去满足这种需求。售前服务的主要方式有：免费培训班、产品特色设计、请顾客参与设计、导购咨询、免费试用、赠送宣传资料、商品展示、商品质量鉴定、调查顾客需求情况和使用条件等。

2. 售中服务

售中服务是指企业向进入销售现场或已经进入选购过程的顾客提供的服务。这类服务主要是为了进一步使顾客了解商品特点及使用方法，目的是通过服务，表现对顾客的热情、尊重、关心、帮助、情感和向顾客提供额外利益，以帮助顾客做出购买决策。售中服务的主要方式有：提供舒适的购物现场（如冷暖空调、休息室、洗手间、自动扶梯等）、现场导购、现场宣传、现场演示、现场试用（如试穿、品尝、试看、试听等）、照看婴儿、现场培训、礼貌待客、热情回答、协助选择、帮助调试和包装、信用卡付款等。

3. 售后服务

售后服务是指企业向已购买商品的消费者所提供的服务。它是商品质量的延伸，也是对消费者感情的延伸。这种服务的目的是增加商品实体的附加价值，解决顾客使用本企业商品而带来的一切问题和麻烦，使顾客方便使用、放心使用，降低使用成本和风险，从而增加顾客购买后的满足感或减少顾客购买后的不满情绪，以维系和发展商店的目标市场，使老顾客成为"回头客"，或者乐意向他人介绍推荐本商店商品。售后服务的主要方式有：免费送货、安装和调试、包退包换、以旧换新、用户免费热线电话、技术培训、产品保证、备品和配件的供应、上门维修、巡回检修、特种服务、组织用户现场交流、顾客投诉处理、顾客联谊活动、向用户赠送自办刊物和小礼品等。

（二）按零售商投入的资源划分

零售商为顾客提供的资源，即不同的服务：一部分是由那些以"物"的形态（如服务设施）来实现的，是"物对人的服务"；另一部分是直接由销售人员提供的，是"人对人的服务"。我们把前者称为"硬服务"，把后者称为"软服务"。具体分析如下：

1. 硬服务

硬服务是指零售商店通过提供一定的物资、设备和设施为顾客服务。例如，商店向顾客提供休息室、电梯、停车场、寄存处、购物车、试衣室、空调环境等，使顾客在购物过程中感到方便。

2. 软服务

软服务是指商店销售人员对顾客提供的服务，这是商店销售人员与顾客进行的面对面接触。他们的形象和服务水准对商店的形象有最直接的影响，也是顾客评价商店服务质量的一个重要方面。由于软服务具有易变化的特点，因此管理起来难度更大。

拓展阅读　　　　　　**在山姆会员商店可以"遛娃"吗**

"周末遛娃，先去山姆会员商店。"这似乎成了宝爸宝妈圈子里某种心照不宣的默契，它甚至演变成了一种现象。如果你试着在微博上搜索"山姆+遛娃"的关键词，可以看到更多遛娃家庭分享他们在山姆收获的快乐瞬间。

对如今的宝爸宝妈来说，带孩子逛超市是每周的"保留项目"，不仅可以完成下周的粮食储备，还能把娃从iPad、手机等一系列电子产品的控制下"夺"回来，让孩子在真实世界里认真遨游。要知道，普通家长带孩子的最高境界也只是让孩子不哭不闹，心甘情愿地陪自己购物。要想让孩子面带微笑地走出超市，一上车就睡着，是只有在山姆会员商店遛娃的"高阶玩家"才能做到的"壮举"。比如，在"山姆试吃"面前，再哭再闹的孩子也会放弃一切抵抗。

孩子总是对第一次看到的东西感到好奇，而在山姆会员商店里，他们不仅能过够"眼瘾"，还能拿起来把玩：戴上 Bose 耳机当一次 DJ，拿起戴森吹风机变身理发师，等等。在山姆会员商店超高挑高和宽敞的过道里，你可以看到很多孩子用双脚和双手丈量他们感兴趣的世界。

不仅如此，山姆会员商店也是很多人心中周末的首选打卡地，经常有人会在山姆会员商店逛一下午。有的人为了买到山姆特有的榴梿千层班戟，从城市的一端向坐落于另一端的山姆出发；有的人为了全中国独此一家的香肠来到山姆会员商店。

作为一家 1996 年便在中国设立会员商店的海外品牌，山姆会员商店截至 2019 年 6 月 30 日在中国已经开设了 26 家门店，坐拥超过 280 万名"粉丝"。每家山姆会员商店在 2 万平方米的占地上只上架 4 000 SKU（最小存货单位），这不仅让消费者无须在每个品类上耗费大量时间，也让山姆会员商店自身拥有大批量采购的优势，给会员以低单价、高性价比的商品作为回报。

对于以家庭为单位的购物群体来说，山姆会员商店满足了孩子从出生到青少年时期的全部购物需求；对于只想选购一周所需的城市独立人口来说，山姆的极简式货架也能带来不少好感；而对于逛街上瘾的人来说，山姆的购物体验和完备的会员服务都能在很大程度上解决他们的"购物瘾"。这也许就解释了为什么山姆会员商店会成为"遛娃"、逛街等大众周末休闲生活的重要组成部分。

资料来源：http://www.360kuai.com/pc/9bb3a72101f89314c?cota=3&kuai_so=1&sign=360_57c3bbd1&refer_scene=so_1，有删改。

（三）按零售商提供的服务内容划分

标准化服务与个性化服务是零售商提供服务的两个重要组成部分，它们在出发点、服务流程、产生效果等方面存在较大的差异。

1. 标准化服务

标准化服务是指在标准意识的指导下，零售商通过规范化的管理制度、统一的技术标准、服务工作岗位和预定目标的设计与培训，向产品的消费者提供统一的、可追溯和可检验的重复服务，以达到服务质量目标化、服务方法规范化和服务过程程序化的目的。

一般来说，标准化服务是指建立了国家标准或行业标准的服务项目，提供的服务必须按照标准实行，包括服务时间、服务工作量、服务质量、服务价格、质量保证、服务管理、服务监督、服务投诉等相关内容。例如，2013 年，我国商务部公布了《零售企业服务管理规范》，规定了零售商提供的服务标准。

2. 个性化服务

个性化服务是指零售商为顾客提供具有个人特点的差异性服务，使接受服务的顾客有自豪感和满足感，从而赢得顾客高度认同的一种服务行为。零售商提供的个性化服务是服务企业适应和接受日益加剧的竞争的结果。

例如，购物中心为有需要的老人提供轮椅服务，对需要照看孩子的妈妈提供儿童看护服务；有的百货商场提供送货上门服务；还有的便利店提供帮助居民代交水电费、代收干洗衣物、代存包裹、代订鲜花、牛奶、代订电影票、门票等服务；有的商店为顾客提供免费班车接送服务，提供免费热水、免费包装等。

总之，个性化服务要满足不同顾客的多方面需求，给予顾客及时、灵活、体贴入微的服务。毫无疑问，由于个性化服务具有鲜明的灵活性、针对性、突发性、差异性等特点，因此个性化服务的操作难度加大，尤其是对服务人员的要求很高，或者说增加了零售商的管理成本，需要零售商的管理者采取相应的激励机制来充分激发员工的主观能动性，关心、支持他们，充分信任，充分授权，让员工在分享更多决策权的同时承担更大的责任，使员工发自内心愿意提供个性化服务。

拓展阅读　　　　**海底捞的个性化服务是怎样炼成的**

海底捞为顾客服务的故事有很多，甚至有人用"地球人无法阻止海底捞了""人类不可战胜的海底捞"来描述海底捞，创作出各种夸张的"海底捞体"。海底捞的特色服务贯穿顾客进店到离店的整个过程中：顾客等候过程中有免费上网、棋牌、擦皮鞋、美甲等服务以及免费饮料和免费的水果、爆米花、虾片等服务；顾客在就餐过程中，有服务员发自内心的微笑和为顾客擦拭油滴、下菜捞菜、递发圈、换擦眼镜布、15分钟提供一次热毛巾、续饮料、帮助看管孩子、喂孩子吃饭以及拉面师傅的现场表演；店里还设有供小孩玩耍的游乐园；洗手间提供美发、护肤等用品，还提供免费的牙膏和牙刷。甚至顾客打个喷嚏，就有服务员送来一碗姜汤。

服务的关键在于人，海底捞是如何让员工发自内心地主动为顾客提供个性化服务体验的呢？

大胆授权

海底捞公平公正对待员工的一个体现就是信任和尊重员工。

在海底捞，副总、财务总监和大区经理有100万元以下开支的签字权；大宗采购部长、工程部长和小区经理有30万元的审批权；店长则有3万元以下的签字权。而对于海底捞的一线员工来说，他们同样有着比同行大得多的权力，那就是免单权，他们只要认为有必要，就可以给顾客免费送一些菜，甚至有权免掉一餐的费用。

创始人张勇说："海底捞现在十几个亿的产值，你不可能每个东西都自己去买，即使都自己去买，也难免有错。每个决策，不管谁做，其实都有风险，企业犯错很正常，我们能容忍，而且必须容忍。如果没有安全感，通常是因为过于看重自己了。"

对此，张勇是这样解释的："如果亲姐妹代你去买菜，你还会派人跟着监督吗？当然不会。"把解决问题的权力交给一线员工，才能最大限度地、最快速地消除顾客的不满意。

建立创新管理委员会和奖励创新

在海底捞，员工只要有新想法、新点子，都可以上报，只要门店试用，员工就可立即获得 50～100 元不等的奖励。为鼓励创新，海底捞在总部还专门设了创新管理委员会，负责评选各门店筛选后提交上来的创意，确定可以在区域或全国加以推广的创意。

在海底捞，员工的服务创意或菜品创意一旦被采纳，就会以员工的名字来命名，并根据产生的经济效益给予一定数额的奖金。

"包丹袋"就是典型的一例。这是一个防止顾客手机被溅湿的塑封袋子，由于是一名叫包丹的员工最早提出了这个创意，因此这个袋子用该员工的名字命名。如此一来，海底捞的员工不但得到了尊重，还得到了鼓励。

张勇认为，创新在海底捞不是刻意推行的，海底捞只是努力创造让员工愿意工作的环境，结果创意就不断涌出来了。

海底捞每天都会涌现出大量的新点子，小到区分红酒和酸梅汤的方法，大到牛肉丸、万能架等菜品、服务工具、服务方式的创新。

倾听员工的心声

为了倾听员工的心声、维护员工的权益，公司成立了员工呼叫中心，员工可以拨打 24 小时免费热线电话向公司反映问题，并有专人解决、回复。另外，公司早在 2008 年就组建了工会组织，各片区、各门店都设有工会专员。

张勇认为，每一个工会会员都必须明白一个基本道理：公司不是在执行命令去关心员工，而是真正意识到大家都是人，每个人都需要关心与被关心，而这个关心基于一种信念，那就是"人生而平等"。

因此，解决员工困惑、关心员工成长成为工会工作的重中之重。另外，创办多年的《海底捞文化月刊》也致力于"暴露管理问题，维护员工权益"，切实为员工服务。

看来，要向顾客提供个性化服务，最重要的是企业首先为员工服务，倾听员工的心声，让员工感动，进而来感动顾客，让顾客充分享受属于自己的美好时光。

资料来源：https://www.sohu.com/a/166841362_187697，有删改。

当然，一个零售店要达到向顾客提供个性化服务的要求，首先要有很好的标准化服务作为前提和基础。个性化服务必须以标准化服务为前提和依托，前者源于后者，同时高于后者。没有规范服务的基础而去奢谈个性服务，无疑是缘木求鱼。而如果只满足于规范服务，不向个性化服务发展，零售店的管理和质量无法适应竞争的需求。

不同的零售店，其服务的标准化与个性化侧重点不同。例如，百货店侧重于强调个性化服务，努力做到优质、高效，提高商店的服务质量，形成商店特色，从而增强竞争力；超市注重规范服务，在规范服务的基础上进行个性化服务。

另外，零售服务还可以按照零售商提供服务的多少划分，包括自助服务、有限服务、全方位服务等。

二、零售服务的具体形式

（一）产品服务

产品服务是与产品本身有直接关系的服务，是产品的"附加物"。例如，顾客在超市买一条鱼，超市提供免费宰杀服务；顾客购买空调后，商店派人送货到顾客家中并进行安装；顾客购买衣服之后，商店提供钉扣子或裤子扦边服务；等等。

（二）便利服务

便利服务是零售商通过服务活动帮助消费者方便购买和使用的服务项目。例如，超市为顾客提供购物手推车、自动式物品存放箱、购物袋；百货商店设有顾客休息室、专业导购人员，提供代购及快递服务；购物中心提供停车场、自动取款机、公用电话等。当前，很多零售店还提供免费上网服务。

（三）支付服务

支付服务是指为顾客提供的多种支付方式。零售商普遍采用的支付方式有现金、信用卡、借记卡、第三方扫码支付等。

随着零售技术的发展，支付方式的选择更加多样。例如，一些零售商采取顾客自助结账的方式，将顾客的角色进行转换，增加了顾客的购物乐趣。顾客在自助结账的过程中还可以进行查询、积分兑换、人机互动等。一些新技术的加入，如人脸识别、声纹识别等方式，能够有效提升识别精准率，也使工作人员有了更加灵活的安排，在一定程度上实现了减员增效，提升了企业的运行效率，节省了企业的运营成本。

永辉超市设有"无人自助收银机"，方便顾客结账

（图片来源：http://www.sohu.com/a/166123586_580038）

> **拓展阅读** **"多点＋物美"给你更多服务体验**
>
> 在"新零售"概念的呼唤下，又一家传统超市加入了试验者的队伍。继阿里推出盒马鲜生、永辉上线超级物种之后，由多点 Dmall 帮助物美改造的物美联想桥店于 2017 年 10 月在北京正式试运营。
>
> 走进物美联想桥店后可以发现，这家新零售体验店有很多创新之处。过去冗杂的超市不仅货架变得更简洁明了，而且超市内新添了用餐区域，超市内工作人员也有了很大的精减。
>
> 在体验店内，自由购和秒付这两个由多点 Dmall 重点打造的功能，让支付变得更便捷。自由购是指顾客打开多点 App，点击自由购标志，屏幕上出现扫描框，然后将扫描框对准商品包装上的商品码，就能扫出品牌及价格，最后顾客在手机端付款后，经过防损口，向防损口的工作人员出示付款码，由工作人员对购买商品进行核对后就可以出超市了。
>
> 秒付则是指顾客开通手机支付功能，手动摇出会员码，收银员扫描会员码后，无须跳转，即可完成支付和会员积分两项需要在银台操作的步骤。
>
> 以上两个支付环节让用户购物体验得到了优化，大大缓解了用户排队结账的困扰。
>
> 不仅如此，多点 Dmall 还通过大数据帮助物美进行选品优化，现在物美联想桥店店内 SKU 从 13 000 个降到了 11 000 个，设置了快速周转的前置仓，提升了店内原本的运行效率。更令人惊讶的是，店内的工作人员减少了 30%，店内的面积减少了 50%，但是零售额没有下降反而还有小幅提升。
>
> 资料来源：http://baijiahao.baidu.com/s?id=1582031991250118008&wfr=spider&for=pc，有删改。

（四）信息服务

信息服务是指商家给顾客提供关于产品或商店的促销信息、新产品上市信息、商品使用指南及商场活动信息等。

当前，许多零售商都有自己的 App，商场 App 已成为购物者生活中不可或缺的一部分，顾客使用移动设备查找商店 App，获取商店和产品信息并进行比较。也就是说，顾客在进入商店之前，已经拥有产品信息。可见，顾客通过 App 和店内购物之间的互动关系是相互关联的，且非常密切。

> **拓展阅读** **零售商的移动 App 大有作为**
>
> 移动 App 为零售商提供了机会，可以增强顾客的店内购物体验，为顾客创造个性化体验并提高零售商的盈利能力。
>
> 沃尔玛在其移动 App 上有一个名为 Scan&go 的功能，允许顾客在目的地商店扫描沃尔玛的产品并在自助结账柜台付款。此外，借助移动 App，零售人员可以在商店的任何地方处理

付款。由于市场排长队,大多数零售商正在利用移动 App 来提高效率和生产力,减少顾客改变主意的机会。通过更少的努力,零售商可以获得顾客满意度,促进销售并发展业务。

摩托罗拉的研究表明,到 2017 年,顾客几乎可以在自己的移动设备上使用 App 或自助结账功能完成店内交易。顾客一直在寻找本地信息,例如谷歌搜索"我附近"每年增长 2.4 倍。研究显示,50% 的顾客注意本地搜索,在一天内访问商店,并有 18% 的顾客购买手机。调查表明,82% 的顾客在店内购买时咨询他们的手机。摩托罗拉采用数字店内零售,利用移动技术增强顾客体验,推动了销售,提高了顾客忠诚度和运营效率。美国高端百货商店 Neiman Marcus 的服务 App 通过为某些商品添加书签以及与销售人员联系,为客户提供了个性化的店内购物体验。对于销售人员而言,这使他们能够查看客户的愿望和购物历史记录,从而为客户提供有价值的洞察力。

资料来源:https://www.kingwins.com.cn/content-9515.html,有删改。

(五)销售服务

销售服务一方面指销售人员与顾客之间的接触服务,例如,销售人员的仪表、姿态动作、眼神表情等表现出良好的服务态度,具备丰富的商品知识向顾客介绍产品,并且具有良好的沟通技能等。另一方面,销售服务还可以指为促进商品销售,使消费者购买欲望增加而开展的各种促销活动。

三、零售服务的重要性

在竞争激烈的环境下,顾客对零售服务的要求日益提高,站在顾客的角度考虑顾客的心理及需求,向顾客提供优质服务是零售商的立足之本。

(一)零售服务是零售经营的基本职能

从某种意义上讲,零售的本质就是向顾客提供全方位的服务。零售商与生产商不同,零售商并不制造商品,而是通过采购把不同生产商的商品集中在店中来销售,从这个意义上来说,零售商能制造和提供的就是服务。同时,因服务创造了更大的价值,服务成为零售企业重要的无形资产。

(二)零售服务是零售商赢得竞争的关键

服务是零售商永恒不变的主题。如果想把企业做得好,使企业得以长足发展,就需要千方百计地提高服务水平。尤其是在竞争激烈的市场环境下,提供差异化服务是零售商的重要战略,并由此形成商店的竞争优势。

例如,当前我国社区便利店发展很快,社区便利店可以提供 24 小时营业服务,并且对顾客要求的反应速度非常快,甚至可以将商品在10分钟之内送达顾客。这种便利性服务是其他零售业态甚至是电商都比不上的。

第三节　零售商服务质量管理

一、服务质量的有关理论

(一)服务质量的定义

服务质量是顾客对零售商所提供服务的一种"感知",也就是说,它是一种"主观意识"。

服务质量具体是指零售企业"当前"所提供商品(或服务)的最终表现与顾客"当前"对它的期望、要求的吻合程度。如果顾客对企业提供的服务(感知)接近于他对这家企业的服务期望,他的满意程度就会较高,他对这家企业的服务质量评价就高;反之,如果顾客在这家企业感受到的服务与他的期望差距较大,他就会产生不满,从而对这家企业的评价很差。

可见,服务质量与两个要素有关:一是顾客的"期望";二是向顾客提供其所期望的服务,或向其提供超出期望的服务。其中,前者为基础,后者为主要内容。

(二)服务质量差距模型

服务质量差距模型是20世纪80年代中期到90年代初,由美国营销学家帕拉休拉曼、赞瑟姆和贝利等人提出的,即5GAP模型,是专门用来分析质量问题的根源的基本模型。

如图11-1所示,该理论认为服务质量差距来源于服务管理的各个环节的差距,是各

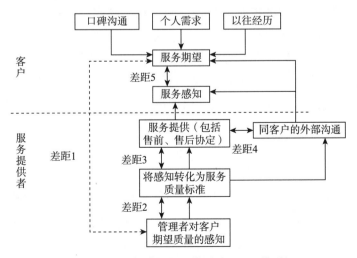

图11-1　服务质量差距模型(5GAP模型)

个环节质量差距之和,即服务质量差距(差距 5)= 质量差距 1+ 质量差距 2+ 质量差距 3+ 质量差距 4。其中,服务质量差距(差距 5)表示顾客对服务的期待与顾客对服务的感知之间的差距;质量差距 1 表示零售商(服务提供者)了解的顾客期望与实际的顾客期望之间的差距;质量差距 2 表示管理者制定的服务标准与零售商了解的顾客期望之间的差距;质量差距 3 表示零售商的服务执行与制定的服务标准之间的差距;质量差距 4 表示零售商对顾客的承诺与服务实际绩效之间的差距。

以上五个差距以及它们造成的结果和产生的原因如下。

1. 管理者认识的差距(差距 1)

管理者认识的差距是指管理者对期望质量的感觉不明确,其产生的原因有:①对市场研究和需求分析的信息不准确;②对期望的解释信息不准确;③没有需求分析;④从企业与顾客联系的层次向管理者传递的信息失真或丧失;⑤臃肿的组织层次阻碍或改变了在顾客联系中所产生的信息。

可见,如果管理者缺乏对服务竞争本质和需求的理解,则会导致严重的后果。

2. 质量标准差距(差距 2)

质量标准差距是指服务质量标准与管理者对期望质量的认识不一致,其产生的原因有:①计划失误或计划过程不够充分;②计划管理混乱;③组织无明确目标;④服务质量的计划得不到最高管理层的支持。

该差距表明,即使在顾客期望的信息充分和正确的情况下,质量标准的实施计划也可能会失败。零售商(服务生产者)的管理者对服务质量达成共识并优先支持非常重要。

3. 服务交易差距(差距 3)

服务交易差距是指在服务生产和交易过程中员工的行为不符合质量标准,这是因为:①标准太复杂或太苛刻;②员工对标准有不同意见,例如一流服务质量可以有不同的行为;③标准与现有的企业文化发生冲突;④服务生产管理混乱;⑤内部营销不充分或根本不开展内部营销;⑥技术和系统没有按照标准为工作提供便利。

通常,引起服务交易差距的原因是错综复杂的,很少只有一个原因在单独起作用,因此需要零售商进行恰当的监督和管理,培训员工对标准规则和对顾客需要的正确认识,并给予充足的生产系统和技术的支持。

4. 营销沟通的差距(差距 4)

营销沟通的差距是指营销沟通行为所做出的承诺与实际提供的服务不一致,其产生的原因有:①营销沟通计划与服务生产不统一;②传统的市场营销与服务生产之间缺乏协作;③营销沟通活动提出一些标准,但组织却不能按照这些标准完成工作;④有故意夸大其词、承诺太多的倾向。

引起这一差距的原因可分为两类：一是外部营销沟通的计划与执行没有和企业自身实际提供的服务统一起来，二是在广告等营销沟通过程中往往存在承诺过多的倾向。

在这种情况下，零售商可以建立一种使外部营销沟通活动的计划与执行和提供的服务统一起来的制度，并对在外部营销活动中做出的承诺做到言出必行，使市场沟通中的承诺更加准确和符合实际。

5. 感知服务质量差距（差距5）

感知服务质量差距是指顾客感知或经历的服务与期望的服务不一样，出现这一差距会导致以下后果：①消极的质量评价（劣质）和质量问题；②口碑不佳；③对公司形象造成消极影响；④丧失业务。

根据以上内容，可见感知服务质量差距（差距5）是差距模型的核心内容，是零售商提高服务质量的方向，要缩小或消除顾客期望与顾客感知的服务之间的差距，需要零售商对差距1、差距2、差距3和差距4进行弥合。

在零售企业的实践中，服务质量差距模型分析是一种直接有效的工具，它可以发现服务提供者与顾客对服务观念存在的差异。服务质量差距模型可以指导零售商的管理者发现引发质量问题的根源，并寻找适当的消除差距的措施。明确这些差距是零售商制定服务战略、战术以及保证期望质量和现实质量一致的理论基础，这会使顾客给予质量积极评价，提高顾客满意度。

二、我国零售商服务质量管理的主要问题

服务质量是零售企业生存与发展的基础，对零售商在经营领域内所占的市场份额与利润大小起着决定性的作用。当前，零售业进入新的发展阶段，线上线下深度融合，从商场到百货，从超市到大卖场，从线下到线上等，零售业正处于变革的关键时期。同时，随着新技术不断涌现，未来人工智能将成为零售业的主流技术，并将在很大程度上提高零售商的市场效率。例如，无感停车、刷脸支付、新型线下智能设备、微信小程序等方式已融入商场经营，零售商必须提高服务质量及服务效率，以应对零售业的激烈竞争。

总体来看，我国零售商的服务质量管理还存在明显的不足，这致使企业的经营实际与服务质量管理相脱离，无法提供具有特色的高质量服务，主要表现在以下几个方面。

（一）服务观念陈旧，全过程管理不足

我国很多零售商在向消费者提供服务时以将产品推销出去为其最终目的，难以与消费者建立起长期的合作关系。受到"只要把产品卖出去即可"这一观念的影响，零售企业中出现了普遍的短视行为，零售企业将自己的短期利益放在第一位，不会为消费者考虑或谋划。例如，有的商店急功近利，采取欺骗的手段进行促销，销售假冒伪劣产品。

此外，零售企业中的很多人对服务质量管理这一概念并没有充分的认识，致使企业在提供服务的整个过程中没有对服务质量给予足够的重视与拓展。例如，有的商店不重视售后服务，敷衍或拖延顾客的投诉，不解决顾客的问题；有的商店认为服务好就是指销售人员在顾客进店后紧紧跟着顾客进行服务，不考虑顾客的心理和感受，但这样往往都使顾客产生反感和拒绝心理。

由此，为了真正地占领市场，零售企业需要树立正确的服务理念，在服务质量上下功夫，并加强服务质量的全过程管理，与顾客建立亲密而持续的伙伴关系，培育顾客忠诚，塑造企业的核心能力和竞争优势。

（二）同质化现象严重，服务体验不佳

当前不同的零售商所提供的服务内容与服务设施大体相同，都有类似的咨询服务、订货服务、产品展示、产品安装、送货与维修等项目，由此出现"千店一面"的情况，同质化现象严重，商品陈列老旧，对消费者缺乏吸引力，与消费者沟通不善，消费者体验不佳等问题。

随着互联网技术的发展人们收入水平的提高，消费者的购物方式和观念都发生了天翻地覆的改变。消费者的需求逐渐丰富以及多样化，购物的时间和区域限制正在消失，消费者能够通过多种渠道获取商品。因此，传统实体商店必须提升顾客的购物体验、优化服务程序来获取市场的好感，满足不断攀升的消费者期望，提高消费者的满意度。

三、零售服务质量管理策略

制定零售服务质量管理策略的目的是缩小服务质量差距，最终提高零售商的服务水平。具体的零售服务质量管理策略包括以下几个方面。

（一）充分了解顾客期望

顾客期望是指顾客心目中服务应达到和可能达到的水平。充分了解顾客期望对有效服务质量管理是至关重要的，因为服务的质量、顾客对服务的满意程度是顾客将对服务实际的感受与自己的期望进行比较的结果。

如果顾客的期望高于零售商提供服务的标准，那么即使服务实际达到零售商的标准，顾客也不会满意；如果顾客的期望低于零售商提供服务的标准，那么零售商就可能因服务标准过高而浪费服务成本。

按顾客对服务期望水平的高低分，服务期望可以分为理想的服务、宽容的服务和合格的服务。

（1）理想的服务也称"欲求服务"，是指顾客心目中向往和渴望追求的较高水平的服务。如果顾客感受到的服务水平落在理想区间，那么顾客会感到很满意。顾客感受到的服务水平越是靠近理想区间的上方，顾客越会感到惊喜。

（2）宽容的服务是指顾客心目中介于理想服务与合格服务之间的服务。在顾客看来，这类服务虽然不那么理想，但比合格的服务要好，是正常且使人放心和不必挑剔的服务。

（3）合格的服务是指顾客能接受，但要求较一般，甚至要求较低的服务。在顾客心目中，合格的服务可被视为期望服务的最低要求。如果顾客感受到的服务水平落在合格区间，顾客会因为服务水平较低而感到不满意，不过还能勉强容忍和接受。如果顾客感受到的服务水平落在合格区间的下方，那么顾客会感到难以容忍，不能接受这样低水平的服务。

了解顾客需求是提升零售商服务质量的基础，是零售商满足顾客期望的前提。了解顾客需要什么，就是要了解顾客买什么，在哪里买，为什么买和什么时候买，等等，零售商通过顾客调研、建立投诉系统、内部员工反馈、保持沟通等方法充分了解顾客需求，并最大限度地满足顾客的期望。

瑞典家居零售商宜家家居（以下简称"宜家"）致力于"为大众创造更加美好的日常生活"，十分关注顾客的需求，为顾客提供适合的产品和服务。例如，宜家一般都在商店的入口处设有一个儿童乐园，顾客可以把孩子免费寄放在那里，从而可以更悠然自得地逛商店；宜家还向顾客免费提供纸、尺子和铅笔，便于顾客量尺寸和记录；在店铺的设计管理上，宜家科学运用视觉原理，综合考虑空间、光影及色彩等，通过协调、温暖的统一色调和光影变化给顾客带来了温馨的视觉感受。在宜家的卖场内，产品本身大多是用环保材料制作的，呈现出现代简约的北欧风格，整体设计自然、清新、朴实、舒适，充满了生活乐趣和青春色彩。为了更好地融入顾客体验，宜家还提供了个性化定制服务，让顾客根据自己的意愿运用卖场的定制平台进行创意组合，给予顾客参与设计和挖掘生活需求的机会。

（二）服务质量的全过程管理

零售商可以通过服务质量的全过程管理，尽可能地对消费者的期望予以满足或超出顾客的期望。

在售前阶段，除了日常的媒体宣传推广，零售商还可以在可能的情况下允许消费者对产品进行试用、试吃或试穿，使消费者对产品有一个较为全面的了解，并对潜在消费者进行产品特性的宣传。例如，试乘和试驾是汽车4S店新车销售中很重要的一个环节，4S店通过试乘和试驾环节进行产品动态的展示，增强顾客的购买信心，并在顾客试驾时进一步对顾客的需求进行探寻，解答顾客的疑虑，激发顾客的购买意向，增强客户对意向车型的黏度，从而促进成交。

在售中阶段，零售商应对消费者在购物过程中遇到的各种困难予以全面解决，增强消费者的体验与享受。例如：可以尝试在消费者购物的过程中向其提供休息与餐饮场所，针对有特殊需求的消费者（如老年人、儿童、残疾人等）还要提供便利性的服务。

为了增强消费者的体验，很多商店把AR（augmented reality，增强现实）技术运用到消费场景，增强了用户的真实体验。例如，快时尚服装品牌优衣库（UNIQLO）在店内就设置了 AR 虚拟穿衣镜,并将液晶面板装设于镜面上,让消费者轻松模拟试穿不同样式及不同颜色的服饰,从而省下排队的时间,让消费变得更轻松、有趣。

有研究显示,在好玩的店内购物,消费者愿意停留在店内的时间增加,也更享受消费的空间。难忘的购物经验更能帮助品牌提高在消费者心中的好感,让消费者再次光临。例如,2018 年,耐克上海 001 店进行重新改造,运用游戏化思维把赛场搬进了店铺,给足了消费者好奇和刺激感。在一个巨幅的 LED 互动显示屏前,消费者可以通过耐克店铺运动员的协助,扫码验证 NIKEPLUS 会员身份,通过跑步、跳跃就能测出自己的身体机能数据,还可以邀请朋友一起比拼,看看谁的速度敏捷。快速变动的大屏幕和酷炫的音乐特效使这家普通的耐克销售店铺升级为一个客流爆棚的游乐场。

耐克上海 001 店运用游戏化思维增强顾客"玩儿"的购物体验

在售后阶段,零售商应提供一些超出消费者预期的超值服务,即一些额外的服务。例如,某快递公司推出了新的贴心服务,快递员送货上门的同时,还顺带把客户的垃圾带下楼。对消费者来说,这样显得很"贴心"。

需要注意的是,在零售商服务的全过程中,服务工作是靠服务人员与顾客的交流和沟通来完成的。在实际生活中,只有业务专业、心态平和、态度良好的服务人员,才可能提供令顾客满意的高质量服务。因此,服务人员服务意识的好坏是决定零售商能否给顾客提供优质、令顾客满意的服务的基础,零售商需要对服务人员进行必要的培训。

(三)实施有效的服务补救措施

服务补救是指零售商在对顾客提供服务时出现失误的情况下,对顾客的不满和抱怨当即做出的补救性反应。其目的是通过这种反应弥补过错,挽回顾客,重新建立顾客满意和忠诚。服务补救的形式可以有多种,包括对顾客抱怨或投诉做出快速反应、真诚道歉、物质或精神补偿、其他协商补偿措施等。

一般来说,在提供服务的过程中,零售商不可避免地会出现一些失误。这是因为:一方面,服务具有差异性,很难保证不同销售人员向顾客提供的服务不存在差异;另一方面,服务具有不可分离性,即生产者生产服务的过程就是消费者消费服务的过程,消费者只有加入到生产服务的过程中,才能最终消费到服务。由此,企业服务的失误是很难对消费者隐藏或掩盖的。当然，有的服务失误是企业自身的问题，比如，销售人员由于工作疏忽将号码不同的鞋卖给顾客，或者销售人员与顾客发生争执等。因此，服务补救措施是必要的。

在零售过程中，一旦出现服务失误的情况，服务人员应该迅速解决，否则，服务失误会很快扩大并升级。服务人员需要掌握服务补救的技巧，具有随机应变的能力，被授予使用补救技巧的权力。

当然，服务补救不只是弥补服务失误，它还是一种极有价值但常被忽略或未被充分利用的、具有诊断性的、能够帮助企业提高服务质量的信息资源。通过对服务补救整个过程的跟踪，管理者可以发现服务系统中一系列亟待解决的问题，并及时修正服务系统中的某些环节，进而使"服务补救"现象不再发生。

另外，零售商应持有超前的眼光，对消费者需要的服务类型进行及时的把握，而不是仅仅将视线停留在当前的服务补救之上，应提前弥补缺陷，并将消费者的不满情绪消除，减少消费者不满意现象的发生，提高消费者忠诚度。

本章小结

本章主要介绍了有关零售服务的主要内容，包括服务与零售服务的定义，零售服务的类型、具体形式和零售服务的重要性；还特别介绍了零售商服务质量管理的相关理论，归纳了零售商进行服务质量管理时的主要思路和策略。

服务的定义有多种。本书认为，"服务就是本着诚恳的态度，为他人着想，为他人提供方便或帮助的一种行为、一个事件或者一个结果"，并且具有无形性、异质性、不可分割性和易逝性的特点。

零售服务也称顾客服务，是零售商为顾客提供的，与其基本商品相连的，为了增加顾客价值并从中获益的一系列无形的活动。零售服务的类型有多种划分方法，例如：按照顾客购物过程划分，可以分为售前服务、售中服务和售后服务；按零售商投入的资源划分，可以分为硬服务和软服务；按零售商提供的服务内容划分，可以分为标准化服务和个性化服务。由于零售商的规模、定位和策略不同，零售服务的具体形式多种多样，本书将其划分为产品服务、便利服务、支付服务、信息服务和销售服务等形式。总体来说，零售服务对零售商的经营非常重要。

服务质量是指零售企业"当前"所提供商品（或服务）的最终表现与顾客"当前"对它的期望、要求的吻合程度。顾客对零售企业提供的服务（感知）与他对这家企业的服务期望越接近，顾客的满意程度就会越高。服务质量差距模型是用来分析质量问题根源的基本模型，该模型成为零售服务质量管理的理论基础。为提高零售企业零售服务质量管理水平，零售商需要采取充分了解顾客期望、进行服务质量的全过程管理和实施有效的服务补救措施的策略。

本章练习题

一、简答题

1. 简述服务的定义及特征。
2. 简述零售服务的主要类型。
3. 分析零售服务对零售商经营的重要性。
4. 简述服务质量的概念。
5. 简述服务质量差距模型的主要内容。

二、论述题

1. 论述当前我国零售商服务质量管理中的主要问题。
2. 论述提高零售服务质量管理的主要策略。

三、实践题

1. 选择你熟悉的两家商店,对比其服务内容的不同。
2. 以一家零售店为例,分析说明其服务质量管理的主要问题。

第十二章 网络零售

学习目标

学习网络零售的概念，区分实体零售商和网络零售商的不同；了解我国网络零售的产生及发展，思考电子商务对网络零售的影响；掌握网上商店的类型、特征；了解不同网络零售平台的特点；掌握网购消费者的心理和主要特征，关注网络零售环境下消费者的隐私保护问题。

导入案例

"拼多多"何以突围而出

拼多多成立于2015年9月，是一家专注于C2B拼团的第三方社交电商平台。上线一年时间，拼多多的单日成交额即突破1 000万元，付费用户数突破1亿。拼多多用不到10个月的时间就走完了老牌电商三四年走的路，就像一匹电商黑马，在阿里、京东、唯品会等电商巨头的夹缝中突围而出。

2018年7月26日，拼多多赴美上市，当天市值超200亿美元。2019年9月6日，上市才一年出头的拼多多，市值超过了400亿美元，成功超越了百度成为中国第五大互联网上市公司，而且拉开了与百度40多亿美元的差距。排在拼多多前面的则是京东，京东也是拼多多最大的对手。截至2019年9月6日收盘，拼多多的市值为406.59亿美元，京东的市值为453.42亿美元，两者之间的差距已经不到50亿美元。

拼多多将娱乐与分享的理念融入电商运营，用户只要发起邀请，在与朋友、家人、邻居等拼单成功后，就能以更低的价格买到优质商品。同时，拼多多也通过拼单了解消费者，通过机器算法进行精准推荐和匹配，由此以"社交+微信导流"以及低价实现高速裂变式增长。这种将社交融入电商的新的购物理念的形成是基于拼多多对消费者的分析。纵观拼多多的"发家史"，说拼多多是从"农村"走出来的，并不为过。

我国三线及以下城市的经济增长推动了拼多多这样的企业的诞生。数据显示，2016年，我国三、四线城市的城区人口为1.68亿人，超过了一线和新一线城市的城区人口总和，约是二线城市城区人口数的两倍。五线城市以及低线城市的城区人口占比更低，在总人口数方面，三线及以下城市将远远高于一、二线城市。随着智能手机在低线城市的普及，传统电商已经开始消费升级，产品同质化问题突出。三线以下城市居民的收入相对较低，他们不追求高效率、高价格,而是更多地追求物美价廉。显而易见,这是淘宝、京东以及一批垂直电商所覆盖不到的人群。

拼多多面向的人群,主要分布在三、四线城市及以下市场。在这些区域,传统电商提供的产品和服务与低线城市群体追求低价的需求相矛盾。由此,拼多多从竞争激烈的电商夹缝中挤出了一条口子,并从此发展得越来越好。

不过,眼下光靠三、四线及以下市场已经难以支撑拼多多的"野心"了,"农村包围城市"正在进行中。2019年拼多多二季度的数据显示,来自下沉市场的拼多多平台一、二线城市用户的成交总额占比已攀升到了48%,这相当于一半的消费都来自一、二线城市,意味着多年下沉的拼多多也开始渗透一、二线城市,蚕食其他对手的市场份额。

资料来源:https://www.pinduoduo.com/,http://site.qudong.com/2019/1115/613491.shtml,有删改。

思考:
1. 拼多多与传统电商有什么区别?为什么拼多多能从竞争中脱颖而出?
2. 拼多多的消费者具有什么特征?你认为拼多多进入一、二线城市面临哪些问题?

第一节 网络零售的产生

一、网络零售的概念

随着社会的发展和技术的进步,网络零售活动已经非常普及。网络零售(online retailing)是指交易双方以互联网为媒介进行的商品交易活动,即通过互联网进行信息的组织和传递,实现了有形商品和无形商品所有权的转移或服务的消费。买卖双方通过电子商务(线上)应用实现交易信息的查询(信息流)、交易(资金流)和交付(物流)等行为。据网经社"电数宝"电商大数据(DATA.100EC.CN)显示,2019年国内网络零售市场交易规模10.32万亿元,较2018年的8.56万亿元同比增长20.56%。

与传统零售的概念对比,网络零售实际上是零售商借助联机网络、计算机通信和数字交互式媒体来实现销售目标的一系列市场行为。实际上,网络零售和传统零售(offline retailing)之间的差异正在缩小,两者的融合发展成为当下我国零售业发展的突出趋势,特别是2016年10月,马云在杭州云栖大会上提出了"新零售"概念,引发了理论界和实践界的热议和讨论。2016年11月,国务院办公厅印发了《关于推动实体零售创新转型的意见》,从总体要求、调整商业结构、创新发展方式、促进跨界融合、优化发展环境、强化政策支持等六大部分,总计18个方面为"新零售"发展指明了方向。总体来看,"新零售"所倡导的正是网络零售和传统零售结合,完成线上线下的融合,以大数据和人工智能等"新技术"驱动零售业的变革,以互联网思维促进实体零售转型升级,从而使消费者获得更好的客户体验,提升消费者的满意度和忠诚度。

实际上,无论零售概念或零售模式如何变化,注重成本、效率和体验来更好地满足消费者需求的零售的本质并没有变。参与零售活动的企业以网络零售和传统零售的融合发展为基础，探索出以消费者为中心，打通线上线下，重构从生产到消费各个环节的体系，成为我国零售业未来发展的共识。

二、网络零售商与实体零售商的对比

随着互联网的普及，电子商务成为全球经济发展中的热点，网络零售作为一种崭新的消费模式，更多地受到人们的关注。网络可以为消费者提供各种各样的产品和服务，产品和服务数量大、种类多、价格低廉、无时间和地域限制。网上购物吸引了大批消费者，逐渐成为人们主流的消费方式，网络零售成为零售市场中一个巨大的新兴市场。

（一）实体零售商

实体零售商（brick-and-mortar store）也称线下零售商（offline retailer），是相对于网络零售商（online retailer）而言的，是网络购物出现后的新名词，以区别于网络零售商。实体零售商是人们对有传统物理存在的、有固定实体店铺的各种零售商的总称。

（二）网络零售商

网络零售商是指以互联网为媒介，针对终端顾客（而不是生产性顾客）进行商品交易活动，实现商品和服务所有权转移的组织，也称线上零售商（e-tailer）或虚拟零售商。从定义中可见，网络零售商所从事的活动属于B2C（企业对消费者）的电子商务范畴。

网络零售商有两种类型：纯粹的网络零售商和实体与网络结合的零售商。其中，纯粹的网络零售商以互联网为其零售方式，实体与网络结合的零售商则在拥有传统实体店面的同时利用互联网推广产品和服务。

总体来看，网络零售商与实体零售商在本质上是相同的，两者都是根据消费者的需求通过不同的方式向消费者提供商品和服务，只不过网络零售商的商品陈列、交易活动是在线上完成的。无论是实体零售商还是网络零售商，为消费者提供更好的商品和服务是决定其市场竞争力的根本所在。

> **拓展阅读**
>
> **全球十大在线零售商**
>
> 2018年，在全球所有零售支出中，在线零售支出占15%。据互联网零售商估计，2018年全球消费者在网上购买零售商品的支出为2.86万亿美元，较上年的2.43万亿美元增长了17.7%。
>
> 《2019全球Top在线零售商报告》中发布的最佳表现者数据显示，2018年在线销售排名前10的零售商（见表12-1）占全球电子商务总量的15.2%（2018年全球电子商务总量为18.84万亿美元）。

2017年,这10家零售商在全球在线销售中占据了14.5%的份额。随着亚马逊等占据主导地位的公司继续努力抢占市场份额,大公司一直在推动在线销售的增长。这意味着,排行榜顶部的变动对整个电子商务格局的形成有着巨大的影响。

表12-1 2018年全球十大在线零售商

排名	零售商名称	国家	商业类型
1	亚马逊	美国	网络销售
2	京东	中国	网络销售
3	苏宁	中国	连锁零售
4	苹果	美国	消费者品牌制造商
5	沃尔玛	美国	连锁零售
6	戴尔科技	美国	消费者品牌制造商
7	唯品会	中国	网络销售
8	奥托	德国	目录/呼叫中心
9	国美	中国	连锁零售
10	梅西	美国	连锁零售

资料来源:《2019全球Top在线零售商报告》。

为了对在线零售收入和主要零售商的增长做出估计,通常在零售商公布年终收入之前,研究人员就会通过研究到目前为止的增长、网站流量模式和公司新闻来指导计算。这份报告还分析了世界上最大的两个电子商务市场——美国和中国政府机构发布的全球网上购物行为和历史零售数据。

衡量电子商务健康状况的最具说服力的指标之一是电子商务渗透率,而在线销售额在总零售额中的份额一直在稳步上升。据互联网零售商估计,2018年,电子商务占全球零售总额的15.2%。全球电子商务渗透率在短短两年内增长了34.5%。

2018年全球零售总额温和增长3.2%,从2017年的18.25万亿美元增至18.84万亿美元,电子商务是推动整体增长的引擎。2018年,在线销售额占零售总额增长的近3/4,高于2017年的69.3%。如果将电子商务排除在外,2018年实体店零售增长仅为1.0%。

亚马逊在美国的在线销售额是其最接近的竞争对手的4.5倍以上,是京东电子商务收入的近2.5倍。其中,亚马逊的网络销售数字和相关排名反映了其直接的第一方销售情况以及从第三方卖家处获得的佣金,但不包括通过该平台完成订单的第三方卖家的实际销售额以及该公司云计算平台Amazon Web Services产生的收入。京东也是一个混合市场的直销商,其数据也是用同样的方法计算的。

根据中国国家统计局的数据,2018年在中国实体商品零售总额中,网络销售所占的份额超过了18%。这是所有主要经济体中电子商务渗透率最高的。

阿里巴巴旗下的淘宝和天猫在中国电商市场占据主导地位,这两个平台销售商品的成交额在2018年达到9 473.6亿美元,占中国在线零售总额的90%以上。

在新兴的南美电子商务市场,巴西零售商杂志 *Luiza SA* 在2018年的在线销售增长超过60%之后,正迅速赶上地区主导者B2W Digital——比其他进入前10的同行高出1倍多。

资料来源:亿恩网,https://www.ennews.com/article-10913-1.html,有删改。

三、我国网络零售的发展

网络零售的发展与电子商务的发展密不可分,网络零售是电子商务实践应用的一种形式。电子商务(electronic commerce)通常指在全球各地广泛的商业贸易活动中,在互联网开放的网络环境下,基于浏览器或服务器应用方式,买卖双方不谋面地进行各种商贸活动,实现消费者的网上购物、商户之间的网上交易、在线电子支付以及各种商务活动、交易活动、金融活动和相关综合服务活动的一种商业运营模式。

零售商通过网络,跨地域、跨行业直接连接生产厂商、供应商、物流中心、银行和消费者等,参与到网络零售活动中的组织或个人通过网络完成商议、洽谈、交易,缩短了产、供、销之间的距离,加快了资金、商品、货币的流动并降低了中间成本。总体来看,网络零售的产生和发展是基于电子商务技术发展和应用。

(一)兴起起步(1995~2003年)

1993年,网景创始人安德森发明了第一个图形浏览器Mosaic,引发互联网大众化和商业化。1995年网景公司上市,进一步推动了互联网的普及和推广。1995年5月9日,阿里巴巴集团创始人马云创办了中国黄页,中国黄页成为最早为企业提供网页创建服务的互联网公司。1997年,中国化工网成立。1999年,8848、携程网、易趣网、阿里巴巴、当当网等电子商务网站先后创立。然后,1999年底,我国迎来互联网电商发展高潮,诞生了370多家从事B2C的网络公司。到2000年,变成了700家,但随着2000年互联网泡沫的破灭,纳斯达克急剧下挫,8848等一批电商企业纷纷倒闭。2001年以后,电子商务经历了一个比较漫长的"冰河时期"。

拓展阅读   **盛极一时的"8848"**

如今提到8848,你可能会想到某款手机,但可能想不到,在中国电子商务和网络零售发展历程中,8848曾经盛极一时,是我国"电子商务"发展中绝对的王者。

1999年1月,8848由王峻涛创立,从4个人、16万元人民币起步。到了2001年,8848成为中国工业和商业类网站中被用户访问最多的网站(CNNIC的调查数据)。这期间8848先后融资约6 000万美元,是中国电子商务企业的旗舰品牌。在1999~2000年两年多的时间里,8848飞速成长,公司在对企业客户、消费者及经销商的网上销售及渠道销售方面取得了显著的成绩、积累了丰富的经验。当时,8848的"72小时生存试验"轰动全国;8848的购物袋连续几天在黄金时间出现在CCTV-2,8848从此作为唯一真的可以通过在线支付买到东西的网站闻名全国。那时,中国网民只知8848,不知当当和卓越,而阿里巴巴也才刚刚起步。用"绝对垄断"来形容当时8848在网上销售中的份额是一点也不为过的。然而在2000年的互联网泡沫中,有一批曾风生水起的网站倒闭,8848也未能幸免。为了上市而放弃B2C转做B2B的8848,在2001年又放弃B2B业务转向系统集成和电子政务。最终,8848未能找到自己的商业模式,走向末路。从1999年的精彩开幕,到2001年的悲哀谢幕,8848代表着国内电子商务第一个浪潮的结束。

资料来源:https://wenku.baidu.com/view/b5b7ec956037ee06eff9aef8941ea76e59fa4a5a.html,有删改。

(二)迅速扩张(2003~2008年)

2003年,"非典"给人民生活和国家经济带来巨大的冲击,互联网对社会的作用再次彰显。以往,由于网络购物本身宣传不到位,个人能力存在问题,经济条件有限等各方面的影响,人们对网络零售的了解及应用还不多。但自"非典"以来,人们对互联网应用价值的认识以及对互联网的信任和期待有了一定的提高,不同门户网站的访问量在此期间迅猛增长,消费者通过网络购物实现了与现实世界最安全的接触。

这一阶段,我国电子商务界发生了一系列的重大事件,例如:2003年5月,阿里巴巴集团成立淘宝网,进军C2C市场;2003年12月,慧聪网在香港创业板上市,成为国内首家B2B电子商务上市公司;2004年1月,京东涉足电子商务领域;2007年11月,阿里巴巴网络有限公司成功在香港主板上市。同时,国家出台了一系列重大文件,为电子商务发展带来了深远影响。

随着网民和电子商务交易规模的迅速扩大,电子商务成为众多企业和个人的新交易渠道,如传统商店的网上商店、传统企业的电子商务部门以及传统银行的网络银行等,越来越多的企业在线下渠道之外开辟了线上渠道。2007年,我国网络零售交易规模达561亿元。网络零售由此崛起,电子商务逐步延伸至供应链环节,促进了物流快递和网上支付等电子商务支撑服务的兴起。

(三)繁荣兴盛(2008~2013年)

电子商务的发展加快了信息在商业、工业和农业中的渗透速度,极大地改变了消费行为、企业形态和社会创造价值的方式,有效地降低了社会交易成本,促进了社会分工协作,提高了社会资源的配置效率,深刻地影响着零售业、制造业和物流业等传统行业。越来越多的企业和个人通过以电子商务平台为核心的新商业基础设施来降低交易成本,共享商业资源,创新商业服务,极大地促进了网络零售的迅猛发展。

2008年7月,中国成为全球"互联网人口"第一大国。根据中国互联网络信息中心(CNNIC)统计,截至2008年6月底,我国网民数量达到了2.53亿,互联网用户数首次超过美国,跃居世界第一位。2010年两会期间,温家宝在2010年《政府工作报告》中明确提出,要加强商贸流通体系等基础设施建设,积极发展电子商务,这也是首次在全国两会的《政府工作报告》中明确提出要大力扶持电子商务。2010年10月,麦考林登陆纳斯达克,成为中国内地首家B2C电子商务概念股;同年12月,当当网在纽交所挂牌上市。2011年,团购网站迅猛发展,上演千团大战局面,中国团购用户数超4 220万。2012年,淘宝商城更名为"天猫"独立运营,品牌折扣网站唯品会在纽交所挂牌交易。2012年度,淘宝和天猫的交易额突破10 000亿元,"双11"当天交易规模达362亿元。2013年,阿里巴巴和银泰集团、复星集团、富春集团、顺丰速运等物流企业组建了"菜鸟",计划在8~10年内建立一张能支撑日均300亿元网络零售额的智能物流骨干网络,使全中国任何一个地区都能做到24小时内送货必达。

(四)深入融合（2013年至今）

2013年，我国电子商务交易规模突破10万亿元，网络零售交易规模达1.85万亿元，相当于社会消费品零售总额的7.8%，中国超越美国成为全球第一大网络零售市场。2014年2月，中国就业促进会发布的《网络创业就业统计和社保研究项目报告》显示，全国网店直接就业总计962万人，间接就业超120万人，成为创业、就业新的增长点。2014年6月，我国网络购物用户规模达到3.32亿人，我国使用网络购物的用户占网民的52.5%。2014年4月，聚美优品在纽交所挂牌上市。2014年5月，京东集团在美国纳斯达克正式挂牌上市。2014年9月，阿里巴巴正式在纽交所挂牌交易，发行价为每股68美元，成为美国历史上融资规模最大的IPO。2014年，我国快递业务量接近140亿件，跃居世界第一。2015年5月，国务院印发了《关于大力发展电子商务 加快培育经济新动力的意见》(国发〔2015〕24号)，进一步促进了电子商务在中国的创新发展。

2016年10月13日，马云在杭州云栖大会上的演讲中提到，纯电商时代很快会结束，未来10年、20年，只有"新零售"这一说，线上线下和物流必须结合在一起，才能诞生真正的"新零售"，并提出了"新五通一平"。其中，五通是指新零售、新创造、新金融、新技术和新资源，一平是指提供一个公平竞争的创业环境。2017年4月2日，马云在IT领袖峰会上再次提及新零售。"新零售"概念的提出，是随着技术发展和内外环境变化，零售业对整个商业体系不断思考的结果。

而后，我国网络零售发展仍保持较高增速，并出现不同的有关新零售模式理论和实践。2018年，各电商平台加速线下整合，推动零售业阵营化发展。阿里巴巴、腾讯、京东等电商企业利用自身资本、流量和技术优势，通过投资并购、战略合作等形式整合实体零售企业，逐渐形成"阿里系"和"京腾系"两大阵营。线上线下融合发展，有助于改变零售业"小而散""环节多"的现状，促进流通效率提升和行业模式创新，同时，实体零售企业也为线上平台提供了"直面客户"的消费场景，为零售业态模式的创新开拓了新空间。

从当下网络零售发展来看，零售电商与社交、内容融合的趋势进一步加强，例如：京东和淘宝推出社交电商，"拼购"和"淘宝特价版"等微信小程序反映出社交正成为电商业务拓展的重要方式。同时，电商与内容业务的交叉融合加速，电商平台通过短视频打造多元化购物场景，如淘宝推出生活消费短视频应用等。

另外，随着移动终端的普及和网络的提速，以短平快的大流量传播内容为主要特征的短视频发展迅速。例如，抖音、快手等。2019年，直播电商增长迅猛。其中，淘宝直播用户数量达到4亿，直播带货风行一时。

此外，网络零售的蓬勃发展促进了宽带、云计算、IT外包、网络第三方支付、网络营销、网店运营、物流快递、咨询服务等生产性服务业的发展，形成了庞大的电子商务生态系统。网络零售对传统零售业的影响日益强劲，不断催生出新的商业生态和新的商业模式，促进和带动了我国零售业的繁荣。

> **拓展阅读** **新零售"盒马鲜生"的新思路**
>
> 从传统零售看,美国沃尔玛这类零售店都是设在郊外的,因为满足的是"囤积需求",沃尔玛的"天天低价"就是极强的吸引力。但在网络零售下,消费者的需求发生了变化。
>
> 盒马鲜生是阿里巴巴对线下超市完全重构的新零售业态,自2016年1月第一家盒马鲜生的门店在上海开业以来,在短短几年时间内涵盖了华北、华东、华南、华中、西南、西北区域。盒马鲜生的思路是:我给你高品质生鲜,这不难;但是同时,我还给你做好,你可以直接吃,还不用收拾残骸,这其实也不难。正是把这两个"都不难"整合起来,就形成了"新零售"——把你的潜在需求直接变成体验,也就变成了我的收入。
>
> 盒马鲜生服务3千米社群的线上线下连接,也把消费者稳稳地圈在了自己的闭环中。
>
> 盒马鲜生如今做得风生水起,除了我们以上说的这些,其实关键是要抢在别人前面。"主营生鲜、价格亲民、方便快捷,可以在店里购买,还可以App下单,半个小时送到家,不想自己做还可以当场加工……",这些都是"盒马鲜生"的线上和线下生鲜超市的标签和特色。新零售正在突破传统的零售模式,这并不只是单一的新奇点,也不仅仅是区分为线上线下的整合,而是糅合优势的互补作用。
>
> 资料来源:http://www.sohu.com/a/246912401_252961,有删改。

第二节　网上商店的建立

一、网上商店概述

(一)网上商店的概念及特点

网上商店是网络零售的典型组织形式,是电子商务在应用过程中的一种重要表现形式。

网上商店又称"虚拟商店",或称"线上商店"。网上商店的经营特点包括:第一,每天24小时,每周7天,任何时候都在为顾客服务;第二,任何人都可以通过网络访问网上商店,不受空间限制;第三,网上商店不但可以使顾客完成在普通商店能进行的所有交易,它还可以通过多媒体技术为用户提供更加全面的商品信息;第四,商品范围广。网上商店可以销售服装服饰、化妆品、珠宝饰品、手机、家居饰品、生鲜食品等产品,也可以销售汽车、房屋,甚至保险等服务类产品。在产品类别方面,网上商店与传统的实体店并无太大区别,一般网上商店的产品更具有价格优势。

(二)传统商店与网上商店的区别

传统商店与网上商店的区别可以从多角度进行区分,如表12-2所示。

表 12-2 传统商店与网上商店的比较

		传统商店	网上商店
物理特性	店铺	实体店铺	虚拟店铺
	商品	实物商品	商品通过图片、文字展示
	覆盖半径	覆盖有限半径	由配送能力决定覆盖半径
	货架	有限货架	无穷货架,长尾商品皆可销售
	服务时间	有营业时间限制	24 小时服务
	取货方式	顾客来店购物	送货上门或顾客自取
	运营成本	有店铺租金、物业及店内运营人员成本等	有包装材料、配送及网店运营人员成本等
有形展示	商品展示	按照顾客逛店习惯摆放商品,将走货量大、品牌知名度高的商品以及促销商品摆放在明显和顾客容易拿到的货架上	集关键词、类别、价格区间等搜索和图片内容于一体,给顾客提供多种购物决策支持,包括:热销排行榜、相关产品推荐等
市场手段和营销策略差异化	广告	DM 广告 海报和平面广告推广	通过 SEO/SEM、EDM、网盟、门户网站广告、SNS 合作等来获取流量,可利用顾客搜索、收藏、购买、关联商品的数据和信息,进行精准营销,为用户提供精准推荐
	环境	可利用店铺场所环境及声、光、味等效果影响顾客购买,顾客体验丰富	网店装修环境下顾客体验有限
	人员推介	可通过销售人员与顾客面对面交流推介产品	客服人员与顾客的互动
供应链架构和管理差异化	库存	店内有限库存	需要考虑仓库库存的管理
	配送	很少提供配送	配送(最后一公里)仓库货物摆放(考虑畅销度和顾客购买关联性),可机器人配送
	仓库	根据仓储成本选择立体库或平面库	根据仓储成本选择立体库或平面库
人才结构差异	对人才的要求	有丰富零售经验的人	IT 人才及懂得网络营销的人才非常重要
	需要的人才	大量的店内运营人员	大量的仓储物流人员

(1)网上商店是一个虚拟的交易场所,传统商店则是实际存在的交易场所。

(2)网上商店一般通过电子转账系统付款,需要由第三方来协助完成交易,如微信支付或支付宝支付;而传统商店一般以现金或银行卡付款为主,目前也接受扫描二维码支付。

(3)网上商店顾客不直接接触商品,只能通过网上图片及聊天系统进行咨询和了解;而传统商店的顾客可以实地触摸和观察商品以决定是否购买。

(4)商店运营条件存在差异。网购兴起之初,网上商店不需要进行工商登记,不需要注册资金及经营场所,且没有税负,因此运营简单且价格低廉,但对消费者来说,网上购买缺乏有效的保护措施,有一定的风险性。2019 年 1 月 1 日起,我国开始实施《中华人民共和国电子商务法》(以下简称《电子商务法》),对电商经营者和电商平台等相关问题做出了明确规定。例如,《电子商务法》第十条规定:"电子商务经营者应当依法办理市场主体登记。但是,个人销售自产农副产品、家庭手工业产品,个人利用自己的技能从事依法无须取得许可的便民劳务活动和零星小额交易活动,以及依照法律、行政法规不需要进行登记的除外。"相比之下,传统商店需要进行工商登记,缴纳各种税费,并且可以注册成为法人，承担有限责任。

另外，对传统实体零售商而言，建立一个新店铺的首要因素就是选址。不同的选址，辐射的商圈范围不同。商圈的范围越大，有效吸引的顾客就越多，商店的经营效益就越好。即便是两个在位置上差别很小的商店，也会对顾客的方便性和吸引力造成很大影响。然而，网上商店突破了传统实体店商圈和位置的限制，网上零售商无须受商圈或位置的影响，使销售触摸到更大的市场范围。消费者无须担心购物距离的远近，足不出户，任何时间都能完成购物，并且商家送货上门，这种方便、快捷的特点吸引了越来越多的消费者。因此，网上商店一出现，即呈现出蓬勃发展之势，成为传统零售业的有力挑战者。

二、网上商店的类型

作为一种新兴的零售形式，网上商店的类型在不断发展和创新，目前主要有网上旗舰店、网上专卖店、网上专营店、网上集市店和社交型电商等类型。

（一）网上旗舰店

网上旗舰店是网络零售中最具代表性的类型之一。根据天猫给出的定义，商家以自有品牌入注天猫商城所开设的店铺称为该品牌的"官方旗舰店"。网上旗舰店是展示商家经营规模的商业经营模式，对产品线要求比较高，如果没有足够多的产品型号和种类，建立旗舰店很难达到展示自身实力、宣传品牌的效果。

网上旗舰店是商家官方形象店，也是商家与市场联系的窗口。比起一般的网络商店，网上旗舰店具有权威性、稳定性、可信赖、公开性和高效性等优势。

（二）网上专卖店

网上专卖店是专门经营或授权经营某一品牌或某一厂家商品的网上商店类型。根据天猫给出的定义，网上专卖店是指企业持正规品牌授权书，在天猫商城开设的该品牌的店铺，即"品牌专卖店"。网上专卖店具有专一性、一体化、便捷性、高效性和专业性等特征。网上专卖店同时也是商家品牌、形象、文化展示和交流的窗口，有利于品牌形象的进一步提升，能有效贯彻和执行商家企业文化及活动方针，有效提高商家的执行力。

（三）网上专营店

网上专营店一般是指专门经营某一类商品的网上商店类型。很多加盟店、合伙店、连锁店等都属于此类专营店范畴。根据天猫给出的定义，网上专营店是指企业在淘宝同一级类目下经营多个（至少两个）品牌而开设的店铺。从经营商品范围的专业性角度看，网上专营店属于专业化和深度化经营的零售业态。

网上专营店具有商品专业、服务灵活、规模不大等特点。

(四) 网上集市店

网上集市店通常指由个人卖家入驻电子商务交易平台开设的网上商店。例如，淘宝网就是为人所熟知的网上集市店。网上集市店具有以下几个特点。

(1) 网上集市店的商家数量庞大，商品种类众多，是一个重要的商品集结地和消费门户。

(2) 网上集市店的商家主要以个体经营者为主，商家的信誉、成立时间、顾客评价等信息对其经营影响较大。

(3) 网上集市商品的价格具有一定的优势，但顾客的流量并不稳定。

(五) 社交型电商

社交型电商是指借助微博、微信等网络社交平台对商品内容进行传播分享，引导用户购买商品或产生消费的行为。社交型电商具有黏性大、互动强、用户细分精确等特点，发展迅速。

目前，社交型电商分为以下几种模式。

(1) "电商+社交"模式。"电商+社交"模式主要有两种：一种是开始做电商，后来为了增加顾客的交流沟通、增强用户黏性、引导买卖而开了社区，如淘宝里的微淘、淘达人、淘直播；另一种就是卖家意识到原来增强社交属性可以增强用户黏性，并且发现邀请社交领域的 KOL（key opinion leader，关键意见领袖）作为商品的导购，商品的转化率会更高。这两种模式也是传统电商向社交电商转型的方法，相对简单，转型的成本更低。

(2) "社交+电商"模式。这类模式一般都是从主题社区开始，比如，某恋爱社区，社区的人气聚集起来之后，上线一个在线付费教育网站，形成"社交+电商"模式，本质上就是社交型电商。这种模式是建立一个能满足人社交欲求的圈子（社群），然后顺带销售商品。

比较典型的例子有小红书，与其他电商不同，小红书从社区起家，截至 2019 年 10 月，小红书活跃用户数已经过亿。

(3) 导购型模式。这种模式有两种形态：一种是平台型，另一种是个体型。例如，蘑菇街采用的就是平台型模式，专门建立导购平台，请 KOL 导购，吸引顾客购买，更容易使用户产生信任感和黏性，这种方式跟线下柜台异曲同工，区别就在于一个是线下成交，一个是线上成交。因为有 KOL 导购，给用户更强的安全感和信任感，所以成交率比较高。微商、网红、淘宝客采用的则是个体型模式。这种模式是利用一切自己可以触达的社交网络，卖货赚钱。

> **⊙ 知识链接**　　　　　　　　　**什么是 KOL**
>
> KOL 是关键意见领袖，通常被定义为拥有更多、更准确的产品信息，且为相关群体所接受或信任，并对该群体的购买行为有较大影响力的人。通俗来说，就是在某些特定领域具有影响力的人。KOL 有一个重要的特征就拥有大量的"粉丝"，并且能够影响"粉丝"的行为。KOL 不一定是大明星，因为 KOL 还有一个关键指标，就是具有极强的带货能力。例如，我国当前电商直播平台上有名的 KOL 有李佳琦、薇娅、烈儿宝贝等，他们对消费者的购买具有很大的影响力。

（4）拼团型模式。拼团型模式最典型的代表是拼多多，大家一起拼团购实惠及团长免单等方式引起用户裂变，主要卖一些需求广、单价低、高性价比的产品，借助社交的力量进行传播。拼团的形式主要利用的是顾客买实惠、占便宜的心理。

（5）微商代理模式。微商代理模式是将传统线下的代理囤货模式搬到了线上，并融入了直销的团队运营打造。这种模式的优势是黏性强，好复制和管理，信息传达快；缺点是层次多，界定模糊，缺乏第三方监管，对终端消费者和低层代理可能造成伤害。

总之，网上商店正在蓬勃发展之中，新的类型将不断出现。对任何类型的网上商店来说，以经营有特色且优质的产品吸引消费者的关注是不变的主题。

> **拓展阅读**　　　　　　　**"直播＋电商"能带货的新模式**
>
> 2019 年 6 月 18 日是各大零售平台年中大促的日子，"618"大促期间，各个平台销量再创新高。京东平台用户累计下单金额达 2 015 亿元，拼多多平台订单数超 11 亿笔，GMV 同比增长超过 300%。而同样备受关注的天猫 618，有上百个国内外品牌成交量都远超 2018 年"双 11"，最高增长超 40 倍。
>
> 值得一提的是，直播在 2019 年的电商节中成了标配般的存在：京东、拼多多先后在"618"期间接入了快手直播，一直在直播行业默默蓄力的天猫商家也纷纷拿起"直播工具"，不仅使互动方式更加多元化，更进一步促进了消费者边看直播边"剁手"，"直播＋电商"也成了最能带货的新消费形态。
>
> 淘宝官方数据显示，整个"618"期间，TOP10 直播间平均成交额过亿，开播商家和主播数同比增长均超 100%……淘宝直播带动完成了 130 亿元的成交额，顺利完成了此前定下的小目标。例如，在 2019 年 6 月 1 日的预热环节中，淘宝主播薇娅直播一个半小时，成交额突破 6 200 万元；李佳琦则在 3 分钟内卖出了 5 000 单资生堂"红腰子"，销售额超 600 万元。

2019 年天猫 618 直播巅峰榜部分截图

当前，无论是头部主播品牌旗舰店，还是新兴的小主播，都在直播带货中看到了下一风口的红利。直播已成为商家触达消费者最直接，也是最重要的途径之一，"直播＋电商"成为各大商家和品牌的标配。

其实在 2018 年，淘宝平台的日直播场次就已经超过 6 万场，许多商家已经全面参与到淘宝直播中，共有 81 名主播年引导销售额过亿元，进入淘宝直播亿元俱乐部。其中，在 2018 年"双 11"这一天，网红主播李佳琦 5 分钟就卖掉了 1.5 万支口红，5 个半小时带货 353 万元，由此被称为"口红一哥"，创造了直播界的神话。

相对于传统的线下卖货，直播电商以一位或多位主播出镜为渠道，不再局限于一对一的买卖模式，更利于主播的个人 IP 化。通过面对面的互动、答疑，用户对直播间里的产品有了更详尽的了解，加上直播间优惠券、不同额度红包的发放，更能促进用户下单。

"直播"这个领域，如今被认为是千亿市场的"新蓝海"，而直播电商正是风口，越来越受到青睐。

资料来源：http://www.eeo.com.cn/2019/0620/359133.shtml，有删改。

三、选择网络零售平台

根据不同的商业模式，可以把网购零售平台分为 B2B、B2C、C2C、C2B 等类型。这里主要介绍前三种。

（一）B2B 平台

B2B 平台是电子商务的一种模式，是英文 business-to-business 的缩写，即商业对商业，或者说是企业间的电子商务，也就是企业与企业之间通过互联网进行产品、服务及信息的交换。

严格意义上来说，B2B 平台的销售并不是针对最终个体消费者的，在 B2B 平台中，主要是公司之间的交易,但随着消费升级的大浪潮,B2B 平台以公司客户为导向,为小零售商提供更多的增值服务,寻求更多的特色产品,并通过消费者信息进行用户管理,提升了运营效率,构建了新的竞争优势。

B2B 平台主要有以下两种形式。

1. 面向制造业或面向商业的垂直 B2B

垂直 B2B 可以分为两个方向,即上游和下游。生产商或商业零售商可以与上游的供应商形成供货关系,比如,戴尔公司与上游的芯片和主板制造商就是通过这种方式进行合作。生产商可以与下游的经销商形成销货关系,如思科公司与其分销商之间进行的交易。

2. 面向中间交易市场的 B2B

这种交易模式主要是指水平 B2B,它是将各个行业中相近的交易过程集中到一个场所,为企业的采购方和供应方提供了一个交易的机会,如阿里巴巴、中国制造交易网、环球资源网等,此类网站为买卖双方提供信息交流的网络商业平台,并为用户提供网上交流的条件,促成交易的机会。

表 12-3 为我国主要的 B2B 网站平台。

表 12-3 我国主要的 B2B 网站平台

网站名称及网址	基本情况
阿里巴巴 https://www.1688.com/	成立于 1999 年,中国最大的网络公司和世界第二大网络公司,是由马云创立的企业对企业的网上贸易市场平台
慧聪 https://www.hc360.com/	成立于 1992 年,一家提供 B2B 电子商务服务的网站,是企业网上交易的平台,提供的最新的供应、求购、代理、合作、二手、招标、库存、租赁等商业信息
中国制造交易网 https://www.c-c.com/	成立于 2007 年,是一个中国产品信息汇集的网上世界,面向全球提供中国产品的电子商务服务,旨在利用互联网将中国制造的产品介绍给全球采购商
中国供应商 https://cn.china.cn	是中国政府为推动中国制造及对外贸易产业打造的电子商务平台,是在国务院新闻办公室网络宣传局、中华人民共和国商务部市场运行司、国家发展和改革委员会国际合作中心的指导下,由中国互联网新闻中心推出的中国唯一对外的官方电子商务平台
百纳网 http://www.ic98.com/	以"生意在百纳,学习在百纳,交流在百纳,成功在百纳"为使命,致力于建立采购商和供应商之间的互动信息交流平台,打造企业人士聚集、交流、学习、分享、成长的网络商圈,为中国企业的发展和进入网络营销时代开启了一扇方便的电子商务之门
环球资源网 https://www.globalsources.com/	致力于促进大中华地区的对外贸易。公司的核心业务是通过一系列英文媒体,包括环球资源网站、印刷及电子杂志、采购资讯报告、"买家专场采购会"、贸易展览会(trade show)等形式促成亚洲各国的出口贸易。环球资源网于 2000 年在美国纳斯达克股票市场公开上市

⊙ **知识链接** 　　　　　　　　　　**阿里 1688 "商人节"**

　　被业内称作 B2B 市场"双 11"的商人节，是由阿里巴巴集团旗下内贸平台 1688 发起的，服务于全国中小企业的节日。2017 年 11 月 29 日，1688 平台升级发布会，作为首届商人节的开端启幕，每季度举办一次的全国性活动。1688 平台集合了阿里巴巴集团内外物流、金融、技术等核心资源，为中小企业搭建了便捷、高效、互联的营销平台。作为国内最大的 B2B 营销平台，1688 目前拥有 2 亿名注册会员，2.5 亿元的在线商品量，每天国内采购商参与交易超过 1 000 万元。

　　2018 财年第三季度财报显示，阿里巴巴 B2B 业务（包括 1688、阿里巴巴国际）营收达人民币 35.92 亿元，同比增长 17.08%，1688 平台已成为中国最具标杆和代表的 B2B 营销平台。在阿里巴巴看来，集团将会越发重视 B2B 团队的服务能力，把 B 类客户作为战略合作伙伴，B2B 业务是阿里未来发展的重中之重，阿里巴巴创始人马云提到，只有服务好了 B 类客户，才能服务好各种各样的 C 端消费者。阿里巴巴副总裁、中国内贸事业部总经理汪海表示，1688 的商人节大促将继续办下去，未来将串联阿里巴巴更好的服务体系，实现商户线上线下营销、服务统一性，更好地促进商家获取优质商品及服务。

（二）B2C 平台

　　B2C 是英文 business-to-customer（商家对顾客）的缩写，是指企业对消费者的网络零售模式，这种形式的电子商务以网络零售业为主，为消费者提供一个新型的购物环境，消费者通过网络在网上购物、在网上支付。

　　B2C 网络零售网站平台由三个基本部分组成：①为顾客提供在线购物场所的商场网站；②负责为客户配送所购商品进行的配送系统；③负责顾客身份的确认及货款结算的银行及认证系统。由于 B2C 平台商品品种齐全、种类繁多，B2C 平台为一站式购物模式，有客户评价机制，因此，通常客服服务态度很好，是消费者网购的首选。

　　一个 B2C 网站的主要功能包括以下几个方面：①商品的展现，即告诉用户本网站主要卖什么商品、价格如何；②商品的查找，即让用户快速找到自己感兴趣的商品；③购物车的添加和查看，即告诉用户已经挑选过什么商品；④配送的方法，即告诉用户如何才能把商品拿到手；⑤订单的结算和支付，即告诉用户应该付多少钱和付款的手段。

　　B2C 平台模式是我国最早产生的网络零售模式，主要有以下几种形式。

1. 综合类 B2C

　　综合类 B2C 电子商务系统支持全面的商品陈列展示、信息系统智能化、客户的关系管理、物流配送、支付管理等广泛的业务功能，能提高客户体验，提供人性化、视觉化的服务。

2. 垂直类 B2C

垂直类 B2C 电子商务系统是围绕具体企业的核心领域，在其行业内继续挖掘新亮点的服务系统，这种系统一般支持与行业内各种品牌的数据交换、多种支付手段、产品管理、服务管理、渠道商奖金和返点管理、生产商合作管理等定制功能。

3. 生产企业网络直销类 B2C

生产企业网络直销类 B2C 电子商务系统是以具体企业的战略定位和发展目标为依据建立的，它能协调企业原有的线下渠道与网络平台的利益，帮助实行差异化的销售，比如：网上销售所有产品系列，而传统渠道销售的产品则体现地区特色；实行差异化的价格，线下与线上的商品定价的高低根据不同时间段确定，线上产品也可以通过线下渠道完善售后服务。

4. 平台类 B2C 网站

平台类 B2C 电子商务系统是一种拓宽网上销售渠道的业务平台。通常，中小企业的人力、物力、财力都十分有限，利用此系统可以形成一个知名度、点击率和流量较高的第三方平台，以便为更多的中小企业服务。这种系统具有完整的网络渠道开发、多类别产品展示、仓储系统管理、供应链管理、物流配送体系管理功能。

在我国网购中，B2C 的增长速度很快，目前知名度较高和比较受欢迎的 B2C 零售网站主要有天猫、京东、唯品会等。

根据前瞻网的相关统计表明，截至 2018 年 12 月 31 日，中国电商上市公司共有 47 家，其中 B2B 电商 8 家，在 B2C 电商 18 家，跨境电商 7 家，生活服务电商 14 家，总市值共计 39 334.609 亿元。在 B2C 电商上市公司中，阿里巴巴以 24 352.265 亿元的市值雄踞榜首，小米、京东、拼多多分别以 2 560.278 亿元、2 041.405 亿元、1 709.18 亿元的市值成为 B2C 千亿市值企业俱乐部成员。表 12-4 为 2018 年中国 B2C 电商上市公司市值排行榜。

表 12-4　2018 年中国 B2C 电商上市公司市值排行榜

市值排名	股票名称	市值（亿元）	股价年涨跌幅（%）
1	阿里巴巴	24 352.265	−25.36
2	小米集团	2 560.278	−23.10
3	京东	2 041.405	−51.64
4	拼多多	1 709.18	−16.27
5	苏宁易购	917.04	−21.26
6	唯品会	217.885	−56.32
7	南极电商	184.61	−34.04
8	蘑菇街	133.522	46.36
9	国美零售	122.983	−30.85
10	宝尊电商	105.47	−13.22

资料来源：www.100EC.CN。

（三）C2C 平台

C2C 即 consumer-to-consumer 的缩写，译为顾客对顾客，指直接为客户提供电子商务活动平台的网站，是电子商务的一种模式。C2C 网站为买卖双方进行而交易提供互联网平台以及一系列交易配套服务，卖家可以在网站上登出其想出售商品的信息，买家可以从中选择并购买自己需要的物品。例如，淘宝网就是一家典型的 C2C 平台网站，一些二手货交易网站也应属于 C2C 平台，如孔夫子旧书网。

C2C 平台为买卖双方提供了网上信息交流的平台，不仅有别于 B2B 和 B2C 电商模式，还改变了信息交流方式，扩大了信息交流范围。

C2C 平台的特点有：①交易成本较低；②经营规模不受限制；③信息收集较为便捷；④扩大了销售范围和销售力度。

表 12-5 为我国主要的 C2C 网站平台及主要特点。

表 12-5　我国主要的 C2C 网站平台

网站名及网址	主要特点
eBay https://www.ebay.com	eBay 是全球最大的电子商务公司，于 1995 年 9 月创立于美国加利福尼亚州圣何塞。人们可以通过 eBay 出售商品。eBay 最初通过收购易趣的方式进入中国大陆市场，但之后在与淘宝的竞争中落败，最终以与 TOM 合资成立"新易趣"的方式退出中国大陆市场。2015 年 4 月 15 日，京东与 eBay 合作的"eBay 海外精选"频道正式上线
淘宝网 https://www.taobao.com	淘宝网是中国最大的网上个人交易平台，由阿里巴巴公司投资创办。自 2003 年 5 月 10 日成立，淘宝网占据了中国网络购物 70% 左右的市场份额，创造了互联网企业发展的奇迹。目前，淘宝网已经成为越来越多网民的第一选择
拍拍网 https://www.paipai.com	拍拍网最初是腾讯旗下的电子商务交易平台，于 2005 年 9 月上线发布，2006 年 3 月正式运营。拍拍网依托腾讯 QQ 的庞大用户群，具备良好的发展基础，成为中国 C2C 领域仅次于淘宝网的国内 C2C 网站第二强。2014 年，腾讯与京东达成电子商务的战略合作，将拍拍网并入京东旗下。2015 年 11 月 10 日，京东宣布，拍拍网不再接受新卖家的入驻申请，并将于 2016 年 4 月 1 日起彻底关闭拍拍网，原拍拍网团队将并入京东集团其他部门

随着网络零售市场的成熟和市场竞争程度的加剧，一些新的购物平台和网上商店不断出现，新的商业模式不断涌现，例如，从 B2B、B2C、C2C 模式到综合化的 B2B2C 模式，以及线上和线下融合的 O2O 模式。

随着"新零售"概念的提出，线上和线下将从原来的相对独立、相互冲突的关系逐渐转化为互为促进、彼此融合的关系。例如，2017 年，阿里巴巴与百联集团开展战略合作，为新兴业态与传统商业的融合树立了标杆，成为新的零售创新型典范。其实，无论是传统零售还是网络零售，零售的本质没有改变过，就是用新的技术手段和新的环境去更好地满足顾客的需求。

⊙ 知识链接　　　　　　　　　　**跨境电商**

跨境电商是跨境电子商务（cross-border electronic commerce）的简称，是指分属不同跨境的交易主体，通过电子商务平台达成交易，进行电子支付结算，并通过跨境电商物流及异地仓储送达商品,从而完成交易的一种国际商业活动。

我国跨境电子商务主要分为企业对企业(B2B)和企业对消费者(B2C)两种贸易模式。在B2B模式下,企业运用电子商务以广告和信息发布为主,成交和通关流程基本在线下完成,本质上仍属传统贸易,已纳入海关一般贸易统计。在B2C模式下,我国企业直接面对国外消费者,以销售个人消费品为主,物流方面主要采用航空小包、邮寄、快递等方式,其报关主体是邮政或快递公司。例如,创立于2014年的天猫国际的经营模式是第三方B2C,它的商品进口模式是海外直邮加上保税进口,为国内广大的消费者直供海外原装商品。

第三节 网购消费者的特征

一、网购消费者的构成

随着网络购物的普及,参与网络购物的消费者越来越多,网购消费者的心理和行为特征为消费市场编织出多元的消费样貌,同时也带给零售经营者更多的挑战。

(一)基本情况

根据中国互联网信息中心(CNNIC)发布的第45次《中国互联网络发展状况统计报告》(以下简称《报告》),截至2020年3月,我国网民规模约为9.04亿,互联网普及率达64.5%(见图12-1),其中,我国手机网民规模为8.97亿,庞大的网民构成了中国蓬勃发展的消费市场,也为网络零售的发展打下了坚实的基础。

图12-1 中国网民规模和互联网普及率(截至2020年3月)

资料来源:CNNIC中国互联网络发展状况统计调查。

截至 2020 年 3 月，我国网购用户规模达 7.10 亿，较 2018 年底增长 1.00 亿，占整体网民的比例达到 78.6%（见图 12-2）。

图 12-2　我国网络购物用户规模及使用率情况（2015.12～2020.3）

资料来源：CNNIC，中国互联网络发展状况统计调查。

（二）主要特点

当前，采用手机购物和用网络支付是网络消费者购物的主要特点之一。

在手机购物方面，数据显示，截至 2020 年 3 月，我国手机购物用户规模为 70 749 万人，占手机网民的 78.9%（见图 12-3）。

图 12-3　我国手机网络购物用户规模及使用率情况（2015.12～2020.3）

资料来源：CNNIC，中国互联网络发展状况统计调查。

使用网络支付的人数和比例不断增多，带给网络购物更多的便利性。数据显示，截至 2020 年 3 月，我国网络支付用户规模达到 7.68 亿，较 2018 年底增加 1.68 亿，占网民整体的 85%（见图 12-4 所示）。

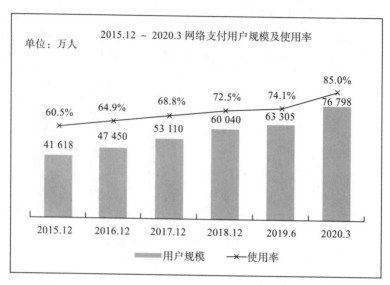

图 12-4　网络支付用户规模及使用率（2015.12～2020.3）

资料来源：CNNIC，中国互联网络发展状况统计调查。

《报告》特别指出，由于 2020 年初受新冠肺炎疫情影响，网络视频应用的用户规模、使用时长均有较大幅度提升。短视频用户规模为 7.73 亿，较 2018 年底增长 1.25 亿，占网民整体的 85.6%（见图 12-5）。

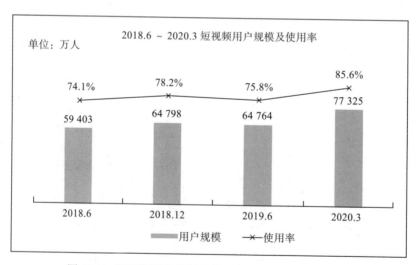

图 12-5　短视频用户规模及使用率（2018.6～2020.3）

资料来源：CNNIC，中国互联网络发展状况统计调查。

截至 2020 年 3 月，我国网络直播用户规模达 5.60 亿，其中，电商直播用户规模为 2.65 亿。电商直播的兴起为行业整体用户规模增长注入了新的活力，丰富了网络直播行业的内容与变现方式。阿里巴巴、京东、拼多多等电商平台陆续涉足该领域，将实体商品交易与互动直播形式进行融合,提升了用户消费体验与黏性。

另外,《报告》还显示,我国目前还有相当规模的非网民,其中农村人口是非网民的主要组成部分,截至 2020 年 3 月,我国非网民规模为 4.96 亿,其中城镇非网民占比为 40.2%,农村地区非网民占比为 59.8%。上网技能缺失、文化水平限制和年龄太大或太小等因素是制约非网民使用互联网的主要原因,这部分非网民将是网络零售的潜在市场,因此,未来我国网络零售市场还有很大的发展空间。

二、网购消费者的心理

当前,我国网络零售的发展规模和速度已经领先于世界其他地区,未来我国的网络零售市场将进一步扩大,这是因为:第一,基于庞大的网购消费者基数、强劲的消费能力和需求;第二,经过近年来的发展,我国的电商已具较大的规模和较高的效率;第三,受益于高效、低成本的线下物流配送体系,特别是追踪物流配送等技术的升级,网络零售的服务水平不断提升。

网络零售的繁荣发展有赖于消费者的积极参与,掌握网购消费者的心理是零售经营者必备的基本能力。网购消费者的心理表现在以下几个方面。

(一) 价格是影响消费者心理的重要因素

从消费者的角度来说,价格不是决定消费者购买的唯一因素,却是消费者购买商品时肯定要考虑的因素。有调查显示,低价是吸引消费者网购的重要原因,例如:消费者在线下实体电影院买一张电影票是 80 元,但要是在网上买,可能 30 元就可以买一张同样的电影票,这样消费者可以节省一大半的钱。可以说,当前网上购物之所以具有生命力,重要的原因之一是网上销售的商品价格普遍低廉。

近几年,被称为消费者狂欢节的"双 11"购物节不断刷新销售纪录,消费者参与的热情非常高,这是因为这一天电商举办各种促销活动,商品打折力度最大,价格最低,这是吸引消费者网购的重要因素。如今,"双 11"成为电商消费节的代名词,甚至对非网购人群、线下商城也产生了一定影响力。

尽管经营者都倾向于以各种差别化来减弱消费者对价格的敏感度,避免恶性竞争,但价格始终对消费者的心理有重要的影响。

(二) 消费者追求方便快捷的消费心理

传统实体店的购物过程消耗了消费者大量的时间、精力,而网上购物弥补了这个缺陷。

网购方便、快捷的特点对消费者来说很有诱惑力。夏天或冬天,雨天或雪天,任何一个不想出门的日子里,利用网络购物对大多数人而言的确都是很不错的选择,人们不必忍受外面极冷或极热的天气,不必坐车去商店奔波,不必因在商店排队而感到烦躁,省时、省力、省事，足不出户就可以购买商品，从订货、买货到收货全部完成。在家等着送货上门对消费者来说的确是很惬意且令人激动的事情。

此外，消费者无论身处何地都可以随时在网上订购食品、服装、日用品等商品，利用互联网了解世界各地任何一种产品和服务的信息，这对快节奏的现代人来说，又是网络购物一个更大的优点。

目前，网络购物消费者有以下两种心理现象：一是有一部分工作压力较大、紧张程度高的消费者以方便性购买为目标，他们追求的是时间和劳动成本的尽量节省；而另一部分消费者，由于劳动生产率的提高，自由支配时间增多，他们希望通过网购消费来寻找生活的乐趣。这两种消费心理表现在网购行为中并不矛盾，对后者来说，在网购过程中，消费者由于受外界的干扰少，因此消费过程更加愉悦、轻松、自由。网络零售的这些特点，甚至促使消费者形成新的生活方式。

（三）消费者的消费主动性增强

消费主动性的增强来源于现代社会不确定性的增加和人们需求心理稳定与平衡的欲望。

在社会化分工日益细化和专业化的趋势下，消费者对消费的风险感随着选择的增多而上升。这种风险的感知由所购商品价格的高低和所购商品与消费者的关系等来决定，在许多大额或高档商品（如冰箱、空调、电脑）的消费中，消费者往往会主动通过各种可能的渠道获取与商品有关的信息并进行分析和比较。

在网购活动中，商家的信誉评价无疑成为网上购物消费者信赖的标杆，也是降低购买风险的法宝。网络消费者一般信任亲朋好友推荐的购物网站，在做购买决定时，会主动分析网上买家的评论，这些评论成为消费者购买时的重要参考依据。或许这些评论并不是很充分和合理，但消费者能从中得到心理平衡，以减轻风险感或减少购买后产生的后悔感，提高对产品的信任度和心理上的满足感。商家的信用等级是皇冠还是钻石，在过去一段时间内有多少好评，是否存在差评记录等信息成为消费者在购买商品时的参考因素，商家的信誉度越高，消费者的信任度就越高。

（四）消费者与厂家或商家的互动意识增强

传统的商业流通渠道由生产者、商业流通机构和消费者组成。商业流通机构包括各种批发商、零售商等，它们在流通的链条中起着重要的作用。由于生产者不能直接了解市场，消费者也不能直接向生产者表达自己的消费需求，这时流通机构就是桥梁和纽带。而在网络环境下，消费者能直接参与到生产和流通中来，与生产者直接进行沟通，减少了市场的不确定性。

此外，随着QQ、微信、移动互联网等交互平台的崛起以及交互技术的迅猛发展，消费者和电商的沟通更加方便。网上购物的互动性，一方面让供应商更加充分地了解以及更好地满足消费者的个性化需求；另一方面也让品牌和商品信息传播有了更多样化的途径，各种点评网站成为消费者生活消费中的参考宝典。例如，大众点评网就是以互动信息为主体，消费者可将自己的消费感受（不管是正面的还是负面的）与感兴趣者进行分享，这些信息成为其他消费者选择时的重要参考依据。

（五）强调体验购买乐趣和从众的心理

通过网购，消费者不但可以在时间、精力方面得到最大程度的节省，对有的消费者来说，还可以通过网购寻找生活的乐趣，保持与社会的联系，同时也可以减少孤独感。总之，网络购物可以让他们感到快乐。

此外，网络购物不仅将电子商务模式的便捷性展现在消费者面前，还使消费者在从众心理的影响下，形成习惯性消费，自愿地接受和认可这种行为。从众行为有时能够带来一定的益处，以"双11"为例，"双11"活动中，消费者在购物过程中既得到了物质上的需求，也得到了精神上的愉悦和社交上的快乐，因为加入"双11"活动，说明消费者属于一定的社会圈子，当更多的消费者希望与自己应归属的社会圈子同步，既不愿突出，也不想落伍时，受这种心理支配的消费者就构成了后随消费者群，从众行为产生，从而形成这一个相当大的顾客群，引发了"双11"的购物热潮。有时从众行为对消费者规避现实压力和情绪转换起到了积极的作用。

（六）理性与非理性并存

网络为消费者挑选商品提供了各种信息资源，消费者可以利用从网上得到的信息对商品进行反复比较，决定是否购买，这表现为消费的理性一面。

消费者理性选择商品具体表现在：①理智地选择价格；②大范围地比较和选择，即通过"货比千家"精心挑选自己所需要的商品；③主动地表达对产品及服务的欲望，即消费者不会被动地接受厂家或商家提供的商品或服务，而是根据自己的需要主动上网寻找适合的产品，即使找不到，也会通过网络系统向厂家或商家主动表达自己对某种产品的欲望和要求。总之，在网络环境下，消费者可以理性地选择自己的消费方式，这些反映了消费者网络购物时理性的一面。

另外，由于网络购物时商品的不可见性，再加上支付环节的便捷，冲动购买或过度网购的现象越发突出，有些消费者因商家的降价促销而盲目购买，买来了不合适的东西就退货或者搁置一旁，造成大量的浪费。除此之外，还出现了一些"病态型"网络消费者网购成瘾或强迫网购心理。

综上所述，购物网络突破了传统实体店零售模式的障碍，无论是对消费者、企业还是市场都有着巨大的吸引力和影响力。消费者无论是选择在网店还是实体店购物，使自己利益最大化才是消费者最关心的。同时，无论是网店还是实体店，为消费者提供最大的价值、让消费者满意才是最正确的经营理念。

三、网络零售环境下消费者的隐私保护

(一) 问题的产生

随着互联网技术的飞速发展,现代社会进入了"大数据"时代。我们的个人数据正在不经意间被动地被企业、个人收集并使用。个人数据的网络化和透明化已经成为不可阻挡的大趋势。

零售商可以通过数据挖掘获得顾客大量有价值的信息从而制定相应的零售策略。但是如果数据没有相应的保护,这些数据就是危险的"潘多拉之盒",数据一旦泄露,顾客的隐私将被侵犯。近年来,已经发生了多起顾客隐私泄露事件,顾客或公民的个人隐私数据保护遇到了严峻的挑战。

目前,许多网络零售商都会根据顾客浏览痕迹收集消费者的购买意向和消费习惯,做出数据分析后主动推荐或通过定制化"广告推送"给消费者,例如,假设一个顾客在手机上下载了"盒马鲜生"App,盒马App通过关联的淘宝平台账户、支付宝账户或在盒马App注册的用户账户收集用户的个人信息,如用户浏览、搜索记录、订单信息、位置信息等,形成"用户画像",然后盒马鲜生就可以向用户发送定向广告。这样,只要你有一次购买牛奶的记录,下次打开盒马App时,牛奶的广告画面就会反复出现。零售商的这些行为对一些消费者造成了困扰,消费者担心自己个人信息泄露的问题。

如何确保消费者的个人信息不被泄露和滥用呢?网购平台与他方平台相互合作时,或基于关联关系共享用户数据时,是否尽到提前告知义务并取得用户的明示同意,且如何确保共享第三方在用户授权范围内使用这些数据?大数据时代给消费者个人信息保护带来了前所未有的挑战。

(二) 采取的措施

为了专门解决网上隐私权的保护问题,已有不少国家、地区和组织开始进行这方面的立法工作。

美国是互联网技术和电子商务发达的国家之一,在法律传统上也比较重视个人的隐私。1974年通过的《隐私法案》,主要从行政的角度出发,对政府应当如何收集资料、资料如何保管、资料的开放程度如何等都做了系统的规定。而在民事方面,法律涉入不多;在商业领域,一般强调业界的自律,尽量避免政府法令的介入。此外,还有专门针对未成年人的法律,如1998年通过的《网上儿童隐私权保护法》规定,收集12岁以下儿童的资料时,须获得家长的同意。

为进一步保护消费者,美国联邦贸易委员会提出了四条信息公平操作的原则,用户应该拥有下述权利:①知情权,即清楚、明白地告知用户收集了哪些信息,以及这些信息的用途;②选择权,即让消费者拥有对个人资料用途的选择权;③合理的访问权限,即消费者应该能够通过合理的途径访问个人资料并修改错误信息或删除数据;④足够的

安全性,即网络公司应该保证用户信息的安全性,阻止未被授权的非法访问。美国联邦贸易委员会还对保护消费者的隐私权提出了下列建议:①指定一名信息安全官员来确保公司对消费者信息的使用是符合法律的;②设置密码,安装鉴定软件来对获取消费者个人信息的人进行监控;③设置防火墙或者将消费者的个人信息在线收集到经过保护的、在网上无法进入的服务器当中;④对所有包含客户个人信息的文档进行加密;⑤安装安全相机以保护数据分析仪器的物理安全。

2018年5月1日,我国推荐性国家标准《信息安全技术 个人信息安全规范》(以下简称《规范》)正式实施。这部贯彻《中华人民共和国网络安全法》中个人信息安全要求的重要配套标准,从2016年4月开始起草,历经两年得以正式实施,从收集、保存、使用、共享、转让、公开披露等个人信息处理活动方面,填补了国内个人信息保护在具体实践标准上的空白。《规范》明确了收集个人信息的合规性要求,主要包括以下四个方面。

(1)收集个人信息的合法性要求。收集个人信息时不得采取隐瞒、欺诈、诱骗或强迫等方式,不得从非法渠道获取个人信息,不得收集法律明令禁止收集的个人信息。收集信息时应把握收集个人信息的最小化要求,收集的个人信息应与实现产品或服务的业务功能有直接关系。

(2)收集个人信息时的授权同意。收集个人信息前,应向个人信息主体明确告知所提供产品或服务的不同业务功能分别收集的个人信息类型,以及收集、使用个人信息的规则(例如,收集和使用个人信息的目的、收集方式和频率、存放地域、存储期限、对外共享、转让等有关情况),并获得个人信息主体的授权同意。间接获取个人信息时,还应要求个人信息提供方说明个人信息来源,了解个人信息提供方已获得个人信息处理的授权同意范围,包括使用目的、个人信息主体是否授权同意转让、共享等。

(3)收集个人敏感信息的明示同意。收集个人敏感信息,如身份证号码、银行账户等,应确保提供个人敏感信息的主体做出明示同意,即个人信息主体是完全知情且自愿的。收集时,应向个人信息主体告知所提供产品或服务的核心业务功能及所必须收集的个人敏感信息,并告知拒绝提供的后果。如提供其他附加功能需收集个人敏感信息,收集前应允许个人信息主体选择是否提供,当拒绝提供时,不应以此为由停止提供核心业务功能。

(4)"隐私政策"的内容和发布。个人信息控制者应制定隐私政策,内容包括:①个人信息控制者的基本情况,如注册名称、注册地址、常用办公地点和相关负责人的联系方式等;②收集、使用个人信息的目的,以及所涵盖的各个业务功能,例如将个人信息用于商业广告推送,将个人信息用于形成用户画像等用途;③各业务功能分别收集的个人信息以及收集方式和频率、存放地域、存储期限等个人信息处理规则和实际收集的个人信息范围;④对外共享、转让个人信息的目的,涉及的个人信息类型、接收个人信息的第三方类型,以及所承担的相应法律责任;⑤遵循的个人信息安全基本原则,具备的数据安全能力,以及采取的个人信息安全保护措施。

总之，隐私保护在大数据时代是不可回避的，在网络零售业务中，需要零售商和相关方的多方面努力，从法律、技术、管理措施等方面对消费者的网络隐私权进行有效保护，这是网络零售顺利发展的重要环境条件。

本章小结

本章主要介绍了网络零售的有关理论和实践发展，主要内容有三个方面：第一，网络零售的产生、概念以及我国网络零售的发展历程；第二，网上商店的建立需要以对其特点和类型进行了解为前提，选择合适的网络零售平台对网上商店的经营非常重要；第三，我国网购消费者的市场规模不断扩大，了解网购消费者的构成及心理特点是开展网络零售的基础。网络零售环境下消费者的隐私保护值得关注。

网络零售成为零售市场中一个新兴的巨大市场，网络零售是指交易双方以互联网为媒介进行的商品交易活动，即通过互联网进行的信息的组织和传递，实现了有形商品和无形商品所有权的转移或服务的消费。网络零售商其实与实体零售商在本质上是相同的，两者都是根据消费者的需求通过不同的方式向消费者提供商品和服务。

我国网络零售的产生和发展基于电子商务技术的发展和应用，从20世纪90年代初期发展至今，经历了兴起起步阶段、迅速扩张阶段、繁荣兴盛阶段和深入融合阶段。当前，我国网络零售发展仍保持较高的增速，并出现新零售等不同的发展模式。具体来看，网上商店与传统商店在物理特征、商品展示、营销手段等方面有很多不同。网上商店作为一种新兴的零售形式，其形式和类型在不断发展和创新，如网上旗舰店、网上专卖店、网上专营店、网上集市店、社交型电商等类型。同时，在网上商店的经营中，根据商店定位选择具有不同特征和功能的网络零售平台至关重要。

我国网购消费者的规模不断扩大，网购消费者群体分层趋势日渐凸显。依据网购消费者的心理特点，满足不同群体的消费需求，成为带动网络零售市场发展的重点。同时，网络零售环境下消费者的隐私保护问题值得关注。

本章练习题

一、简答题

1. 简述网络零售的概念。
2. 对比网络零售商与实体零售商的区别。
3. 简述网上商店的类型。
4. 分析传统实体零售店和网上商店在经营方面有哪些不同。
5. 分析社交型电商的发展模式及特点并预测其发展趋势。
6. 简述我国网购消费者的构成特点。

二、论述题

1. 论述我国网络零售的发展历程和特点。
2. 根据我国网购消费者的心理特征,论述网络零售店该如何制定经营策略。

三、实践题

1. 天猫、淘宝、京东、唯品会……你会选择哪家网络零售平台购物?这个平台的哪些特征吸引你?
2. 结合自己的实际经历,谈谈你对网络零售环境下消费者隐私保护的看法。

参考文献

[1] 利维,韦茨.零售学精要[M].郭武文,等译.北京:机械工业出版社,2000.

[2] 伯曼,埃文斯,等.零售管理[M].吕一林,熊鲜菊,等译.北京:中国人民大学出版社,2007.

[3] 科特勒,凯勒.营销管理(原书第14版)[M].王永贵,等译.上海:格致出版社,2012.

[4] 麦戈德瑞克.零售营销[M].裴亮,等译.北京:机械工业出版社,2004.

[5] 阿姆斯特朗,科特勒.科特勒市场营销教程[M].俞利军,译.北京:华夏出版社,2004.

[6] 米勒.超市里的原始人[M].苏健,译.杭州:浙江人民出版社,2017.

[7] 昂德西尔.顾客为什么购买[M].刘尚焱,李艳,译.北京:中信出版社,2004.

[8] 厉玲.永远的零售[M].杭州:浙江大学出版社,2018.

[9] 魏中龙,张景云,郭崇义.零售管理[M].北京:企业管理出版社,2014.

[10] 陈文汉.零售学[M].2版.北京:北京大学出版社,2015.

[11] 肖怡.零售学[M].4版.北京:高等教育出版社,2017.

[12] 韩阳.卖场陈列设计[M].北京:中国纺织出版社,2006.

[13] 陈己寰.零售学[M].广州:暨南大学出版社,2004.

[14] 陈海权.零售学[M].广州:暨南大学出版社,2012.

[15] 佘伯明,李宁.零售学[M].大连:东北财经大学出版社,2008.

[16] 巫开立.现代零售精要[M].广州:广东经济出版社,2004.

[17] 李骏阳.零售学[M].北京:科学出版社,2010.

[18] 孙晓红,闫涛,冷泳林.零售学[M].大连:东北财经大学出版社,2010.

[19] 赵珊.探析新零售背景下品类管理如何驱动零售企业发展[J].现代营销(经营版),2019(09):137.

[20] 凌峰.大型商超配送中心的高效分拣解决方案[J].物流技术与应用,2019,24(08):88,90-91.

[21] 晏庆盛.外卖贵于堂吃,别把定价策略看成价格歧视[N].嘉兴日报,2019-08-09(002).

[22] 徐潇.10元店火了相似店面"遍地开花" 此商业模式能否持久[J].决策探索(上),2019(08):38-39.

[23] 吴哲."十元店"的生存之道[J].销售与市场（管理版），2019(06):80-82.

[24] 多点 Dmall 如何联合商超、品牌，将超市开到音乐节[J].中国商论，2019(10):257-258.

[25] 高晓利.浅析名创优品的成功之道[J].农家参谋，2019(11):207-208.

[26] 曹征连.D 精品超市内部布局优化研究[D].吉林大学，2019.

[27] 苏宗荣.新零售下麦德龙生鲜产品采购管理优化研究[D].中国矿业大学，2019.

[28] 汪和平，程震.促销货位布局及促销商品货位分配问题研究[J].齐齐哈尔大学学报（自然科学版），2019，35(03):76-82.

[29] 徐心怡.我国零售企业自有品牌战略分析[J].合作经济与科技，2019(07):106-107.

[30] 叶子栋.无印良品，"降价"也可以这么清新脱俗?[J].销售与市场（管理版），2019(04):86-87.

[31] 何舒帆，樊美芳.从"双11"购物狂欢看阿里巴巴的造节"赢"销策略[J].中国市场，2019(06):137-138.

[32] 韩丹东，张睿青.苹果三大机型降价能否挽救中国市场[J].智慧中国，2019(01):82-83.

[33] 叶丹.屈臣氏集团"个人护理类"自有品牌产品市场营销策略研究[D].广西大学，2018.

[34] 何鼎鼎.数据权力如何尊重用户权利[N].人民日报，2018-03-23(008).

[35] 董俊岭.超市商品促销策略分析研究：以济南章丘大润发超市为例[J].齐鲁师范学院学报，2017，32(06):109-114.

[36] 任婕.John Lewis 百货公司圣诞广告营销策略分析[J].传播与版权，2017(09):98-101.

[37] 龚胤全.7-ELEVEN 精益管理三件宝：单品管理、IT 经营、假设–验证[J].中国连锁，2017(Z1):112.

[38] 沈黄荣.集中型购物中心的客流动线分类及选型策略：基于上海7个案例的研究[J].中外建筑，2017(01):86-89.

[39] 潘琳智.连锁零售超市的采购管理研究：以沃尔玛为例[J].中国市场，2016(41):31-32，38.

[40] 邵蓝洁.十元店为何风潮再起[N].北京商报，2016-07-15(B01).

[41] 郑渝川.不一样的零售店：苹果的成功奥秘[J].中国连锁，2013(04):94.

推荐阅读

书号	课程名称	版别	定价
978-7-111-61959-8	服务营销管理：聚焦服务价值	本版	55.00
978-7-111-60721-2	消费者行为学 第4版	本版	49.00
978-7-111-59631-8	客户关系管理：理念、技术与策略（第3版）	本版	49.00
978-7-111-58622-7	广告策划：实务与案例（第3版）	本版	45.00
978-7-111-58304-2	新媒体营销	本版	55.00
978-7-111-57977-9	品牌管理	本版	45.00
978-7-111-56140-8	创业营销	本版	45.00
978-7-111-55575-9	网络营销 第2版	本版	45.00
978-7-111-54889-8	市场调查与预测	本版	39.00
978-7-111-54818-8	销售管理	本版	39.00
978-7-111-54277-3	市场营销管理：需求的创造与传递（第4版）	本版	40.00
978-7-111-54220-9	营销策划：方法、技巧与文案 第3版	本版	45.00
978-7-111-53271-2	服务营销学 第2版	本版	39.00
978-7-111-50576-1	国际市场营销学 第3版	本版	39.00
978-7-111-50550-1	消费者行为学：基于消费者洞察的营销策略	本版	39.00
978-7-111-49899-5	市场营销：超越竞争，为顾客创造价值 第2版	本版	39.00
978-7-111-44080-2	网络营销：理论、策略与实战	本版	30.00